Confédération Générale du Travail

Congrès Confédéral

1925

COMPTE RENDU DES DÉBATS

du XXIVe Congrès National Corporatif
(XVIIIe de la C. G. T.)
tenu à Paris, salle Japy
du 26 au 29 Août 1925

Édition de la
Confédération Générale du Travail
211, rue Lafayette, Paris (10e)
Téléphone : NORD 93-26 et 93-27

Congrès Confédéral 1925

STATUTS

MODIFIÉS PAR LE CONGRÈS DE PARIS · 1925

CONFÉDÉRATION GÉNÉRALE DU TRAVAIL

STATUTS

CHAPITRE PREMIER

But et Constitution.

ARTICLE PREMIER. — La Confédération Générale du Travail, régie par les présents statuts, a pour but :

1° Le groupement des organisations de salariés pour la défense de leurs intérêts moraux et matériels, économiques et professionnels.

Sont considérés comme salariés tous ceux qui vivent de leur travail sans exploiter autrui, ainsi que les membres des Coopératives de production et de consommation poursuivant un but de transformation sociale, quelle que soit la fonction qu'occupent ces salariés ;

2° La Confédération Générale du Travail groupe, en dehors de toute école politique, philosophique ou religieuse, toutes les organisations composées de travailleurs conscients de la lutte à mener pour la disparition du salariat et du patronat.

Nul ne peut se servir de son titre de confédéré ou d'une fonction de la Confédération dans un acte politique ou électoral quelconque.

ART. 2. — La Confédération Générale du Travail, basée sur le principe du fédéralisme et de la liberté, assure et respecte la complète autonomie des organisation qui se conformeront aux présents statuts.

ART. 3. — La Confédération Générale du Travail est constituée par :

1° Les Fédérations nationales d'industrie ;

2° Les Unions départementales ou interdépartementales de syndicats divers.

La C. G. T. est adhérente à la Fédération Syndicale Internationale.

ART. 4. — Nul Syndicat ne peut faire partie de la Confédération Générale du Travail s'il n'est fédéré nationalement et adhérent à son Union départementale ou interdépartementale.

Les Fédérations ou les Unions ne pourront admettre ou conserver dans leur sein les Syndicats ne remplissant pas cette double obligation.

CHAPITRE II

Administration. — Comité Confédéral National.

ART. 5. — La C. G. T. est administrée par un Comité National. Ce Comité est constitué par un délégué de chaque Fédération nationale et de chaque Union adhé.entes. Il se réunit obligatoirement chaque année, dans le cours des 2ᵉ et 4ᵉ trimestre, et extraordinairement sur convocation de la Commission administrative.

Ces réunions extraordinaires ne pourront être convoquées que pour des motifs revêtant un caractère d'extrême urgence.

Le C. C. N. établit les projets de budget, contrôle les recettes et dépenses.

Les rapports financiers lui seront soumis et publiés dans *La Voix du Peuple*.

ART. 6. — Les membres du C. C. N. devront être nommés pour deux ans, d'un Congrès Confédéral à l'autre, et être, dans la mesure du possible, les secrétaires des Fédérations et Unions, ou, à leur défaut, membres des bureaux. Ces délégués pourront être relevés de leur mandats sur décision de l'organisation qu'ils représentent.

Ils devront être confédérés depuis au moins trois ans, sauf dans les cas d'adhésion récente du groupement qu'ils représentent à la C. G. T.

Les délégués des Unions devront toujours résider dans les départements qu'ils représentent.

Commission administrative.

ART. 7. — Après chaque Congrès confédéral ordinaire, le Comité National nomme une Commission administrative de trente-cinq membres choisis parmi les militants de la région parisienne (Seine, Seine-et-Oise, Seine-et-Marne), auxquels sont adjoints les délégués visés à l'article 48.

Les candidats devront être présentés par la Fédération ou l'Union à laquelle ils adhèrent.

La Commission administrative assure, avec le Bureau Confédéral, la gestion de la Confédération Générale du Travail, sous le contrôle du Comité National et dans l'intervalle de ses réunions.

Les membres de la Commission administrative assistent aux réunions du Comité National, mais, seuls, y ont droit de vote ceux qui sont également membres de ce Comité.

ART. 8. — Etant donné que toutes les organisations qui constituent la Confédération doivent se tenir en dehors de toute école politique, les discussions, les conférences, causeries organisées par la C. A. ne peuvent porter que sur des points d'ordre économique ou d'éducation syndicale et scientifique.

Bureau

ART. 9. — Le Bureau de la Confédération, nommé par le Comité Confédéral National, et après chaque Congrès confédéral ordinaire, est composé d'un secrétaire général, d'un secrétaire administratif, de deux secrétaires adjoints, d'un trésorier.

Des délégués permanents pourront être adjoints au Bureau Confédéral par décision du C. C. N.

Un règlement intérieur, joint aux présents statuts, définit les attributions de ces fonctionnaires.

Art. 10. — Les membres du Bureau sont élus et révocables par le Comité Confédéral National. Ils peuvent être réélus.

S'ils sont membres du C. C. N., ils ne peuvent conserver leur mandat et ils doivent être remplacés à cette délégation par l'organisation qu'ils représentent.

Les fonctionnaires confédéraux ne pourront faire acte de candidature à une fonction politique. Leur acte de candidature impliquera leur démission du Bureau Confédéral.

Le Bureau Confédéral avisera les organisations adhérentes au moins un mois avant ce renouvellement, afin qu'elles puissent se réunir et désigner les candidats pour que les noms de ceux-ci puissent être publiés quinze jours avant l'élection.

Les candidats au Bureau Confédéral devront avoir cinq ans de présence ininterrompue à l'organisation syndicale et devront être présentés par une Fédération ou une Union.

Art. 11. — Les appointements des membres du Bureau sont fixés par le Comité Confédéral National.

Ceux des employés et les frais de délégation des délégués confédéraux en province seront fixés par la Commission Administrative.

Commission de contrôle.

Art. 12. — La Commission de contrôle est composée de six membres désignés par le Comité Confédéral National.

Elle nomme son secrétaire chargé de la convoquer et de rédiger les procès-verbaux.

Art. 13. — La Commission de contrôle a pour objet de veiller à la bonne gestion financière des divers services de la Confédération.

Les résultats de ces opérations sont consignés dans un rapport d'ensemble qui est soumis au Comité Confédéral et adressé à chaque Syndicat confédéré un mois avant le Congrès confédéral.

Commission des conflits.

Art. 14. — Tout différend ou conflit qui s'élèverait :

1° Entre Syndicats, ou entre Syndicats et une ou plusieurs Fédérations et Unions ;

2° Entre Fédérations et Unions ;

3° Entre diverses Fédérations ou Unions, sera examiné et tranché par voie d'arbitrage.

A cet effet, au sein de la Commission Administrative, une Sous-Commission de dix membres sera désignée, permettant aux parties en conflit de choisir chacune deux représentants arbitres respectifs.

La Commission Administrative choisira un tiers arbitre pour connaître et rapporter le conflit.

Les conclusions établies pour chacun des différends seront soumises à l'approbation de la Commission Administrative et, ainsi adoptées, deviendront la règle pour les parties intéressées.

Si les parties intéressées ou une seule d'entre elles, n'acceptent pas ces conclusions, elles pourront faire appel devant le Comité Confédéral National.

CHAPITRE III

Cotisations.

ART. 15. — Pour permettre à la Confédération Générale du Travail d'assurer ces divers services, les Fédérations et les Unions sont tenues de verser une cotisation mensuelle représentée par des timbres mobiles dont le taux sera fixé par le Congrès.

Sans cotisation supplémentaire, tous les Syndicats, Fédérations et Unions auront droit au service gratuit de la revue confédérale *La Voix du Peuple*.

ART. 16. — Dans le but de faciliter le contrôle des cotisations payées par chaque organisation, les Fédérations et les Unions devront adresser tous les ans, au 31 janvier, leurs rapports financiers de l'année, arrêtés au 31 décembre, au Bureau Confédéral.

ART. 17. — Un prélèvement de tant pour cent sera opéré sur les cotisations confédérales et suivant les indications du Comité Confédéral National, pour assurer le fonctionnement du viaticum régi par règlement spécial.

CHAPITRE IV

Action confédérale. — Fédérations d'industrie.

ART. 18. — Ne peuvent être admises au sein de la Confédération Générale du Travail que les Fédérations d'industrie constituées conformément aux résolutions des Congrès confédéraux et aux présents statuts.

ART. 19. — Les Fédérations d'industrie ont leur pleine autonomie administrative. Elles fixent leurs cotisations selon les services (caisse de chômage, de grève, sou du soldat, etc.) qu'elles auront constitués dans leur sein par décision de leur Congrès.

ART. 20. — Ces Fédérations conservent au sein de la C. G. T. leur complète indépendance d'action : elles peuvent, sans l'autorisation de cette dernière, décider toute action corporative qu'elles jugeront utile.

Unions départementales ou interdépartementales.

ART. 21. — S'inspirant des indications données par le Congrès du Havre (1912), la C. G. T. n'admettra dans son sein qu'une Union de Syndicats divers par département.

Ces Unions devront limiter leur champ de recrutement aux limites des départements et ne pourront, sans l'assentiment du Comité Confédéral, se grouper entre elles.

Les Unions départementales dont l'effectif serait inférieur à 1.200 membres pourront être rattachées aux Unions voisines.

ART. 22. — La plus large autonomie administrative est laissée aux Unions, comme aux Fédérations nationales. Leurs statuts et les décisions de leurs Congrès doivent être appliqués par tous les Syndicats adhérents. Ils ne peuvent contenir aucune disposition contraire aux statuts confédéraux.

ART. 23. — Les Unions ont le devoir de constituer, partout où il leur sera possible, des Unions locales, auxquelles les Syndicats devront obligatoirement adhérer, à moins que le siège du Syndicat ne soit trop éloigné de l'Union locale la plus voisine.

Art. 24. — Les Unions sont des filiales de la C. G. T. Leur secrétaire, délégué au Comité Confédéral National, est le représentant officiel de la C. G. T. dans le département.

Art. 25. — Les Unions sont chargées d'appliquer les décisions des Congrès confédéraux dans leur département.

Vis-à-vis de la C. G. T., leur rôle est essentiellement administratif, et leurs fonctions sont déterminées par leurs propres statuts construits sur un type unique, s'appliquant à toutes les Unions.

Art. 26. — Le représentant de l'Union au Comité Confédéral National est un administrateur de la C. G. T. Comme tel, avec ses collègues des autres Unions et des Fédérations nationales, il administre l'organisme central de la classe ouvrière. Il recherche avec eux les moyens les meilleurs de mettre en application les décisions prises par la majorité dans les Congrès confédéraux. Il rend compte au Comité Confédéral de l'accomplissement de son mandat dans son Union.

Grèves.

Art. 27. — Le Syndicat local a la direction de la grève corporative lorsqu'elle est limitée à son industrie particulière.

Le Syndicat informe sa Fédération nationale, son Union locale et son Union départementale ou interdépartementale des pourparlers préliminaires au combat et de la cessation du travail.

Si la grève doit être étendue à d'autres localités et dans la même industrie, cette décision sera prise en accord avec la Fédération intéressée.

Art. 28. — Le concours des délégués de la C. G.. T. ne pourra être apporté qu'à la demande des Fédérations engagées dans les conflits corporatifs.

Art. 29. — En aucun cas, la grève corporative ne pourra être détournée de son but, c'est-à-dire des revendications posées, par l'intermédiaire des organisations appelées à la diriger et à la soutenir.

Les mouvements de soutien et de solidarité destinés à donner plus de force et d'éclat à la grève corporative ne pourront pas modifier l'objectif à atteindre.

Art. 30. — La Fédération nationale possède la direction de la grève générale corporative étendue à l'ensemble de son industrie. En cas de conflit de cette importance, elle doit obligatoirement en informer la Commission Administrative et, autant que possible, avant l'abandon du travail.

Art. 31. — Si la Commission administrative de la C G. T., après examen, considère qu'une grève générale d'une seule industrie peut entraîner d'autres corporations et créer une situation grave dans le pays, elle décide de consulter immédiatement les Fédérations nationales intéressées ; elle invite les dites Fédérations à réunir d'urgence leurs Comités fédéraux nationaux ; elle décide également la convocation du Comité Confédéral National.

Art. 32. — A l'effet d'appuyer leur mouvement de grève générale corporative étendue à l'ensemble d'une industrie, les Fédérations nationales pourront saisir la Commission Administrative de la C. G. T. de toute proposition de grève généralisée à plusieurs ou à l'ensemble des industries.

Mais, à l'appui de leur proposition, elles auront à faire preuve du caractère effectif de leur propre mouvement.

Art. 33.. — Seul, le Comité Confédéral National a pouvoir d'examiner et de décider sur toute proposition de grève générale englobant toutes les industries.

Pour qu'une décision de grève générale de toutes les industries soit effective, elle doit réunir, au sein du Comité Confédéral National, les deux tiers des voix des Fédérations représentées, en se basant sur leur importance numérique et le caractère de leur industrie.

Dans cette majorité, devront figurer les industries qui, par leur influence dans l'activité nationale, sont susceptibles de rendre la grève générale effective.

CHAPITRE V

Dispositions administratives.

Art. 34. — Seules, les organisations remplissant les conditions prescrites à l'article 3 des présents statuts auront droit à la marque distinctive appelée *Label Confédéral*.

Art. 35. — Toute organisation, Union ou Fédération, qui, au 1er février de chaque année, n'aurait pas demandé de timbres au Bureau Confédéral, sera considérée comme démissionnaire, après lettre-avis restée sans effet et décision prise par le Comité Confédéral National.

La carte confédérale et le double timbre sont obligatoires et doivent être délivrés par tous les Syndicats confédérés à leurs adhérents.

Art. 36. — Se placeront en dehors de la C. G. T. les organisations qui donneront leur adhésion à des groupements fonctionnant en opposition avec les statuts confédéraux et avec les organismes réguliers de la C. G. T.

A l'effet de reconstituer l'Union ou la Fédération démissionnaire, le Comité Confédéral National pourra convoquer un Congrès des Syndicats désireux de rester confédérés.

Art. 37. — Pour tous les cas non prévus aux présents statuts, la radiation ne pourra être prononcée que par un Congrès. Toutefois, dans une circonstance grave, le Comité Confédéral National peut prononcer la suspension de l'organisation incriminée jusqu'au Congrès suivant qui prononcera définitivement. Les cotisations versées par les organisations démissionnaires ou radiées resteront acquises à la Confédération.

Art. 38. — Les délégués au Comité National sont tenus d'assister régulièrement aux séances pour lesquelles ils sont convoqués, dans l'intérêt même des organisations qu'ils représentent.

Lorsqu'un délégué aura manqué à une réunion du Comité National, sans excuse, le Bureau s'informera des raisons de cette absence auprès de l'organisation intéressée.

Les procès-verbaux de chacune des séances du Comité National donneront les noms des organisations représentées, excusées ou absentes.

La revue *La Voix du Peuple* donnera un compte rendu analytique de ces réunions.

CHAPITRE VI

Congrès et divers.

Art. 39. — La Confédération organise tous les deux ans, vers le mois de septembre, un Congrès national du Travail, auquel sont invitées à prendre part les organisations adhérentes à la Confédération.

L'ordre du jour de ces Congrès sera établi par les soins du Comité Confédéral et adressé, au moins deux mois à l'avance, aux organisations confédérées, après les avoir consultées.

Le Comité Confédéral National peut déléguer partie de ses pouvoirs aux organisations confédérées ayant leur siège dans la ville où se tiendra le Congrès, sous réserve qu'il sera assuré que cette ville possède les éléments nécessaires.

Ne pourront assister au Congrès que les organisations ayant rempli leurs obligations envers la Confédération Générale du Travail, c'est-à-dire seront adhérentes depuis un an à la Fédération nationale de leur industrie et à leur Union.

Art. 40. — La Confédération Générale du Travail préparera, pour chaque Congrès, sur sa gestion, des rapports moraux et financiers qui seront soumis à l'approbation du Congrès.

Ces rapports seront envoyés au moins un mois à l'avance aux organisations syndicales.

Art. 41. — Le compte rendu du Congrès sera publié sous la responsabilité de la Confédération Générale du Travail.

Un duplicata de la minute sténographique, les rapports des organisations et des Commissions, ainsi que les propositions déposées sur le Bureau seront versés aux archives de la Confédération.

Art. 42. — Chaque organisation représentée au Congrès n'aura droit qu'à un nombre de voix proportionné au nombre de ses cotisants, en prenant comme base les cotisations perçues pendant l'année précédant le Congrès.

En cas de différence entre la moyenne des timbres pris dans l'année à la Fédération et à l'Union, le chiffre inférieur sera retenu. La commission des mandats statuera sur les cotisations.

Les syndicats ayant de 7 à 50 membres disposeront de 1 voix.

Les syndicats ayant de 51 à 100 membres disposeront de 2 voix.

Les syndicats ayant de 101 à 250 membres disposeront de 3 voix.

Les syndicats ayant de 251 à 500 membres disposeront de 4 voix.

Les syndicats ayant de 501 à 1.000 membres disposeront de 5 voix.

Les syndicats ayant plus de 1.000 adhérents auront droit à une voix supplémentaire par 2.000 cotisants ou fraction de 2.000.

Art. 43. — Les syndicats dont le nombre d'adhérents serait au-dessous de 7, ne pourront prendre part au vote sur les diverses questions soumises à l'examen du Congrès.

Art. 44. — Chaque délégué ne pourra représenter que dix syndicats au maximum.

Les délégués au Congrès ne pourront y représenter que des syndicats appartenant à la Fédération ou à l'Union départementale à laquelle ils appartiennent eux-mêmes.

Les mandats parvenus après la première journée ne pourront être validés.

Art. 45. — Les Unions, de même que les Fédérations, pourront tenir des conférences particulières après chaque Congrès et Comité National.

L'ordre du jour de ces conférences sera établi par la C. A.

CHAPITRE VII

Propagande.

Art. 46. — Les demandes de délégations aux Congrès départementaux ou fédéraux seront adressées au Bureau Confédéral qui les soumettra à la Commission Administrative pour la désignation du délégué. En cas d'urgence, le Bureau Confédéral fera le nécessaire.

Art. 47. — Les tournées de propagande générales organisées par la C. G. T. et préparées par les soins du Bureau Confédéral, sont soumises à l'appréciation de la Commission Administrative et les délégués désignés par elle.

Art. 48. — Pour augmenter le recrutement et l'éducation syndicaliste, pourront être adjoints au Bureau Confédéral des délégués à la propagande.

Ces délégués devront ête syndiqués depuis cinq ans. Ils seront désignés, et leur nombre sera fixé par le C. C. N.

Ils seront placés sous le contrôle de la C. A. et du Bureau de la C. G. T.

Les délégués à la propagande devront toujours se conformer aux résolutions adoptées par les Congrès confédéraux et fédéraux.

Dans l'exercice de leurs fonctions, ils ne pourront donc, en aucun cas, faire prévaloir leurs conceptions personnelles.

Art. 49. — Pour éviter tout conflit entre diverses organisations, il ne sera pas répondu aux demandes d'orateurs qui n'émaneraient pas, soit de la Fédération, soit de l'Union intéressée, qu'il s'agisse de réunions de propagande ou de Congrès départementaux, interdépartementaux ou fédéraux.

CHAPITRE VIII

Siège. — Modifications. — Dissolution.

Art. 50. — Le siège de la Confédération Générale du Travail est fixé à Paris, 211, rue Lafayette.

Art. 51. — Les présents statuts ne peuvent être modifiés que par un Congrès, à condition que le texte des propositions de modifications ait été publié dans l'ordre du jour du Congrès.

Art. 52. — Les présents statuts ont été modifiés par le Congrès d'Amiens (1906), de Marseille (1908), du Havre (1912), de Paris (1918), les Comités Confédéraux Nationaux de décembre 1918 et de novembre 1920 et les Congrès de Paris (1923 et 1925).

**
**

REGLEMENT INTERIEUR

Article premier. — Le travail du Bureau de la C. G. T. est réparti de la façon suivante :

Le secrétaire général est chargé de diriger toute l'action confédérale ; il représente la C. G. T. à l'Internationale.

Le secrétaire administratif assure la liaison entre les différents services, l'administration du siège, et supplée, en cas d'absence, le secrétaire général.

Les deux secrétaires adjoints assurent respectivement les relations avec les Fédérations et les Unions.

ART. 2. — Les délégués à la propagande sont nommés sur décision du C. C. N. dans la limite des disponibilités financières. Ils visitent, selon un plan élaboré par la C. A., les différentes régions, y assurent l'exécution des décisions des Congrès et font rapport au siège de la C. G. T. de l'état des régions, industries, forces des organisations, etc. Une militante sera, dès que possible, nommée à la délégation permanente et chargée plus particulièrement de visiter les centres où la main-d'œuvre féminine est employée.

ART. 3. — Le Bureau Confédéral coordonne les renseignements reçus et la C. A. organise la propagande. Les Fédérations seront informées des tournées faites sous les auspices de la C. G. T. De même, elles aviseront la C. G. T. des tournées qu'elles organisent, afin que les déplacements puissent rendre, par une utilisation réciproque, le maximum de résultats. Les tournées seront indiquées chaque semaine par le journal *Le Peuple.*

Le Bureau Confédéral assure, par voie de délégation, l'administration et la direction politique du journal *Le Peuple.*

Le Bureau développe la documentation et la bibliothèque.

Il document les militants, soit par des brochures, des ouvrages ou par *La Voix du Peuple.*

Utilisant les circonstances, il organise des semaines d'agitation et de propagande sur des sujets d'actualité, et les prépare par des campagnes d'affiches et de presse.

Enfin, il étudie les moyens d'éducation des militants et des syndiqués.

Confédération Générale du Travail

Congrès Confédéral

1925

COMPTE RENDU DES DÉBATS

du XXIVᵉ Congrès National Corporatif
(XVIIIᵉ de la C. G. T.)
tenu à Paris, salle Japy
du 26 au 29 Août 1925

Édition de la
Confédération Générale du Travail
211, rue Lafayette, Paris (10ᵉ)
Téléphone : NORD 93-26 et 93-27

CONGRÈS CONFEDÉRAL

tenu à Paris

les 26, 27, 28 et 29 Août 1925

ORDRE DU JOUR :

Discussion des rapports moral et financier ;

Le salaire (modes de rémunération, primes, etc.).

Les lois sociales :

    Assurances sociales ;

    Journée de huit heures ;

    Accidents du travail ;

    Inspection du travail ;

La main-d'œuvre étrangère ;

La réforme de l'enseignement ;

Le contrôle ouvrier ;

Les vacances payées ;

Modifications aux statuts (timbre unique, etc.) ;

Questions diverses.

Les rapports préalables sur toutes ces questions ont été publiés dans *La Voix du Peuple*, Bulletin Officiel de la C. G. T., numéro de Juillet-Août 1925.

CONGRES CONFÉDÉRAL

TENU A PARIS

Les 26, 27, 28 et 29 Août 1925

MERCREDI 26 AOUT

Séance du Matin

JOUHAUX. — Nous allons ouvrir le Congrès et donner la présidence, comme c'est d'usage, à nos camarades de l'Union des Syndicats de la Seine. Comme président, notre camarade Guiraud, comme assesseurs, les camarades Capocci et Dupont.

Je ne pense pas qu'il y ait d'objections à la constitution de ce Bureau.

Je prie donc le Bureau de vouloir bien prendre place.

DISCOURS D'OUVERTURE

GUIRAUD. — L'Union des syndicats confédérés de la région parisienne est heureuse de souhaiter la bienvenue aux représentants de tous les syndicats français qui ont conservé leur inaltérable fidélité à notre C. G. T.

L'Union des syndicats confédérés se tourne vers les représentants de l'Internationale syndicale, vers tous les délégués étrangers et leur adresse son bien fraternel salut.

Ce Congrès va revêtir une importance toute particulière.

Il marque la date anniversaire que nous devons célébrer : la *trentième année* d'existence de la Confédération Générale du Travail.

Trente années de bataille, trente années de vie fiévreuse au cours desquelles les travailleurs ont tenté de réaliser le programme des réformes que, dès 1895, les Congrès confédéraux ont élaboré.

Dans cette salle, il est des camarades qui ont vécu ces époques. Ils savent avec quelle continuité de pensée et d'action notre syndicalisme a persévéré dans cette tâche à travers les années.

On peut diviser ces trente années en quatre époques.

Mais, avant de faire cet examen rétrospectif, avant que, d'une façon succincte, j'en rappelle les principaux points, permettez-moi de prononcer un nom, de rendre hommage à la mémoire de l'homme qui

le portait, et regrettons ensemble qu'il ne soit pas parmi nous pour
fêter le trentenaire de cette C. G. T. qui est un peu son œuvre :
Pelloutier.

Serait-il superflu d'y associer le nom d'autres militants ayant fait
époque et qui, eux aussi, sont disparus : Victor Griffuelhes, Keufer,
Renard.

Et encore, hélas ! au cours de ces dernières années, nous avons eu
la douleur de perdre de bons militants. Avouons qu'au lendemain de
leur disparition, la Confédération s'est trouvée amputée, du fait de la
perte de précieux éléments.

Aussi nous adressons un hommage à la mémoire de Moulinié, de
Gauthier, d'André Dumercq. A Merrheim, que nous pouvons hélas !
considérer comme perdu pour nous, nous envoyons notre souvenir.

« La Commission d'organisation a pensé qu'il était des militants
qui ont quitté le mouvement syndical pour des raisons indépendantes
de leur volonté, mais qui ne lui sont pas moins restés chers. Pour leur
exprimer nos sentiments, nous avons cru devoir insister, auprès d'eux
pour qu'ils participent à ces assises.

« Bourderon, le vieux militant du tonneau; Besombes, le vieux militant des travailleurs municipaux, Bled, Lefebvre, anciens secrétaires
de l'Union des syndicats à des époques différentes. Nous leur adressons
l'assurance de nos sentiments de fraternité en demandant à Dumoulin,
dont le départ fut regretté de tous, d'en accepter une large part ».

« Je disais donc que les trente années de lutte du syndicalisme français pouvaient se diviser en quatre époques :

« *Première époque* : 1895 à 1900. — La C. G. T. est dans sa période
d'organisation. Les syndicats sont groupés dans deux organismes centraux qui n'ont pu réaliser leur unité administrative. C'est la mise en
valeur, avec quelque peu de confusion, par le moyen de résolutions et
d'ordres du jour, de principes de justice, de bien-être dans les conditions de travail et d'existence.

« C'est la recherche d'une meilleure organisation économique avec
une pensée ardente qui se projette dans tous les détails de la vie sociale,
provoquant un entraînement remarquable par la force des convictions
et l'exemple du désintéressement.

« *Deuxième époque* : 1900 à 1914. — Les Fédérations d'industries
et les Bourses du Travail ont réalisé leur unité au sein de la Confédération Générale du Travail.

« Le mouvement ouvrier se détache bien avant le Congrès d'Amiens
(1906) des partis politiques. Il entend conserver sa complète autonomie.

« Il envisage les influences extérieures au syndicalisme et au travail
proprement dit, qui peuvent s'exercer sur lui, et il prend des mesures
pour s'en garder.

« *Troisième époque* : 1914 à 1920. — La guerre. Epoque de senti-
mentalisme où tous les intérêts particuliers disparaissent devant l'intérêt
général qui devait servir de couverture aux ignobles appétits des spécu-
lateurs et des mercantis.

« Tous les militants font de leur mieux pour apporter du soulagement matériel et un réconfort moral aux misères des familles des mobilisés.

« Des grèves éclatent. Les syndicats patronaux acceptent de discuter avec les syndicats ouvriers. Les méthodes d'action ouvrière s'en ressentent. Les travailleurs font preuve de beaucoup de ténacité et de volonté et agissent avec calme et dignité.

« L'organisation ouvrière, la Confédération Générale du Travail, donne à tous l'impression profonde d'une force trempée au feu des expériences sociales et maîtresse de sa raison pour conduire le prolétariat à ses destinées de mieux-être et faire que l'humanité se réconcilie enfin avec elle-même.

« Les travailleurs veulent réaliser la justice sociale. Ils s'aperçoivent enfin que le travail est la seule souveraineté qui existe au-dessus de toutes les frontières.

« Réaliser tout de suite la justice sociale dans la production, c'est obtenir des salaires pour assurer à sa famille une existence moins précaire et digne après une journée de travail, une journée normale de labeur : *la journée de huit heures.*

« En 1919, tous les travailleurs, à flots pressés, envahissent les syndicats. La bourgeoisie, apeurée, craint que des comptes sévères ne lui soient demandés.

« Le patronat observe, prêt à faire la part du feu, contraint de donner quelques satisfactions à la grande masse des travailleurs groupés dans les syndicats. Il fait appel aux grandes Fédérations nationales ouvrières d'industrie pour rechercher, en dehors des organismes gouvernementaux, les modalités d'application de la journée de huit heures, qui n'était encore que soumise à l'examen du Parlement.

« *Quatrième époque :* 1920 à 1925. — La Confédération Générale du Travail a atteint une puissance inespérée.

« Deux millions de cartes confédérales réparties à travers le pays par près de cinq mille syndicats.

« Les Fédérations sont toutes puissantes : le Comité des forges discute avec la Fédération des métaux qui groupe 250.000 adhérents.

« La Fédération nationale des entrepreneurs du bâtiment est contrainte de tenir compte de l'existence de la Fédération ouvrière de cette industrie.

« Les cheminots imposent aux gouvernements et aux Compagnies le vote et la mise en application d'un règlement qui grandit l'autorité de l'organisation, à tel point que le droit de contrôle sur tout ce qui intéresse le travail dans les dépôts, dans les ateliers, dans les gares, n'est plus contesté aux travailleurs du rail.

« Mais la C. G. T. elle-même ne peut résister aux exigences de ses adhérents dont les huit dixièmes sont nouvellement inscrits dans les syndicats.

« Venus à l'organisation avec le seul espoir d'obtenir immédiatement des améliorations à leurs conditions d'existence, ces hommes sont dominés par des personnalités dont l'impétuosité masque mal leur désir de diriger le mouvement ouvrier.

« En mai 1920, la Confédération Générale du Travail dut se lancer dans un mouvement dont la préparation était incomplète et dont les revendications étaient encore incomprises par l'opinion publique.

« Elle prit pleinement la responsabilité du mouvement, ce qui n'empêcha pas la calomnie de faire son œuvre.

« La dissolution de la C. G. T. fut prononcée par le tribunal correctionnel.

« Le bilan de cette grève fut douloureux : 25.000 cheminots révoqués, des milliers d'ouvriers de l'industrie privée, congédiés, persécutés par le patronat ou emprisonnés.

« Puis ce fut la campagne de dénigrement, de suspicions, dirigée contre les militants, la participation du Parti communiste à cette agitation, la constitution des comités syndicalistes (C. S. R.) à l'intérieur des Fédérations, des Unions départementales, des syndicats.

« Durant deux années, les militants vécurent dans cette atmosphère de défiance.

« Puis ce fut la scission.

« Aujourd'hui la C. G. T. a repris sa marche ascendante.

« Les Unions départementales ont été reconstituées, les Fédérations ont repris leur activité.

« L'Union des syndicats de la Seine, la plus battue en brèche, compte 55.000 adhérents. Elle a, à son actif, depuis sa reconstitution, une action virile dont ses militants sont heureux et fiers.

« La C. G. T., agissant avec fermeté, a obtenu des pouvoirs publics la constitution du Conseil économique national et d'un Conseil national de la main-d'œuvre.

« Les représentants de la C. G. T. qui participent au fonctionnement de l'un et de l'autre de ces deux conseils ont le réel souci de défendre les intérêts des travailleurs, en tenant compte des résolutions adoptées dans les Congrès et Comités, nationaux. Soyons heureux de constater que ce sont les points de vue confédéraux qui ont prévalu au sein des commissions.

« Essayons aussi de renforcer l'indépendance du mouvement ouvrier; pour cela n'oublions jamais que la Confédération Générale du Travail est majeure, qu'elle est forte de la volonté qu'elle est capable d'affirmer et que nous lui devons notre confiance dans les sentiments de sincérité qu'elle exhale.

« Déclarons qu'elle doit toujours écarter les influences politiques, d'où qu'elles proviennent.

« Camarades, ce Congrès marquera une époque historique qui raffermira dans vos cœurs de militants, les sentiments de solidarité et de confiance. Et nous poursuivrons notre route vers la transformation sociale et notre cher idéal de paix et de réconciliation des peuples, dont nulle plus belle image ne peut être offerte à vos yeux que le groupe « Réconciliation »; qui est l'œuvre d'un grand pacifiste, aujourd'hui parmi nous.

« Je m'excuse maintenant auprès des organisations qui ont compté dans leurs rangs des militants disparus dont j'aurais oublié les noms. Beaucoup, tels que Renard, du Textile et Guérard, des Chemins de fer, auraient également mérité d'être cités. Nous les joignons tous dans notre souvenir reconnaissant. » (*Applaudissements.*)

JOUHAUX. — Camarades! Après le discours de notre camarade Guiraud, je ne veux ajouter que quelques mots. Au moment où je parle, repassent en moi les divers événements qui se sont succédés depuis la sortie de la grande tourmente, je dois dire que ce Congrès, par l'ampleur qu'il revêt, rappelle le Congrès de Lyon, où les délégués des organisations syndicales françaises étaient venus nombreux pour affirmer leur volonté de reconstituer le mouvement ouvrier, non seulement sur le terrain national, mais aussi sur le terrain international. Et ce m'est une grande satisfaction de pouvoir, aujourd'hui, saluer devant vous, les représentants des mouvements ouvriers frères des autres pays.

Jamais, dans aucun de nos Congrès, la représentation ouvrière étrangère n'a été aussi nombreuse.

Il y a ici, représentées, d'abord la Fédération Syndicale Internationale, par notre camarade Oudegeest. (*Applaudissements.*)

L'Allemagne, par notre camarade Grassmann. (*Applaudissements.*)

L'Autriche, par notre camarade Schorsch. (*Applaudissements.*)

La Belgique, par nos camarades Solau et Bondas. (*Applaudissements.*)

Le Canada est représenté par notre camarade Marsh. (*Applaudissements.*)

L'Espagne, par notre camarade Caballero. (*Applaudissements.*)

La Hollande, par notre camarade Kuypers. (*Applaudissements.*)

L'Italie, par notre camarade d'Aragona. (*Applaudissements.*)

Le Luxembourg, par notre camarade Krier. (*Applaudissements.*)

La Pologne, par nos camarades Zulawski et Stanseky. (*Applaudissements.*)

La Roumanie, par notre camarade Flueras. (*Applaudissements.*)

La Suisse, par notre camarade Schurch. (*Applaudissements.*)

La Suède, par nos camarades Johansen, Bergmann et Backlund. (*Applaudissements.*)

La Tchéco-Slovaquie, par notre camarade Viktoria et notre camarade Neumann. (*Applaudissements.*)

Et enfin, à côté d'eux, tous ceux qui ont voulu assister au Congrès fédéral et qui ont en même temps voulu rester au Congrès confédéral pour témoigner de la sympathie qu'apportent dans tous les pays, les travailleurs de toutes les professions à l'action du mouvement ouvrier. (*Applaudissements.*)

Camarades, je vous salue! Vous savez combien l'action de la C. G. T. a été mêlée intimement à l'action de la Fédération Syndicale Internationale. S'il y a eu des coups à recevoir dans notre mouvement ouvrier, il en a été de même dans la Fédération Syndicale Internationale, et les mêmes batailles d'indépendance, de clairvoyance, de volonté et d'affirmation en faveur du bien-être et de la liberté ouvrière, ont été à la fois le terrain de la Confédération Générale du Travail et le terrain de la Fédération Syndicale Internationale d'Amsterdam. (*Applaudissements.*)

A elle, nous sommes liés, non seulement par la pensée, mais nous sommes liés par toutes les fibres de nous-mêmes, et jamais nous n'accepterons, pour aucune raison, de rompre les liens qui nous associent à son action. (*Applaudissements.*)

Je souhaite la bienvenue aux délégués, je leur dis : Vous êtes ici chez vous; vos douleurs, nous les avons partagées, d'Aragona et Caballero, vos espérances, nous les vivons et s'il faut un peu de notre activité et de notre sacrifice pour faire rayonner à nouveau la liberté sur vos peuples et sur vos camarades, les sacrifices vous les obtiendrez de nous, à l'heure que vous nous désignerez. (*Applaudissements.*)

Partageant les luttes des travailleurs dans tous les pays, les mauvais moments qui peuvent nous étreindre, ne nous empêchent pas de diriger constamment nos regards vers les autres pays, pour puiser dans la pensée internationale, la force de réagir au milieu de nos circonstances et à travers nos tourmentes.

Je souhaite, pour ma part, que la cité parisienne se pare de sa belle lumière pour que vous puissiez la voir complètement, la voir comme elle est, elle-même, non pas la cité du luxe, non pas la cité des plaisirs, mais la cité de la pensée, la cité du travail et la cité révolutionnaire. (*Applaudissements.*)

Paris vous reçoit en même temps que la France ouvrière vous acclame. Elle vous dit, cette France ouvrière, la sympathie ardente qui la lie à vous, les liens indestructibles que la guerre elle-même n'avait pas pu rompre. Elle vous dit, cette classe ouvrière, associée à vous hier, à vous aujourd'hui, nous serons associés demain jusqu'à ce que soit réalisé le symbole de ce groupe, c'est-à-dire que les peuples, dans un baiser fraternel, écartant les guerres, hissent le pavillon de la civilisation universelle. (*Applaudissements.*)

Le Président. — La parole est à Lenoir.

Lenoir. — Camarades, il s'agit maintenant de constituer le Congrès.

La Commission Administrative de la C. G. T. a pensé qu'il était utile d'abréger les travaux un peu fastidieux de la vérification des mandats, en constituant une Commission de dix membres chargée d'opérer la discrimination entre les mandats qui ne nécessitaient aucune discussion et mettre de côté les mandats qui peuvent être contestés.

Cette Commission s'est réunie hier et a vérifié la plupart des mandats.

Cette Commission était composée des camarades : Roux, Mailly, Lafaye, Huyghe, Trivery, Milan, Gras, Capocci, Delerue et Vivier-Merle.

Il est incontestable que cette désignation ne retire aucun droit au Congrès de désigner une nouvelle Commission de vérification des mandats. En tout cas, celle-ci aura son travail avancé énormément, et nous pensons que dans quelques heures, elle arrivera facilement à constituer effectivement le Congrès.

Il appartient au Congrès de savoir s'il juge utile de maintenir à cette Commission ses pouvoirs, c'est-à-dire qu'elle puisse continuer ses travaux, ou d'y adjoindre soit d'autres éléments, soit de la remplacer complètement.

Je demande au Congrès de se prononcer sur ce point.

Le Président. — Vous avez entendu les noms indiqués par Lenoir pour la Commission de vérification des mandats. Voyez-vous l'utilité d'y ajouter d'autres membres ou de la conserver telle?

(Aucune proposition n'étant formulée, la Commission reste donc ainsi constituée).

Lenoir. — Nous avons prévu à la Commission Administrative que les travaux du Congrès d'aujourd'hui pourraient se passer avec la même méthode que celle employée au Congrès de 1923, c'est-à-dire de pratiquer le système des Commissions.

Si le Congrès est de cet avis, cela nous permettra de nous prononcer très rapidement sur les questions secondaires et d'avoir du temps très précieux pour examiner les problèmes nouveaux.

Nous demandons donc au Congrès s'il accepte cette méthode de travail qui a donné de bons résultats il y a deux ans...

Puisqu'il en est ainsi, les camarades voudront bien s'inscrire sur les feuilles qui sont réparties sur les tables et distribuées à l'entrée, en indiquant sur une seule feuille la Commission à laquelle ils désirent appartenir. Cette indication ne signifie pas que les congressistes ne peuvent faire partie que d'une seule Commission; pour faire partie de plusieurs Commissions, ils doivent prendre une feuille pour chacune d'elles et les remettre au Bureau.

Nous considérons que s'il en est ainsi décidé, le Congrès pourra se réunir cet après-midi, à l'heure normale et pendant quelque temps, simplement pour entendre le résultat de la Commission de vérification des mandats et constituer définitivement le Congrès. Ensuite, les Commissions pourront se réunir; comme nous connaîtrons l'importance de chacune au point de vue numérique, nous pourrons leur indiquer les salles qui leur sont destinées.

Le Président. — Nous sommes d'accord? Pas d'opposition à cette méthode de travail?

Chaque camarade devra donc choisir une Commission; ensuite nous centraliserons les feuilles.

Lenoir. — Il est certain que, dans la période actuelle, nous avons des gestes de sympathie et de solidarité à affirmer. Nous considérons qu'en raison des circonstances, qu'en raison des événements et des conflits qui se déroulent en ce moment, il y aura lieu que le Congrès tienne compte qu'il ne peut pas se réunir, parler au nom de tout le mouvement syndical français et ne pas faire un geste assez considérable de sympathie et de solidarité à l'égard de ces grèves.

Les mesures que nous proposerons, que nous demanderons au Congrès d'examiner, nécessitent, je pense, en raison même de leur importance, que le Congrès soit définitivement constitué, et nous penserons, cet après-midi, lorsque nous nous réunirons, à ce geste de sympathie et de solidarité qui s'impose aujourd'hui. (*Applaudissements.*)

Le président lève ensuite cette première séance après avoir donné aux Congressistes un certain nombre d'indications nécessaires au bon ordre matériel du Congrès.

Séance de l'après-midi

Avant de reprendre les travaux du Congrès, le Président ajoute aux explications déjà données à la séance du matin, un certain nombre de renseignements pratiques utiles aux délégués pour faciliter leur séjour à Paris. Il termine cette introduction en adressant le salut du Congrès aux représentants du Syndicat national des Instituteurs qui viennent de faire leur entrée dans la salle. Le Congrès accueille cette dernière partie des paroles du président par de vifs applaudissements.

Avant de donner la parole à notre camarade Roux, je tiens à saluer l'entrée, à notre deuxième séance, de nos camarades instituteurs. (*Applaudissements.*) Nous leur devons cette marque de sympathie, et qu'ils veuillent bien recevoir l'expression de nos sentiments fraternels. (*Applaudissements.*)

Roux (Cuirs et Peaux). — Au nom de la Commission de Vérification des mandats, je tiens à vous faire connaître, qu'à l'heure actuelle, il y a exactement 1.728 syndicats qui sont représentés au Congrès. (*Applaudissements.*) A cette liste, il y a lieu d'ajouter trente-six Fédérations, un Syndicat national, celui des Instituteurs, et quatre-vingt cinq Unions départementales. (*Applaudissements.*)

Sur cette liste, il y aura lieu d'ajouter, lorsque tout à l'heure nous appellerons quelques secrétaires d'Unions départementales et de Fédérations pour régulariser les mandats, ceux qui viendront par la suite et ceux qui restent incomplets, en raison de l'absence du timbre.

Je vous demanderais, comme il n'y a qu'un seul syndicat dont le mandat est contesté, par l'organe de notre Président, de ratifier la validation des mandats et je vous donnerai connaissance ensuite du seul mandat qui est contesté par l'Union des Syndicats de la Seine.

Le Congrès approuve à l'unanimité ce premier rapport de la Commission des mandats.

Le camarade Roux annonce ensuite que le seul mandat contesté est celui du Syndicat des Produits chimiques de la Seine; auquel l'Union de la Seine a refusé l'apposition du timbre. Il annonce ensuite les noms des organisations qui doivent se présenter à la Commission des mandats pour faire régulariser leur situation.

Au nom du Syndicat des Produits chimiques de la Seine, le camarade Loze demande au Congrès la liberté d'expliquer son cas :

Nous avons été exclus de l'Union des Syndicats de la Seine, camarades, pour la raison suivante : Nous avons refusé, et j'ajoute que nous refusons encore de donner les noms et les adresses des membres de notre Conseil syndical à l'Union départementale, estimant que c'était une atteinte à la liberté des syndicats, à leur autonomie et que.....

A partir de ce moment le camarade Loze poursuit sa protestation au milieu des interruptions. Des délégués lui font remarquer que toutes les Unions réclament les mêmes renseignements et que les syndicats les fournissent même à la Préfecture lorsqu'ils font leur déclaration de constitution.

Malgré ces interruptions, Loze continue au milieu du bruit en déclarant que la décision qui le concerne n'a pas été prise par l'Union dans les conditions statutaires, et en avertissant les syndicats de veiller à ne pas laisser développer, outre mesure, l'autorité des organisations centrales. Il ajoute aussi qu'il a vainement réclamé, à plusieurs reprises, l'intervention de la Commission des conflits de la C. G. T., mais que la C. G. T. a répondu qu'il n'y avait pas de conflit et que, par conséquent, son intervention n'était pas justifiée.

Le camarade Milan (chapeliers), demande au Congrès de renvoyer la question à l'examen de la Commission des mandats. Malgré les protestations de Loze le Congrès accepte alors une proposition de Jouhaux, tendant à désigner immédiatement une Commission de cinq membres qui devra entendre les deux parties.

JOUHAUX ajoute ensuite :

— Je veux soumettre au Congrès une proposition concernant la grève des Banques. Je n'ai pas besoin de faire un long exposé pour que les uns et les autres vous compreniez la gravité de la bataille engagée et la nécessité d'aboutir à un résultat effectif.

Il ne s'agit pas seulement de l'augmentation des salaires, il s'agit de la reconnaissance du droit syndical. Les employés de banque, comme tous les travailleurs, ont droit à constituer des organisations ouvrières il n'est pas possible qu'une oligarchie financière se place au-dessus de tout et au-dessus de tous pour leur méconnaître ce droit.

Le Congrès se doit d'affirmer sa sympathie et de proclamer sa volonté de voir respecter la liberté au droit syndical. (*Applaudissements.*)

Mais le Congrès ne peut pas borner là son acte de sympathie, la situation est grave. Les conditions d'existence des grévistes sont, à l'heure actuelle, des conditions difficiles. Il est un geste que le Congrès doit faire, c'est de matérialiser sa sympathie en apportant aux grévistes l'aide financière indispensable qui leur permettra de surmonter les difficultés actuelles.

Le Congrès se doit de faire ce premier geste et d'en appeler aux organisations syndicales tout entières, c'est pourquoi nous vous présentons l'ordre du jour suivant :

Le Congrès Confédéral adresse sa sympathie aux employés de banque et aux camarades postiers qui ont refusé de faire le travail supplémentaire que l'on voulait leur imposer, du fait de la grève des banques.

Le Congrès affirme sa solidarité totale avec eux, comme avec tous les travailleurs en lutte contre l'exploitation patronale.

Matérialisant son adresse de sympathie, le Congrès Confédéral vote l'obligation pour tous les délégués de verser au Trésorier de l'Union des Syndicats de la Seine, la somme de dix francs.

Le Congrès propose de lancer immédiatement à toutes les organisations confédérées, un appel pour un versement rapide d'une somme égale à une demi-journée de travail par syndiqué.

Les sommes seront centralisées par les Syndicats, par les Fédérations et par la C. G. T.

Le Congrès espère que tout le prolétariat de ce pays aura à honneur de remplir effectivement son devoir de solidarité. (Applaudissements.)

Le Président. — Camarades, on peut diviser l'ordre du jour en deux parties : voter d'abord sur la somme de dix francs que les congressistes devront verser pour les grévistes des banques.

Il n'y a pas d'objection? Je mets aux voix. Ceux qui sont partisans que tous les congressistes versent dix francs au bénéfice des employés de banque, le manifestent en levant la main.

(Adopté à l'unanimité moins deux voix).

Le Président. — La C.G.T. a déjà versé deux mille francs, l'Union des Syndicats de la Seine, mille. Les Fédérations, les Unions départementales, les Syndicats ont également versé de l'argent centralisé et à la C. G. T. et à l'Union. Nos camarades des banques eux-mêmes déclaraient dernièrement qu'ils étaient heureux de la solidarité confédérale. (*Applaudissements.*)

Je mets donc la deuxième partie de l'ordre du jour aux voix.

Biot (Eclairage). — Les délégués demandent si ces souscriptions seront remises au Comité central pour les grévistes de toutes les régions.

Le Président. — Je crois que nous pouvons répondre oui. Les syndicats confédérés ont centralisé les fonds au Syndicat des Banques de la Seine. Le bureau confédéral est d'accord pour qu'on verse directement au Comité national de la grève.

Tual (Employé de banque). — J'ajoute que nous avons prévu que nous pourrions apporter à nos camarades de province en grève, l'aide que nous aurions reçu nous-mêmes des organisations confédérées.

Le Président. — Je mets donc aux voix la deuxième partie de l'ordre du jour, tendant à organiser, au sein de tous les syndicats adhérents à la C. G. T., une demande à leurs adhérents d'une imposition d'une demi-journée de salaire. Je demande si les camarades ont des observations à formuler sur ce point.

Dhont (Métaux de Roubaix). — Je tiens à déclarer de suite au Congrès qu'il m'est impossible, à moi, de voter la proposition du Bureau confédéral. Je n'ai pas mandat pour engager mon organisation syndicale dans une question financière d'une telle importance.

Je tiens à vous dire de suite que si c'est une manifestation morale, faites-la, mais je dis que c'est du bluff et que vous ne réaliserez pas cette proposition.

Pacquet. — Je suis d'accord avec Dhont.

Galantus (Métaux de St-Claude). — Je voterais avec beaucoup de facilité la proposition qui nous est faite, avec la presque certitude que, dans notre région, si elle n'était pas suivie par l'unanimité, elle le serait par la majorité. Mais je ne la voterai pas, parce que j'ai souvenir du passé, et chaque fois que des propositions semblables d'imposition ont été formulées, je me suis élevé contre, parce qu'au lendemain de la proposition, les délégués qui l'avaient votée n'ont pas su se l'imposer.

Je crois qu'il serait préférable que l'imposition faite aux syndicats et aux syndiqués de verser une demi-journée de salaire, soit transformée et que les congressistes, l'ensemble des militants qui peuvent prendre une responsabilité pour eux-mêmes, prennent l'engagement de faire toute la pression nécessaire pour que la plus grande solidarité vienne à nos camarades de la Finance. (*Applaudissements.*)

Boulanger. — Au nom des syndicats de Calais, je ne puis pas accepter la proposition d'obligation pour la première raison, camarades, qu'à Calais nous sommes 65 % de chômeurs, principalement dans le textile. Mais néanmoins, et quoique nous ne puissions prendre l'engagement de voter l'obligation, nous pouvons tout de même envoyer dans les syndicats, comme cela se fait dans les grèves de longue durée, des demandes de versements de solidarité pour les camarades des Banques.

Vandeputte (Textile). — J'estime que cette partie de l'ordre du jour pourrait être acceptée, non pas sous forme d'une obligation, mais d'une façon pressante, et je crois que tous les congressistes seraient d'accord.

Dutailly (P.T.T.). — Camarades, je demanderai à ce qu'on ajoute à la proposition du camarade Galantus aquel je m'associe, que diverses sections syndicales ont déjà répondu à l'appel fait par nos camarades des banques, et je crois que la motion qui est présentée pourrait être modifiée en ce sens que les Syndicats, que les Fédérations doivent faire l'action nécessaire pour que des souscriptions soient lancées partout et auxquelles chacun versera suivant la possibilité de ses moyens; et à ce moment, il n'y aura pas une obligation qui risque d'aller à un fiasco. Il faut que nous demandions, tout simplement, un effort de solidarité, parce qu'il y a des sections qui ont déjà répondu aux appels de solidarité et la proposition faite viendrait en double. Je dis donc qu'il y a un engagement à prendre pour faire une pression auprès des Fédérations et des Syndicats afin de lancer dans tout le pays des listes de souscription en faveur de la grève des banques.

Jouhaux. — Camarades, je comprends très bien que lorsque l'on parle de matérialiser sa sympathie, cela soulève quelques difficultés. Je comprends très bien qu'il y ait des objections qui peuvent être soulevées, mais je voudrais au moins qu'avant de faire des objections, on ait entendu exactement le texte de la motion présentée. Le texte dit ceci : « Matérialisant son adresse de sympathie, le Congrès confédéral vote l'obligation pour tous les délégués... » L'obligation pour tous les délégués ici présents. Je ne pense pas que vous puissiez voter un autre texte en ce qui vous concerne.

« Le Congrès propose de lancer immédiatement à toutes les organisations confédérées, un appel pour un versement rapide d'une somme égale à une demi-journée de travail par syndiqué. Les sommes seront centralisées par les Syndicats, par les Fédérations et par la C. G. T. »

Il y a donc là l'appel aux organisations syndicales et il y a, dans cet appel, l'indication de la somme qui pourrait être versée, et il y a en même temps l'indication des moyens par lesquels les sommes pourront être rapidement perçues.

Camarades, il n'y a pas d'obligation à proprement parler dans cette seconde partie; il y a une décision du Congrès, invitant les organisations syndicales à faire rapidement cet acte de solidarité. Pourquoi vous demandons-nous de faire rapidement cet acte de solidarité? C'est que nous entrons dans la cinquième semaine de grève, c'est que les employés de banque n'ont pas de ressources devant eux; ils n'ont pas de réserves et le patronat de la Banque compte que, lundi prochain, premier septembre, les employés de banque lâcheront la lutte pour reprendre le travail.

Eh bien ! il faut faire l'impossible pour que cela ne puisse pas se réaliser et j'estime que ce n'est pas trop de demander à ceux qui représentent la classe ouvrière française de faire un effort pour que la grève ne finisse pas par une défaite. (*Applaudissements.*)

Le Président. — Je donne tout de suite la parole au camarade Tual, secrétaire de la Fédération de la Finance.

Tual. (Employés de Banque). — Camarades, je suis particulièrement fier de vous apporter ici le salut des cinquante-deux mille employés de banque en grève. (*Applaudissements.*)

Je remercie les représentants des organisations d'avoir écouté avec sympathie les propositions qui viennent de leur être faites.

Notre grève silencieuse n'a pas l'air, dans les rues tout au moins, d'avoir une importance considérable. Mais nous savons bien, nous, les travailleurs de banque, que nous nous attaquons aux forces les plus considérables du pays. Derrière nos patrons, il y a tout le Syndicat des Intérêts économiques.

Les employés de banque, si simples, si silencieux, savent que leur combat est le combat tout entier de la classe ouvrière. Et c'est pourquoi nous avons été particulièrement heureux de sentir autour de nous que la sympathie de tous les ouvriers, de toutes les organisations nous était acquise.

Quoi que vous décidiez tout à l'heure sur la motion qui vous sera présentée, dites-vous bien que nous vous serons entièrement reconnaissants si vous pouviez nous aider à passer ce cap si difficile. Je sais, camarades, que c'est peut-être un effort important pour des gens qui, déjà eux-mêmes, ont de la peine à gagner leur vie, mais nous, nous n'avons jamais gagné notre vie et c'est pourquoi c'est dur quand il faut passer un trente et unième jour. Vous ne direz pas que nous avons peur, car les employés de banque sont décidés, mais nous disons que ce sera pénible. On vient de vous parler des répercussions possibles d'un échec. Réfléchissez, et je suis sûr d'avance que je peux vous remercier. (*Applaudissements.*)

Barthe. — Je demande, au nom du Syndicat des Agents des P.T.T. de la Seine qu'on accepte les propositions du camarade Jouhaux. En effet, nos camarades des Banques sont en grève pour une question de dignité, de droit à la vie. S'ils sont battus demain, tous les ouvriers de France seront battus la même chose, et il ne faut pas que l'on puisse dire qu'ils ont été battus parce que nous ne voulons pas nous imposer les sacrifices indispensables à leur succès. C'est pour cela que j'accepte la proposition du camarade Jouhaux et que je demande qu'elle soit votée par acclamations.

CAPOCCI. — Camarades, moi qui vis depuis quelques semaines au milieu des camarades du Comité Central de grève des Employés de Banque et Bourse, je connais quels sont leurs désirs et quelles sont leurs espérances. Ils sont entourés par des intrigues multiples, mais ils conservent l'espérance que la classe ouvrière, en dehors de toute préoccupation politique, viendra en aide à leur mouvement pour aider leur mouvement et non pour se servir de leur mouvement.

Eh bien, par conséquent, c'est vers vous surtout que se tournent nos camarades employés de banque et ils ne demandent pas d'autre sacrifice, d'autre effort qu'un effort pécunier qui leur permette de doubler le cap de la fin du mois.

Camarades, je suis persuadé qu'il n'y a pas besoin, à notre Congrès, de faire de mise en scène, convaincu, certain que partout où il y a des travailleurs en lutte, le Congrès viendra à leur secours. Je suis persuadé, pour ma part, qu'après les explications de notre camarade Jouhaux, c'est à l'unanimité que vous viendrez en aide à nos camarades qui luttent pour leur vie et pour le droit syndical. (*Applaudissements.*)

LE PRÉSIDENT. — Je demande à Galantus de m'excuser, peut-être allons-nous tomber d'accord. Les congressistes viennent de voter une imposition pour eux-mêmes de dix francs. (*Bien.*)

Je demande l'obligation pour les congressistes, un engagement formel de leur part pour, une fois rentrés dans leur région, dans leur localité, au sein de leurs organisations, matérialiser cette obligation en invitant les syndiqués à verser la demi-journée de travail.

Je mets aux voix. Ceux qui sont partisans de cette formule, le manifestent en levant la main. (*Adopté à l'unanimité.*)

GALANTUS. — Si j'insiste à nouveau, c'est parce que, après l'intervention de Jouhaux et la déclaration de notre camarade des Agents des P. T. T., il pourrait sortir de ce Congrès l'opinion qu'il y en a parmi nous qui ne sont pas décidés à faire le maximum d'efforts. Or, quand je suis intervenu, autant que Jouhaux j'avais la préoccupation d'apporter à nos camarades de la Finance le maximum d'efforts; et j'estime que ce n'est pas la résolution qui nous obligera à demander à nos adhérents d'apporter une demi-journée qui rapportera la plus grosse somme d'argent, au contraire. Mais si chacun de nous, nous faisons l'effort nécessaire pour obtenir le maximum de nos adhérents, sans rien fixer, nous obtiendrons davantage. Il y a eu dans le passé des appels pour la Russie. Où sont ceux qui ont rempli leurs engagements et qui ont apporté la plus forte somme? Ce sont les plus modestes.

Par conséquent, j'estime que la proposition de Jouhaux pourrait être acceptée mais sans apporter l'obligation d'une somme.

LE PRÉSIDENT. — Le Bureau Confédéral accepte et comme le vote a été formulé, les explications de Galantus et l'adhésion du Bureau renforcent l'unanimité du vote du Congrès.

Le camarade Bourderon propose en ce qui concerne l'application de la solidarité des membres du Congrès pour les employés de banque, que chaque congressiste, en versant son obole, présente sa carte et que sur celle-ci soit apposé un cachet spécial à timbre unique pour constater le fait. Il n'y a pas d'opposition? (*Non.*)

LENOIR. — Camarades, nous avons collationné toutes les demandes d'adhésion aux diverses Commissions. Il y a la troisième Commission qui se compose de 8o délégués; elle se réunira à la Bourse du Travail, salle des Conférences. La quatrième Commission, qui concerne les lois sociales et qui sera divisée en trois sous-Commissions, se compose de 112 inscriptions; elle se réunira Bourse du Travail, salle du bas-côté droit. La cinquième Commission, la main-d'œuvre étrangère, se compose de 34 camarades; elle se réunira ici même, dans une des petites salles. La sixième Commission : Enseignement, École unique et enseignement technique, se réunira également ici dans la deuxième salle. La septième Commission, 31 membres : Contrôle ouvrier, se réunira à la Bourse du Travail, salle des Cours B. La huitième Commission, 48 membres : Vacances payées, se réunira au siège de la C. G. T., dans la salle des Commissions. La neuvième Commission : Modifications des statuts, se compose de 25 membres; elle se réunira dans la salle du Congrès. La dixième Commission : Divers, 21 membres, se réunira également dans la salle du Congrès.

Maintenant, camarades, immédiatement après la fin de la séance, les Commissions devront se réunir, car nous considérons que nous n'avons pas les moyens de perdre une après-midi. D'ailleurs, il y a une quantité de questions qui sont à l'ordre du jour, telles que les vacances payées, la journée de huit heures, sur lesquelles nous avons à peu près dit tout ce que nous pouvions dire. Mais nous avons considéré qu'il est impossible que la Confédération Générale du Travail, en raison des violations systématiques de la journée de huit heures, en raison de la complexité des règlements d'administration publique, en raison des précisions, de la netteté qu'il est indispensable d'apporter dans l'application de la loi et aussi de la pression que nous devons faire sur tous, non seulement sur les patrons, non seulement sur le Gouvernement, mais aussi sur nos camarades, nous ne pouvons faire un Congrès sans que cette question soit évoquée, sans que la volonté syndicale s'exprime.

Nous avons prévu des camarades qui ont réuni quelques éléments pour diverses questions et qui réuniront les Commissions et mettront à leur disposition quelques documents nécessaires. Il est possible que la plupart des Commissions aient terminé leurs travaux ce soir, après quelques heures de discussion. Elles chargeront ensuite un rapporteur.

En ce qui concerne la question des salaires, qui est une question très délicate et très complexe, nous n'avons pas prévu de Commission. Vous avez tous cependant reçu un rapport complémentaire sur la question et vous avez pu apprécier l'importance qu'elle revêt au point de vue social et au point de vue matériel. La Commission devra désigner dans son sein son rapporteur et son secrétaire et prendre les dispositions pour rédiger une résolution. Je pense que nous pouvons nous mettre rapidement au travail et que, comme je le disais tout à l'heure, beaucoup de Commissions auront terminé leurs travaux, car dès demain matin nous devrons commencer la discussion du rapport moral, c'est-à-dire que nous devrons entreprendre ce travail et le continuer le matin et l'après-midi, jusqu'à épuisement de cette question.

LIOCHON. — Il me semble qu'il y a, dans la nomination des Commissions, une lacune. Il y a deux ans, dès l'ouverture du Congrès, les délégués avaient la possibilité de se faire inscrire à la Commission des Finances. Je crois que c'est une nécessité... Il y a un rapport financier qui reflète, évidemment, la situation financière au point de vue des opérations, mais cette situation financière, telle que nous l'avons laissée il y a deux ans, exigerait tout de même, de la part des congressistes, qu'ils puissent jeter un coup d'œil sur la situation réelle.

Je pense que sans des explications complémentaires, étant donné que cette situation que la plupart d'entre nous connaissent, au moins superficiellement, il n'est pas possible, quelle que soit la clarté du rapport financier, que nous puissions nous prononcer sur lui sans que des explications supplémentaires et des renseignements précis puissent être au moins fournis à une Commission.

Vous savez qu'il n'y a pas, parmi les choses qui nous intéressent, que la gestion purement confédérale. Il y a à côté de la Confédération Générale du Travail, une *Société Générale du Travail* qui est propriétaire également de l'immeuble confédéral. Je pense qu'il y a entre cette société capitaliste, une relation suffisamment cordiale avec la Confédération pour que cette Commission puisse demander à cette société, qui, j'en suis convaincu, s'y prêtera de bonne grâce, de faire une sorte de contrôle de sa situation financière; et je suis convaincu que ces renseignements que la *Société Générale du Travail* pourra fournir à la Commission, permettront de conclure beaucoup plus clairement sur la situation confédérale au point de vue financier.

Je demande donc, pour éviter toute perte de temps, que le Bureau confédéral désigne, parce qu'il les connaît bien, une dizaine de délégués de Fédérations et une dizaine d'Unions départementales pour faire partie de cette Commission qui, j'en suis persuadé, fera œuvre de clarté dans l'intérêt même de la Confédération.

LENOIR. — Camarades, si nous n'avons pas prévu de Commission pour les Finances, c'est parce que les coutumes établies indiquent que le Congrès lui-même, en dehors des éléments qui ont l'habitude de s'occuper au sein de la Confédération des questions financières, peut nommer une Commission des finances. Nous sommes d'accord avec Liochon pour qu'une Commission du Congrès émanant des éléments de province soit désignée pour vérifier la situation financière dans tous les domaines concernant la Confédération, comme la *Société Générale du Travail*.

Il est certain qu'au cours des débats, nous aurons d'autres Commissions à désigner, soit pour rédiger des résolutions, soit pour toute autre chose; et en réalité, pour la Commission de contrôle du Congrès, je crois que notre président peut demander à ce qu'elle soit désignée immédiatement.

Le Président. — Nous sommes d'accord?

(*Nombreux oui.*)

En ce qui concerne la Commission pour le cas des Produits Chimiques de la Seine, les camarades Lafaye, de Bordeaux; Huyghe, de Lille; Chéreau, de Rennes; Vivier, de Lyon et Gras, de Marseille, sont proposés. (*Adopté.*)

Jouhaux. — Camarades, nous avons reçu de la Confédération Générale du Travail Unitaire (*murmures*) une lettre qui s'ajoute à celles que nous avons déjà reçues. Nous avons également reçu un télégramme de Moscou (*murmures*) qui est dans l'esprit de cette lettre.
Le Bureau estime qu'il n'a pas à discuter sur ces deux documents avant d'entrer dans la discussion du rapport moral et de discuter l'ensemble de la question. C'est donc demain matin que nous vous donnerons connaissance de ces documents et de ceux qui les complètent. (*Applaudissements.*)

Le Président. — Sommes-nous entièrement d'accord sur cette façon de procéder? (*Nombreux oui.*)
En ce qui concerne la constitution de la Commission des Finances, envoyez dix noms de délégués de Fédérations; j'ai déjà les noms des dix délégués d'Unions départementales.

Largentier. — Pourquoi des Fédérations et des Unions départementales seulement? Le Congrès est composé de Syndicats.

Le Président. — Le Bureau confédéral demande que l'on envoie des noms sans tenir compte ni des Fédérations ni des Unions. Il faut encore cinq noms.
Toulouse, Galantus, Liochon, Decock et Pessieux. (*Adopté.*)
Le Bureau pour demain :

Président : Blanchard, de la Fédération des Métaux.
Assesseurs : Tual, secrétaire de la Fédération de la Finance et Baylot, des P. T. T.

Il n'y a pas d'opposition? (*Adopté.*)

JEUDI 27 AOUT
Séance du matin

Président : BLANCHARD.

Assesseurs : TUAL, secrétaire de la Fédération de la Finance;
BAYLOT, des P. T. T.

Au début de la séance, le camarade Million propose au Congrès de constituer une Commission de douze membres chargée d'examiner la gestion du journal *Le Peuple* ainsi que diverses propositions destinées à assurer la vitalité du journal. Cette proposition est acceptée, et les camarades dont les noms suivent sont désignés :

Batas, Lestival, Feuvrier, Dennaud, Dret, Humbert, Galantus, Guilloton, Bernard, Hamon, Vivier, Aube.

Le président donne ensuite lecture de la lettre suivante :

Paris, le 4 avril 1925.

La C. E. de la C. G. T. U. à la C. A. de la C. G. T.

Dans une lettre en date du 19 janvier 1925, la C. E. de la C. G. T. U. vous soumettait une proposition tendant à réaliser d'un commun accord la fusion des organisations syndicales affiliées aux deux C. G. T.

Cette proposition comportait :

1º La tenue d'un Congrès interconfédéral à l'issue des deux Congrès confédéraux qui se tiendront à Paris en septembre prochain.

2º La tenue d'une conférence mixte des deux Bureaux confédéraux chargés d'examiner et d'arrêter les dispositions relatives à la tenue du Congrès interconfédéral d'unité.

La C. E. n'a reçu aucune réponse directe de votre part, mais elle a enregistré, le 12 février, une décision de votre Commission administrative aux termes de laquelle toute discussion sur l'unité syndicale est ajournée jusqu'à la tenue de votre Congrès confédéral régulier.

Le récent Comité national confédéral de votre organisation a, de son côté, greffé sur la question de l'unité des considérations qui lui sont complètement étrangères (les formes d'organisation, la tactique et le programme de différents partis politiques, n'ont en effet rien à voir dans la question de l'unité syndicale), en même temps, il a posé des conditions à la reconstitution de l'unité qui risquent d'en ajourner indéfiniment la réalisation.

Cette façon de poser le problème de l'unité syndicale, ne peut que perpétuer l'état de scission.

La C. E. de la C. G. T. U. ne peut se résoudre à accepter une pareille perspective, sans essayer à nouveau d'établir un point de contact et de chercher un terrain d'entente entre les deux organisations centrales pour la réalisation de l'unité.

En réponse aux décisions de votre C. C. N., la C. E. de la C. G. T. U. ne peut que repousser d'une façon catégorique la formule de l'unité par la rentrée des syndiqués unitaires dans les cadres des syndicats confédérés; de même qu'elle repousse celle de l'unité dans la C. G. T. U. par la rentrée des syndiqués confédérés dans les cadres des syndicats unitaires.

Elle préconise, par contre, la reconstitution de l'unité sans condition par la fusion des syndicats unitaires et confédérés, en accord avec les deux C. E. et Bureaux confédéraux.

La C. E. et le Bureau Confédéral unitaires vous proposent donc de bien vouloir accepter la tenue d'une Conférence mixte dans le plus bref délai afin de discuter sur l'ordre du jour suivant :

1° Le Congrès d'unité d'août;

2° Préparation de ce Congrès par la convocation d'assemblées générales de fusion avant la tenue du Congrès pour tous les syndicats unitaires et confédérés (ces assemblées pourraient se tenir dès le mois de mai ou juin et désigneraient les conseils et bureaux des syndicats reconstitués);

3° Convocation des Congrès fédéraux et départementaux de fusion dans les mêmes conditions;

4° Constitution d'un Comité interconfédéral pour assurer l'organisation, le contrôle et l'exécution des mesures arrêtées en commun pour reconstituer l'unité.

Comme la question de la fusion de toutes les organisations unitaires et confédérées en une C. G. T. unique dépend évidemment du succès de la conférence mixte et des travaux du Comité interconfédéral, la C. E. de la C. G. T. U. espère que la C. A. confédérée aura à cœur d'apporter son effort à la reconstitution de l'Unité en acceptant la tenue d'une conférence mixte dans le plus bref délai, afin d'étudier toutes les questions relatives à l'unité syndicale et les modalités de sa réalisation.

Enfin, sous réserve de votre réponse aux présentes propositions qui, si elles étaient acceptées, simplifieraient la question du Congrès d'août, la C. E. maintient l'idée du Congrès commun à l'issue des deux Congrès confédéraux.

Elle enregistre à ce sujet la déclaration du C. C. N. des 16, 17 et 18 mars qui a décidé d'avancer à la fin d'août la date de votre Congrès confédéral, primitivement fixée en septembre; elle décide de fixer le Congrès confédéral unitaire à la même date et suggère la location des deux salles Wagram permettant de tenir les deux Congrès à proximité, de favoriser ainsi un rapprochement désirable de tous les délégués des syndicats et de réunir tous les syndicats unitaires et confédérés en un Congrès commun.

Avec l'espoir d'une prompte réponse, recevez, Camarades, nos salutations syndicalistes.

Pour la C. E. et le Bureau confédéral unitaire,
L'un des Secrétaires,
Signé : DUDILIEUX.

Voici maintenant une autre lettre que nous avons reçue le 26 août :

Paris, le 26 août 1925.

Au Camarade président du Congrès
de la Confédération Générale du Travail.

CAMARADE,

Le Congrès des Syndicats unitaires réuni à Paris, a, dans sa première séance du mercredi matin 26 août, désigné une Commission de 13 membres chargée de porter à la connaissance du Congrès des Syndicats Confédérés un message d'Unité adopté à l'unanimité par le Congrès de la C. G. T. U.

Nous demandons aux délégués des organisations confédérées de réserver le meilleur accueil à notre délégation et de lui permettre d'accomplir sa mission

Par réciprocité, le Congrès des Syndicats unitaires est prêt à accueillir fraternellement toutes délégations des Syndicats confédérés, en lui permettant de prendre part à ses débats.

Recevez, Camarade président, nos fraternelles salutations.

L'un des Secrétaires,

Signé : Racamond.

Le télégramme de Moscou est le suivant :

Au Congrès de la Confédération Générale du Travail,

211, rue Lafayette, Paris.

MOSCOU :

Camarades, de nombreuses délégations ouvrières fraternelles de différents pays ont visité ces temps derniers notre U. R. S. S. Nos syndicats ont contribué de leur mieux à bien faire connaître aux délégués la situation de la classe ouvrière et tous les aspects de la vie dans notre U. R. S. S. Nous savons que les ouvriers français eux aussi s'intéressent beaucoup à notre travail et à notre œuvre d'édification. Aussi proposons-nous aux deux congrès des syndicats français mandataires de tout le prolétariat français sans distinction de tendances politiques, d'organiser pour les ouvriers des usines et des fabriques françaises une excursion à travers l'Union soviétique. Il va sans dire que cette délégation recevra chez nous un accueil fraternel et que nos syndicats aideront de leur mieux les camarades français à bien connaître le pays soviétique. Nous croyons rationnel que cette délégation soit organisée en commun par les deux Confédérations sur des bases paritaires.

Salut prolétarien.

Le Président du Conseil Central des Syndicats ouvriers de l'U. R. S. S.

Signé : Tomsky.

Le Secrétaire : Melnitschansky.

Voici à présent une lettre qui provient de l'Union Fédérative des Syndicats autonomes de France :

Paris, le 17 août 1925.

A la C. E. et au Bureau de la C. G. T.

CAMARADES,

Nous vous informons que la Conférence des Syndicats autonomes, qui s'est tenue à Saint-Ouen le 28 juin 1925, nous a donné mandat d'assister à votre Congrès confédéral, et d'y exposer, s'il n'y a pas d'inconvénient, le point de vue de la Conférence sur la question de l'Unité, lorsque celle-ci viendra en discussion.

Nous voulons espérer que vous voudrez bien nous permettre de remplir notre mandat en recevant à votre Congrès une délégation de la C. E. qui sera composée de deux membres.

Dans l'affirmative, nous vous prions de nous faire connaître à quelle date notre délégation devra se présenter au Congrès.

Dans l'espoir que notre proposition sera agréée et nos désirs d'unité partagés, recevez, Camarades, nos salutations fraternelles et syndicalistes.

Signé : Pierre BESNARD.

Après ces lectures, une proposition de passer à l'ordre du jour n'ayant pas paru être adoptée à une majorité suffisante, le débat est ouvert :

LAPLACE. — Camarades, ce que je vais dire, c'est sur le point relatif à l'unité. C'est une déclaration que je fais au nom de l'Union syndicale du syndicat du Gaz et du syndicat de l'Electricité de Marseille.

Je demande au Congrès, faisant fi de toutes les polémiques et questions de personnalités, de décider et de préparer un Congrès interconfédéral faisant suite à celui-ci. Ce faisant, il prouvera qu'il n'a négligé ni délaissé aucun moyen, tant douteux soit-il, de refaire cette unité dans le plus bref délai possible. Pour notre part, nous ne sommes ni minoritaires, ni majoritaires. Nous sommes des syndicalistes, mais des syndicalistes dans toute la force du terme. Nous sommes prêts, nous nous engageons à nous opposer de toutes nos forces contre toute immixtion de tout parti politique, quel qu'il soit, dans le syndicalisme. Nous sommes de ceux qui disent et qui pensent que le syndicalisme peut et doit se suffire à lui-même, libre de toute influence, sans parti pris, sans ambition, n'ayant qu'un but : l'intérêt du prolétariat.

Nous voulons l'unité à tout prix et par tous les moyens. Ceux qui, par leur vote, feraient échouer ou retarder cette unité tant désirée, commettront moralement et physiquement un crime abominable dont ils devront seuls supporter les lourdes responsabilités.

Nous disons, nous, que la misère, le besoin, que les gosses qui demandent du pain, qui ont froid, ne se préoccupent pas si le père est minoritaire ou majoritaire, ni socialiste ni communiste; ils veulent du pain, c'est tout.

Il est inadmissible qu'une question de tendances transforme en ennemis ceux qui ne devraient pas un seul instant se départir de l'étroite cohésion si indispensable à leurs intérêts communs.

Si, par notre faute, nous faisons échouer une occasion quelconque de refaire cette unité, nous serons impitoyablement jugés par ceux qui en supporteront les conséquences.

Je demande au Congrès de prendre ma proposition en considération. A nous de juger, par la suite, de l'hypocrisie, du mensonge ou de la sincérité.

CARRÉ. — Je m'excuse d'être le deuxième à la tribune, parce que je crois qu'il y aurait eu intérêt à ce que j'y passe le premier. Je viens demander au Congrès de bien vouloir disjoindre du rapport moral la question de l'unité syndicale, parce que je voudrais que le rapport moral puisse avoir la quasi-unanimité du Congrès. Or, j'ai le mandat de deux organisations de mon département qui, après pourparlers, après réunion en commun des syndicats unitaires et confédérés, ont estimé et se sont mis d'accord sur des résolutions d'unité, les unitaires s'engageant à respecter d'une façon intangible l'indépendance du mouvement syndical, respectueux de la Charte d'Amiens. Il apparaîtrait que si nous lions les deux questions, la question de l'unité syndicale dans le rapport moral, ces deux syndicats-là seraient obligés de s'abstenir, parce qu'ils n'admettent pas, dans leurs parties essentielles, les résolutions des Comités nationaux et la dernière résolution du Congrès confédéral.

J'estime, camarades, pour ma part, que nous pourrions utilement discuter (ces camarades-là approuvant entièrement l'action nationale corporative de la C. G. T. depuis son dernier Congrès), la question corporative du rapport moral et laisser la question d'unité à traiter. Là seulement, les points de vue seront apportés, une résolution sortant d'une Commission pourrait être donnée, et nous mettant bien d'accord à ce sujet, nous aurions des propositions nettes à faire et une position, nette à déterminer par la C. G. T.

BERT. — Je monte à cette tribune au nom d'un certain nombre de mes amis et de syndicats de Cheminots du P. O. qui, en décembre 1923, ont réalisé l'unité syndicale dans leur milieu, dans un Congrès de fusion. Il serait superflu, je crois, après vingt mois d'intervalle, de vous donner en détail les bases qui ont échafaudé nos pourparlers d'unité, terminée dans ce Congrès de fusion.

Toutefois, je voudrais vous dire qu'il n'y eut, à proprement parler, aucune condition; simplement, demander aux deux parties en cause le respect de la Charte du syndicalisme, votée en 1906 à Amiens.

En tout état de cause, la présence de mes amis et la mienne dans ce Congrès est la preuve vivante qu'on peut, entre organisations syndicales, entre syndicalistes, réaliser l'union quand on veut, quand on le veut réellement et sincèrement. (*Applaudissements.*)

Laissez-moi vous dire que je n'ai pas l'habitude de farder ma pensée. Je dirai donc ce que je pense devant le Congrès.

Je ne voudrais pas que mes paroles puissent être interprétées d'une manière tendancieuse. Je ne voudrais pas qu'on fit des allusions malveillantes ou blessantes pour quiconque dans ce Congrès. Je sais trop, d'ailleurs, que l'unité syndicale ne sera réalisée pleinement que dans une atmosphère de camaraderie et de confiance réciproque pour faire en sorte qu'on interprète mes paroles comme des germes nouveaux de division. La discussion loyale et courtoise, camarades, finit toujours par unir, seule la polémique injuste et haineuse divise.

J'en viens maintenant au sujet qui nous intéresse : l'unité syndicale incluse dans le Rapport moral de la C. G. T. Le fait brutal est là? Une délégation du Congrès de la C. G. T. U. demande à être entendue et nous a envoyé un message qui nous fait des propositions de front unique des deux Congrès, puis d'un Congrès commun d'Unité.

La proposition de front unique des deux Congrès, il est impossible de l'accepter. Toutefois, nous estimons, mes amis et moi, que nous n'avons rien à craindre au Congrès, d'entendre ou la délégation, ou un délégué de cette délégation sur les modalités qu'on propose de l'autre côté pour refaire l'unité syndicale.

Camarades, le message qui nous a été envoyé par l'organisation adverse, n'est que la résultante logique et prévue de la campagne menée

à travers le pays depuis quelques mois, très habilement, par la C.G.T.U.,
section syndicale nationale du Gouvernement russe. (*Applaudissements.*)

Il faut l'avouer, cette campagne a donné des résultats. Elle a jeté
quelque trouble dans les rangs confédérés, chez les militants ouvriers
qui conçoivent l'action ouvrière organisée sincèrement, et non pas en
dehors d'une action qui fut, dans le temps, défendue par Machiavel,
reprise par Loyola, et appliquée plus près de nous par Vladimir Lénine.
(*Applaudissements.*)

Les militants conçoivent l'action ouvrière organisée sincèrement, et
pour des yeux avertis, pour des militants qui connaissent ou qui cherchent à approfondir les dessous du mouvement ouvrier international. Il
faut le dire, cette campagne de l'unité est plutôt apparue comme une
vaste comédie, méthodiquement machinée par des metteurs en scène
invisibles, jouée admirablement, avec sérieux, par tous les artistes de la
troupe (*Très bien!*) et dont le dernier épisode, est l'envoi d'une délégation et d'un message à ce Congrès. (*Applaudissements.*)

Camarades, pour mieux comprendre le caractère véritable des propositions qui nous sont faites, pour mieux comprendre le problème de
l'unité syndicale, et pour mieux le résoudre, le plus équitablement, il
faut l'envisager en syndicalistes et non pas en partisans. Pour l'homme
de la rue, présentement, pour le militant ou plutôt pour l'ouvrier inor-
ganisé, qui suit superficiellement les diverses manifestations de la lutte
ouvrière, la C. G. T. U., c'est le parti communiste, mais en revanche
la C. G. T., c'est le parti socialiste.

Cette opinion simpliste paraît reposer sur des apparences de raison,
et, malheureusement, je dis malheureusement, trop nombreux sont les
camarades dans les organisations confédérées qui envisagent les problèmes syndicalistes à travers le prisme déformant de leurs rancœurs
extra-syndicales, je dirais même de leurs rancunes, de leurs querelles de
parti, de chapelle, ou de secte.

Eh bien, il ne faut pas envisager le problème de l'unité syndicale
comme cela. Il faut se rappeler les principes fondamentaux du syndicalisme, et c'est en nous les rappelant que nous puiserons en nous la
volonté nécessaire pour aller au but immédiat que nous voulons tous,
je l'espère, la reconstitution d'une C. G. T. unique.

Camarades, on nous propose la tenue d'un Congrès confédérai
unique. Sur quelles bases? Sans condition aucune, nous dit-on. Recevons
une délégation, mais au préalable discutons entre syndicalistes, sur la
réponse commune et unanime, je l'espère, que nous aurons à faire à
cette délégation.

Les sentiments qui animent ceux qui nous proposent l'unité sont-ils
sincères? Nous propose-t-on l'unité pour faire cesser la division actuelle?
Les théories syndicales des leaders bolcheviques de la C. G. T. U. sont-
elles compatibles avec les principes de notre syndicalisme? Telles sont
les trois questions qu'il faut poser et auxquelles il faut répondre.

Je réponds catégoriquement : non. Je sais bien qu'il est pénible pour
un militant syndicaliste de paraître l'adversaire de l'unité syndicale,
quand d'aucuns s'en font les champions soi-disant désintéressés.

Mais j'aurai toutefois, non pas le courage, mais l'audace, dans ce

Congrès, d'oser paraître à certains un adversaire de l'unité syndicale en disant ce que je pense, et je vous réponds : non. Les conditions sont telles que les sentiments affichés par les leaders bolcheviques sont faux. Il n'y a que perfidie, duplicité dans leurs sentiments unitaires. (*Applaudissements.*)

Le Congrès confédéral d'unité est demandé pour amener un refus de la C. G. T., pour pouvoir ensuite spéculer sur ce refus (*Très bien!*) et nous représenter comme des adversaires de l'unité, par conséquent, comme des traîtres à la classe ouvrière. Aucun doute, toutefois, que ce Congrès, sans aucun contrôle ou aucune préparation, serait accueilli favorablement. Les bolchevicks de la C.G.T.U. ont pris de telles dispositions qu'ils jouent sur le velours, qu'ils seraient sûrs d'avoir une majorité.

Des preuves? Ah ! elles fourmillent, camarades, les preuves. Je pourrais vous citer une multitude de déclarations des leaders bolchevicks, en veine de franchise, sur leurs théories syndicales, et sur les sentiments qui les animent. Je n'en prendrai qu'une qui les résume toutes. Ce sont les déclarations du citoyen Sémard, ancien secrétaire de la Fédération unitaire des Cheminots, actuellement secrétaire du Parti bolchevick.

Sémard disait tout récemment : « Nous croyons que la tactique de l'unité est un moyen d'aborder les masses réformistes, trompées par leurs dirigeants et de leur prouver leur trahison. Je prétends que si, dans un pays quelconque, on demandait aux prolétaires qu'ils soient réformistes ou révolutionnaires, s'ils sont pour ou contre l'unité, ils se prononceraient tous pour l'unité syndicale. Il serait alors stupide de ne pas tirer parti de ces tendances des masses profondes à l'unité syndicale. Serions-nous assez bêtes de ne pas en profiter pour battre les dirigeants social-démocrates ».

Des preuves? En ce qui concerne le truquage d'un Congrès commun immédiat, sans que la C. G. T. ait eu la possibilité de l'organiser minutieusement. Des preuves? j'ai ici le compte rendu officiel de l'Union des syndicats des Cheminots unitaires du P. O., où on a traité de la question de l'unité. Je peux vous donner quelques déclarations de camarades de cette organisation. Le secrétaire général dit ceci : « La C. G. T. U. a préconisé la tenue d'un Congrès d'unité en août, en même temps que celui de la C.G.T. réformiste, Congrès où tous les syndicats, unitaires, confédérés et autonomes seraient convoqués. J'estime le cas mal placé pour prendre une décision ferme. Cette question n'a été portée à l'ordre du jour qu'à titre de renseignement, c'est un mot d'ordre que nous devons suivre, lancé par la C. G. T. U. .»

Et le citoyen Thomas, de Tours, ajoute : « Nous devons nous placer sur le terrain de l'unité et faire toute propagande en vue de comités mixtes, et, si au Congrès d'août, nous pouvons arracher à la C. G. T. un nombre de syndicats, ce sera toujours un progrès ».

Le camarade Portal, membre influent de la Commission exécutive unitaire de la Fédération, *Minus habens* de Sémard, le camarade Portal déclare : « Tous les renseignements sont bons, quels qu'ils soient ». Je donne comme deuxième documentation une autre méthode qui a été préconisée à la C. G. T. U., afin que les militants de celle-ci se détachent pour former dans les centres réfractaires aux unitaires, et où aucun groupe n'existe, des syndicats confédérés, pour que ceux-ci se présentent au Congrès d'unité avec des mandats. (*Rires dans la salle.*)

Camarades, une telle attitude se conçoit très aisément; les théories syndicales des adeptes du gouvernement russe et de ses séïdes français de la C. G. T. U., sont la négation de notre syndicalisme. (*Très bien!*)

Pour les chefs unitaires, parce qu'il y a des chefs qui commandent et des soldats qui obéissent (*Applaudissements*), pour les chefs de la C. G. T. U. le mouvement ouvrier syndical est un corps sans âme, que le Parti communiste, élite du prolétariat, doit influencer.

Pour les leaders de la C. G. T. U., le mouvement syndical est purement corporatif, et pour qu'il ait des fins sociales et révolutionnaires, il faut qu'il soit fécondé par le parti communiste, seule organisation révolutionnaire.

Les syndicats ne sont pour eux que des réservoirs d'hommes dans lesquels on puise pour recruter les cadres et les troupes du Parti communiste. (*Très bien!*) Le but final, la révolution, dont le mot est lancé à tous propos et hors de propos, c'est pour eux le pouvoir politique, la machine d'Etat bourgeois tombant entre leurs mains pour leur profit exclusif. C'est un changement d'équipe ministérielle, c'est Chose qui remplace Machin, et c'est Machin ou Cachin qui remplace Painlevé. (*Applaudissements*), le tout badigeonné en rouge : prisons et diplomatie.

Prisons, justice, armée, diplomatie, le tout badigeonné en rouge, sous le couvert de la dictature du prolétariat, au nom du centralisme autocratique qui fait peser, sur le peuple russe un joug plus féroce que celui des royautés absolues ou des régimes féodaux. (*Applaudissements.*)

Voilà les théories syndicales des chefs de la C. G. T. U.

Notre conception du syndicalisme, camarades, est toute différente. Pour nous, le syndicalisme a une âme qu'il n'a point besoin d'aller chercher ailleurs, pour nous, le syndicalisme est le groupement naturel des salariés en lutte contre le patronat et lui seul, lui seul, pourra mettre dans la réalité la vraie formule révolutionnaire, l'administration des choses remplacera le gouvernement des hommes. (*Applaudissements.*)

Organiquement fédéraliste, le mouvement ouvrier permet à toutes ses organisations et à tous de s'exprimer, de se déterminer, de s'épanouir librement dans le cadre du statut qu'il s'est donné librement, lui même. Et, pour les syndicalistes qui savent que la domination de la classe possédante sur la classe ouvrière repose sur l'ignorance du peuple, sur l'exploitation des préjugés, pour nous syndicalistes, nous luttons contre tous les dogmes, contre le militarisme, contre tous les militarismes, contre l'impérialisme, contre tous les impérialismes, contre les guerres, contre toutes les guerres, quelle que soit leur couleur. (*Applaudissements.*)

En un mot, notre mouvement ouvrier, dans le régime actuel, se suffit à lui-même, et en période post-révolutionnaire il suffira à tous. (*Très bien!*)

Camarades, voilà ce que sont d'après les ligueurs de la C. G. T. U. nos préjugés, anarcho-réformistes, voici ce que sont, d'après le citoyen Monmousseau « cellular-néophyte », nos conceptions contre-révolutionnaires. Eh bien, nous défendrons nos conceptions contre-révolutionnaires et nos préjugés anarcho-réformistes, contre tous les ennemis du syndicalisme. Nous les défendrons contre ceux qui veulent sa domestication, sa prostitution et même sa mort au profit d'un parti politique. (*Très bien!*)

Est-ce à dire, camarades, que l'unité syndicale soit impossible avec eux? Est-ce à dire que nous devons rejeter l'éventualité d'une fusion faite de la base au sommet avec une consécration au sommet par un Congrès d'unité? Mais non, pas du tout. Mais cette fusion se faisant dans le cadre de nos principes, concrétisés dans la charte du syndicalisme, dans la Charte d'Amiens, et demander l'engagement du respect de la Charte d'Amiens, ce n'est pas une condition, c'est une garantie, c'est une assurance-vie pour le mouvement ouvrier que pas un syndicaliste digne de ce nom ne peut refuser.

Camarades, voilà pour moi, au nom des quarante et un syndicats Cheminots du P. O., nous désirons qu'on reçoive un délégué de la délégation unitaire pour qu'il nous propose des modalités d'une fusion dans les cadres de notre syndicalisme, concrétisés dans la Charte d'Amiens.

J'ai oublié cependant de vous dire la différence qui existe encore entre eux et nous, différence que je clamais au Congrès de l'Union des Syndicats unitaires de la Seine en 1922, sous les vociférations et sous les huées de ceux qui ne sont plus syndicalistes.

La différence qu'il y a encore entre eux et nous, c'est que le mouvement ouvrier est non seulement, pour nous, une bataille quotidienne qui tient compte des contingences, c'est une doctrine, mais c'est aussi la protestation permanente de la classe ouvrière contre l'injustice permanente de la classe capitaliste, contre toutes les injustices et contre tous les arbitraires. Et nous avons à ce sujet une conception de la justice tout court, qui est opposée à la justice de classe, préconisée, appliquée d'un côté par la bourgeoisie, et de l'autre côté par les bolcheviques de la C. G. T. U. et du gouvernement de Moscou. Pour nous, la justice tout court, c'est non seulement l'expression la plus pure et la plus haute de la conscience révolutionnaire d'un salariat mis au service de l'intérêt supérieur de sa classe, mais c'est aussi le clair discernement du bien et du mal, la vision nette du vrai et du faux, du juste et de l'inique. Et c'est avec une conception de la justice tout court que les syndicalistes peuvent protester contre les crimes politiques d'injustice de classe qui se commettent en Pologne, en Espagne, en Italie, en Georgie ou en Russie, où nous avons des camarades qui sont dans les prisons là-bas. . (*Applaudissements.*)

Avec ce sentiment de la justice, camarades, je vous demanderai, dans ce Congrès, de résoudre la question de l'unité syndicale. Nous sommes appelés à être des juges, ayons ce sentiment de la justice que nous défendons. Nous avons des éléments d'appréciation saine pour juger les propositions qui nous sont faites, mais il faut bien avouer que peut-être nous ne les avons pas tous. En tout cas, une audition de la délégation ne pourra faire que la classe ouvrière n'aura aucun reproche à nous faire et qu'on ne pourra encore de l'autre côté interpréter notre refus comme d'habitude, et essayer de continuer la dissociation de nos forces syndicales ou tout au moins d'annihiler leur regroupement important, qui paraît maintenant l'avenir de la C. G. T. (*Applaudissements.*)

Guinchard. — Camarades je serai bref. Notre Congrès national des moyens de transport qui s'est tenu ces jours derniers, m'a donné mandat de soutenir devant vous une motion d'unité.

Rassurez-vous, cette motion n'est pas celle que vous avez pu voir et entendre tout à l'heure lire par le camarade Président. C'est une motion sur laquelle nous croyons que l'on peut s'entendre, tous les partisans de l'unité, et je suis persuadé qu'ici il n'y a pas de camarades qui ne soient partisans de l'unité, mais l'unité à la base d'abord. A la base, disons-nous : les syndicats dissidents rentrant dans les vieux syndicats, car il n'y a pas possibilité de donner des primes à la scission, même seraient-ils plus nombreux. Respect absolu de la Charte d'Amiens, voilà en somme les grandes lignes de notre proposition dont je vais vous donner connaissance :

« Considérant :

« Qu'en présence de la situation économique du moment, le prolétariat est impuissant à défendre les conquêtes acquises par les efforts passés, à les développer comme le lui imposent les nécessités.

« Qu'il est actuellement dans l'impossibilité de lutter avec chances de succès contre l'offensive capitaliste et de passer à l'offensive nationalement et internationalement.

« Le Congrès de la Fédération des Moyens de Transports déclare : qu'il est de toute urgence de reconstituer, le plus tôt possible, l'unité nationale et internationale;

« Pour atteindre ce but, le Congrès indique que, selon lui, il y a lieu de reconstituer l'unité locale et corporative à la base, en tenant compte de la Charte d'Amiens qui reste la seule base du syndicalisme, l'appliquer dans son texte intégral et dans son esprit exact.

« En attendant la convocation d'un Congrès qui sera chargé de fixer les directives de la C. G. T., Congrès qui devra se tenir dans un délai maximum d'une année, les syndicats qui, depuis la scission, ont quitté le vieux syndicat, devront y rentrer, et il appartiendra aux syndiqués ainsi réunis de se prononcer sur la marche du syndicat reconstitué. Ainsi, par exemple, le syndicat des conducteurs de taxis de la Seine rentrerait *de plano* dans le vieux syndicat des cochers et chauffeurs de la Seine, adhérent à la Fédération unitaire des moyens de transports, et vice versa.

« Pendant cette période transitoire, les Unions départementales et la Fédération s'aboucheront pour examiner les modalités de la fusion définitive. »

Ainsi, cette période transitoire, il en faut une, il faut le temps nécessaire pour que les syndicats scissionnistes rentrent dans le vieux syndicat, pour les Unions locales ou départementales, que les Fédérations elles-mêmes aient le temps de faire la fusion nécessaire. Ce ne serait pas deux Congrès : ce ne serait pas le Congrès de la C. G. T. U. et le Congrès de la C. G. T. Ce serait ainsi l'unité reconstituée qui, dans un Congrès qui se tiendrait dans un délai maximum d'une année, aurait à examiner les directives.

Voilà la proposition que nous faisons; je suis persuadé qu'elle peut être acceptée, avec, peut-être, quelques modifications.

Julien. — Camarades, nous venons déposer devant le Congrès une proposition d'unité.

Je m'en vais d'abord vous donner lecture de la motion, motion que mon camarade Pessieux, secrétaire de la Fédération du Spectacle, au nom du syndicat des Musiciens de Marseille, me prie de déposer; motion qui a été adoptée aussi au Congrès de l'Union départementale à Aix, confirmée au dernier Congrès de l'Union départementale de Marseille, et qui semblait dans les Bouches-du-Rhône rallier l'unanimité des syndicats confédérés et des syndicats unitaires.

La motion dit ceci :

Les délégués au Congrès, respectueux des décisions des Congrès antérieurs nationaux confédéraux et désireux d'aboutir dans le plus bref délai à réaliser l'unité dans la classe ouvrière :

Considérant que la résolution d'unité du dernier Congrès confédéral n'a pas donné les résultats qu'on était en droit d'en attendre, et qu'ainsi aucune solution appréciable n'a pu être enregistrée, demandent, dans un esprit d'équité, que les deux C. G. T. invitent leurs syndiqués à rallier le syndicat le plus nombreux et leurs syndicats à rallier la Fédération la plus nombreuse.

Ceci fait, les deux C. G. T. resteraient en présence de Fédérations uniques soit dans l'une ou dans l'autre. Les délégués au Congrès estiment que la convocation d'un congrès extraordinaire des deux C. G. T. demandée par les syndicats ou des Fédérations de l'une ou l'autre C. G. T. pourrait faire cesser le marasme dans lequel se débat la classe ouvrière et réaliser enfin l'unité indispensable dans le cadre de la Charte d'Amiens pour permettre au prolétariat l'affranchissement intégral.

Ce congrès réunirait dans le plus bref délai les organisations adhérentes aux deux C. G. T. lesquelles, au préalable, auraient pris l'engagement de respecter les décisions prises par la majorité tout en reconnaissant à la minorité son droit de critique et de liberté entière pour la diffusion de ses idées, au sein des organisations syndicales.

Pour que cette unité ait toute l'ampleur désirable et afin qu'elle ne soit pas passagère, sans douter en rien de la sincérité des dirigeants actuels des deux C. G. T., ces camarades ne pourront avoir, au sein de ce congrès, que voix consultative.

Cette motion, qui a été d'abord rédigée au Congrès d'Aix, est imbue de ce principe : le respect des majorités.

Dennaud. — Et de la Charte d'Amiens.

Julien. — D'abord des majorités; si on n'est pas partisan des majorités, on ne peut pas respecter la Charte d'Amiens. Il faut être d'abord partisan du respect des majorités. Et tantôt, le camarade Bert indiquait qu'il aurait aimé qu'on reçoive la délégation, qu'il aurait aimé qu'on fasse des propositions concrètes, je dis que nous, dans les Bouches-du-Rhône, c'est parce que nous avons reçu une délégation des unitaires que nous avons pris position en faisant des propositions concrètes; et le meilleur moyen de ne pas douter de la sincérité des camarades de la C. G. T. U., c'est qu'ils prennent l'engagement, comme nous, de respecter la majorité.

Roux — Comme à Lille !

Julien. — C'est là, dans le respect des majorités, que l'on verra vraiment la sincérité ou non, sans savoir s'ils vont prendre les ordres à Moscou, ce qui, pour le moment, ne nous intéresse pas. (*Protestations dans la salle.*)

UN DÉLÉGUÉ. — S'ils respectent la majorité, ils n'ont qu'à fermer la boutique n° 2.

JULIEN. — Notre motion leur indique de fermer cette boutique, puisque nous demandons aux syndicats les moins nombreux de rentrer dans les syndicats les plus nombreux.

BIDEGARAY. — C'est une bouillabaisse !

JULIEN. — Ce n'est pas une bouillabaisse : nous cherchons sincèrement à réaliser l'unité, et à mettre les gens au pied du mur. Tu sais très bien la position que nous avons prise, nous n'avons pas quitté la C. G. T., nous. Nous sommes restés à la C. G. T., faisant négation de nos sentiments personnels parce que disciplinés. Nous n'avons pas voulu prendre la responsabilité d'une scission dans notre Fédération, et parce que nous avons eu cette attitude, la Fédération du Spectacle unitaire n'existe pas. Nous avons maintenu l'unité chez nous...

Camarades, si vous faites des interruptions pareilles, nous serons obligés de revenir aux origines de la scission; c'est tout le débat sur la scission qu'il faudrait ouvrir à nouveau. Et voilà pourquoi, dans un intérêt d'unité et non de division, nous passons l'éponge sur le passé, en nous tenant simplement à cette constatation de fait, que vous le vouliez ou non : c'est que la C. G. T. U. existe, et quoi que vous pensiez de ses dirigeants, elle a derrière elle des adhérents, la masse. (*Protestations dans la salle.*)

Écoutez, camarades, c'est risible et triste en même temps quand on a l'air de dire que les syndicats de la C. G. T. U. n'existent pas. Camarades, à Marseille, nous savons très bien que ce sont les syndicats confédérés qui sont la majorité. Dans les Bouches-du-Rhône, que l'on a quelquefois prises à parti, nous savons très bien que si le mouvement de vingt-quatre heures en faveur des employés de banque a réussi, c'est parce que les syndicats confédérés ont apporté tout leur appui au mouvement syndical et à la C. G. T. (*Très bien!*)

Mais, Bidegaray, nous savons aussi, car tu es venu à Marseille, qu'il y a un syndicat unitaire de cheminots puissant et qu'il y a également un syndicat des Métaux puissant et qu'on n'a pu arriver à former un syndicat majoritaire. Ce sont des choses qu'il faut constater.

Constatons les faits, nous ne sommes pas là pour savoir qui a raison, qui a tort ou qui est dans la vérité; nous sommes là pour constater des faits. Eh bien, les faits brutaux sont là; il y a derrière la C. G. T. U., que vous le vouliez ou non, des adhérents. Et c'est parce que nous constatons le fait, la scission que nous vous proposons est un moyen de savoir si réellement ces camarades-là sont sincères, et nous les mettons dans l'impossibilité de dire à leurs adhérents : « Vous voyez, la C. G. T., nous avons fait des propositions d'unité et la C. G. T. les a repoussées ».

Non, nous ne repoussons pas les propositions de la C. G. T. U. Aux propositions de la C. G. T. U., nous opposons d'autres propositions, et ces propositions reposent sur une idée prédominante qui est notre avis et l'expression de la vérité : le respect des majorités.

C'est que nous ne sommes pas d'accord avec les délégués de la C. G. T. U. ? Peut-être. Lorsque nous leur ferons ces propositions, parce que, dernièrement, à la réunion de l'Union locale d'unité, notre camarade Madon avait l'air de nous indiquer que la motion d'Aix n'était plus de circonstance; pourtant la motion d'Aix a été adoptée par les camarades de la minorité; c'est, je crois, le camarade Charas, si je ne me trompe, qui est venu, dans la minorité des Cheminots, en prendre connaissance au Congrès d'Aix et qui a aidé à la faire triompher au sein de l'Union départementale unitaire.

Maintenant, il se peut très bien que les unitaires nous disent : « Votre motion d'Aix, nous ne la voulons plus ».

Cela nous est égal qu'on n'en veuille plus; nous sommes logiques avec nous-mêmes et nous la présentons parce que nous estimons qu'elle est l'expression de la vérité et qu'elle peut réaliser l'unité. Justement, camarades, je sais que cette motion a un défaut. (*Bruit et interruption.*)

Si, comme le disait Guinchard, tous les syndicats unitaires rentrent au sein des syndicats confédérés, il est certain que c'est la fusion et c'est l'unité. Seulement, c'est vouloir dire : « Vous allez venir chez nous la corde au cou », et j'ai peur, nous avons peur que, réellement, les camarades unitaires en fassent une question d'amour-propre et disent : « Nous ne voulons pas rentrer à la C. G. T. la corde au cou » ; tandis que nous, tout en indiquant que la C. G. T. est dans la vérité, tout en indiquant que nous n'avons pas la responsabilité de la scission, nous indiquons cependant que ce qui prime chez nous, c'est le respect des majorités.

Un délégué. — On le leur dit tous les jours.

Julien. — C'est entendu, on le leur dit, mais il n'en est pas moins vrai que nous n'avons pas les moyens d'action pour le faire comprendre aux masses et que, justement, par l'organe de l'*Humanité*, ils écrivent ce qu'ils veulent et racontent à leurs camarades ce qu'ils veulent. Tandis que dans des propositions concrètes, en leur disant que nous sommes pour le respect des majorités et que dans chaque syndicat, puisque vous voulez l'unité à la base, vous admettez que dans une corporation, ce soit ceux qui sont les moins nombreux qui aient la majorité. C'est impossible. Si nous disons que dans les endroits où il y a 10.000 métallurgistes, s'il y a 5.000 syndiqués d'une part et 400 de l'autre, c'est ceux qui sont 5.000 syndiqués qui doivent rentrer dans les syndicats, il n'y a pas d'unité possible, ou alors, dites que vous ne voulez pas d'unité.

Et, camarades, ceci dit, nous arrivons à la question de la Charte d'Amiens. Là encore, camarades, nous sommes pour le respect de la Charte d'Amiens, mais il s'agira de s'expliquer une fois pour toutes sur l'interprétation de la Charte d'Amiens. Nous entendons dire tous les jours que le syndicalisme se suffit à lui-même.

Ah ! oui, dans le domaine de la théorie, le syndicalisme se suffit à lui-même, mais dans le domaine de la pratique, c'est une autre affaire.

Le syndicalisme se suffit à lui-même, seulement les camarades unitaires ont au moins cette excuse, ceux qui sont adhérents au Parti communiste de dire que le syndicalisme ne se suffit pas à lui-même et les trois quarts des camarades majoritaires ont la carte du Parti socialiste dans leur poche.

C'est leur droit? Si c'est leur droit, qu'ils ne viennent pas dire que le syndicalisme se suffit à lui-même, mais qu'ils disent que le syndicalisme, dans son esprit, se suffit à lui-même. Le syndicalisme, c'est l'analyse journalière des faits; le syndicalisme est le groupement des travailleurs pour des revendications corporatives, pour une transformation sociale lointaine. Mais dans l'état où nous vivons, que vous le vouliez ou non, le syndicalisme est obligé de s'occuper du mouvement politique, parce qu'il est obligé de s'occuper des Gouvernements, parce qu'il a intérêt à avoir plutôt un Gouvernement du Cartel et du Bloc des Gauches que d'avoir un Gouvernement Bloc National.

Puisque le syndicalisme se suffit à lui-même, pourquoi vous occupez-vous de l'organisation politique.

Un délégué. — En dehors du syndicat.

Julien. — Il n'y a qu'en France que cela existe; malheureusement, cela ne donne pas de résultats tangibles. (*Protestations dans la salle.*)

Nous disons, nous, que si vous êtes tous les jours avec la masse, vous devez savoir que nous nous heurtons continuellement à des difficultés; que vous le vouliez ou non, nous sommes obligés d'aller tirer les cordons de sonnette des Ministères, des Conseillers municipaux pour nos corporations, pour nos adhérents. Par conséquent, nous avons intérêt à avoir des nôtres au lieu d'avoir des adversaires de classe. Si donc nous avons intérêt à avoir des nôtres. c'est que cela nous intéresse, Je ne me pose pas sur le terrain complètement idéaliste, sur le terrain doctrinaire; je me pose sur le terrain de la réalité, des faits. Alors, je dis que l'organisation syndicale, dans l'état où nous vivons, si elle n'est pas liée étroitement à des organisations politiques, est tout au moins parallèles de l'action syndicale. Je fais mon devoir, je le ferai jusqu'au bout. Je sais très bien que les dispositions sont prises (*Bruit.*)

Camarades, du reste. pour la question de la Charte d'Amiens, je m'arrêterai là, mais je dis, je maintiens que cette question reviendra sur le tapis, que vous le vouliez ou non, et qu'elle va être, justement à propos de l'unité, le point de mire, le sujet de discussion du Congrès prochain, Congrès qu'il y aura si vous adoptez cette motion. c'est-à-dire qu'une fois que les syndicats les moins nombreux seront rentrés dans les syndicats les plus nombreux, lorsque les petites Fédérations auront rejoint les grandes Fédérations, le Congrès confédéral aura à s'occuper justement de cette question de l'interprétation de la Charte d'Amiens, à savoir comment le syndicalisme peut se suffire à lui-même et s'il se suffit à lui-même, qu'on lui en donne les moyens.

J'en terminerai, camarades, en vous exprimant mon opinion personnelle : je voudrais qu'au lieu que les syndiqués soient adhérents à un parti politique quelconque, communiste ou socialiste, nous ayions à la disposition de la C. G. T. un parti politique à nous pour servir le syndicalisme et non que le syndicalisme serve les partis politiques. (*Applaudissements.*)

Devant la longueur du débat, diverses propositions de clôture et de limitation du temps de parole sont formulées, ainsi qu'une demande de vote par appel nominal sur la question de l'audition d'une délégation de la C. G. T. dissidente.

Dret. — Je demanderais qu'avant de passer au vote, on termine la discussion qui pourra faire qu'on décide ou non l'audition des délégués.

Barthe. — Voici notre proposition : Il y a en ce moment, dans le Congrès, quelque chose : c'est le rapport moral.

Le rapport moral, c'est l'action que la C. G. T. a menée pendant l'année écoulée. Il s'agit de savoir si vous approuvez cette action ou si vous ne l'approuvez pas. Une fois que vous aurez voté sur l'action menée par la C. G. T., vous pourrez ensuite discuter des propositions qui vous sont faites par les unitaires. Ce sera du travail accompli, et faisons d'abord le travail qui nous intéresse, nous, confédérés. (*Applaudissements.*)

Cette année, il y a eu tout de même une action de la C. G. T. Il s'agit de la mettre en évidence dans ce Congrès. C'est la meilleure réponse que nous pourrons faire aux unitaires. Voilà pourquoi j'estime qu'il est superflu, en ce moment-ci, de continuer à discuter sur la question de l'unité.

Le Président. — Je m'étonne que le camarade pose cette question, car la discussion est ouverte sur le rapport moral. C'est à vous à prendre la parole sur le rapport moral au lieu de vous préoccuper de la question de l'unité.

Nous continuons la discussion sur le rapport moral. La parole est au camarade Reine, de Sotteville.

Reine. — Je n'abuserai pas de vos instants parce que je n'ai qu'une déclaration à faire, déclaration que je fais au nom du syndicat confédéré des cheminots de Sotteville. Je vais vous en donner lecture. Mandaté par le syndicat des Cheminots de Sotteville pour défendre à cette tribune l'organisation d'un Congrès interconfédéral, je tiens tout d'abord à vous donner l'assurance...

Des délégués. — Rapport moral ! Rapport moral !

Jouhaux. — Camarades, il s'agit de bien connaître la question posée.

Il y a actuellement deux questions : rapport moral et unité.

Les uns demandent à ce que le rapport moral soit discuté en dehors de la question d'unité; les autres demandent à ce que la question d'unité soit liée au rapport moral.

Ce sont deux propositions qui se soutiennent, mais il appartient au Bureau confédéral de situer la question.

L'examen du rapport moral appelle inévitablement la connaissance des lettres reçues au cours des années écoulées en ce qui concerne les tractations proposées pour l'unité. L'examen du rapport moral appelle également l'examen de l'attitude et des décisions des Comités confédéraux nationaux, sur cette question comme sur toutes les autres.

Il me semble difficile d'examiner individuellement cette question de l'unité, en dehors du rapport moral. Ce qui me semble possible, c'est qu'il y ait deux votes distincts. Mais dans l'état actuel des choses, il ne faudrait pas qu'après avoir discuté sur le rapport moral, après avoir conclu sur le rapport moral, nous revenions, indirectement, sur ce rapport moral en discutant la question de l'unité.

Par conséquent, ma proposition est très nette. Je considère que la discussion générale est ouverte, que cette discussion porte sur l'ensemble du rapport confédéral, y compris l'action en faveur de l'unité; que tout le monde a le droit de formuler son opinion sur ces différentes questions. Ce qu'il faut demander, c'est que l'on apporte un peu de clarté dans les exposés du problème, et s'il m'était possible de ne pas faire de cas de personnalités, je demanderais que les délégués qui ont à prendre la parole, s'imprègnent de l'exposé qui a été fait par Bert, ici, et apportent dans leur opinion, non pas tel ou tel avis sur telle ou telle question, mais un exposé clair de la position qu'ils ont prise. C'est ainsi, et ainsi seulement, que le Congrès pourra se déterminer en connaissance de cause. (*Applaudissements.*)

Reine. — Je crois me référer à la suggestion de Jouhaux. Je vous ai dit, mandaté par le syndicat des Cheminots de Sotteville pour défendre à cette tribune l'organisation d'un Congrès interconfédéral d'unité, je tiens à vous donner l'assurance que, toujours respectueux de la discipline syndicale, je considère qu'afin même de servir la cause de l'unité, tous les militants de la C. G. T. aujourd'hui, doivent, en exposant leurs conceptions, maintenir la vitalité de notre organisme.

Ceux qui ont vécu la vie syndicale des vingt dernières années, se souviennent des violents orages, des luttes, non de tendances mais de personnalités, luttes qui arrêtaient l'émancipation des travailleurs. Les Congrès ouvriers étaient transformés en cour d'assises. Les accusations se faisaient de plus en plus fortes vis-à-vis des militants. Pendant de longues journées, les discours les plus enflammés n'avaient de raison d'être que de mettre au premier plan les plus adroits; quant aux revendications des producteurs, quelques heures seulement leur étaient consacrées. Cette époque ne doit plus se revoir.

Certes, il est nécessaire de laisser toute liberté à la discussion. Les idées viendront, ici même, se heurter dans la plus grande courtoisie, avec le sentiment bien net de défendre une idée concrète, oubliant ainsi de parler en son nom personnel.

Me référant à ces précédentes paroles, je me crois autorisé à expliquer le point de vue du syndicat des Cheminots de Sotteville sur l'unité syndicale.

Il y a deux ans, notre Fédération qui fût certainement d'accord avec la C.G.T., adressait à chaque syndicat confédéré une circulaire l'invitant à entrer en relations avec les camarades unitaires de sa localité; respectueux du Congrès, nous leur proposions de rentrer dans notre Fédération, ce qu'ils refusèrent, nous retournant alors nos arguments propres et, malgré une discussion courtoise, l'accord ne pût se faire.

Quelques mois après, reprenant l'idée de notre organisme fédéral, nous entrions de nouveau en relations avec les cheminots unitaires de

Sotteville, avec le mandat précis de défendre la Charte d'Amiens et l'autonomie du syndicalisme. Cette fois, ne pouvant reposer les mêmes conditions qu'antérieurement, nous nous mîmes d'accord sur le texte d'une résolution qui fût, en son temps, adressée à notre Fédération et publiée dans la presse. Du reste, je l'ai, ici, devant moi et je pourrais, le cas échéant, vous en donner lecture, mais vous la connaissez tous.

Le Comité Mixte de Sotteville était formé, les travaux périodiques accomplis en son sein, mis à la connaissance de nos adhérents qui approuvèrent, au cours d'une Assemblée générale, de part et d'autre, et mixtes ensuite. Dans notre résolution, la Charte d'Amiens était garantie et l'ingérence des partis politiques ou extérieurs à l'organisation syndicale, condamnée, le congrès d'unité préconisé; depuis, nos camarades unitaires nous proposèrent à maintes reprises : front unique, comités de gare, comités élargis, comités d'action contre le fascisme, contre la guerre, etc... Ces projets ne furent pas retenus par nous parce que notre syndicat n'avait aucune confiance dans cette méthode d'action.

Dans plusieurs Assemblées générales mixtes de la région de Rouen, nous défendions en commun les termes de notre résolution. J'en profitais, personnellement, pour détruire publiquement les calomnies répandues sur les militants de notre Fédération et de la C.G.T. Je demandais la suppression des polémiques acerbes et mensongères, tant dans la presse ouvrière que dans les meetings publics. Aussi, à l'heure actuelle, le problème se pose devant vous dans toute son acuité en ce qui concerne l'unité syndicale.

Au courant de tout ce qui a été dit et écrit de part et d'autre sur cette question si importante, il est facile de discerner la logique avec laquelle des militants ont voulu remettre au point et l'origine de la scission et ce qui semble, non empêcher, mais reculer le moment de la réalisation de l'unité ouvrière.

Pour ma part, j'accepte, au nom du syndicat confédéré des cheminots de Sotteville, le congrès commun des deux C.G.T. Ce qui donne une force plus accentuée à cette conception, c'est qu'ayant assuré, sur le réseau de l'Etat, plusieurs réunions syndicales, j'ai constaté que la Fédération des Cheminots unitaires était sans doute, numériquement, plus forte que la Fédération confédérée, mais qu'il n'en était pas de même, considérant l'esprit de la classe ouvrière du rail. Nos camarades unitaires sont, en majeure partie, aussi réformistes, pour me servir de cette épithète, que nous; et si les chefs unitaires peuvent avoir un intérêt particulier à voir l'unité syndicale se réaliser, je puis vous dire en toute sincérité que tous les travailleurs de France, de quelque tendance qu'ils soient, ont aujourd'hui les yeux fixés sur nous, et j'adjure tous les camarades délégués à ce congrès, de bien réfléchir, car la situation est grave, très grave. Vous tous qui suivez de près les faits et les événements de toute nature, soit politiques ou économiques, soit nationalement ou internationalement, vous savez que la France, comme les autres puissances européennes et mondiales, meurt d'un déséquilibre financier; le capitalisme sent son agonie; il essaie de tous les moyens pour se relever, il ne peut sortir de son enlisement. Et nous, classe ouvrière, nous aurons sans doute, bientôt, des responsabilités de plus en plus grandes. A certains moments, nous avons pu avoir confiance en un mouvement politique national, mais s'il est reconnu que le prolétariat n'a eu qu'à se féliciter de ce changement de législateurs, disons de suite et reconnaissons que ce levier est peu certain. Aucune garantie ne nous est assurée; seule la classe ouvrière organisée dans le syndicalisme pur et libre de toute ingérence extérieure, se libérera définitivement du joug capitaliste, toujours trop puissant. Il est indéniable que les leaders de notre C.G.T. ont la ferme volonté de défendre énergiquement le syndicalisme dans toute l'acception du mot, et nous leur faisons pleine confiance sur ce terrain. Pourtant, que craigons-nous de l'unité assurée par un Congrès d'unité des deux C.G.T.? Sommes-nous donc dans l'obligation d'aller aveuglément livrer nos conceptions? Abandonnerons-nous ce qui nous tient tant au cœur depuis plusieurs années? Cela, jamais. Au contraire, nous redoublerons d'énergie dans les syndicats reconstitués, unique dans chaque corporation, et par l'élaboration de statuts pouvant être acceptés de part et d'autre, nous verrons revivre une seule et forte C.G.T., tant attendue par la classe ouvrière française et internationale.

Si nous voulons avoir toute la confiance des travailleurs, recherchons la confiance des autres groupements en dehors de la C.G.T. et apportons la nôtre, c'est indispensable. Ce que nous désirons, c'est nous débarrasser le plus tôt possible de nos oppresseurs qui nous affament de plus en plus. Unissons nos forces, acceptons une discipline sévère, recontruisons la grande famille ouvrière sur des bases solides et indestructibles ; que chacun fasse un effort sur lui-même et ce mois d'août marquera un point dans l'histoire syndicale. Non seulement nos affameurs trembleront, mais ils verront leur puissance tomber chaque jour.

Encore une fois, je vous demande un effort de volonté; d'autres camarades exposeront sans doute, tout à l'heure, un point de vue différent. Mais, nous inspirant des principales clauses contenues dans la résolution de Sotteville à savoir : respect de la Charte d'Amiens et l'autonomie intégrale du syndicalisme, il nous est facile aujourd'hui de demander à la C.G.T.U. d'accepter nos conditions, pour former immédiatement un Comité d'organisation d'un Congrès d'unité.

Quoi qu'il advienne, je vous affirme que le Syndicat confédéré des Cheminots de Sotteville n'acceptera d'assister à aucune conférence ou réunion avec la C.G.T.U. si notre Congrès ne le décide.

Camarades, j'ai fait l'exposé de mon mandat en toute liberté et souhaite voir tous les congrès ouvriers se dérouler dans une atmosphère de calme et de raison et de bonne camaraderie comme celui-ci. Je vous remercie pour le silence observé et je termine en criant avec vous : « Vive l'unité ouvrière dans une même C.G.T. ».

Le Congrès décidant alors de passer au vote par mandats sur l'audition des délégués, les camarades QUERTELET, MERMA, ROUSSEAU, BARTHE, MICHAUD, LAUGA et AUTELOT sont désignés comme scrutateurs.

PERRONIN. — Nous ne voterons pas le rapport moral pour les raisons suivantes :

L'orientation de la C.G.T. nous apparaît mauvaise, antistatutaire, s'appuyant, je dirais spéculant même sur le corporatisme étroit, sur l'intérêt immédiat de la classe ouvrière. Sa tactique ne nous parait pas conforme au but; nous sommes tous plus ou moins réformistes dans l'action, mais il est un point sur lequel la C.G.T. ne doit pas être réformiste, c'est sur l'éducation, sur l'analyse des faits économiques, sur les conséquences d'un budget réactionnaire.

Si nous voulons faire évoluer la masse, il faut devancer la pensée collective, et non pas la suivre, encore bien moins s'appuyer sur elle pour en tirer des arguments tendancieux contre ceux qui ne perdent pas de vue le but et le travail à accomplir.

C'est pourquoi la rédaction du *Peuple* n'a pas notre approbation.

On y remarque trop le désir de présenter les événements d'une façon favorable au Bloc des Gauches impuissant. La polémique avec les communistes sur le Maroc est faussée par la présentation d'articles tronqués qui en déforment le sens.

Point n'est besoin de lire les *Cahiers du Bolchevisme*, notre doctrine syndicale nous suffit pour pouvoir nous élever contre cette nouvelle tuerie.

Ce n'est pas faire assassiner les soldats français que de vouloir l'évacuation du Maroc; il y a des années que l'on se bat au Maroc; on s'y battra encore des années, et seule, l'évacuation pourra mettre un terme aux sacrifices demandés au profit d'une poignée de banquiers.

Nous pensons que si nous pouvions mettre la réaction en demeure de choisir entre une grève générale et la conquête de certaines mines et richesses naturelles, par intérêt même, en raison de leur cupidité, nous pourrions obtenir rapidement la fin de cette nouvelle dernière guerre.

Sur la question de l'unité, qui restera toujours présente à notre mémoire, tant pour l'obtenir maintenant que pour la maintenir après, nous formulons les réserves suivantes :

Tout d'abord, si le Bureau confédéral a le devoir de respecter les mandats des Congrès et Comités nationaux, il a également le devoir et le pouvoir de prendre toutes initiatives nécessaires et de les mettre en délibération dans les sections; il doit montrer la nécessité de l'unité, et ceux qui conditionnent l'unité par la dissolution de la C.G.T.U. doivent profiter de toutes les occasions pour aller dire dans les milieux unitaires et non pour refuser la discussion.

Pour nous, camarades, et pour tous ceux qui ne veulent profiter de la période de fusion pour filtrer ou exclure des militants, sur une question de tendance, le Congrès mixte que nous avons voté, comporte les mêmes garanties morales que la dissolution de la C.G.T.U.

Il a, de plus, cet avantage d'être un moyen pratique de réalisation rapide, devant laisser le minimum de dissentiments et de rivalités.

Il fut un temps où la majorité de mes camarades militants à tous les degrés, disaient : « La C.G.T.U. ne veut pas l'unité, c'est nous qui la voulons, c'est une manœuvre. »

C'est une manœuvre, en effet; nous sommes d'accord sur ce point, mais contre qui ? Je me refuse à croire que l'ennemi est dans une fraction de la classe ouvrière, fraction contre laquelle s'acharne toute la presse réactionnaire, avec les mêmes arguments dont elle s'est servie contre vous tous dans d'autres temps.

De là, nous sommes arrivés à cette constatation : Comment se fait-il que tous ceux qui prétendent n'avoir aucune responsabilité dans la scission, n'avoir pas voulu cette scission avec ceux qui étaient sous l'influence communiste, commencent à dire maintenant, devant les précisions, les propositions de la C.G.T.U., que l'unité n'est pas une panacée, qu'elle n'est guère possible, qu'ils ne peuvent pas faire l'unité avec ceux qui sont toujours soi-disant sous la même influence communiste et qu'ils ne verraient pas trop d'inconvénient à ce que la scission soit une chose définitive et réglée?

Deneau. — Personne n'a dit cela !

Perronin. — Beaucoup de militants le disent. Eh bien, non, camarades, la scission ne peut pas durer; nous voulons l'autonomie syndicale et nous la défendrons toujours; mais un mouvement syndical coupé en deux ou trois peut-il être autonome, peut-il se suffire à lui-même, et s'il est autonome, n'est-il pas impuissant ?

Je termine, camarades, en souhaitant que le Congrès nous rapproche de l'unité entre les ouvriers confédérés et unitaires; il n'y a pas, il ne peut pas y avoir de victoire à remporter les uns sur les autres; si nous voulons le rapprochement, ne posons pas d'ultimatum, mais acceptons la discussion dans tous les milieux ouvriers, sur ces trois questions principales :

Pour l'Unité, contre la Guerre du Maroc, pour le maintien du pouvoir d'achat des salaires par l'échelle mobile.

Dassaud (Puy-Guillaume). — Camarades, si d'aucuns parlent ici comme des hommes de la rue, je voudrais, moi, pouvoir causer, comme un homme d'esprit syndical, de la C.G.T. Lorsque dans nos Conseils syndicaux, lorsque dans nos assemblées générales, nous parlons de l'action de la C.G.T., nous sommes d'accord avec nos syndiqués pour reconnaître que le Bureau confédéral nage dans l'atmosphère sociale à des centaines de brasses devant nous.

Le Bureau confédéral, la Commission administrative ont agi de telle sorte depuis la scission que la C.G.T. a pu acquérir une grande autorité morale, aussi bien dans tous les pays étrangers que dans notre propre pays. Il est indiscutable que les suggestions de la C.G.T. sont prises en considération par toutes les classes et par ceux qui sont chargés de diriger ces classes. Mais je ne crois pas que la C.G.T. ait acquis la même autorité dans la classe ouvrière. Je m'explique :

J'ai constaté avec plaisir l'augmentation des effectifs, j'ai constaté avec plaisir l'élévation du niveau moral des délégués depuis le Congrès de Lyon. Mais si les effectifs ont augmenté, ne le doit-on pas aux fonctionnaires, ne le doit-on pas aux instituteurs; ne le doit-on pas aux Fédérations qui ont, elles, un niveau moral très élevé?

Je n'ai pas pu, malheureusement, constater une élévation d'effectifs dans les corporations ouvrières de l'industrie privée. Et, camarades, il ne faut pas oublier que le programme de la C.G.T. est un programme révolutionnaire qui a exigé des méthodes révolutionnaires. Ces méthodes vont nous amener à nous dresser contre les Gouvernements, contre le capital, et à engager la bataille. Il faudra qu'il y ait bataille pour aboutir à nos fins, et, il faut le dire les meilleurs éléments de bataille, ce sont les ouvriers de l'industrie privée, ce sont les métallurgistes, ce sont les mineurs, ce sont les dockers, ce sont les cheminots.

C'est dans ces corporations qu'il faut que la C.G.T. prenne de l'autorité morale. J'espère qu'elle y arrivera bientôt si je veux en croire l'indication donnée hier par notre camarade Jouhaux.

Et, camarades, maintenant, il faut également que la C.G.T. pense qu'il y a des petites fédérations qui ont été particulièrement atteintes par la scission. Il faut que l'on pense que ces petites Fédérations vivotent, qu'elles végètent et qu'il faut qu'on leur vienne en aide. Il ne faut pas les laisser dans le marasme parce que c'est dans ces petites Fédérations que l'on trouve encore le meilleur élément révolutionnaire, les meilleurs éléments batailleurs (*Applaudissements*).

LAROCHE (Verriers). — Camarades, je suis mandaté par le Congrès de la Fédération des Verriers pour évoquer devant le Congrès confédéral la douloureuse affaire de la Verrerie ouvrière d'Albi.

Je ne causerai pas du passé, je situe la question à dater de la dernière Assemblée générale des Actionnaires de la V. O.

Au dernier Comité National confédéral, à la suite de l'intervention de nos camarades Rouvet et Capocci, la C.G.T., par la voix du camarade Jouhaux avait promis son appui aux verriers d'Albi. A l'Assemblée générale des Actionnaires, nos camarades d'Albi sont venus, croyant bien trouver cet appui moral; ils ne l'ont pas trouvé dans toute son amplitude.

L'ordre du jour présenté par le Syndicat unitaire des verriers d'Albi adopté par les administrateurs, a été voté à la majorité des actionnaires. Cet ordre du jour a été ensuite adopté, malgré toute sa rigueur, à l'Assemblée générale du Syndicat ouvrier d'Albi. Les verriers d'Albi ont reconnu qu'ils étaient battus; ils ont accepté toutes les clauses de l'ordre du jour voté à l'Assemblée des Actionnaires.

Parmi ces clauses, une disait : « La réintégration des grévistes » On est encore à attendre le geste de réconciliation de la part des administrateurs.

La dernière raison invoquée par le Conseil d'administration, c'est le résultat des transformations du machinisme dans la verrerie ouvrière. Cela ne tient pas; il est une coutume dans toutes les verreries, à la suite de toutes les grèves que l'on soit vainqueur ou vaincu, lorsque le personnel rentre dans l'usine et qu'il n'y a pas possibilité matérielle d'occuper la totalité des ouvriers, on partage le travail.

Deuxième question : celle du remboursement des sommes dues aux ouvriers verriers d'Albi pendant l'occupation de l'usine.

La somme proposée par le Conseil d'administration a été acceptée par le Syndicat des ouvriers d'Albi. Déposée entre les mains d'un avoué, lorsque le délégué du Comité directeur de l'usine, pendant l'occupation, s'est présenté chez l'avoué pour encaisser la somme au nom de ses mandants, son mandat lui a été contesté, l'on n'a pas reconnu son existence légale.

La cause pourrait encore se défendre, mais en même temps que l'on contestait le mandat de Tantôt pour encaisser la somme due par le Conseil d'administration de la Verrerie d'Albi au Comité directeur, il était apposé une affiche dans l'usine, signée de Babeau, qui disait que seul le Syndicat unitaire avait mandat pour recueillir les signatures afin de pouvoir toucher la somme due aux verriers d'Albi.

Babeau est en même temps que Secrétaire du Syndicat unitaire des Verriers d'Albi, membre du Conseil d'administration de la Verrerie Ouvrière d'Albi.

Il y a là de la part des administrateurs une tentative de dépossession en faveur de Babeau et contre Tantôt, et nous disons qu'il est anormal que des hommes qui, dans la vie syndicale, sont les adversaires les plus acharnés des unitaires, dans toutes les assemblées, fassent confiance dans l'usine qu'ils dirigent à un Syndicat unitaire contre nos camarades.

Voilà, camarades, les simples questions que j'avais à poser. Nous considérons, nous, Fédération des Verriers, que les Administrateurs de la Verrerie Ouvrière d'Albi n'ont pas agi à Albi autrement que des patrons; il n'y a rien qui puisse différencier leur attitude.

Aujourd'hui, pour nous, le conflit d'Albi est clos; il reste la question du règlement et celle de la réintégration des grévistes, questions qui n'ont reçu aucun commencement d'application.

Lavielle — Camarades, que vous le vouliez ou non, ce Congrès est influencé par la discussion sur l'unité qui a précédé les assises confédérales dans les Fédérations diverses. Est-ce que l'on doit répondre à la manœuvre par la manœuvre?

Pour les camarades, recevoir une délégation, tenir un Congrès commun, cela peut, et c'est ainsi que quelques-uns l'expliquent, faire que la propagande des unitaires soit atteinte.

Refuser un Congrès commun, cela semblerait renforcer l'autorité de la propagande communiste ou de la propagande unitaire. Ne pas recevoir une délégation, il semble que ce serait encore prendre là une très grosse responsabilité.

A mon avis, et suivant l'opinion d'un certain nombre de mes camarades, la question ne se pose pas comme cela.

Ce n'est pas parce que vous tiendrez un Congrès commun; ce n'est pas parce que vous refuserez de recevoir une délégation, que dans un sens ou dans un autre, on aura fait avancer l'unité ouvrière, absolument indispensable et désirée par nous.

Ce qu'il faut dire, c'est que d'abord le Congrès confédéral est impuissant à organiser un Congrès interconfédéral; impuissant à organiser une unité complète, parce que les syndicats restent maîtres des adhésions qui peuvent se présenter. Sans doute, l'on peut et l'on doit recommander une amnistie assez large, une amnistie pour ceux qui nous ont insultés pendant des années; on peut demander d'oublier un certain nombre de choses, mais on ne peut pas oublier qu'à certains moments, nous avons été gênés dans notre action corporative, tellement gênés que certains syndicats ont disparu de la circulation.

Il y a, pour la réalisation de l'unité, des cas d'espèces multiples; des cas de personnes qui ne peuvent être réglés que par les syndicats eux-mêmes; des cas d'organisations qui vont regarder des Fédérations et vous ne pouvez pas, Congrès confédéral, après avoir entendu une délégation ou une autre, dire que l'unité sera forcément réalisée par la seule volonté du Congrès confédéral.

Il y a les statuts confédéraux, l'autonomie des organisations respectives et c'est pour cela que les diverses résolutions adoptées par le Congrès confédéral d'abord et par les divers Comités confédéraux ensuite, c'est pour cela que nous avons la meilleure position pour l'unité, puisque c'est nous qui avons demandé qu'elle se réalise à la base, puisque c'est nous qui avons indiqué le moyen de faire pratiquement cette unité.

Et puis, camarades, il faut faire l'unité pour quelque chose, l'unité avec des camarades qui parlent d'unité sans la vouloir au fond, parce que si les renseignements de Bert sont exacts, il est des militants syndicalistes qui vont échapper à l'autorité d'un gouvernement, ils ne pourront plus être les agents d'une politique extérieure qui n'est pas la nôtre, qui ne peut pas être déterminée dans nos Congrès. Dans ces conditions, il peut y avoir des camarades qui ne désirent pas tant que cela l'unité de l'autre côté.

Nous, nous la voulons bien; nous la voulons dans la raison, nous la voulons pour qu'elle donne des résultats, pour que la classe ouvrière en tire des bénéfices. Et je voudrais causer aux camarades du Congrès de la question suivante : Toléreraient-ils que l'on viole les statuts de la C.G.T.? Que l'on continue à organiser dans chaque syndicat les débats que nous avons connus sur cette fameuse orientation syndicale, en discutant pour savoir si on serait majoritaire dans le prochain Congrès? On ne travaillait pas pour étudier les questions ouvrières, seules capables de donner de l'autorité au syndicalisme, et aux syndicats qui veulent créer quelque chose.

Et alors? L'unité, c'est parfait, mais il faut qu'elle soit profitable aux travailleurs. Il ne faut pas qu'après l'avoir réalisée, nous renouvelions l'expérience de la C.G.T. de 1918 à 1919, 1920 et 1921 où l'on se battait, où l'on se disputait dans les syndicats, où des camarades inéduqués ne venaient plus que 25 dans les réunions syndicales; les militants qui s'accrochaient, qui se disaient des choses désagréables. On ne peut pas oublier cette période du mouvement syndical français; on ne peut pas oublier cette page d'histoire de la C.G.T. Et s'il faut recommencer, on peut dire alors que l'unité n'est pas souhaitable, parce que nous partons dans des mouvements inconsidérés; ce sont des mouvements sporadiques, ce ne sont plus des mouvements sérieux et ce n'est pas une organisation sérieuse qui s'édifie; et l'unité comme cela, l'unité avec la division systématique et organisée, l'unité sans l'indépendance du mouvement ouvrier, l'unité sans la réalisation de notre programme d'action, eh bien, cela ne peut pas être l'unité souhaitable, l'unité désirée par l'ensemble des militants qui sont ici.

Ce n'est pas une question simplement d'ordre sentimental. On ne peut pas être pour l'unité par sentiment; on est pour l'unité par intérêt, et l'intérêt de la classe ouvrière, c'est évidemment de faire l'unité et incontestablement de la faire dans la méthode, dans l'ordre, pour un syndicalisme pratique, pour un syndicalisme qui veut marquer des succès, qui veut enregistrer des satisfactions. Voilà ce que l'on peut vouloir et ce qui est la véritable unité souhaitable.

Et il faut bien convenir que du côté de la C.G.T.U., on ne trouve pas cet accord pour notre méthode d'action. On n'a pas à regretter la situation actuelle de la C.G.T., elle est puissante; le Congrès d'aujourd'hui réunit beaucoup plus de délégués qu'avant la scission.

Si nous devons revivre des Congrès confédéraux tous les deux ans pour y discuter à propos du rapport moral. Si nous ne pouvons pas renouveler des Congrès comme celui du Palais d'Orléans où, malgré tout, un effort a été fourni pour comprendre certains problèmes et pour créer une opinion pour certaines actions; si on ne veut pas reprendre des Congrès confédéraux comme ceux-là, je prétends que le mouvement ouvrier n'avancera pas.

C'est dans ces conditions, camarades, que nous vous demandons de dire que l'on est ici toujours pour l'unité, en respectant les statuts confédéraux. Il n'y a pas de maîtres, il n'y a pas de dirigeants qui tiennent, c'est à la base que l'unité pourra se faire et pourra solidement s'organiser. C'est dans les syndicats qu'elle se fera d'abord; c'est dans les Fédérations qu'elle se fera ensuite, mais chaque syndicat, mais chaque Fédération restant seul juge des moyens pratiques de la réaliser et c'est ainsi que nous pourrons travailler sérieusement à l'affranchissement du prolétariat.

Humbert (Meurthe-et-Moselle). — Camarades, je pense qu'il n'est pas superflu de préciser une fois de plus la décision de la Meurthe-et-Moselle, en ce qui concerne particulièrement l'unité. Il y a deux ans, les représentants des organisations syndicales étaient réunis dans cette même ville. A ce Congrès, fut discutée également la question de l'unité et à la suite des débats qui furent institués, on aboutit au vote d'une résolution que vous connaissez tous, résolution qui préconisait l'unité à la base. A ce moment-là, malgré que nous étions en désaccord avec les camarades, nous avons accepté cette résolution par discipline; mais, aujourd'hui, il nous faut examiner justement quelles ont été les répercussions de cette résolution.

Eh bien, je crois que vous n'êtes pas surpris ni les uns ni les autres : la résolution de Paris a été inopérante, et l'unité syndicale n'est pas réalisée dans ce pays.

Camarades, après avoir constaté cette carence de la résolution, il nous faut examiner autre chose, un autre moyen de réalisation de l'unité syndicale.

Les différents orateurs qui se sont succédés à la tribune; les congressistes eux-mêmes dans les conversations particulières, se déclarent tous en faveur de l'unité syndicale, mais on y met un tas de considérants et la question n'avance pas.

Nous sommes partisans, nous, du Congrès commun. Nous pensons que le Congrès commun peut amener des résultats tangibles, qu'il peut préparer le terrain pour la fusion des organismes : syndicats, Unions et Fédérations. Et, camarades, c'est dans cet état d'esprit que nous voterons tout à l'heure sur la résolution de l'unité syndicale.

Vous dites que vous êtes les plus forts, vous l'avez écrit; par conséquent, vous êtes les plus forts, vous n'avez pas à craindre tout ce que vous exposait tout à l'heure le camarade Lavielle. Et puis, camarades, il ne faut pas oublier que la scission syndicale a été préjudiciable à la classe ouvrière; qu'il faut enfin que les trois tronçons du syndicalisme se reconstituent, et pour cela, il faut causer. Nous ne referons pas l'unité syndicale en nous basant sur la résolution de Paris. Vous en avez vu les résultats. Il faut donc causer, camarades, nous pouvons accepter le Congrès commun qui ne diminue en rien l'autorité morale de la C. G. T.

Et puis, je me tourne vers nos camarades délégués étrangers, parce que dans le rapport moral il y a aussi la question de la réalisation de l'unité internationale. Et il ne faut pas oublier non plus, et en passant je félicite nos camarades anglais de l'attitude qu'ils ont prise sur cette question et je souhaite que les représentants du mouvement international adoptent la même attitude. Nous ne pouvons pas continuer à ignorer un grand pays comme la Russie, il faudra tôt ou tard, puisque vous-mêmes avez demandé le rétablissement des relations commerciales, des relations diplomatiques avec la Russie, il faut aussi que l'on rétablisse les relations syndicales avec les organisations ouvrières russes.

Eh bien, camarades, sur ce terrain, c'est l'attitude de votre représentant ou de notre représentant à la Fédéraion Syndicale Internationale qui doit être modifiée. Il faut causer avec les russes parce qu'il est nécessaire, je le répète, de renouer ces relations et d'établir enfin dans le monde une véritable Internationale où aucun pays ne sera exclu.

Et puis, camarades, le rapport moral ne comporte pas seulement que la question de l'unité, et nous devons aussi apporter quelques critiques sur les autres questions qui figurent à ce rapport moral. Elles ne seront pas en contradiction avec l'attitude que nous avons toujours adoptée.

Je reproche à la Commission administrative de la C.G.T. d'avoir fait preuve de mollesse lors de la campagne contre la guerre du Maroc. Je lui reproche également de ne pas avoir protesté contre la répression gouvernementale. Il fut un temps, camarades, où la C.G.T. ne s'occupait pas s'il y avait des différences de conceptions lorsque des camarades étaient frappés, lorsque des camarades tombaient victimes dans la bataille sociale, la C. G.T. avait à honneur de protester contre les agissements gouvernementaux (*Applaudissements*).

Aujourd'hui, camarades, la situation est bien changée. Nous nous sommes imprégnés de démocratie, et je dois le dire, j'ai déjà fait cette critique au Comité Confédéral National, le syndicalisme ne peut, en aucune circonstance, suivre le sillage gouvernemental. Le syndicalisme doit rester lui-même. Vous l'avez tous dit, vous l'avez déclaré à plusieurs reprises et nous entendons que le syndicalisme revienne lui-même. Eh bien, camarades, nous allons examiner le bilan des réalisations obtenues depuis que nous avons versé dans la démocratie.

La C.G.T. avait un programme minimum. Qu'est-ce qu'il y a de réalisé à l'heure actuelle dans ce programme minimum? Les Assurances sociales? Néant. Vous savez, malgré l'active propagande qui a été faite, que le gouvernement, que les rapporteurs se sont élevés contre cette politique de réalisation.

La refonte de la loi sur les accidents du travail? Néant. Et puis, camarades, le contrôle de la main-d'œuvre étrangère; la création d'un Office national de la Main-d'œuvre étrangère, toutes ces questions qui ont fait l'objet des délibérations du dernier Congrès, n'ont pas été réalisées.

Ah oui, on va peut-être m'objecter qu'on a obtenu le Conseil National Economique. Eh bien, camarades, le Conseil National Economique.

c'est en effet une réalisation qui ne date pas de bien longtemps, mais nous doutons, nous, voyez-vous, de ce qu'il pourra apporter à la classe ouvrière.

Et puis, camarades, il ne faut pas oublier autre chose aussi, c'est l'attitude de la Commission administrative au sujet de l'organe officiel de la C.G.T., au sujet du *Peuple*. Ah, je vous garantis, camarades, que si vous vous évadiez un peu de votre milieu et que vous veniez plus souvent en province, que vous preniez l'avis des syndiqués et de ceux qui lisent l'organe officiel de la C.G.T., vous entendriez des critiques, des critiques qui sont justifiées. Et des camarades ont dit, avec juste raison, que le *Peuple* était souvent plus ministériel que les ministres eux-mêmes. (*Quelques applaudissements*).

Eh bien, camarades, c'est tout cela que nous avons voulu apporter, toutes ces observations qui sont rendues nécessaires. Nous prétendons, nous, qu'il faut que la C.G.T. adopte une autre ligne de conduite. La Charte du Syndicalisme, celle dont nous nous réclamons tous, tout au moins ceux qui sont ici, déclare que nous devons être au-dessus des partis politiques. C'est vrai, mais malheureusement, depuis quelque temps, on l'a oublié. Quand vous reprochez aux camarades qui sont de l'autre côté, de ne pas vouloir de cette Charte d'Amiens, vous oubliez camarades, que pour un grand nombre d'entre vous, vous avez fait la même chose.

TOULOUSE. — C'est inexact.

HUMBERT. — Vous avez mis la Charte d'Amiens dans votre poche. (*Protestations*). Vous êtes rentrés dans la bataille politique, et quoique vous en disiez, vous n'avez pas pu séparer votre rôle de militant syndicaliste de celui de militant politique. Eh bien, camarades, il faut en revenir à une plus saine compréhension; il faut redonner à notre C.G.T. la vigueur qui lui manque, il faut le reconnaître. Ah ! nous ne disons pas qu'il faut faire de la démagogie; nous n'en avons jamais été partisans. Nous disons qu'il faut de la discipline; nous avons toujours respecté la discipline et c'est pourquoi nous sommes d'autant plus forts pour apporter nos critiques, nos observations.

Camarades, tout à l'heure, vous avez repoussé la proposition des camarades de Russie d'envoyer une délégation dans ce pays. Je trouve que vous avez eu tort. Vous avez eu tort parce que vous écrivez constamment sur la Russie. Eh bien, il était facile, et je crois qu'il est facile de demander à nos camarades de Russie de modifier quelque peu leur proposition, de désigner une délégation de la C.G.T. qui ira visiter ce grand pays. Cela pourra faciliter le rapprochement. Vous vous dites tous partisans de l'unité syndicale nationale et internationale. Nos camarades du Bureau de la Fédération Syndicale Internationale sont du même avis que vous. Eh bien, il faut prouver que nous voulons véritablement réaliser cette unité.

Et, camarades, en conclusion, je vous rappellerai ce qu'écrivait Brissot avant sa mort : « Tout ce qui divise est réactionnaire, tout ce qui unit est révolutionnaire ».

Vous vous réclamez de la révolution; faites l'unité; c'est la première bataille que vous aurez gagnée.

Bourderon. — Je vous demande beaucoup d'indulgence, car ma voix est un peu fatiguée; je m'adresse d'un mot à Humbert : Ta conclusion, mon cher camarade, est malheureuse. Tu as dit : Tout ce qui divise est réactionnaire... Ceux qui ont divisé la classe ouvrière le sont donc? (*Très bien.*) Tu m'as peiné dans ta conclusion, car la division n'est pas d'aujourd'hui; elle est de 1920 et de 1921.

Cela veut-il dire que je suis contre ou adversaire de l'unité? Non. Je voudrais ici synthétiser en quelques phrases ce que le Syndicat des Tonneliers de la Seine, pour parler en son nom et au nom des autres Syndicats du Tonneau qui m'ont donné mandat, nous considérons que les lettres qui ont été lues sont des lettres sur lesquelles nous nous sommes prononcés. On nous demande d'accepter l'audition de délégation; nous nous prononçons contre, pourquoi? Parce que nous avons examiné les lettres; la délégation d'aujourd'hui fera œuvre inopérante dans un Congrès confédéral. Les modalités que l'on nous a indiquées dans la lettre d'avril étaient des conditions inopérantes. Un Congrès interconfédéral ne se constitue pas sur ces bases ni dans ces définitions indiquées. Pourtant, l'unité est une nécessité inéluctable. Ceux qui la veulent sincèrement doivent y œuvrer. Mais y œuvrer comment? Non pas dans un Congrès interconfédéral. L'unité à la base doit se réaliser dans la mesure que notre camarade Guinchard a indiquée mais c'est dans les Fédérations que l'unité peut s'opérer. Et je crois, pour simplifier mon raisonnement et l'écourter, qu'il conviendrait qu'à côté des résolutions antérieures, répondant à des Congrès interconfédéraux qui sont inopérants, qu'il faudrait que des Commissions mixtes se constituent par Fédération, et je disais même, d'accord avec les raisons qui ont été données à la séance inaugurale de ce Congrès, nous basant sur le terrain corporatif et revendicatif. C'est là où nous trouverons, camarades de la Meurthe-et-Moselle, des possibilités d'action pour nos corporants.

Sur ce point, nous ne pouvons le faire et nous ne pouvons le mieux faire que par les Fédérations.

Je crois que dans la résolution du Congrès sur l'unité, il conviendrait que l'on indique que les Fédérations confédérées sont disposées à examiner avec les Fédérations dites unitaires, les modalités, les moyens d'arriver à l'unité organique, parce que les Fédérations ainsi constituées donneront à la C.G.T. la nuance qu'elles doivent lui donner par leur définition. C'est ainsi que je résume la possibilité d'envisager l'unité dans sa réalisation, non pas dans sa manifestation intempestive, bruyante, mais qui ne se réalise pas, qui ne se matérialise pas, c'est cela que je redoute.

Nous sommes ici aussi pour examiner quelque peu la vie confédérale, la ligne de conduite qu'a suivie la C.G.T., et qu'a suivie sa Commission administrative et ses Comités confédéraux nationaux; si elle compte bien conserver la directive qui convenait ou si même, par le fait des événements et des circonstances, la C.G.T. a été amenée à biaiser quelque peu, à contourner sans doute; si elle ne doit pas revenir à l'esprit de l'originalité de notre mouvement ouvrier français.

Je suis mal placé pour être censeur de mes camarades de la Commission administrative. Toutefois, je m'en excuse auprès d'eux; je demande au Congrès de ne pas me juger sévèrement si je dis quelques paroles qui pourraient être à l'encontre de la tactique ou des méthodes qu'ils emploient.

Je reste avec mon éducation, je pourrais dire primitive dans le syndicalisme; je reste sur le terrain de lutte de classes où la C.G.T. s'est véritablement organisée, développée et a conquis une place dans le monde. Quand je dis dans le monde, je dis non seulement dans le monde ouvrier français, mais dans le monde international. Et Guiraud, tu rappelais la figure, la grande figure de Keufer. Il l'a originalisé, lui, le mouvement ouvrier français. Il est dans une certaine mesure, dans une large mesure l'auteur de la Charte d'Amiens dans son esprit, et ici, disons que dans l'Internationale syndicale, jusqu'à 1919, nous avons été considérés comme un mouvement différent des autres mouvements nationaux. Nous avions nous, en France, notre sociologie et quand on parle ici de syndicalisme, c'est bien une sociologie du monde du travail, du monde économique. C'est pour cela que je vous demande d'y revenir quelque peu. Nous ne l'avons peut-être pas totalement quittée, nous l'avons un peu délaissée. C'est pour cela que je voudrais que la C.G.T. puisse être unie dans l'ensemble du prolétariat français et qu'elle conserve cette originalité de la lutte de classes qui a vraiment donné chez nous des résultats. L'on se sépare quelque peu de trop, on a trop le désir de les employer vers les pouvoirs ou vers les partis politiques.

Je le dis sans regret. Je considère que le syndicalisme a une supériorité sur tous les partis politiques, quels qu'ils soient. (*Applaudissements*). Nous n'allons pas à des fins parlementaires. Nous luttons pour la défense d'intérêts qui nous sont chers et que nous comprenons d'autant mieux que nous agissons dans nos milieux locaux ou régioaux et même quelque peu nationaux. Nous voyons sans doute qu'il y a aussi des nécessités d'agir internationalement, par exemple pour la journée de huit heures. Mais ce qui convient, c'est que nous ayons assez de volonté, assez d'esprit de décision pour nous détacher du contact permanent ou intermittent avec n'importe quel parti politique. Et je dis que la C.G.T. a aujourd'hui, dans la circonstance, à faire attention si elle a bien mesuré la tactique syndicale ouvrière, tactique de faire du mélange qu'elle a eue au Congrès de Marseille avec l'Internationale politique. Oh! je ne fais point de grief à Oudegeest, il a exécuté un mandat qui lui était donné par le Bureau de l'Internationale Syndicale; il l'a rempli, je ne lui fais pas de critique, ce n'est pas à lui que cela s'adresse. Je demande à la C. G. T., à ceux qui sont nos représentants directs si, au sein de ce Bureau, on a agi en conformité avec notre tactique, avec notre mentalité, avec nos conceptions syndicalistes. C'est cela que je voudrais. Et croyez-vous que nous ne serions pas choqués, camarades du Bureau confédéral et de la Commission administrative et moi-même, si nous avions ici des représentants officiels du Parti socialiste qui viendraient, comme des personnalités traitant avec nous d'égal à égal, et qu'en réalité, nous aurions à subir les turpitudes de leur politique, même socialiste; parce qu'il y en a et nous les avons connus non seulement au congrès de Paris, au congrès national, nous les voyons aussi se dérouler dans le congrès international.

Il y a là quelque chose que je voudrais que nous ne mélangions pas, puisque la C. G. T. fût constituée avant la Charte d'Amiens, qu'elle s'est définie dans cette Charte d'Amiens et que, vraiment, nous nous séparions d'une façon assez précise, tout au moins nous, dans le mouvement syndical national, si nous ne pouvons pas agir sur le mouvement international avec la majorité. Les Trade-Unionistes anglais sont mélangés avec le Labour Party dans toute leur attitude parlementaire de réformes et de revendications. Nous ne voulons pas faire de griefs à nos collègues allemands qui, eux aussi, jusqu'à ces jours-ci se trouvaient liés dans la social-démocratie et que leurs éléments, éléments de la social-démocratie, étaient les mêmes. Nous n'accepterons pas chez nous qu'un membre du Parlement soit, si on peut dire, le délégué ou le secrétaire confédéral; nous ne l'accepterions pas. Nous ne désignerons pas un camarade député, peut-être même pas conseiller général à la C. A. de la C. G. T. Il y a entre nous, dans notre originalité, une distinction que nous aimerions que l'Internationale syndicale partage.

Je me résume : j'ai dit, au point de vue de l'unité, que les modalités qui nous sont présentées sont inopérantes; qu'il convient de dire dans la résolution que nous sommes tous, dans le principe, pour l'unité, mais il faut la réaliser, il faut trouver les moyens de la matérialiser et je crois que c'est seulement par le rouage des Fédérations que nous pourrons arriver à faire des rapprochements très sérieux qui nous conduiraient sans doute à une unité totale.

Sur le terrain critique, au point de vue de l'attitude de la C.G.T., sur son travail passé, nous ne pouvons pas le refaire, mais je demanderais que, dans l'avenir, on tienne compte que nous ne sommes pas liés et que nous ne devons pas nous lier ni aux délégations parlementaires, ni au parti socialiste comme maintes fois nous l'avons fait.

Roux. — C'est au sujet de la vérification des mandats. Hier, vous avez facilité les travaux de la Commission; mais en raison de la décision prise ce matin qu'aucun mandat nouveau ne serait accepté cet après-midi, la Commission de Vérification a donc terminé totalement son travail.

Aux 1.728 mandats validés hier, il y a lieu d'en ajouter 71 nouveaux, tous en règle, ce qui porte le total des syndicats représentés à 1.799.

Bidegaray. — Il y en a un à valider.

Roux. — Cela fera 1.800. Il restera au Congrès à valider au cours de ses séances futures ou d'invalider la décision de la Commission et d'examiner le cas particulier du Syndicat des produits chimiques de la Seine.

En conséquence, je vous demande, au nom de la Commission des mandats, de valider de façon totale les 1.800 mandats arrivés. Le contrôle des délégués n'a pu se faire en raison que des mandats sont arrivés trop tard et qu'il a fallu faire les cartes par la suite. Dans le compte rendu des travaux du Congrès, on vous l'indiquera avec précision.

Nous pouvons dire que le chiffre de mille est presque atteint.

Le Congrès prononce la validation des mandats.

Séance de l'après-midi

Au début de la séance, le Président donne la parole au camarade Grassmann, représentant de la C.G.T. allemande, qui déclare être obligé de quitter le Congrès avant qu'il ne soit terminé. Voici le discours prononcé par Grassmann.

GRASSMANN. — J'apporte aux camarades français le salut et les souhaits de meilleurs succès de tous les ouvriers allemands qui suivent avec la plus grande attention et le plus grand intérêt la vie syndicale de France.

Je suis persuadé que les quelques jours qui séparent la tenue du Congrès de la C.G.T. française de celle du Congrès de la C.G.T. allemande contiennent pour nous d'importants devoirs, car nous devons prendre position vis-à-vis de très graves problèmes. Il s'agit de la crise qui existe actuellement et qui est non seulement une crise européenne, mais une crise mondiale, et comme ce sont toujours les ouvriers qui ont toujours à souffrir de toutes les crises, qu'elles soient militaires ou qu'elles soient économiques, nous sommes dans l'obligation de prendre position.

La question qui nous occupe en ce moment, c'est surtout le grand chômage qui est provoqué, non seulement en Allemagne, mais dans un grand nombre d'autres pays d'Europe. Ce chômage n'est pas causé du fait d'une surproduction, car les besoins de tous les travailleurs ne sont pas satisfaits, mais il est provoqué par le fait que des centaines de millions de consommateurs sont dans l'impossibilité d'acheter.

En Allemagne, nous venons de passer des années pleines de luttes ; c'est surtout l'année 1921 qui fut une catastrophe pour les organisations syndicales. Vous savez qu'à cette époque un mark-or égalait un billon de marks-papier. Les salaires des ouvriers devenaient insignifiants ; ce qu'un ouvrier gagnait un jour ne lui suffisait plus à acheter un morceau de pain le lendemain. Il a fallu que ce travailleur touche son salaire à midi afin de pouvoir, durant l'après-midi, acheter ce qui était nécessaire à sa vie. S'il avait touché son salaire l'après-midi, il lui aurait été impossible d'acheter même l'indispensable à son existence.

Cette période est heureusement passée. Nous avons pu mener la lutte à bonne fin. Evidemment, les entrepreneurs ont profité de cette situation pour se dresser contre les organisations ouvrières, pour leur enlever les avantages acquis par l'action syndicale, surtout en ce qui concerne la journée de huit heures, les vacances payées et toutes autres réformes que réclament les ouvriers et auxquelles ils ont droit.

Nous sommes heureux de pouvoir, aujourd'hui, nous réjouir d'un succès complet, surtout pour ce qui a trait à la journée de huit heures. Nous pouvons dire qu'en Allemagne elle est appliquée d'une façon générale.

Mais il est encore d'autres problèmes très graves qui se posent à notre attention en ce moment. C'est le problème économique causé par le lock-out de ces jours derniers et qui doit décider, en Allemagne, du sort de 600.000 ouvriers du Bâtiment, ainsi que de 200.000 ouvriers du Textile et de 200.000 cheminots qui doivent être mis sur le pavé.

L'action des entrepreneurs est facilitée du fait qu'ils vont la main dans la main avec le gouvernement capitaliste d'Allemagne pour ruiner les organisations ouvrières. Leur action est également facilitée par la division regrettable qui existe parmi les ouvriers, et surtout par l'action des communistes.

C'est certainement depuis le moment où nous sommes arrivés à anéantir l'influence des communistes que nous voyons nos organisations syndicales reprendre leur élan et reprendre de la force.

Je suis particulièrement heureux de voir que les relations entre la C.G.T. allemande et la C.G.T. française soient aussi bonnes et aussi cordiales. Nous avons, en effet, besoin de travailler ensemble pour arriver à la réalisation et à la solution des grands problèmes économiques qui se posent à nous.

Déjà en 1921, à Amsterdam, c'est nous, organisations syndicales, qui avions exprimé la pensée des prestations en nature. Nous ne voulions pas que la sueur des travailleurs serve à accroître davantage encore la richesse des profiteurs de la guerre et des réparations.

Nous voyons donc, par là même, que les représentants des organisations syndicales sont plus intelligents, plus clairvoyants et plus prévoyants que ceux qui dirigent nos pays respectifs.

Je suis convaincu que c'est seulement par un travail en commun, par une collaboration des plus étroites que nous parviendrons à obtenir les garanties nécessaires pour une paix durable. Le monument que je vois au fond de cette salle m'a profondément ému ; nous voyons ici la réconciliation de deux peuples telle que nous la désirons et je suis persuadé que nous ne parviendrons à la réaliser que par l'entente et la cordialité, et par cela même, à obtenir les garanties indispensables à la paix, non seulement pour la paix européenne, mais pour la paix mondiale.

Nous, travailleurs allemands, nous ne voulons pas de guerre et comme vous, travailleurs français, nous luttons contre elle (*applaudissements*).

Je suis certain que nous arriverons à tenir tête à la réaction qui a accru sa puissance parce que nous, les travailleurs, nous n'étions pas d'accord. Nous nous sommes disputés souvent pour des questions accessoires et nous n'avons pas vu les grandes questions qui doivent nous unir. Il faut que nous soyions unis ; c'est là la condition essentielle à notre action. Il faut que nous travaillions en commun, sans considération des questions politiques, religieuses ou philosophiques, et c'est alors seulement que notre organisation deviendra grande et forte pour assurer la paix du monde (*applaudissements*).

Le Président. — Nous avons reçu le télégramme suivant :

« Union Nationale Cheminots révoqués siège. Tours envoie salut « fraternel congrès ouvrier demande action vigoureuse près Gouverne- « ment pour réintégration attendue par plus de 6.000 révoqués s'opère « comme réseau Etat. »

(*Applaudissements.*)   *Secrétaire :* Bellœuvre.

Le Président. — Le rapporteur de la Commission de Vérification du vote a la parole.

Le Rapporteur. — Voici les résultats du vote :

4.312 suffrages exprimés :
Abstentions : 30.
Pour l'audition des délégués de la C.G.T.U. et des organisations autonomes : 2.782 (*Applaudissements*).
Contre : 1.500.

Le Président. — J'ai reçu la note suivante :

« Les délégués soussignés demandent au Congrès de prendre la décision suivante : Les délégués de la C.G.T.U. et des syndicats autonomes ne devront pas être interrompus au cours de leur exposé pour ne pas donner lieu à des colloques qui pourraient faire dégénérer en discussion violente une audition qui doit être entendue avec calme et dignité (*applaudissements*).

« Il sera accordé à un délégué de chaque organisation un temps de parole qui ne devra pas excéder pour chacun une demi-heure. »

Le Président. — Pendant cette audition, il y a donc lieu de ne pas interrompre les orateurs, de ne pas faire de colloques, de les écouter et de ne pas entrer en discussion (*très bien !*).

Dès que les délégués auront parlé et qu'ils se seront retirés, le Congrès reprendra son ordre du jour.

Ces diverses suggestions sont approuvées par le Congrès.

Le Président. — La parole est au camarade Liochon.

Liochon. — Sur mes instances, le Congrès a estimé qu'il était nécessaire d'ajouter un complément d'explication au rapport financier qui est inséré dans la *Voix du Peuple*.

Ce n'est pas précisément un rapport que je vous apporte, ce sont des renseignements qui sont indispensables pour que vous puissiez vous prononcer sur la gestion financière de la C.G.T.

J'ai probablement été désigné comme rapporteur parce que j'ai eu le malheur de me distinguer, il y a deux ans, sur la même gestion financière de la C.G.T. J'ai apporté, au nom de mes camarades, à cette époque, l'expression des inquiétudes dont nous étions étreints après l'achat de l'immeuble confédéral qui a précédé de peu le lancement du journal *Le Peuple*.

J'ai accepté de rapporter les renseignements recueillis parce que je suis partisan avant tout de la vérité, et que je ne pouvais pas me refuser d'être l'interprète, à cette tribune, de la vérité constatée par la Commission des Finances.

Lorsque, il y a deux ans, *Le Peuple* était dans une situation extrêmement difficile, nous avions atteint à un moment donné une dépense qui approchait, comme déficit, de 100.000 francs par mois, 92.000 fr. exactement. Il y avait en plus, à cette époque, une dette d'argent à rembourser qui se montait à environ 1.200.000 francs.

Voici, aujourd'hui, la situation dans laquelle se trouve la C.G.T. Il va sans dire qu'ainsi que je le demandais hier soir dans mon intervention, la *Société Générale du Travail* s'est prêtée de très bonne grâce aux investigations de la Commission des Finances du Congrès.

Elle a accepté non pas le contrôle ouvrier, mais le contrôle de ses propres locataires !

A l'heure actuelle, il y a comme dette réelle la somme de 1 million 575.582 francs, qui est représentée par les avances faites par un certain nombre de fédérations au moment de l'achat de l'immeuble. Le prêt de la Belgique, le prêt Quentin-Bernier, l'emprunt d'obligations que vous connaissez, qui a été lancé avant le Congrès de Paris 1923, plus le Crédit Foncier qui n'est pas le fait de la C.G.T., mais le fait de l'ancien propriétaire de l'immeuble.

Si on défalque ce crédit immobilier, dont le remboursement est une question qui ne se pose pas, il reste comme dette la somme de 1.221.000 francs.

Cette dette est couverte en partie par l'avoir actuel, avoir qui est représenté par deux éléments : d'abord, l'argent en banque et en caisse qui s'élève à la somme de 361.262 francs ; puis les sommes dues par les Fédérations et par les Unions départementales, soit comme cotisations arriérées, soit comme cartes confédérales dont le paiement s'effectue normalement du premier janvier au 31 décembre. Mais le compte est fait de telle manière que les sommes dues représentent réellement les cartes qui ont été placées depuis le premier janvier. Or, il est dû par les fédérations : 82.427 francs ; par les unions départementales : 19.897 francs, et enfin le compte cartes en cours. On peut considérer qu'il y a actuellement la moitié des cartes payées.

On peut supposer, sans exagération, que l'autre moitié sera payée d'ici le 31 décembre.

On ne peut pas, évidemment, exiger des Fédérations qu'elles paient l'intégralité de leurs cartes le jour où elles en prennent livraison au Bureau Confédéral ; et cette somme restant due par les fédérations s'élève à 250.000 francs, soit comme avoir de la C.G.T. vis-à-vis des organisations confédérées la somme de 352.324 francs, qui s'ajoute à l'en-caisse et en banque de 361.000 francs, soit un total de 713.587 fr. 29.

Si l'on considère que la dette à rembourser effectivement, défalcation faite du Crédit Foncier, s'élève à la somme de 1.221.751 fr. 50, il en découle qu'en tenant compte de l'avoir réel, soit en caisse, soit représenté par les sommes dues par les organisations confédérées, il nous reste à couvrir une somme de 508.161 fr. 31 centimes.

J'ajoute qu'il y a dans le rapport financier de la C.G.T. un chapitre spécial pour la Caisse des Grèves qui indique que cette caisse des grèves compte actuellement la somme de 137.152 fr. 90.

Il va sans dire que cette somme n'est pas un argent pouvant être à la disposition du fonctionnement confédéral ; c'est une somme qui, du jour au lendemain, peut être mise à la disposition des organisations en lutte. Il faut donc considérer cette somme 137.000 fr. comme étant une somme appartenant non à la C.G.T., mais aux organisations en lutte qui auraient besoin du concours confédéral. Nous devons donc l'ajouter à la somme de 508.000 fr. indiquée tout à l'heure, ce qui fait qu!à l'heure actuelle, il faut pour que la C.G.T. se libère totalement du passif, totalement de ses charges antérieures, qu'elle arrive à débourser la somme de 645.314 fr. 41 centimes.

Si la dette d'il y a deux ans a été diminuée dans cette proportion, nous le devons à quatre faits différents :

1° La solidarité internationale ;

2° L'augmentation de la cotisation votée au Congrès d'il y a deux ans ;

3° La réduction importante du déficit du *Peuple* qui, débutant à 92.000 francs par mois, arrive aujourd'hui à environ 25.000 francs (*applaudissements*) ;

4° L'augmentation des effectifs confédéraux qui vient s'ajouter à l'augmentation de la cotisation.

Ce sont ces quatre éléments qui ont permis à la C.G.T., aidée par la solidarité internationale, de se décharger d'une partie de la dette qui s'élève à la somme de 562.500 francs.

Voilà la situation. Nous en avons conclu, à la Commission des Finances, que cette somme de 645.314 fr. 41 centimes pouvait se liquider, non pas peut-être d'ici deux ans, entre les deux Congrès, mais au maximum dans la durée de quatre années. Et ce qui nous rassure, — et personnellement j'en éprouve une certaine satisfaction, — c'est qu'il apparaît que les craintes que nous avions exprimées au dernier Congrès de Paris, à savoir que si le *Peuple* continuait à fonctionner dans les conditions d'alors, nous serions obligés de faire appel à une nouvelle augmentation de la cotisation, ces craintes paraissent aujourd'hui écartées (*applaudissements*).

Si le *Peuple* continue à fonctionner dans les conditions actuelles, au point de vue financier et administratif, si la Commission administrative et le Bureau confédéral se livrent à une gestion financière sévère ; si, comme tout semble l'indiquer, les effectifs confédéraux augmentent, malgré le sabotage communiste (*applaudissements*), nous pouvons en conclure que d'ici trois ou quatre ans au grand maximum la C.G.T. sera libérée de cette entrave financière qui a fait l'objet de nos plus graves inquiétudes il y a deux ans.

C'est la conclusion à laquelle s'est arrêtée la Commission des Finances, et j'aurais, vous le comprendrez, étant donné l'attitude antérieure, mauvaise grâce à ne pas m'y associer (*applaudissements*).

(*Ce rapport est adopté à l'unanimité.*)

La discussion du rapport moral continue alors par l'audition du camarade Cazeneuve.

Cazeneuve (Bordeaux). — Camarades, ne soyez pas inquiets ; je n'ai pas l'intention de vous faire la narration de mon voyage en Russie. Je n'ai pas l'intention non plus de vous dire ce que j'ai vu en Russie. Cependant, je peux vous accorder une satisfaction de curiosité : c'est que, parti réformiste pour ce voyage en Russie, j'en suis revenu réformiste (*applaudissements*).

Et tout de suite, camarades, laissez-moi vous dire aussi quel est l'objet de mon intervention à cette tribune. J'ai une mission à y accomplir. J'ai à vous proposer, de la part du camarade Tomsky, secrétaire général de la C.G.T. russe, de constituer une délégation officielle qui se rendrait en Russie pour y faire une enquête dans l'ordre de celle que personnellement j'ai pu faire, pour vous apporter ses conclusions, et n'ayez crainte, je suis à peu près convaincu que les camarades que vous chargerez de cette mission, comme moi reviendront réformistes de leur voyage.

Camarades, j'estime qu'il ne m'est pas possible, étant donné la limite de temps que l'on a imposée ce matin aux orateurs, il ne m'est pas possible, dis-je, de développer longuement mon sujet ; mais j'estime que vous ferez œuvre stérile en continuant à discuter de l'unité ; j'estime que tout ce qui pourra être fait dans ce congrès pour ce résultat n'aboutira pas si l'on ne commence pas par le premier geste indispensable : causer, aller en Russie, prendre contact avec les dirigeants, avec les militants russes et ensuite rapporter devant les camarades réformistes, ou que l'on a coutume d'appeler réformistes, le résultat des investigations que l'on aura faites en Russie.

Ce matin, j'ai entendu avec beaucoup de plaisir la véhémence que le camarade Bert mettait dans la question politique qu'il voulait écarter de l'action syndicale. Camarades, je suis de ceux qui défendront toujours l'autonomie du mouvement syndical, en dehors de l'influence des partis politiques. Je suis de ceux qui, il y a trois jours encore, assistaient sur invitation particulière à un Congrès unitaire de la Fédération du Livre, pour y défendre ce principe que l'organisation syndicale doit et peut influencer l'action politique, mais ne doit pas subir l'influence politique (*applaudissements*).

Et Bert disait ce matin, avec raison, que tous les politiciens, quels qu'ils soient, voient dans l'organisation syndicale un réservoir d'hommes pour leur parti politique. Il aurait pu ajouter que cette position n'est pas seulement particulière au Parti communiste et qu'il y a d'autres partis qui ont leur influence dans le mouvement syndical, mais cela, on ne le dénonce pas suffisamment. Je me fais un devoir de faire cette déclaration (*applaudissements*). Les applaudissements sont plus atténués et j'ai constaté cela à diverses reprises, parce que chaque fois que l'on dit la vérité, chacun reste sous l'influence de sa position politique et ne peut pas se dégager de cette influence, même dans un congrès ouvrier (*applaudissements*).

Coudun. — C'est une opinion qui n'est pas prouvée. Bert a apporté des preuves, tu n'en apportes pas.

Cazeneuve. — J'exprime un sentiment en toute sincérité, je voudrais que tu en fasses autant.

En tous les cas, camarades, je ne viens pas ici apporter un point de vue personnel sur la question de la délégation officielle en Russie. J'apporte ici, à cette tribune, l'adhésion de tous les syndicats ouvriers adhérents à l'Union départementale de la Gironde. Il faut avoir le courage d'accepter la mission d'aller sur place, et l'heure est venue d'accomplir cette mission d'aller sur place, dis-je, apporter l'influence de nos conceptions à la révolution russe.

Camarades, ce que l'on oublie trop, c'est que cette révolution existe en fait et qu'elle est la première qui ait imposé, dans le monde entier, un gouvernement ouvrier ; toutes vos manifestations pourront se faire jour dans des sens divers, vous n'empêcherez pas que la révolution russe existe et que votre devoir est de la soutenir.

Vardelle. — Et la dictature existe aussi.

Cazeneuve. — Peut-être parce que l'influence de la C.G.T. française ne s'est pas encore fait sentir en Russie.

(*Interruptions.*)

Dans l'internationalisme, je suis un missionnaire peut-être ; je souhaite que vous soyiez missionnaire toujours pour une œuvre semblable à celle que je cherche à faire aboutir ici. Je suis parti réformiste, je le répète, je reviens de Russie réformiste, libre de tout engagement. Cela ne vous empêchera pas d'accepter d'aller en Russie faire une enquête sur la révolution russe.

Je prétends, et j'appelle votre attention sur mes conclusions, que l'heure est venue d'aller en Russie, parce que, à l'heure actuelle, le régime russe, celui que j'ai pu constater, n'a rien de révolutionnaire (*applaudissements, interruptions*). Je suis prêt à vous faire plaisir, je suis un drôle de missionnaire. Il y a des camarades qui envoient des interruptions avec leurs sentiments de parti, sans ajouter confiance aux autres ; je ne suis pas comme eux : je fais confiance à votre bon sens et je vous prie de m'écouter et de conclure avec moi à la nécessité de cette délégation. Camarades, je l'ai dit et je le répète parce que c'est le fond de ma pensée, je n'ai pas vu là-bas la liberté que j'espérais y voir. Je n'ai pas vu là-bas la situation sociale que j'espérais y voir. J'ai vu que des camarades sincères avaient essayé d'édifier une société meilleure, sur des bases purement doctrinaires ; que ces camarades ont été dominés par les événements ; que ces camarades ont été subjugués par la vie. Or, il est nécessaire de ne pas laisser péricliter davantage la révolution russe. Il est nécessaire de prendre nos responsabilités vis-à-vis d'elle. Il est nécessaire de dire si certains se réjouiraient de la voir disparaître, de la voir sombrer sous les coups du capital, ou si nous devons prendre nos responsabilités révolutionnaires et l'aider de nos conseils de sagesse pour redresser la situation actuelle qui, je vous le répète, n'a rien de révolutionnaire et n'est pas brillante.

Voilà comment la question doit se poser. Voilà comment et pourquoi le contact doit s'établir. Voilà pourquoi nos responsabilités sont grandes et voilà pourquoi je vous demande d'accepter l'offre qui vous est faite par les Russes, pour aller en Russie, et d'une façon tout à fait impartiale, vous rendre compte de la situation. Si de nouvelles concessions se font jour, c'en est fait du régime ouvrier, et que seuls ceux qui n'ont pas les sentiments révolutionnaires qui doivent animer tous les prolétaires se réjouissent de cette situation, mais que ceux qui pensent qu'il est enfin indispensable d'apporter notre aide morale, notre aide totale et effective à la révolution russe se rallient à ma proposition, désignent les camarades qui devront aller là-bas prendre contact avec les ouvriers russes et rétablir la position nécessaire pour que l'unité se fasse, parce que cela est le premier geste indispensable. Que ceux-là votent la proposition que je dépose au Bureau et ils auront, à ce moment-là, libéré leur conscience et fait leur devoir de classe. Là, nous compterons ceux qui ont des sentiments révolutionnaires et ceux qui méritent l'épithète de réformistes.

GRANDIN (Vienne). — Je ne tiendrai pas longtemps cette tribune. L'essentiel des critiques que je devais apporter au Bureau confédéral, notre camarade Humbert les a faites ce matin. Nous apportons des critiques à la gestion du Bureau confédéral en ce qui concerne son manque d'action contre la guerre. Le Bureau confédéral n'a pas pensé qu'il existait une guerre et que les fils des ouvriers et des paysans français tombaient tous les jours sur le charnier du Maroc, et qu'en conséquence, il avait comme devoir essentiel, de faire appel à la classe ouvrière qu'il représentait pour protester énergiquement contre cette guerre.

Sur la question concernant le Conseil Economique du Travail, comme notre camarade Humbert, nous disons que nous laissons la responsabilité de cette collaboration au Bureau confédéral et à la C.G.T. qui s'est prononcée, dans le dernier Comité confédéral national. L'expérience nous dira, dans un avenir très prochain, si la tactique épousée par le Bureau confédéral est bonne en faveur de la classe ouvrière. Nous, nous en doutons.

Camarades, on nous dit que les ouvriers russes, que la C.G.T. russe est liée au Gouvernement des Soviets ; mais ne craignez-vous pas que demain les ouvriers russes ne vous jettent à nouveau la pierre, en constatant que les dirigeants de vos organisations syndicales collaborent avec les dirigeants du gouvernement français. Camarades, c'est là l'écueil que je voulais signaler au Congrès.

Il reste la question de l'unité. Nous avons discuté les uns et les autres, ce matin, sur cette question de l'unité et chacun a apporté son point de vue. Personne, dans ce Congrès, n'a osé déclarer nettement que l'on était hostile à l'unité. Eh bien ! camarades, il faut prendre position : on est pour l'unité, ou l'on est contre l'unité.

Nous estimons qu'être contre un congrès commun à l'heure présente, au moment où des offres sont faites, que nous n'avons pas à suspecter la sincérité de ces offres.

Nombreuses voix. — Si, si, si... (Interruptions.)

GRANDIN. — Des offres ont été faites à la C.G.T. Libre à vous de croire que ces offres ne sont pas sincères ; libre à vous de croire qu'elles sont sincères. Je ne pense pas que les offres qui sont faites par la masse... Camarades, vous avez des exemples typiques : il a été constitué à travers le pays, parmi les syndicats et parmi les Unions départementales ainsi que parmi les Unions locales, des comités mixtes, et les camarades qui ont... *(interruptions)*.

Je prétends avoir respecté toutes les opinions, ce matin, et je voudrais tout de même que, dans un congrès ouvrier, les camarades respectent des opinions qui ne sont pas conformes à celle de la majorité.

Camarades, nous sommes loyaux vis-à-vis de la C.G.T. ; quoique n'épousant pas les doctrines du Bureau confédéral, nous sommes loyaux vis-à-vis de cette C.G.T. Nous voudrions tout de même que nos opinions soient respectées et que nous puissions les défendre quand nous promettons de nous incliner devant les décisions qui seront prises par ce congrès.

Camarades, je disais qu'il a été constitué des comités mixtes, que vous le vouliez ou non, il existe des comités mixtes. Il y a des unions locales, des syndicats qui en ont constitué et personne ne s'est plaint du fonctionnement de ces comités mixtes, ce qui prouve que la masse des ouvriers, qu'ils aient une conception réformiste ou révolutionnaire, ces ouvriers tendent à s'unir de jour en jour.

Camarades, le mouvement d'unité est déclenché, que vous le vouliez ou non ; la masse ouvrière a soif d'unité, non pas d'unité par sentiment, mais d'unité parce que c'est dans l'intérêt même de la classe ouvrière. Cette action commune... (*interruptions*).

Camarades, que vous le vouliez ou non, l'unité se fera tôt ou tard...

BIDEGARAY. — Elle se fait tous les jours.

GRANDIN. — C'est pourquoi nous estimons que l'intérêt de la classe ouvrière est qu'elle se fasse le plus rapidement possible. Alors, je reprends la situation qui est faite. Ce matin, le camarade Humbert a dénoncé l'impuissance de la motion du Congrès de Paris. Nous nous trouvons devant une proposition concrète. Allons-nous entériner à nouveau pour un délai d'un an ou deux, une nouvelle motion de Paris qui n'apportera aucun résultat positif, ou au contraire, camarades, sans prendre les thèses, sans prendre les offres précises de la C.G.T.U., allons-nous nous décider à parlementer avec cette organisation qui nous fait des offres ? Telle est la question qui se pose.

Je demande instamment à tous ceux qui sont partisans de l'unité, à tous ceux qui veulent la voir se réaliser le plus tôt possible, non seulement je ne vous demande pas d'entériner exactement les propositions qui vous sont faites par la C.G.T.U., je ne suis même pas tout à fait d'accord avec eux. Ce que je voudrais, c'est que de ce Congrès une nouvelle politique sorte, une politique qui permette des pourparlers et qui nous amène le plus rapidement possible à la réalisation de l'unité.

BARRIÈRE (Cheminots de Loudun). — Je tiens à déclarer ici que dans le département de la Vienne, la majorité des syndicats, par 42 mandats contre 12, a déclaré qu'elle n'épousait pas les théories du camarade Grandin qui est un adhérent au Parti communiste et qui voudrait essayer de faire prédominer, dans le département de la Vienne, les théories qu'il vient d'exposer. C'est un fait : si Grandin s'est prononcé au nom des syndicats du département de la Vienne, il n'en avait pas le mandat ; s'il s'est prononcé en son nom personnel, au nom du syndicat de la manufacture de Châtellerault ou de l'union locale, il a agi conformément à son mandat. Il ne faudrait pas que le Congrès puisse croire que le département de la Vienne accepte l'exposé qu'on vient de vous faire. Il était de mon devoir d'éclairer le Congrès sur ce point (*très bien ! très bien ! applaudissements*).

Vial (du Gaz de Marseille). — Camarades, je me suis cru un devoir de venir prendre la parole ici dans ce congrès, en tant que défenseur de l'unité syndicale.

Vous n'ignorez pas que la masse des travailleurs, à l'heure présente, a les yeux fixés sur cette unité syndicale. Pour notre part, l'unité syndicale a été un fait accompli jeudi passé à Marseille, dans le mouvement des banques : une grève de 24 heures a été décidée par l'Union locale régulière. J'ajouterai ici que les syndicats unitaires ainsi que les syndicats autonomes se sont joints au mouvement. Vous voyez que l'unité peut se réaliser quand on veut la réaliser.

Sur le rapport moral, camarades, je regrette que notre Bureau confédéral n'ait pas pris position. Cette grève des banques est pour nous une grève nationale. Il est vraiment regrettable qu'au bout de cinq semaines de grève, nous voyions un appel fait hier par notre Bureau confédéral pour un versement de 10 francs par congressiste.

Vivier-Merle. — Et les démarches faites ?

Vial. — Pour la guerre du Maroc, du côté du Bureau confédéral, rien de fait. Je crois que ce mouvement de guerre du Maroc à ce moment-là aurait dû attirer l'attention de nos dirigeants.

En ce qui concerne le Maroc, nous sommes placés pour le voir : continuellement arrivent des corps de malheureux et surtout de la classe ouvrière.

Pour en revenir à l'unité syndicale, mon camarade Julien nous a fait part de la décision prise par l'Union locale de Marseille qui comprend les syndicats confédérés, les syndicats unitaires et les syndicats autonomes. Cette proposition a été votée vendredi soir à l'unanimité. Je vais donner lecture de ce qui a été décidé.

« Les délégués au congrès, respectueux des décisions des congrès antérieurs nationaux, confédéraux et désireux d'aboutir dans le plus bref délai à réaliser l'unité dans la classe ouvrière ; considérant que la résolution d'unité du dernier Congrès confédéral n'a pas donné les résultats qu'on était en droit d'en attendre, et qu'ainsi aucune solution appréciable n'a pu être enregistrée, demandent dans un esprit d'équité, que les deux C.G.T. invitent leurs syndiqués à rallier le syndicat le plus nombreux et leurs syndicats à rallier la Fédération la plus nombreuse.

« Ceci fait, les deux C.G.T. resteraient en présence de fédérations uniques, soit dans l'une ou dans l'autre. Les délégués au Congrès estiment que la convocation d'un congrès extraordinaire des deux C.G.T. pourrait faire cesser le marasme dans lequel se débat la classe ouvrière et réaliser enfin l'unité indispensable dans le cadre de la Charte d'Amiens pour permettre au prolétariat l'affranchissement intégral.

« Ce congrès réunirait, dans le plus bref délai, les organisations adhérentes aux deux C.G.T., lesquelles au préalable auraient pris l'engagement de respecter les décisions prises par la majorité, tout en reconnaissant à la minorité son droit de critique et de liberté entière pour la diffusion de ses idées au sein des organisations syndicales.

« Pour que cette unité ait toute l'ampleur désirable et afin qu'elle ne soit pas passagère, sans douter en rien de la sincérité des dirigeants actuels des deux C.G.T., ces camarades ne pourront avoir, au sein de ce congrès, que voix consultative. »

Je crois que là-dessus, tous les camarades sympathisants doivent se rallier à cette proposition.

Aussi bien d'un côté comme de l'autre, la masse entière des travailleurs est décidée, dans les deux congrès qui ont lieu en ce moment à Paris, d'arriver à une solution sur cette question de l'unité.

Vous n'ignorez pas, camarades, vous êtes placés pour le voir, que tous les mouvements de grève, depuis la scission, sont pour ainsi dire un échec complet.

Roux. — Ce n'est pas vrai.

Vial. — A part deux ou trois. Il ne faut pas chercher, quand vous avez un succès, vous avez cent défaites. C'est pour cela que je vous demandais ici, et je vous remercie, pour ma part, d'avoir voté la motion d'entendre les délégués unitaires et autonomes ; j'espère qu'ici, dans cette salle, chacun fera son possible et écoutera les délégués aussi bien d'un côté comme de l'autre et ainsi, ce soir, nous partirons tous avec quelque chose en ce qui concerne l'unité, et disons tous en chœur : Vive l'unité des travailleurs !

Le Président. — La parole est à Le Guennic.

Le Guennic. — Camarades, vous m'excuserez d'être quelque peu ému de l'audace que je prends aujourd'hui, quand depuis déjà longtemps j'ai perdu l'habitude des tribunes de congrès.

J'étais venu à celui-ci avec l'intention formelle de garder le rôle de spectateur ; mais, je ne sais pas, un retour de jeunesse sans doute m'a pris quand j'ai entendu l'ampleur de la discussion et l'animation qu'elle a suscitée dans la salle, je n'ai pas pu rester spectateur : il a fallu que je devienne acteur à mon tour.

Nous parlons d'unité et nous affirmons tous que nous sommes partisans de l'unité, et on affirme avec une conviction extraordinaire que l'ensemble des travailleurs est assoiffé d'unité. Mais dans l'enceinte de cette salle, il y a des délégués choisis en raison de leur intelligence, de leur passé de militant, de leur compréhension du devoir syndicaliste et des liens indispensables qui doivent unir cette volonté pour en faire quelque chose de tangible, d'utilisable afin de nous acheminer vers plus de justice et de bien-être.

Or, dans cette salle même, parmi cette élite de travailleurs, il y a des moments où l'on a l'impression que l'unité n'existe pas. Il y a quelque peu de divergence entre les thèses que nous entendons et même dans la même thèse à certains moments ; et je dirais même qu'il y a au-dessus de toutes les thèses une confusion qu'il est facile de dissiper si l'on veut se donner la peine d'examiner notre mouvement syndical qui est de date relativement récente — mesurées dans l'espace des siècles, trente années d'existence, c'est quelque chose de minime. Or, c'est le trentenaire de la C.G.T. que nous célébrons cette année.

J'ai écouté avec une certaine émotion l'évocation du passé de notre

C.G.T., par le camarade secrétaire-général de l'Union des Syndicats de la Seine. Il a uni dans le même hommage de solidarité fraternelle, le nom des vieux militants, des pionniers de notre action syndicale comme Pelloutier, Griffuehles, Renard, du Textile; Guérard, des Cheminots, et Keufer, du Livre. Je n'étais peut-être pas dès le début de l'action syndicale, mais j'ai milité à une époque où il y avait des frottements entre tous ces vétérans que nous avons réunis dans la même piété filiale, ici, au début de notre congrès. Nous avons vu des luttes de tendances qui ne ressemblaient pas du tout à celle d'aujourd'hui. Il y avait des révolutionnaires et il y avait des réformistes ; il n'y avait pas de réformistes révolutionnaires.

Il y avait des révolutionnaires qui disaient que c'était par l'action dans la rue, que c'était par la grève, que c'était par des moyens exclusivement dépendants des organisations syndicales que les réformes devaient être réalisées et possibles. Aucun contact avec l'élément gouvernemental, aucune tractation avec les forces parlementaires. Organisation méthodique des travailleurs sur le terrain de classe pour arracher par la force de leur action directe des réformes successives qui n'auraient d'autre mérite que d'avoir été enlevées et imposées de haute lutte par le prolétariat. C'était là la conception du syndicaliste révolutionnaire.

Il y avait de l'autre côté la conception réformiste qui consistait à dire que le prolétariat avait surtout besoin de bien-être et qu'il fallait enfin renoncer à l'éventualité d'une révolution problématique, utiliser tous les moyens, quels qu'ils fussent, pour obtenir une transformation de la situation économique des salariés exploités, des miséreux, de ceux qui souffrent, qui n'ont d'autre rôle dans la société que de produire et de se priver.

Quelle est celle des deux conceptions qui a traversé les diverses époques de notre C.G.T. et qui a laissé son empreinte de la façon la plus voyante pour qu'aujourd'hui nous sachions dans quelle direction nous marchons, car il ne s'agit pas d'être éternellement dans l'équivoque et de dire dans tous les congrès : il faut être révolutionnaire ou il faut être réformiste.

Il me semble que cet examen doit avoir une limite quelconque, et qu'à force de s'orienter dans des congrès successifs, il est concevable qu'il arrive une époque où le prolétariat a trouvé une méthode, une stabilité de conception suffisante pour qu'on ne soit pas déconcerté continuellement par des affirmations qui semblent périmées, dépassées par les événements.

Est-il venu quelqu'un à cette tribune, viendra-t-il quelqu'un soutenir qu'il est possible que l'action syndicale se déroule telle qu'elle était conçue par les pionniers de l'action syndicaliste révolutionnaire avant 1912.

1912, pour moi, c'est le point de départ d'une évolution de la Confédération Générale du Travail. Au congrès du Havre, cette année-là, la C.G.T. a procédé à un examen de conscience, et je me permettrai de vous dire personnellement que si quelqu'un en a souffert, c'est bien moi, j'ai failli en crever, de cet examen de conscience. Mais le désir de vivre m'a fait surmonter ce désarroi moral et un retour sur moi-même m'a ramené à comprendre mon rôle d'une façon plus modeste que je l'avais conçu jusqu'à ce jour-là.

Je me rappelle encore les vieux militants au congrès du Havre, disant : Il faut mettre un terme à cette action qui consiste à voter éternellement des comités de grève générale, à décréter la révolution dans tous les ordres du jour de toutes les réunions, à afficher des placards révolutionnaires qui mettent les plus ardents militants à l'ombre pendant quelques mois aux frais de la C.G.T., et leur vaut en retour une fonction au Bureau confédéral.

Nous avons maintenant suffisamment discuté doctrine pour entrer dans une période où, face à nos responsabilités, nous prendrons des engagements qui ne seront pas d'un ordre exclusivement abstrait, mais qui seront en concordance avec les moyens d'action dont dispose la C.G.T.

Il y avait, à cette époque-là, trois grandes Fédérations à la C.G.T. qui constituaient l'opposition réformiste : le Textile, le Livre et les Cheminots.

J'étais dans le clan de la C.G.T. contre les opposants réformistes de ma Fédération, et ce fut pour moi personnellement, et pour mes amis, un désarroi moral de voir que la C.G.T. abandonnait la solidarité de tendance. Il fallut un travail de compréhension et de réflexion pour nous rendre compte que le mouvement syndical n'était pas un mouvement exclusivement doctrinaire et demeurant une chapelle où l'on opposerait des dogmes les uns aux autres, où l'on s'éterniserait à discuter doctrine.

D'ailleurs, au congrès du Havre, les réformistes disaient aux révolutionnaires : Ne sommes-nous pas avec vous quand une action se déclanche, aussi courageux comme vous pouvez l'être vous-mêmes et n'avez-vous pas dans vos rangs des organisations qui, en pleine lutte, cherchent des interventions dans les courants extérieurs au mouvement syndical pour sortir de cas difficiles ? Il y a là des crocs-en-jambe donnés à toutes les théories.

C'est à la lumière de ces exposés objectifs qu'une orientation nouvelle s'est fait jour pour la C.G.T., qui avait pour but d'adapter son action à sa force de réalisation, à sa possibilité d'action à tous les moments.

Il me souvient vaguement qu'à la suite de ce congrès, il y eut dans la presse des jugements quelque peu blessants à l'égard de ce congrès qui semblait être un mouvement rétrograde aux yeux des révolutionnaires de plume.

Notre regretté Jean Jaurès s'éleva contre ces commentaires et rendit hommage à l'examen de conscience fait par la C.G.T. dans son congrès en 1912, en disant qu'elle venait d'accomplir un effort de sincérité.

Vous savez que c'est lui qui a dit que le véritable courage ne consistait pas à se faire l'écho de la foule ignorante et fanatique, mais au besoin affronter même l'impopularité et les invectives pour se faire en toute occasion le défenseur de la vérité (*applaudissements*). Il est temps que dans nos assises confédérales disparaisse cet état d'esprit qui, encore ces jours-ci, consiste à vouloir se situer, par une posture préalablement étudiée, dans un angle quelconque de l'opinion syndicaliste. C'est le souci d'être à l'extrême-gauche ou du centre ou de la droite qui doit quitter l'opinion; et les recherches, les efforts de compréhension des militants, c'est l'effort continuel de discrimination indispensable pour envisager les événements et prendre, à l'égard de ces événements, une attitude conforme avec l'intérêt des travailleurs, l'amélioration de leur sort et l'acheminement vers un nouvel ordre de choses.

On reproche aujourd'hui à la C.G.T. de ne pas avoir été assez véhémente dans son attitude contre la guerre du Maroc. Quelle attitude pouvait-elle prendre contre la guerre du Maroc? Des hommes comme Guernut, secrétaire de la Ligue des Droits de l'Homme et qui me semble un écrivain tout ce qu'il y a de plus lucide et de plus positif dans ses déductions a fait une étude approfondie à ce sujet, et il envisage les conséquences. Vous savez dans quel sens il a conclu, quelles sont les éventualités redoutables devant lesquelles nous nous placerions en prenant une attitude contre la guerre du Maroc, pour la paix immédiate sans aucune condition comme le désirent les hommes d'extrême-gauche, les révolutionnaires, les internationalistes. Les conséquences inéluctables d'une telle attitude, c'est le déchaînement d'une boucherie épouvantable dans l'Afrique tout entière. C'est la disparition de la France comme puissance coloniale et son remplacement par d'autres puissances impérialistes, peut-être plus rétrogrades dans leur administration que notre propre gouvernement.

Il y a donc nécessité pour nous, quel que soit le problème que nous envisagions, à l'examiner non pas superficiellement pour prendre une attitude, mais pour prendre des décisions susceptibles d'influer sur ces événements dans un sens qui soit conforme à nos aspirations de paix, d'harmonie, de libération de toute l'humanité. La guerre est venue au moment où nous étions à la veille d'une évolution profonde qui avait donné à notre C.G.T. davantage de prise sur la masse ; son influence a été enrayée par le déchaînement de la sauvagerie découlant de l'état de guerre. Ses possibilités d'action étaient réduites à devenir des humanitaires cherchant partout à soulager les souffrances.

Après la guerre, nous nous sommes placés devant un dilemme : reprendre la posture syndicaliste révolutionnaire, c'est-à-dire agitatrice, toute en formules, en littérature et en mouvements dits révolutionnaires, consistant à modifier certaines devantures, à descendre dans la rue par acte de bravoure, pour se faire corriger quelquefois par les brigades centrales. C'était à cette époque-là une gloriole que de sortir de ces bagarres avec un membre brisé, quelques contusions ; cela prouvait la sincérité des militants, mais il n'en ressortait aucun résultat positif. Et on a examiné si c'était cette attitude qui convenait au lendemain de la guerre, ou si, au contraire, envisageant ce qu'il y avait à faire dans le domaine positif, il n'était pas préférable d'entrer en pourparlers avec les maîtres des industries pour organiser le travail, pour imposer la journée de huit heures, pour arracher certaines réformes ; s'il n'était pas préférable de constituer dans la nation des organismes susceptibles d'interpréter l'intérêt général et de faire que, la nation se relevant de cette ruine, une prospérité donnât aux travailleurs un élément suffisant pour ses revendications et l'amélioration de son sort.

Il en est résulté des comuissions paritaires ; il en est résulté la constitution récente d'un Conseil National Economique ; il en est résulté la représentation de la C.G.T. au Bureau International du Travail ; il en est résulté toutes sortes d'organismes d'interprétation des espérances ouvrières susceptibles d'un commencement de réalisation, susceptibles d'un commencement de bien-être qui nous achemine, peut-être pas vers la révolution, mais vers la libération progressive des martyrs du travail, une emprise toujours plus grande sur les institutions leur permettant d'espérer qu'un jour ils soient majeurs pour prendre en mains leurs destinées.

Et maintenant, je veux dire quelques mots touchant l'unité. Nous discutons les uns et les autres comme si nous étions des chefs spirituels capables de disposer des travailleurs à notre gré et de décider que le bloc sera fait pour qu'il n'existe plus d'éparpillement des travailleurs dans les organisations divergentes. Mais la condition essentielle pour que l'unité existe dans le prolétariat, c'est de trouver des principes de tolérance, de liberté suffisamment grands pour que tout le monde puisse s'y trouver sans être gêné. C'est de donner cette conception générale à l'ensemble des travailleurs ; l'architecture qui consiste à faire l'union par des congrès, des comités mixtes, ou des décisions de congrès, tout cela n'est rien. Ce qu'il faut, c'est une éducation du travailleur et un organisme où il y a des possibilités de collaboration de toutes les tendances, de tous les tempéraments de l'ensemble de la classe ouvrière, où il existera une autre atmosphère que celle qui existe depuis que j'ai l'avantage de militer, atmosphère qui consiste surtout à lutter pour des idées qui, quelquefois, n'ont aucune prise directe avec les réalités elles-mêmes. Plaçons-nous donc devant les contingences qui constituent l'ensemble de la situation économique et demandons-nous quelle est la part de responsabilité qui revient à chacun de nous. Demandons-nous dans quelle atmosphère l'ensemble des travailleurs peut être groupé ou la plus grande majorité. Nous avons la certitude que dans notre milieu, il existe une adhésion d'ensemble pour un minimum de principes qui se trouve relaté dans ce qu'on appelle la Charte du Syndicalisme votée au Congrès d'Amiens en 1906 : grouper les travailleurs en dehors de toutes les sectes et en dehors de tous les partis, sans préoccupation d'opinions quelles qu'elles soient, à condition que les travailleurs aient leur liberté extérieurement de manifester leur opinion politique ou religieuse, mais que par réciprocité, ils n'interviennent pas dans ce genre d'idées dans l'intérieur même du syndicalisme. (*Applaudissements.*)

Ceci n'est pas une conception d'ordre socialiste, loin de là. C'est la quintessence même de l'esprit libertaire qui a été et qui est encore le fond de l'esprit français des travailleurs français. Ce qui, chez nous, domine, c'est surtout le désir de l'indépendance, la possibilité de s'appartenir soi-même et de ne pas être assujetti à une chapelle, quelle qu'elle soit. (*Applaudissements.*)

Si de l'autre côté, il y avait le même état d'esprit, y aurait-il nécessité d'avoir des tractations dans les assemblées, des pourparlers contradictoires, des discussions à perte de vue? S'ils acceptaient cette thèse de la liberté et de la bonne foi, pourquoi ne rentreraient-ils pas dans la vieille Maison? Et si cela, si ce minimum de geste de bonne volonté est au-dessus de leur puissance d'action, alors soyez certains que comme l'ont déjà dit à diverses reprises, ainsi que l'on écrit leurs principaux militants, leur entrée parmi nous ne sera qu'une manœuvre pour recommencer les batailles de ces dernières années et aboutir à un congrès où l'on se frappera avec des chaises et, peut-être, avec des revolvers. (*Applaudissements.*)

Que ces camarades aient une conception et qu'ils travaillent pour la prédominance de cette conception; s'ils ont foi en eux-mêmes, s'ils sont les détenteurs de la vérité, pourquoi viennent-ils s'enliser dans un milieu de réformistes (*applaudissements*) de social-traîtres qui seront un poids lourd le jour où ils voudront agir? Et pourquoi venir s'embarrasser à la veille de la révolution, lorsque le capitalisme est à son déclin, de réformettes comme les huit heures, comme toutes ces petites balivernes qui constituent les revendications corporatives?

La révolution russe est en danger, camarades unitaires, allez à son secours et au cri de « Révolution » ralliez vos troupes et laissez-nous faire notre travail réformiste en paix. (*Applaudissements.*)

Le Président. — Camarades, les délégués des organisations dissidentes sont présents. Vous savez qu'il a été décidé qu'aucune manifestation ne doit se produire.

Nous allons donner la parole à ces délégués. Qu'ils sachent que la décision est qu'on leur accorde une demi-heure de parole à chacun.

La parole est au délégué de la C.G.T.U.

Porreye. — Camarades, ce n'est pas moi qui devais vous apporter en même temps que le salut du congrès unitaire, vous donner lecture du message dont notre délégation est chargée d'assurer la présentation. C'est notre camarade Racamond, l'un des secrétaires de la C.G.T.U., qui devait remplir cette mission. La très grande fatigue de notre camarade qui a dû assumer, ces derniers temps, un très gros travail de propagande, l'empêche de prendre la parole au nom de la délégation.

Ceci dit, camarades, permettez-moi, avant de donner lecture du message que nous sommes chargés de vous présenter, de vous dire combien est grande la satisfaction du congrès unitaire, combien grande fût sa joie quand vos délégués sont venus nous apporter cette bonne nouvelle que votre congrès acceptait d'entendre notre délégation. Comme un seul homme, nos huit cents délégués présents se sont levés et ont entonné le chant de l'*Internationale*, marquant ainsi leur immense désir d'unité et leur joie de votre invitation.

Camarades, ma mission sera relativement vite remplie. Nous avons simplement à vous donner lecture du message, dont quelques-uns d'entre vous, ont déjà peut-être pris connaissance. C'est ce que je m'en vais faire immédiatement.

MESSAGE DU CONGRÈS DES SYNDICATS UNITAIRES
AU CONGRÈS DES SYNDICATS CONFÉDÉRÉS

En apportant son salut fraternel au Congrès des Syndicats confédérés, le Congrès des Syndicats unitaires enregistre avec plaisir la tenue des deux congrès en même temps et dans la même ville.

Il manifeste l'espoir que cette circonstance sera mise à profit pour forger, au sein de la classe ouvrière organisée, des liens de solidarité absolument nécessaires pour la défense des intérêts prolétariens.

A l'ordre du jour des deux congrès figurent des questions qui, bien que n'étant pas présentées exactement sous la même forme, n'en expriment pas moins un esprit revendicatif commun à l'ensemble des travailleurs organisés dans l'une et dans l'autre C.G.T.

L'ordre du jour des deux congrès comprend, en effet, la question des salaires, la journée de huit heures, les assurances sociales, les vacances payées, etc...

Chacune des questions sera donc discutée au sein de chaque congrès, chacune d'elles risque d'être tranchée d'une façon différente par des délégués qui, dans l'ensemble, représentent cependant les intérêts d'une même région, d'une même industrie, d'un même prolétariat. La question des salaires tout particulièrement étant donné son caractère complexe, actuel et urgent, mérite de recevoir une solution capable de rallier autour d'elle la grande masse des ouvriers organisés et inorganisés. Un tel résultat ne peut être obtenu que si une discussion commune peut être engagée sur ce point entre les délégués syndicaux participant aux deux congrès, discussion destinée à réaliser l'accord, à la majorité, sur une résolution unique.

Cette question des salaires, comme tant d'autres inscrites à l'ordre du jour des deux congrès, ne pourra recevoir de solution de fait que si, après avoir fait l'accord sur la formule de revendicaiton, les organisations adhérentes aux deux C. G. T. conviennent d'envisager et d'arrêter des mesures communes pour la faire aboutir.

Les mouvements grévistes qui se déroulent actuellement dans les établissements de crédit démontrent la nécessité de semblables méthodes de travail.

La grève des Banques a mis une fois de plus à jour l'antagonisme d'intérêts qui rend inévitable la lutte directe des travailleurs contre le patronat; elle a prouvé que malgré de grandes divergences idéologiques la classe ouvrière pouvait réaliser un front commun de combat contre les grands consortiums soutenus par le pouvoir bourgeois.

C'est grâce à la constitution d'un front unique, au-dessus des tendances entre toutes les organisations et à l'unification du mouvement revendicatif que la grève des banques a pu tenir les puissances banquaires en échec.

Le Congrès des Syndicats unitaires est convaincu que cette expérience après tant d'autres, sera mise à profit par toutes les organisations unitaires et confédérées désireuses de défendre réellement les grandes revendications ouvrières, dont la solution est attendue avec impatience par la grande masse des travailleurs.

Sur cette question des salaires, le Congrès des Syndicats unitaires sera appelé à se prononcer sur un projet d'échelle mobile des salaires, basée sur un taux d'augmentation générale, il aura à se prononcer également sur le paiement des salaires en francs-or.

Le Congrès unitaire demande au Congrès confédéré d'accepter une réunion mixte des délégués des deux Congrès pour rechercher une formule commune de revendications, d'agitation et d'action.

Cependant le Congrès n'ignore pas les oppositions qui ont été formulées contre la réunion en commun des deux congrès, c'est pourquoi il n'entend pas borner son appel au Congrès confédéré, en faveur d'une pareille manifestation dont la signification ne pourrait échapper ni à la classe ouvrière, ni à la bourgeoisie.

Le Congrès des Syndicats unitaires, sans préjuger de la réponse qui peut être faite à sa proposition, demande aux délégués des syndicats confédérés la réunion en commun des différentes commissions unitaires et confédérées, qui sont chargées dans chacun des Congrès de dresser un programme sur les différentes questions portées à l'ordre du jour des deux congrès.

Ces commissions communes pourraient rechercher, tout au moins, un accord sur le programme revendicatif et sur les moyens d'action destinés à le faire aboutir; une fois cet accord conclu, chacune des commissions rapporterait et défendrait les projets communs devant son congrès respectif.

A côté du programme de revendications immédiates, le Congrès confédéral unitaire va être appelé à se prononcer sur des questions importantes touchant la politique intérieure et extérieure du. Gouvernement.

Les nouvelles lois financières, la guerre du Maroc, la participation du Gouvernement dans les événements de Chine et dans la coalition militaire organisée par la Grande-Bretagne contre la Russie des Soviets, sont autant de questions vitales pour le prolétariat.

Il est évident que la lutte contre la politique réactionnaire et impérialiste du Gouvernement sera d'autant plus efficace que la coordination de toutes les forces syndicales sera effectivement et promptement réalisée. Le Congrès confédéral unitaire propose au Congrès des Syndicats Confédérés l'étude en commun de toutes ces questions par les moyens préconisés à l'égard du programme de revendications immédiates.

Enfin, le moyen le plus radical de lutter victorieusement sur tous les terrains, c'est de réaliser l'unification complète des forces syndicales au sein d'une C. G. T. Unique.

Le Congrès des Syndicats unitaires croit qu'il est superflu d'invoquer les divergences idéologiques existant entre les deux C. G. T. pour justifier l'état de scission.

Avant 1914, il y avait des luttes de tendances très vives au sein de la C. G. T. sans que ces luttes mettent l'unité en péril.

Le rapport des forces entre les deux C. G. T., l'ancienneté ou la priorité à accorder aux organisations en présence ne sauraient être davantage un obstacle insurmontable. Il pense que l'unité peut se réaliser aujourd'hui, malgré toutes ces difficultés d'ordre secondaire.

Le Congrès des Syndicats unitaires reprend à son compte les propositions d'unité adressées à la Commission administrative de la C. G. T., propositions aux termes desquelles la C. G. T. U. demandait tout particulièrement la réunion d'une Commission mixte des délégués des deux organisations centrales afin d'étudier les conditions pratiques de la réalisation de l'unité. Il demande au Congrès des Syndicats confédérés de bien vouloir accepter la réunion en commun des délégués des deux Congrès pour discuter de l'unité et se prononcer en faveur du Congrès interconfédéral, et il déclare que les délégués responsables de la C. G. T. peuvent prendre leur place, la place qui leur est réservée, dans le Comité d'Organisation et de direction du Congrès interconfédéral des 30 et 31 août.

Le Congrès des Syndicats unitaires déclare qu'un tel Congrès interconfédéral a le pouvoir de réaliser l'unité dans les plus brefs délais et de donner à la classe ouvrière l'arme indispensable dans sa lutte contre la bourgeoisie.

Il espère que devant cette nécessité impérieuse, toutes les questions de préséance et d'amour-propre s'effaceront et que le Congrès de la C. G. T. acceptera de réaliser l'unité syndicale totale, sans conditions, dans l'intérêt supérieur de la classe ouvrière.

Le Congrès des Syndicats Unitaires.

Camarades, vous avez, ou quelques-uns d'entre vous sinon tous, ont entre les mains ce message, qui porte également convocation pour le Congrès interconfédéral de dimanche et lundi prochains.

Nous insistons beaucoup sur ce point particulier que, comme toutes les organisations unitaires, les organisations confédérées, le Bureau de la C.G.T. et tous ses organismes ont leur place réservée à ce Congrès.

Et pour conclure, permettez-moi de dire ici, et je suis sûr de ne pas exprimer seulement un sentiment personnel, de ne pas exprimer seulement le sentiment de l'unanimité des congressistes unitaires, mais d'exprimer aussi votre sentiment unanime, à savoir que nous sommes à une heure grave pour le mouvement ouvrier, et que de la solution du problème que nous avons été chargés d'évoquer ici dépend tout l'avenir du prolétariat.

BESNARD (au nom des Syndicats autonomes). — Laissez-moi tout d'abord vous remercier, au nom de l'Union Fédérative des Syndicats autonomes de France, de bien vouloir nous entendre dans ce Congrès.

Je ne livrerai point à l'improvisation hâtive un exposé que je veux faire sur la question de l'unité parce que je la considère comme trop sérieuse pour être exposée de cette façon. Je vais donc vous donner lecture du document qui a été longuement étudié par notre Commission exécutive et dans lequel, je pense, nous avons mis tout ce qui constitue véritablement notre pensée.

Voici donc cette déclaration que je me contenterai de commenter très brièvement sur les points essentiels qui vont être abordés au cours de cette lecture.

Par l'analyse que je crois avoir été faite sérieusement de la Charte d'Amiens, vous devez avoir compris comment, dans quelles conditions, sur quel terrain nous sommes immédiatement prêts à faire l'unité. D'ailleurs des pourparlers ont déjà eu lieu entre le Comité de Défense syndicaliste avant notre sortie de la C. G. T. U. et le Bureau confédéral. Ces pourparlers sont brusquement tombés, restés là, quelque désir que nous ayions eu de les voir cependant aboutir.

Entre nous, nous avons le devoir d'être francs, de dire ici notre point de vue, notre sentiment afin que l'on sache bien ce qui, en ce moment, semble empêcher la réalisation de l'unité entre vous et nous.

Lorsque nous avons examiné, dans la deuxième affirmation doctrinale de la Charte d'Amiens, que le syndicalisme ou la C. G. T. groupait dans son sein tous les travailleurs conscients de la lutte à mener pour la disparition du patronat et du salariat, nous avons touché là le vif de la question. En effet, notre différend est là. C'est de notre conception différente de la lutte à mener pour la disparition du patronat et du salariat que vient notre divorce actuel. Vous pensez, vous, qu'il y a et qu'il peut y avoir surtout un intérêt général qui, notre camarade Digat le rappelait à Lille notamment, peut se confondre avec celui de la nation.

Théoriquement, ce pourrait être vrai. Pratiquement, c'est une chose impossible. Il y a en ce moment, en réalité, deux sortes d'intérêts généraux. Il y a les intérêts généraux du prolétariat qui travaille, qui produit et qui souffre; et il y a l'intérêt général des employeurs, des patrons qui travaillent généralement moins ou de façon toute différente et qui ne se privent de rien.

Il y a une opposition fondamentale et permanente entre ces deux sortes d'intérêts, et quant à moi, je ne vois surgir l'intérêt général dont vous parlez et dont vous avez fait la base, je ne dirai pas de votre action, mais de votre système; il y a une opposition telle qu'incontestablement l'intérêt général n'apparaîtra que lorsque les intérêts particuliers seront disparus; et cela vous conduit, en admettant cette hypothèse, contredite par les faits, que la grève des Banques est en train de prouver péremptoirement, lorsqu'on voit un gouvernement incapable d'être en posture d'imposer quelque volonté que ce soit à des banquiers, alors que leurs ouvriers ont cent fois et cent mille fois raison, on est obligé d'admettre qu'il y a là de la lutte de classes et que le gouvernement est impuissant contre une situation semblable.

Un autre exemple que tout le monde connaît : nous subissons en ce moment une crise d'augmentation de transports contre laquelle tout le monde proteste et qui touche l'ensemble de la population : transports ouvriers, petits bourgeois ou autre chose, on est touché par les transports augmentés. Tout le monde proteste, le Conseil municipal se réunit, M. Mariage et le Conseil d'administration se moquent des protestations du public et du Gouvernement. Ils placent l'intérêt de leur coffre-fort au-dessus de l'intérêt général.

Voilà deux cas particuliers qui me semblent condamner d'une façon définitive l'intérêt général qui ne deviendra qu'une réalité lorsque ces intérêts généraux seront disparus pour donner naissance à un intérêt collectif.

Bien entendu, lorsque vous acceptez cette hypothèse de base sur laquelle repose tout votre système, vous vous trouvez entraînés malgré vous à accorder à la démocratie, au Gouvernement, des vertus qu'ils n'ont point. Vous pensez, en travaillant avec eux, faire d'abord l'apprentissage de votre gestion. Vous pensez qu'en les aidant à triompher du capitalisme qui les domine de si haut, vous arriverez à faire passer dans les réalités des améliorations susceptibles de mener, en effet, comme le disait Le Guennic, la classe ouvrière vers sa libération. Eh bien, mes camarades, vous persisterez ou pas dans ce point de vue; pour nous, nous avons fait notre siège à Amiens; le syndicalisme a divorcé avec la Bourgeoisie et avec l'Etat. Tous les Congrès, depuis celui de 1873, à la rue d'Arras, en passant par ceux de 1876, de 1894 ou 1895 pour finir à Lyon en 1919, dont la résolution présentée par la majorité est l'éloquente interprétation du syndicalisme. Nous pensons être d'accord avec tout ce passé là; il y a impossibilité quelconque de travailler en accord, même momentané, avec la démocratie et avec l'Etat.

Tant que nous ne serons pas d'accord sur ce point, comme tant que nous ne serons pas d'accord avec nos camarades de la C. G. T. U. sur l'indépendance du mouvement syndical, il n'y a pas d'unité possible, parce que ce sont les principes fondamentaux du syndicalisme. Nous les plaçons, nous, plus haut que toutes les majorités.

A Lille, il est surgi une majorité qui a condamné une thèse; à Bourges, à Saint-Etienne, il en est sorti une autre qui a condamné notre thèse. Je prétends que ces condamnations ont été la condamnation aussi de l'action et des principes du syndicalisme.

Je n'abuserai pas davantage de vos instants; je vous adjure mes camarades délégués de penser sérieusement à cette chose angoissante, nécessaire et urgente pourtant qu'est la réalisation de l'unité, dans la triste situation dans laquelle nous nous débattons; jamais elle n'a été plus nécessaire et jamais nous n'en fûmes plus loin. Je vous demande de descendre dans vos consciences, d'examiner avec sang-froid cette situation qui nous est faite à chacun, en face de l'arrogance grandissante du capitalisme national et international, et de chercher avec nous, sur les points mêmes de la Charte d'Amiens, sur les principes fondamentaux du syndicalisme, de notre mouvement, la réalisation de l'unité.

Le Président. — Nous allons continuer la discussion sur le rapport moral. Le camarade Carpentier, de Boulogne, a la parole.

CARPENTIER. — J'ai un mandat à remplir au nom des 3.000 syndiqués que je représente à ce Congrès; je m'en voudrais de ne pas l'accomplir. Chez nous, dans nos organisations, nous avons pris le soin de ne pas apporter notre point de vue personnel, mais d'apporter franchement la mentalité de nos adhérents et, un mois avant le Congrès confédéral, j'ai fait partout des réunions de sections techniques, à seule fin de savoir ce que pensaient mes camarades de la situation.

Je déclare tout de suite qu'il est loin de ma pensée d'apporter de la méchanceté dans l'organisation syndicale à laquelle j'adhère. Le Syndicat des Cheminots de Boulogne ne votera pas non plus contre le rapport moral, mais j'ai le mandat d'apporter quelques critiques en ce qui concerne la gestion de la C.G.T. Nous estimons, nous, que la Confédération Générale du Travail n'a pas mené toute l'action nécessaire et toute la propagande utile pour faire aboutir les revendications qui intéresssent grandement la classe ouvrière. Je n'ai pas besoin, il me semble, de faire un exposé sur la question des huit heures, des assurances sociales et de la loi sur les accidents du travail. Néanmoins, nous estimons que s'il y avait eu plus de propagande, que si on avait essayé de mener dans le pays une campagne active, que nous serions dans une autre situation.

Je me permets aussi de demander à la Confédération Générale du Travail d'intervenir énergiquement auprès du Ministère des Travaux publics à seule fin que les cheminots puissent désormais assister aux Congrès, parce qu'on a répondu à certains de nos camarades que le Congrès de la C.G.T. n'était pas un congrès professionnel. Nous estimons qu'il y a une intervention immédiate à faire.

Nous ne sommes pas partisans de l'action directe, à Boulogne, mais chaque fois qu'on nous a demandé un coup de main, nous l'avons fait... *(Interruptions.)* Nous sommes, camarades, dans l'obligation, après nos huit heures de travail, d'aller faire des réunions partout pour tâcher d'amener à la C.G.T. des adhérents, et on a l'air d'ironiser un militant simple qui monte à une tribune pour expliquer non pas sa pensée personnelle, mais la pensée des 1.200 adhérents qu'il représente. *(Applaudissements.)*

J'ai un reproche aussi du Syndicat de Boulogne à faire à la Confédération. Déjà, au mois de mai 1925, j'ai écrit à notre camarade Jouhaux pour lui faire part du mécontentement qui existait, ayant lu un article dans le *Quotidien*, article qui rapportait une réunion du Comité Exécutif du Parti Socialiste et dans lequel on déclarait qu'il y avait accord complet avec la C.G.T. de la rue Lafayette. A ce moment, nous avons protesté, comme nous sommes toujours disposés à protester contre les emprises d'un parti politique quel qu'il soit. Et encore, il y a quelques jours, nous avons lu avec peine que notre camarade Oudegeest, secrétaire de la Fédération Syndicale Internationale d'Amsterdam, se réjouissait de l'union des Centrales ouvrières et des partis socialistes. Eh bien, chez nous, à Boulogne, nous ne nous réjouissons pas de l'Union qui existe entre les camarades socialistes et les syndicalistes parce que nous savons qu'à Boulogne, toute la scission qui est venue dans l'organisation syndicale est la responsabilité des partis politiques.

Nous voulons donc, nous, que l'on conserve intégralement l'auto-nomie syndicale. Nous voulons qu'on ne nous mène pas dans des aventures quelquefois préconisées par des partis politiques, et nous sommes d'accord avec les militants qui ont déclaré ici qu'ils étaient disposés à respecter la Charte d'Amiens. Et si, par moments, on a cru, parce que nous étions partisans de l'unité, que nous étions sous la subordination du parti communiste, je déclare tout de suite que je suis peut-être l'un de ceux qui ont le plus de haine contre le parti communiste, parce que je sais que toute la scission vient de ce parti politique.

Néanmoins, à Boulogne, nous pensons que d'un congrès commun, il pourrait peut-être sortir quelque chose. A chaque fois que nous faisons des réunions syndicales, nos camarades nous demandent : quand va-t-on réaliser l'unité?

Nous avons essayé, par tous les moyens, par des comités mixtes qui n'ont rien rendu. Nous avons proposé la motion de Paris qui nous donnait satisfaction et donnait satisfaction à tous. Chaque fois, nous avons été dans l'obligation de dire à nos adhérents qu'on ne voulait rien accepter de nos propositions, et c'est pourquoi, après des discussions sérieuses, après des réunions suivies, parce que chez nous, contrairement à certains syndicats, quand on fait une réunion générale, ce n'est pas 25 bonshommes, mais la presque totalité qui assiste à nos réunions, nous avons décidé d'assister à ce Congrès interconfédéral qui se tiendra le 30 de ce mois-ci, non pas que nous avons l'intention d'adhérer à la C.G.T.U. comme on l'a dit au début de ce Congrès, il y a des choses qui ne nous plaisent pas dans la Confédération, mais néanmoins nous y resterons. Nous sommes de ceux qui voudrions réaliser l'unité honnête, c'est-à-dire refaire le groupement ouvrier fort pour qu'on défende un peu les intérêts de la classe ouvrière et pour qu'on ne nous rabâche pas pendant des années des résolutions révolutionnaires. Et, dernièrement, je lisais un livre émanant de la Confédération, en effet, on déclare toujours qu'on est des révolutionnaires, et à la tribune, on est obligé de dire que la masse n'est pas prête. Elle est prête, mais à une condition, c'est qu'on réalise l'unité.

Nous sommes, nous, des partisans de la Confédération Générale du Travail avec son orientation. Nous n'avons pas évolué du tout, mais nous voulons avoir la franchise d'aller discuter avec nos camarades unitaires. Il ne faut pas qu'on leur permette de dire partout que nous avons la frousse d'aller discuter avec eux, et c'est pourquoi, en terminant, parce que beaucoup de camarades ont exposé le point de vue du syndicat que je représente ici à cette tribune, nous déclarons que nous sommes partisans de cette manière de voir et nous demandons à tous les délégués d'accepter au moins de discuter avec nos camarades unitaires pour réaliser une unité sincère. (*Applaudissements*).

DRET. — Camarades, je ne sais si on a fixé à dix minutes le temps de parole; dans tous les cas, plus je pourrai facilement m'exprimer, plus rapidement j'aurai terminé.

C'est, ce matin, un propos tenu par le camarade Jullien, puis par le camarade Humbert, de Nancy, qui a fait que j'ai pris la parole.

Je déclare d'abord que, m'en tenant aux déclarations faites par Jouhaux, lorsqu'il disait qu'il y a avait deux questions qui se liaient : la question de l'unité et la question du rapport moral, je voudais d'abord dire quelques mots sur le rapport moral pour, ensuite, m'expliquer sur l'unité.

Rapport moral : tout à l'heure, on a formulé des critiques contre l'action menée par la Confédération Générale du Travail, et tout à l'heure le camarade de Boulogne disait : la Confédération n'a pas fait ceci; la Confédération n'a pas fait cela.

Je sais bien que si l'on s'en tenait à cette expression de la Confédération, c'est nous tous qui sommes responsables du manque d'action de la Confédération.

Humbert, ce matin, a reproché, je ne dirai pas quelques déviations dans la politique économique suivie par la Confédération mais tout de même, est-ce que quelquefois les événements ne dépassent pas les hommes, et est-ce que quelquefois, il n'est pas utile d'adapter un mouvement contre le syndicalisme à des faits qui se produisent à l'improviste ?

Ah ! camarades, c'est bien facile de dire que la résolution votée au Congrès de Paris n'a rien produit. Est-ce que dans le fond de nous-mêmes, nous ne pouvons juger avoir accompli tout ce que nous devions accomplir ! Est-ce que, passant en revue l'action menée par certaines Unions départementales, par certains délégués à la propagande de la C.G.T., est-ce que nous ne sommes pas en droit de nous demander si ce secrétaire d'Union départementale, si ce délégué se sont bien inspirés, dans la propagande, de la résolution du Congrès de Paris? Je ne crois pas, et si la résolution de Paris n'a pas tout donné, examinons ce qu'a produit l'action de la C.G.T. elle-même. Depuis le dernier Congrès de Paris, qu'avons-nous vu? Les effectifs de la Confédération grandir en nombre, en puissance et aussi s'éduquant toujours davantage. Et l'action de la C.G.T., même si elle n'avait pu produire que cela, pour marcher vers son émancipation, aurait déjà produit des résultats magnifiques dont nous devrions tenir compte.

L'unité? et vous voyez, je vais très rapidement, parce que je sais qu'à la Commission Administrative, d'autres plus qualifiés que moi seront chargés de défendre la besogne de la C.G.T. Ce matin, j'ai voté pour l'audition des délégués unitaires et autonomes. J'ai mieux aimé les voir venir franchement à la tribune, plutôt que de surgir d'une trappe comme certains Congrès nous avaient habitués à en voir surgir d'aucuns. Là, ils sont venus, et en toute franchise, camarades, vous avez entendu les unitaires. Ce n'est plus un Congrès, ce n'est plus l'unité, c'est le front unique que l'on nous propose; et ce front unique, c'est la continuation de certaines poropositions faites par quelques délégués ici, c'est-à-dire la constitution de ces comités mixtes qui ne seront que la consécration de la scission, de la division. Lorsque nous nous dressons contre les unitaires et contre leurs propositions d'unité, c'est parce que nous savons combien le mensonge est à la base de leurs propositions; c'est parce que nous avons vécu les heures difficiles de la scission comme vous les avez vécues, mais nous les avons peut-être analysées de plus près.

Je m'arrête là, camarades, en vous disant : Tout à l'heure, on a entendu le camarade Besnard, venant nous parler au nom des autonomes; il nous a fait une leçon de morale; il nous a rappelé la Charte d'Amiens que nous avons aidé, nous, à rédiger. Eh bien, camarades, oui, nous sommes respectueux de la Charte d'Amiens, mais camarade Humbert, si ce respect de la Charte d'Amiens va jusqu'à supprimer la liberté des individus, en dehors de l'organisation, de mener l'action politique, à condition qu'ils n'y mêlent pas le mouvement ouvrier, je dis que c'est nous qui violerions la Charte d'Amiens.

Je veux mener mon action, et je me dresserai toujours contre toute tentative des partis politiques de mettre une emprise sur le mouvement ouvrier, et je dis, oui, l'unité avec la Charte d'Amiens, dans l'indépendance complète du mouvement ouvrier. (*Applaudisssements.*)

JEANNIN (Besançon). — Camarades, j'aurai peut-être le tort d'arriver quelque peu en retard sur la discussion et d'être également un des jeunes délégués dans ce Congrès. Mais si je prends la parole, ainsi que les camarades qui m'ont précédé à cette tribune, ce n'est pas en mon nom personnel, mais au nom des diverses organisations ouvrières que j'ai mandat de représenter à ce Congrès. Et, immédiatement, à seule fin de bien vous faire connaître le point de vue de ces organisations, je vous dirai que nous ne sommes pas d'accord, pas plus avec la méthode préconisée par la C.G.T.U. quant à la réalisation de l'unité syndicale, pas plus qu'avec la méthode préconisée par notre organisation elle-même. Et si vous le voulez, nous allons en quelques minutes, je n'en ai pas pour longtemps, analyser pour quelles raisons nous ne sommes pas d'accord avec ces deux méthodes.

Nous prendrons, si vous le voulez bien, la première, celle préconisée par notre organisation. Lorsque l'on parle d'unité, parce qu'en somme c'est cette question qui est primordiale, c'est une question qui, aujourd'hui, occupe les esprits des travailleurs, c'est une question qui préoccupe toute la classe ouvrière. Et alors, lorsque dans nos organisations, on vient faire des propositions d'unité, qu'elles viennent soit des autonomes, soit des unitaires, on répond : si vous voulez l'unité, vous n'avez qu'à revenir dans la vieille organisation; vous n'avez qu'à réintégrer la place que vous n'auriez jamais dû quitter.

Voilà, en somme, quelle est la réponse que l'ont fait aux organisations dissidentes. Eh bien, camarades, je vous demanderais quelque peu de réfléchir sur les conséquences de cette méthode. Si, par hasard, les éléments unitaires se décidaient à suivre à la lettre la thèse que nous leur préconisons, s'ils se prenaient à réintégrer la C.G.T., immédiatement, au lendemain du Congrès confédéral, que se passerait-il? Je vous demande d'y réfléchir un instant. Admettons même que les éléments unitaires, au cours de leur Congrès qui se tient à l'heure actuelle, se rendant compte que nous ne voulons pas accepter le congrès interconfédéral, parce que nous ne l'accepterons pas, admettons un instant que, se rendant compte de cela, ils se décident à réintégrer la vieille C.G.T. Eh bien, alors, vont-ils pour cela abandonner leurs conceptions particulières? Vont-ils abandonner la lutte qu'ils ont menée depuis des années, non pas seulement contre des doctrines, non pas seulement contre nos organisations, non pas seulement contre les militants, vous le savez aussi bien que moi, camarades, ils ne rentreront à la C.G.T. qu'avec leurs anciennes conceptions, qu'avec leur désir de lutte, que pour recommencer la bataille qu'ils ont menée jusqu'à présent. Eh bien, est-ce cela que vous voulez? Est-ce l'unité que vous voulez réaliser? Si vous êtes des unitaires, partout, autant que vous êtes ici, vous êtes des unitaires; vous la voulez, cette unité, mais vous voulez une idée réalisatrice, une unité créatrice et non pas l'unité qui donnerait à nouveau dans tout le prolétariat des causes de division, qui donnerait à tout le prolétariat un découragement peut-être plus fort que celui que nous avons connu en 1921, et c'est pourquoi nous nous dressons, nous, contre cette méthode préconisée par la C.G.T. qui dit : réintégrez d'abord la vieille organisation, et ensuite, vous aurez toute latitude, vous aurez toutes facilités pour décider dans les congrès communs de la nouvelle orientation syndicale.

Voilà pourquoi nous nous dressons contre, mais il y a aussi d'autres raisons. Il se peut que beaucoup de délégués ne partagent pas nos conceptions. Il était bon, au lendemain de la scission, de dire aux unitaires : Vous avez quitté la vieille organisation, vous devez y rentrer.

Je dis qu'au lendemain de la scission, il était naturel que l'on dise aux unitaires ou, plus exactement, aux communistes qui venaient de scinder le groupement ouvrier : vous devez réintégrer les vieilles organisations. Mais je dis que depuis, au lieu de se rapprocher, au lieu de faire le nécessaire pour reprendre contact, pour reconstituer cette unité, au contraire toute l'action passée n'a été et n'a eu pour effet que d'éloigner les deux organisations. Et aujourd'hui, on parle de réintégrer la vieille organisation, alors que jamais le fossé qui nous sépare n'a été aussi profond qu'aujourd'hui. Et nous disons qu'il est obligatoire aujourd'hui que de part et d'autre, des concessions soient faites.

Et, maintenant, camarades, pour en terminer, — parce que je n'en ai pas pour longtemps, — si l'on veut envisager quelque peu le congrès interconfédéral et les suites qu'il pourrait avoir, eh! bien, là encore, je me dresserai énergiquement contre, et pour cette raison : qu'est-ce que pourrait donner ce congrès interconfédéral ? Tout d'abord, le congrès par lui-même, croyez-vous qu'il y ait la possibilité pour des militants qui depuis des années ont été insultés, des militants qui, quelquefois, étaient obligés d'en venir aux coups, d'aller discuter une chose aussi critique, une chose aussi fragile que la réalisation de l'unité. Le congrès par lui-même déjà est impossible. Et alors, quant aux résultats de ce congrès, la réalisation de l'unité, mais nous y voyons les mêmes difficultés, nous y voyons les mêmes dangers que dans la méthode préconisée par la C.G.T., parce que cette unité, elle ne serait encore qu'une unité réalisée brusquement, une unité réalisée sans préparation et où les diverses tendances se retrouveraient seulement en présence pour y discuter ces questions de tendances et de la nouvelle orientation, mais parce qu'on s'y trouverait non plus en adversaires de tendances, mais en adversaires personnels et c'est pourquoi nous nous dressons contre ce congrès interconfédéral, et nous demandons aux camarades de le refuser énergiquement, parce que, au lendemain de ce congrès, la classe ouvrière revivrait à nouveau les instants si terribles que nous avons connus en 1920 et 1921.

Et maintenant, que préconisons-nous et pourquoi sommes-nous opposés à ces deux méthodes ? Tout simplement parce qu'elles préconisent la réalisation de l'unité d'une façon brusque et sans préparation, et c'est cela qu'il faut faire d'abord. Nous disons : l'unité organique, elle n'est rien, mais l'unité morale est tout et c'est cela que nous voulons réaliser, l'unité morale d'abord, l'unité sur un programme d'action. Nous n'avons pas l'intention de vouloir réaliser l'unité de pensée, loin de nous, c'est une opinion contraire. Nous disons que les questions de tendances, que les luttes de tendances, elles sont obligatoires et nécessaires dans une organisation ouvrière. Nous n'avons pas l'intention de réaliser cette unité de tendances, de pensée, mais au moins le respect entre les militants, l'amitié entre les militants. C'est cela que nous voulons ; et si nous le voulons, il faut commencer par ne pas vouloir ignorer tout de même les différentes organisations aujourd'hui adverses. Il faut considérer tout de même, que vous le vouliez ou non, à la C.G.T.U., il y a des milliers d'adhérents, des milliers de travailleurs, et ceux-là ils comptent cependant dans le mouvement ouvrier.

D'autre part, il y a également les travailleurs groupés dans les syndicats autonomes. Je ne parle pas seulement des militants autonomes à l'U.S.F.A., mais ce qu'il ne faut pas oublier, c'est qu'à côté des militants, il y a encore des centaines de syndicats qui sont aujourd'hui à l'autonomie corporative, et ceux-là sont presque complètement d'accord avec nous. Il faut que nous allions les chercher, il faut que nous rentrions en relations avec eux. Il faut tout de même faire quelquefois abstraction des rancunes personnelles, parce que, au-dessus de nos petites personnalités, il y a l'intérêt du mouvement ouvrier qui est là, et c'est pourquoi nous disons, nous, puisque les unitaires aujourd'hui disent : Nous allons faire l'unité par-dessus la tête des chefs. Eh ! bien, camarades, je vous dirai : si vous êtes assez énergiques, si vous avez la volonté nécessaire, eh bien ! c'est vous qui ferez l'unité par-dessus la tête de leurs chefs. Je ne préconiserai tout de même pas le noyautage des organisations unitaires ou le noyautage des organisations autonomes, mais je suis persuadé que le jour où nous aurons la possibilité de pénétrer dans les organisations unitaires, d'aller exposer notre programme de réalisations ; le jour où nous pourrons aller faire prévaloir nos conceptions, n'oublions pas que les révolutionnaires qui sont venus tout à l'heure bien souvent ont derrière eux des gens sans idéologie, qui n'ont pas plus de doctrine, souvent moins, que nos adhérents ; ils ont derrière eux des matérialistes au même degré que les autres, et c'est pourquoi, si vous le voulez, vous aurez la possibilité d'aller faire prévaloir vos programmes de réalisations ; vous aurez la possibilité, par-dessus la tête des chefs qui les ont entraînés à la remorque d'un parti politique, contre qui nous devrons énergiquement nous dresser et contre tous les partis politiques, d'entraîner ces gens derrière nous, de les amener à une plus juste conception du syndicalisme. Et c'est pourquoi je dis qu'il faudrait que de ce congrès il sorte une motion par laquelle on demande aux organismes centraux d'entrer quelque peu en relations pour œuvrer enfin à la réalisation de l'unité ouvrière (*applaudissements*).

BRIOL (Algérie). — Camarades, je n'ai besoin que d'une minute d'attention. Il a été dit à la séance de ce matin, à cette tribune, par le camarade Perronin, que la fin de la guerre actuelle ne peut avoir lieu que par l'évacuation totale du Maroc.

Au nom de l'Union des syndicats des Cheminots confédérés de l'Algérie, je déclare qu'une telle conception est incompatible avec les intérêts même des travailleurs organisés de l'Afrique du Nord. Je vais même plus loin : l'évacuation du Maroc entraînerait fatalement celle de l'Algérie, et comme le fanatisme musulman est toujours très ancré dans les cerveaux des indigènes, ce serait, sans aucun doute, le massacre général de nos compatriotes et, par conséquent, de nos camarades résidant dans la colonie.

En conséquence, je prie les camarades congressistes de ne pas retenir la déclaration d'évacuation du Maroc qui a été faite à cette tribune et contre laquelle je proteste très énergiquement.

BOUGROS (Moselle). — Rassurez-vous, camarades, je n'ai pas l'intention d'abuser des instants du congrès qui tire sur sa fin pour la séance de ce soir. Je tiens tout de même à corriger une intervention d'un de nos camarades du département que je représente au sujet du journal *Le Peuple*. J'estime que dans un département comme le nôtre, où il y a très peu d'abonnés, on doit mesurer ses critiques et surtout ne pas apporter des opinions individuelles, mais les opinions d'organisations. Dans notre département, il y a 31 abonnés au *Peuple* ; si l'on défalque les organisations qui sont abonnées en vertu des décisions prises, il y a un très petit nombre d'abonnés et je crois qu'en particulier le représentant de l'organisation qui a émis des critiques ne doit pas parler au nom d'un grand nombre de camarades.

Ceci dit, je ne voudrais pas apporter sur la question de l'unité un point de vue qui pourrait paraître à la plupart d'entre vous un point de vue local.

Cette question, nous l'avons discutée, et malheureusement nous l'avons trop discutée. Depuis près d'un an, dans toutes nos séances de Commission administrative, elle revient comme un *leit-motiv*, nous empêchant absolument tout travail pratique, positif. Nous avons eu récemment l'occasion de répondre à l'invitation des syndicats unitaires du département. J'ai dû, en qualité de secrétaire de l'Union départementale de la Moselle, assister au congrès unitaire des organisations de ce département. On nous avait proposé d'apporter notre point de vue sur l'unité. Je l'ai apporté, j'ai apporté le point de vue que beaucoup de nos camarades ont défendu aujourd'hui, le point de vue de l'ensemble de la majorité des syndicats. Qu'est-il arrivé en fin de séance ? On nous a proposé des votes ; c'était là une tactique : il y avait des résolutions toutes prêtes. On nous demandait de nous associer à la politique marocaine du Parti communiste, et ce sont des délégués officiels du Parti communiste représenté, ayant mandat au sein du congrès unitaire, qui nous mettaient en demeure de répondre à quatre questions précises. On ajoutait que si nous répondions « oui », c'était bien, mais que si nous répondions « non », nous n'avions rien à craindre, qu'on ne nous ferait pas de mal.

Ceci donne un aperçu de la véritable conception de l'unité des camarades unitaires, tout au moins en ce qui concerne notre département. Mais puisque des critiques ont été apportées contre la tactique confédérale, contre le programme de réalisation de la C.G.T., qu'il nous soit permis de faire remarquer que les gens qui nous préconisent aujourd'hui l'unité, la fusion des deux C.G.T. dans une C.G.T. unique, sont les principaux instigateurs responsables du manque de résultats, et je me demande quelle peut bien être leur franchise, alors que depuis que la scission existe, ils ont condamné doctrinairement toute notre action, et quelle aide nous apporteront-ils demain, par leur rentrée dans le rang, pour la réalisation de ce qu'ils nous reprochent de n'avoir pas réalisé (*applaudissements*).

Roux (Cuirs et Peaux). — Camarades, je n'examinerai pas le rapport moral pour la raison bien simple qu'étant membre de la Commission administrative, et au nom des dix syndicats que je représente, je l'adopte sans aucune observation.

Mais les quelques explications que j'ai à fournir sont basées sur l'exposé fait par les deux délégations. Si nous avions extrait de l'ensemble du rapport moral cette question particulière à l'unité, je n'aurais pris la parole qu'après. Comme cela forme un tout, je donne donc ces explications rapidement.

J'ai constaté, et vous aussi, que le langage du factum qu'on nous a lu, était plus que poli, contrairement aux affirmations quotidiennes que l'on voit dans le journal de l'orthodoxie moscoutaire. C'est une constatation à faire, parce que demain, lorsque le Congrès, en toute souveraineté, se sera affirmé pour ne pas aller au congrès interconfédéral, les mêmes calomnies reprendront cours. C'est peut-être une façon de faire l'unité, mais pour notre part, nous n'acceptons pas cette thèse.

Puis, ensuite, on nous a parlé des huit heures, des salaires, que c'était là déjà deux grosses questions qui intéressent le monde du travail ; et il est bizarre que cet amour immodéré en faveur des revendications corporatives de la vieille C.G.T., soit repris aujourd'hui, car il vous est facile à tous de relire le compte rendu sténographique du congrès de Lyon où l'on nous a dit : les salaires, cela c'est de la blague, il faut au contraire que les travailleurs soient dans la misère pour leur donner le cran révolutionnaire, qui leur permettra une action plus virile.

On vous a dit, à ce même congrès que la question des huit heures était un cadeau gouvernemental donné à la C.G.T. pour son action pendant la guerre. Et aujourd'hui, l'on est obligé dans la maison d'en face de prendre contact un peu plus sérieusement avec les travailleurs organisés ou non. On a repris le programme de la C.G.T. pour ces deux questions corporatives. Assurances sociales ? solution différentielle, nous dit-on, et il y aura lieu de les examiner en commun. Vous pourrez perdre votre temps pour examiner la question des assurances sociales en commun ; soyez persuadés que vous ne trouverez pas la motion d'unanimité et nous verrons ensuite les militants confédéraux parcourir le pays, engageant les travailleurs à faire l'action nécessaire pour obtenir les assurances sociales, même avec le versement ouvrier, et à la même tribune vous retrouverez les éléments de la C.G.T.U. venir combattre cette même revendication que vous aurez adoptée dans vos précédents congrès.

Nous pourrions aussi examiner leur position sur la guerre du Maroc, eux qui, au début de l'aventure marocaine préconisaient la victoire d'un des belligérants. Nous sommes, nous, pour la paix, la paix sans vainqueur ni vaincu, pas plus celle des armées belligérantes de notre côté que la victoire d'Abd-el-Krim, car lui restera, au lendemain de sa victoire, un chef, un exploiteur, un autocrate comme les autres.

En conséquence, sur ce terrain, nous n'avons pas de leçon à recevoir de ceux qui ne voient dans l'aventure marocaine qu'un prétexte à agitation.

Et enfin, l'on ne nous a pas parlé aujourd'hui dans le message de l'organisation des tendances. L'organisation des tendances reste l'opinion occulte de ceux qui nous proposent le congrès interconfédéral. Organisation des tendances pour recommencer la même besogne du passé. Nous nous soumettrons à la majorité, dit-on ? Eh bien, je regrette que l'on en parle en 1925 ; il fallait en parler, du respect des majorités, aux congrès de 1918, 1919, 1920 et surtout au congrès de Lille où, avant d'avoir quitté cette cité, on construisait occultement encore un organisme dans le cadre de la C.G.T., avec des statuts, des sous-comités, des Fédérations, des Unions, et l'on parcourait le pays pour combattre encore les décisions prises par la souveraineté du congrès de Lille.

Eh bien, camarades, je n'insisterai pas outre mesure. Reprenons, si vous le voulez, la résolution du Congrès de Paris de février 1923. Renforçons-la, donnons-lui davantage de clarté et aussi affirmons notre volonté de rendre également plus clair le respect de la Charte d'Amiens dont la révision est demandée par les membres de la C.G.T.U. Et alors, si nous voulons faire une unité sérieuse, permettant à tous de pouvoir œuvrer pour la réalisation des revendications qui nous sont chères, c'est au sein seulement de la vieille Confédération que l'unité peut être ainsi reconstituée (*applaudissements*).

VIVIER-MERLE. — Camarades, mon intention n'était pas de prendre la parole dans ce Congrès si les orateurs avaient abordé la discussion sur le rapport moral ; mais j'ai constaté avec un peu de tristesse que l'on s'est surtout préoccupé des échos du dehors et que l'on a oublié le rapport moral. Je veux faire en sorte, et après Le Guennic la tâche me sera un peu difficile, de glorifier, si je le peux, la tâche de la C.G.T.

Nous sommes, dans notre localité, habitués aux températures froides et nous restons donc avec les réalités. Et je voudrais que chacun, ici, se pénètre un peu des réalités.

L'autorité de la C.G.T., mes camarades, est-elle dans les masses, comme l'on en parlait tout à l'heure à cette tribune, vous, camarades délégués, qui écrivez constamment au Bureau confédéral pour lui dire votre impuissance en raison de l'attitude des masses ? Les masses ? elles sont encore, malheureusement, en dehors de la Confédération Générale du Travail ! (*Applaudissements.*)

Les masses, ce ne sont pas les 500.000 syndiqués de notre Confédérations, ce sont les millions de travailleurs inorganisés et inéduqués ! (*Applaudissements.*)

L'autorité de la Confédération Générale du Travail, j'aurais cru qu'elle allait se manifester dans un geste splendide de remerciements à l'égard du Bureau confédéral (*applaudissements*). J'aurais cru que tous les militants, ici, se seraient pénétrés que l'autorité morale comme l'autorité matérielle acquise par la Confédération dans notre pays, nous la devons à ceux qui sont à sa tête (*applaudissements*).

L'autorité de la Confédération Générale du Travail! Elle est dans les conceptions, elle est dans les vues, elle est dans les projets qu'elle a jetés à travers l'opinion publique. Ah! l'autorité de la C.G.T.! Il n'y a pas un seul militant, quelle que soit son opinion ici, qui ne s'en serve dans ses réunions syndicales. Il n'y a pas un seul militant ici qui ne se réfère pas dans son organisation syndicale du programme minimum de la C.G.T. L'autorité de la Confédération! Est-ce que ce sont les masses qui ont donné les huit heures? Est-ce que ce sont les masses qui défendent les huit heures? Est-ce que ce ne sont pas les militants de la Confédération, et en particulier du Bureau confédéral qui défendent les huit heures, qui font qu'elles sont appliquées malgré la masse qui ne veut pas, quelquefois, des huit heures? (*Applaudissements.*)

Comment! vous n'avez pas suivi les discussions du Bureau International du Travail? Vous n'avez pas suivi, mes camarades, le rôle grandiose qu'y a joué notre camarade Jouhaux? Vous n'avez pas vu que c'était là-bas que se menait la véritable bataille économique et la véritable bataille de la Paix? Vous n'avez pas vu que, dans l'indifférence la plus complète, des hommes dressaient, eux, des projets, et en face du monde patronal, en face de la réaction gouvernementale, réussissaient maintes fois à les faire accepter? (*Applaudissements*).

L'on a dit, et je regrette que ce soit notre camarade Humbert qui l'ait dit, que l'on a rien acquis à la Confédération Générale du Travail. Mais, est-ce qu'en Meurthe-et-Moselle, on n'a pas demandé la ratification de la Convention de Washington? Est-ce qu'on a oublié cela? Je ne le crois pas. Et nous avons le plaisir aujourd'hui de voir que notre gouvernement l'a ratifiée, cette Convention. Certes, ceci n'est pas tout; il y a une condition de posée : c'est la condition relative à l'Allemagne, je le sais. Mais, après le discours du camarade Grassmann, j'ai la conviction que demain l'Allemagne, à son tour, ratifiera la Convention et vous aurez alors l'arme nécessaire pour l'application intégrale des huit heures. Et vous ne le devrez pas, camarades, à la masse; vous ne le devrez pas aux organisés des syndicats; vous le devrez à quelques hommes de la Confédération.

Vous dites que ce n'est rien, le contrôle de la main-d'œuvre! Mais allez demander à nos camarades terrassiers de la Seine s'ils ne sont pas revenus de l'action directe ; allez demander à tous nos camarades du bâtiment s'ils ne sont pas revenus de cette thèse! Elle était peut-être bonne dans l'idéologie d'avant-guerre, mais les réalités sont venues démolir l'idéologie. Nous sommes, et vous comme nous, nous sommes dans les bureaux de placement à tout instant, pour aller dire à ces bureaux de placement : c'est vous qui, à la base même, donnez les autorisations d'entrer de la main-d'œuvre étrangère; nous vous demandons de ne pas donner ces autorisations.

Et pourquoi allons-nous là? Parce que nous sommes impuissants, syndicalement, pour limiter la rentrée et l'emploi de la main-d'œuvre étrangère.

Ce n'est pas, camarades, que j'aie une animosité contre nos camarades étrangers ; je ne connais pas l'animosité ; je voudrais les voir venir en plus grand nombre si c'est possible, mais à une condition : qu'ils ne viennent pas envahir le marché du travail et travailler à des conditions inférieures aux nôtres (*applaudissements*).

Ici, des gens se sont référés de la Charte d'Amiens, et ils considèrent que c'est la démocratie qui est cause que nous ayons actuellement le Conseil Économique du Travail ; le Conseil Économique du Travail, c'est la démocratie, camarades, et elle avait oublié, jusqu'à ce jour, de nous donner le Conseil National Économique. Elle nous l'a donné parce que nous avons frappé assez longtemps sur le même clou et parce que des militants ont démontré la valeur de cette conception (*applaudissements*). Et c'est vous, qui voulez la révolution par la gestion économique du pays, qui rejetez cette première manifestation du progrès ?

La révolution? Elle n'est pas dans la cohue des rues le jour du Premier Mai. La révolution? Elle n'est pas dans les discours dithyrambiques ou violents de réunions publiques. La révolution, je l'ai vue entrer avec nos camarades instituteurs, lorsque j'ai eu la vive satisfaction de savoir que nos 75.000 camarades étaient définitivement des camarades confédérés et des syndicalistes, et c'est alors que j'ai espéré dans la révolution telle que nous la concevons (*applaudissements*).

J'ai espéré dans la révolution, parce que, pour moi, on ne fait pas la révolution avec des illettrés ; on ne fait pas la révolution avec des êtres sans culture (*applaudissements*), ou alors on se livre à des actes de révolte qui conduisent une fois de plus la classe ouvrière à l'abattoir.

Ah ! il est beaucoup plus facile de mener la bataille par des discours que de la mener dans les Commissions et je vous indique simplement un petit exemple : pour traiter les modestes questions qui sont à l'ordre du jour de ce Congrès, vous avez eu la sagesse de dire : « Des Commissions les étudieront. » Des Commissions se sont réunies, et j'en connais une qui cherche à travailler pour apporter une résolution qui tienne debout; eh bien, je vous assure qu'elle a des difficultés, et cela est bien plus intéressant, camarades, que des discours ; cela a beaucoup plus de portée. Lorsque vous voudrez vous attacher à une tâche constructive et vous y maintenir, vous arriverez certainement à des résultats.

Et c'est là où je vois le véritable danger dans les propositions qui nous sont faites : Unité sans conditions, unité par l'abdication de notre programme, unité par l'abandon de nos conceptions réalisatrices, voilà comment l'on conçoit l'unité par ailleurs, camarades. A la suite du Congrès de 1923, qui a montré une ère nouvelle, je n'aurais pas cru que cette question vînt en discussion ici, dans le sens où on l'a abordée.

Puisqu'il en est ainsi, permettez-moi de montrer quelques contradictions dans les exposés des camarades qui n'ont discuté que de l'unité syndicale.

Ils sont tous pour l'unité : moi, je suis pour la cohésion la plus grande possible de l'ensemble des travailleurs ; ils sont pour l'unité sans conditions, et surtout en ce qui concerne le Congrès interconfédéral. Ils sont pour le Congrès interconfédéral sans conditions ; ils marchent comme les moutons de Panurge.

D'autres sont pour l'unité en dilettantes : autant faire une journée de Congrès de plus qu'une de moins !

L'unité ? Il est facile de la faire ; qu'on commence par se taire et à parler un peu moins de l'unité ; qu'on laisse les camarades, dans les syndicats, se rapprocher les uns des autres, en cessant de s'injurier ; qu'on les laisse aller les uns vers les autres ; que ceux qui, hier, se battaient dans les réunions, se croisent dans les rues pendant quelque temps sans rien se dire, et ensuite ils se tendront la main. A ce moment-là, camarades, nous serons près de l'unité, parce qu'il n'est pas possible de la concevoir, si c'est l'unité dans la bataille, ou si elle nous prépare des batailles plus dures que celles que nous avons vécues. L'unité pour travailler, pour faire un mouvement plus fort, pour développer la Confédération; l'unité pour aller vers la révolution constructive; l'unité pour bâtir et non pour détruire. L'unité non pas pour détruire le château, mais pour embellir la chaumière; l'unité qui mettra plus de richesse et non pas celle qui l'enlèvera. Celle qui sera bâtie sur cette conception, c'est l'unité qui pourra préparer l'ère révolutionnaire qui, que vous le vouliez ou non, grandit chaque jour dans le mouvement ouvrier. Les plus petites conquêtes ont à mes yeux une allure révolutionnaire, et j'ai souvent dit dans des réunions publiques : Ce n'est pas là qu'il faut faire acte de révolutionnaire, en venant apporter la contradiction, en venant nous injurier, en réunion ou dans vos journaux. C'est en vous dressant en face de votre patron, et en faisant le simple geste de faire respecter le contrat de travail.

Eh bien, mes camarades, pour ne pas tenir plus longtemps le Congrès, puisque j'ai apporté ici mon opinion et celle de la majorité, de la presque totalité des syndicats des autres départements, j'ai accompli mon devoir et j'espère que, demain, le Bureau Confédéral, la Commission Administrative, les militants des Fédérations trouveront, dans l'attitude du Congrès, le réconfort qui leur permettra de continuer la bataille à côté de nous (*applaudissements prolongés*).

CHEVALME. — Camarades, après le brillant exposé de notre camarade Vivier, il est certain qu'il n'y aurait pas lieu d'insister à nouveau sur la défense de l'action confédérale. Pourtant, nous avons entendu cet après-midi deux exposés qui ont retenu l'attention du congrès, deux exposés qui ont été entendus en suite d'une décision prise par le congrès, et je dois dire tout de suite que sur cette décision, il y aurait peut-être à examiner les conséquences qu'elle peut déjà avoir sur le mouvement syndical lui-même, parce que, à notre avis, il y a eu une preuve de faiblesse de la part des organisations confédérées, car nos adversaires ne manqueront pas de tirer argument de la décision prise par le congrès.

Les exposés qui ont été faits par les délégués des organismes dissidents, il y aurait peut-être lieu d'en retenir la totalité. Notre camarade Roux a déjà examiné certains points de celui apporté par le délégué de la C.G.T.U. Je ne pense pas qu'il soit bien nécessaire de s'arrêter sur la déclaration que nous a faite ce délégué. Néanmoins, comme le disait Roux tout à l'heure, il y a à tenir compte pour nous, organisations confédérées, des différences de conceptions qui nous séparent sur les points qu'ils ont exprimés ; car justement, alors que l'on déclare qu'il n'y a pas lieu de tenir compte des différences de conceptions qui nous séparent pour réaliser l'unité, nous pensons qu'il est nécessaire de faire une unité de conceptions dans l'action générale pour rendre possible l'unité.

On parle de la question des salaires. Certes, on pourrait nommer n'importe quelle commission pour essayer de mettre d'accord la conception unitaire et la conception saine du syndicalisme de la Confédération, nous croyons qu'il serait impossible d'arriver à une conclusion sérieuse. Car, vous le savez comme nous, lorsque, par exemple, organismes confédérés, syndicats confédérés, dans une localité, revendiquent une modeste augmentation de salaire, poursuivant en cela une action méthodique pour réajuster les salaires aux conditions de la vie, quelle que soit la revendication que vous posiez, nos adversaires surenchérissent continuellement, et il est probable que même, si demain vous vous mettiez d'accord sur un point déterminé, cela ne les empêcherait pas de reprendre cette besogne et de désagréger toute action.

En ce qui concerne les assurances sociales, notre camarade Roux y a insisté, il n'y a pas besoin d'y revenir, mais vous devez savoir tout ce qui nous sépare sur la conception des dissidents et celle de la C.G.T., il n'y a pas possibilité en somme de se mettre d'accord sur une campagne d'action, même quand la campagne serait engagée dans le pays, vous ne pourriez pas empêcher que nos adversaires ne reprennent la campagne de dénigrement systématique contre toute l'action que nous poursuivons. Et c'est ce qui, à l'heure présente, empêche toute possibilité de réalisation d'unité.

Quant aux syndicats autonomes, notre camarade Besnard s'est appuyé sur la Charte d'Amiens. Certes, tout le monde aujourd'hui entend se réclamer de la Charte d'Amiens. L'on parle d'action directe, et l'on reproche à la Confédération Générale du Travail, en somme la responsabilité de la scission, lui reprochant l'abdication des conceptions de la Charte d'Amiens. Les principes affirmés dans la Charte de 1906 auraient été, paraît-il, reniés par la Confédération, ce qui aurait entraîné la division du mouvement ouvrier.

Ah ! certes, l'on peut parler d'action directe. L'action directe, pour nous, ne consiste pas à faire une action de démagogie. L'action directe, au point de vue syndical, c'est la lutte continuelle de la classe ouvrière contre le patronat, lutte sur tous les terrains, sur tous les points de vue et sur toutes les revendications ouvrières. Cette lutte d'action directe, c'est la besogne que mènent les organisations syndicales dans l'industrie privée : lutte sur les salaires, sur la défense des conventions collectives, pour l'obtention des améliorations sociales, chercher à arracher au patronat le maximum de bien-être.

Dans la situation présente, nous ne voulons pas ignorer les difficultés sur un terrain ou sur un autre, mais néanmoins qu'on ne vienne pas nous dire que l'action directe peut consister simplement à faire des manifestations dans la rue. Pour nous, cela n'est pas de l'action directe, c'est de l'agitation révolutionnaire, c'est de la gymnastique révolutionnaire et pas autre chose, et cela n'aboutit pas à grand chose, en général.

L'on veut bien nous dire, en conclusion de ces déclarations, qu'il n'y a pas de possibilités d'unité tant qu'il y aura cette divergence de conceptions sur les principes de la Charte d'Amiens. Mais on peut dire, en principe, que la Confédération jùstement s'est maintenue sur les principes de la Charte d'Amiens, c'est-à-dire autonomie et indépendance complète du mouvement syndical, lutte continuelle contre le patronat pour arriver à l'idéal que poursuit le mouvement syndical, c'est-à-dire l'affranchissement du travail et la libération du salariat. C'est encore un point sur lequel nous devons compter avec des difficultés, et c'est parce que justement nous tenons compte de toutes les difficultés que nous avons à surmonter, que le mouvement syndical, sans perdre de vue l'idéal qu'il poursuit, sans abdiquer quoi que ce soit de ses conceptions, cherche à réaliser le maximum pour le bien-être de la classe ouvrière, et c'est pourquoi aussi la Confédération Générale du Travail, ayant la saine conscience de ses responsabilités, ayant compris la difficulté des problèmes qui se posent, ayant envisagé toutes les responsabilités qu'elle assume, essaie d'amener l'attention du monde du travail à une plus saine compréhension de ses responsabilités, et nous disons que le jour où la C.G.T. sera vraiment comprise de l'ensemble des travailleurs, ce jour-là, nous aurons fait un grand pas vers l'idéal que nous poursuivons. Car, croyez bien qu'il n'y aura de réalisations au point de vue du travail qu'autant que l'ensemble des ouvriers sera capable de prendre ses responsabilités, de les défendre vis-à-vis du patronat et d'imposer à celui-ci ses conceptions de travail. Et c'est pourquoi nous ne pensons pas qu'il puisse être possible d'engager une discussion quelconque pour penser qu'il serait possible de mettre d'accord les diverses conceptions qui nous séparent ; car, en somme, il faut le dire en toute sincérité, comme le disait le délégué de la Fédération des Syndicats autonomes, il y a une différence de conceptions doctrinales qui nous sépare, aussi bien avec la C.G.T.U. qu'avec les autonomes, quoique ceux-ci essaient de s'annexer cette Charte d'Amiens, mais néanmoins, nous savons très bien qu'il y a quelque chose que malheureusement, les uns et les autres, on oublie trop facilement. Je ne veux pas ici faire la chronologie des faits qui se sont passés depuis quelques années ; je ne veux pas rappeler tout ce qui s'est passé au point de vue de la scission, mais tout de même, lorsque l'on vient parler aujourd'hui qu'il serait possible de rallier les différentes conceptions, de former le front unique de bataille, on oublie de dire quelles sont les responsabilités de la situation présente. On nous reproche à nous notre manque d'action révolutionnaire, paraît-il, seulement on ne dit pas que si la Confédération Générale du Travail qui, aujourd'hui, affirme une force considérable, qui a, dans le pays, acquis une autorité morale que l'on ne peut plus contester, on ne dit pas que si la Confédération n'a pu réaliser ce qu'elle espérait, cela dépend beaucoup de l'action de désagrégation que l'on a poursuivie dans son sein.

Comment, aujourd'hui, l'on oublie et l'on veut oublier tout le passé? L'on ne veut plus rechercher certaines responsabilités ; mais tout de même, ce matin, quand nous avons accepté si facilement cette abdication morale de l'organisation, il faudrait tout de même se rappeler quelque peu les heures difficiles qu'a vécues le mouvement ouvrier.

La scission ? Est-ce que c'est la Confédération qui peut en être rendue responsable ? Je ne pense pas que, parmi vous, il puisse être fait cet affront à l'organisation régulière. Je ne pense pas que l'un ou l'autre puisse faire grief à la Confédération de ne pas avoir défendu la nécessité de l'unité ouvrière, car pendant tous les congrès, jusqu'en 1921, lors que nous vivions déjà de lourdes difficultés morales, alors que nous trouvions dans l'organisation syndicale des éléments de désagrégation, la Confédération a tenté, par tous les moyens, d'éviter la scission. Et ceux qui nous reprochent aujourd'hui de ne pas vouloir accepter la loi des majorités devraient se souvenir qu'ils n'ont jamais respecté la loi des majorités. Nous pourrions prendre tous les congrès confédéraux, depuis la guerre : 1918, grosse majorité confédérale ; vint 1919, congrès de Lyon : là encore, au moment où la puissance syndicale s'affirmait dans son apogée, grosse affirmation d'une majorité confédérale ; congrès d'Orléans : encore majorité ; congrès de Lille : encore majorité. Cela n'a pas empêché nos adversaires de tendances de poursuivre leur besogne de désagrégation. On pourrait rechercher quels sont les initiateurs de cette besogne, nous les trouverions avec des accointances particulières ; nous retrouverions les accointances des comités syndicalistes révolutionnaires avec la IIIe Internationale, constituée sous l'instigation du Gouvernement russe ; Comité de la IIIe Internationale qui a poursuivi sa méthode de dénigrement dans les organisations confédérées. Nous avons vu, au congrès de Lille, se constituer cette minorité, et les uns et les autres dans les Fédérations, dans toutes les Fédérations, l'on doit se rappeler quelles minorités se constituaient dans des C.S.R. et l'on avait déjà prévu la constitution d'un organisme nouveau ; avant même qu'il soit constitué on avait suspendu le paiement des cotisations confédérales; on avait constitué des Comités syndicalistes révolutionnaires dans les Syndicats on avait constitué un Comité central, les sous-comités fédéraux, c'est-à-dire que, dans chaque organisme, on avait constitué un organisme pour combattre les thèses déterminées et les principes déterminés par les majorités de ces organisations. Après Lille, vous le savez, congrès unitaire, congrès du mois de décembre où l'on constituait cette Commission Exécutive qui devait déterminer les bases générales de la constitution de l'organisme dissident, C.G.T.U., constituée en 1922. Il n'y a peut-être pas à revenir sur les bases générales d'organisation nationale, mais peut-être que l'un de ceux qui sont venus cet après-midi reprocher à la Confédération Générale du Travail une responsabilité dans la scission aurait peut-être pu faire son *mea culpa* et se dire qu'il était un des éléments propagandistes de la C.G. T.U., des C.S.R., c'est-à-dire membre de la Commission Exécutive de la future C.G.T. dissidente.

Il faut se rappeler la besogne qui a été faite dans tout le pays, aujourd'hui que nous vivons la suite logique de cette besogne de désagrégation. C.S.R. hier, constitution de noyaux, cellules aujourd'hui ; front unique hier, comités mixtes, commissions syndicales aujourd'hui. Comités mixtes, suite logique du front unique pour des buts déterminés. Je ne veux pas certainement rappeler ici toutes les citations faites, toutes les déclarations faites par les hommes responsables de cette situation. Il y aurait pourtant lieu d'en citer quelques-unes, car il semble aujourd'hui que certains de nos camarades ont encore, je ne dirai pas des illusions, mais auraient peut-être une certaine suspicion sur, je ne dirai pas l'honnêteté, mais sur la saine conscience des militants confédérés, et qui pensent qu'il serait peut-être possible d'accepter les thèses que l'on nous propose aujourd'hui. Nous sommes de ceux qui, ayant des responsabilités dans le mouvement syndical, avons vécu les heures difficiles de la scission, le noyautage des organisations ; aujourd'hui, alors que nous avons vu le mouvement syndical renaître, alors que nous voyons la Confédération reprendre toute sa prospérité, reprendre toute son autorité, nous sommes de ceux qui ne voulons faire aucune abdication, parce que nous pensons que se prêter à de telles manœuvres, ce serait amener à nouveau, dans nos organisations, la désagrégation. C'est pourquoi nous vous disons qu'il importe que les uns et les autres se rappellent les déclarations qui ont même plutôt l'air d'instructions données à ceux qui poursuivent cette besogne dans nos syndicats. Aujourd'hui, il faut le dire, on a compris que la tactique préconisée en 1922 ne répond plus au sentiment général ; on a compris que l'on faisait fausse route en proposant le front unique ; on a compris que l'ensemble des ouvriers syndiqués restés dans nos organisations n'entendaient plus se prêter à ces manœuvres, et l'on essaie, par des moyens détournés, par une nouvelle tactique, d'amener nos camarades à accepter les propositions qu'on leur fait.

Eh bien, nous disons : il y a aujourd'hui à se remémorer toute la besogne passée ; il y a à se remémorer toutes les instructions données pour trouver la conclusion logique de la position prise par nos adversaires ; il n'y a qu'à se rappeler la fameuse déclaration de Treint lorsqu'il parlait de plumer la volaille. Nous n'avons pas besoin de citer ces textes, mais nous entendons bien ne pas être de ceux qui se laisseront plumer. Parmi les instructions de l'I.S.R., il y en a une particulièrement qui disait ceci (car, aujourd'hui, les comités mixtes ne sont que la suite logique du front unique) :

« Le front unique doit être le mot d'ordre de toute notre action ouvrière, il faut insister, insister toujours, de plus en plus, par tous les moyens, à propos de n'importe quoi ; lui seul peut faciliter le triomphe de nos doctrines.

« Si les réformistes s'y refusent, il nous sera facile de dire aux masses que si elles n'ont pas satisfaction, la faute en est aux réformistes ; s'ils acceptent, c'est déjà un premier résultat qu'il faudra utiliser devant les éléments restés fidèles aux réformistes. En cas de satisfaction, vous direz que c'est grâce au front unique que ce résultat a été obtenu ; en cas d'échec, vous traiterez les réformistes comme ils le méritent.

« Le front unique doit être proposé sur des questions terre-à-terre, ayant un but immédiat, visant surtout la satisfaction de l'égoïsme individuel ; éviter de parler de révolution ou de toutes autres questions incomprises par la masse.

« En employant cette tactique, les masses viendront à nous malgré et contre les chefs réformistes. »

Cette déclaration que je rappelle, — car je suis certain que les uns et les autres vous en aviez déjà eu connaissance, — lorsqu'on l'applique aujourd'hui aux propositions qui nous sont faites, que nous propose-t-on ? Action générale engagée sur une action unique, sur des points uniques, questions de salaires, questions d'actualité, assurances sociales, vacances payées, revendications générales du monde du travail. L'on applique ainsi les instructions données pour arriver à des buts déterminés ; pour mener une bataille pour les salaires ? Comme on vous le dit nettement, si l'on obtient satisfaction, on dira à l'ensemble des syndiqués, c'est grâce à l'action engagée par le front unique. Si vous n'obtenez pas satisfaction, ce sera vous, les réformistes, les vendus à la bourgeoisie qui serez responsables de l'échec.

Nous ne sommes pas de ceux qui entendons nous prêter à de telles manœuvres. Nous n'entendons pas accepter cette besogne facile qui consiste, pour les uns, à profiter de l'agitation, à créer même cette agitation, bien souvent au détriment de la classe ouvrière, car je ne veux pas faire allusion ici à la déclaration faite par le délégué de la C.G.T.U., lorsqu'il disait qu'il serait nécessaire de faire le front unique pour soutenir la grève des Banques, que l'on cherche à exploiter non pas dans l'intérêt des ouvriers, mais simplement pour servir des fins politiques. Et nous sommes bien placés, dans cette région parisienne, pour apprécier la besogne qui est poursuivie à l'heure présente. Croyez bien que nous ne devons pas et que nous ne pouvons pas accepter ces thèses simplistes qui consistent à profiter de la classe ouvrière pour servir des fins particulières. Nous ne pensons pas, nous, que l'organisation doive servir des fins intéressées ; elle doit servir l'intérêt général des ouvriers sans se soucier des personnalités et des partis.

C'est pourquoi nous entendons aujourd'ui parler franc, en ce qui me concerne, car j'aurais pu dire en tant que participant à la Commission administrative, je suis quelque peu mêlé à la défense du Bureau confédéral. Je pense bien que le Bureau confédéral n'a pas besoin des camarades pour le défendre, mais c'est plutôt en tant que délégué de la Fédération des Métaux, ayant pu apprécier la besogne de destruction et voir comment l'on comprend l'unité ouvrière dans certains centres, comment l'on agit lorsque nous arrivons, après de lourdes difficultés, à constituer des organisations. Nous savons comment agissent nos adversaires pour amener la destruction de ces organisations, sans souci de savoir si cela peut gêner les intérêts ouvriers. Et c'est pourquoi nous pensons qu'il faut prendre une position ferme dans la situation présente. Je ne veux pas douter ni même examiner la sincérité des propositions qui nous sont faites aujourd'hui, mais elles sont la continuité de certains gestes. C'est encore là une tactique : il s'agit de tromper la masse, de tromper l'ensemble des ouvriers qui, malheureusement, ne comprennent pas suffisamment toutes les manœuvres dont ils sont entourés.

Ah ! j'entendais tout à l'heure notre camarade Carpentier parler de la situation à Boulogne ; et notre camarade s'affirme encore aujourd'hui partisan d'un congrès interconfédéral ! J'admire sa constance. Mais pour ma part, croyez-le bien, je n'entends pas me prêter, après des désillusions nombreuses, à de nouvelles manœuvres. Notre camarade Carpentier est bien qualifié pour dire toutes les manœuvres qu'il a dû subir, toutes les acrimonies qu'il a pu enregistrer, même malgré la position qu'il avait prise à l'égard des organismes dissidents.

Je ne veux pas retenir non plus la thèse de notre camarade Jeannin ; elle est par trop simpliste. On n'accepte pas la théorie de la C.G.T. ni celle de la C.G.T.U. et on préconise une nouvelle tactique. Je ne sais pas s'il n'y a pas là des inspirations d'intérêt local que je ne veux pas examiner. Le mouvement syndical ne peut pas reposer sur des intérêts locaux, mais sur une conception saine, générale. Au-dessus des intérêts locaux, il y a l'intérêt général du mouvement ouvrier, et c'est pourquoi nous n'entendons pas insister sur ces différents points. Mais nous ne voulons pas être dupes des manœuvres actuelles, pas plus que nous n'acceptons la tenue d'un congrès interconfédéral sur lequel je ne crois pas nécessaire d'insister. Mais néanmoins, je dois dire qu'il est indispensable que nos organisations comprennent que ce sont les principes de l'organisation elle-même qui sont en jeu. Il faut bien comprendre que c'est la vie du mouvement syndical qui se joue. On disait à cette tribune que le mouvement syndical est à un tournant dangereux. C'est exact, à l'heure où il est en face de toutes sortes de manœuvres, où il a à vaincre toutes sortes de difficultés causées par des crises économiques, financières, par des crises internationales. Ah ! certes, le mouvement ouvrier a de grosses responsabilités, mais nous pensons que ce serait aller à l'encontre des buts que nous poursuivons, que ce serait desservir les intérêts ouvriers que de se prêter à cette manœuvre du congrès interconfédéral, qui n'aurait d'autre conclusion que d'amener à nouveau la méfiance chez nos camarades. Aujourd'hui, la C.G.T. se redresse dans sa situation, revoit ses effectifs grandir, voit la confiance ouvrière lui revenir. Cette confiance ouvrière qui lui revient, pourquoi ? parce que son action est toute logique et toute conscience et positive ; c'est parce que l'action confédérale, comme le disait Vivier, atteint et dépasse même la compréhension générale du monde du travail ; parce que l'action que nous poursuivons, qu'elle se place sur les salaires, sur des questions matérielles, sur des questions morales, qu'elle se place sur des questions d'idéal, malheureusement, — et il faut le dire en toute franchise, — elle dépasse la compréhension du monde du travail. Il faut bien admettre que si, aujourd'hui, la Confédération a retrouvé une autorité dans le pays, comme le disait le camarade Vivier, cela dépend beaucoup de l'autorité qu'ont affirmée ses militants dans les différents centres de son action. Si son autorité grandit, cela dépend beaucoup plus de l'action de ses militants que de l'ensemble de la masse.

Il faut examiner si la masse se prêtera aussi facilement à la gymnastique que l'on veut lui préconiser. Action révolutionnaire, action directe, préconise-t-on ? Ah ! laissez-moi rire. Quand un camarade, tout à l'heure, venait dire qu'il fallait lutter contre la guerre, il aurait pu dire, lui, qu'il travaille dans un arsenal et qu'il fabrique des fusils. Il y a là quelque chose d'illogique qu'il faudrait faire comprendre. Il ne s'agit pas de crier : « A bas la guerre ! » dans des meetings ou dans des manifestations, il s'agit d'amener la compréhension ouvrière à lutter contre la guerre par le désarmement et c'est la besogne que poursuit la Confédération Générale du Travail, au milieu de nombreuses critiques. Ah ! oui, notre camarade Jouhaux siège à côté de M. Pinot ; il défend la conception ouvrière à la Société des Nations et au Conseil Économique, et c'est là un des chevaux de bataille sur lesquels s'appuient nos adversaires de tendance.

Nous ne pensons pas qu'il soit nécessaire de s'arrêter à de semblables critiques. Nous sommes de ceux qui avons compris, justement, les difficultés du problème présent ; nous sommes de ceux qui pensons qu'on ne doit pas placer le mouvement ouvrier dans la politique du tout ou rien, mais que toute notre activité doit se déployer pour obtenir le maximum de résultats et faire en sorte que les ouvriers en tirent le profit maximum. Je ne veux pas insister bien longuement ; je ne veux pas même rappeler les diverses manœuvres qui se poursuivent, sur l'initiative du parti communiste, et des instructions données à cet effet; mais qu'il nous suffise de dire qu'il y a aujourd'hui, pour le mouvement confédéral, des principes d'organisation à défendre et quelles que soient les difficultés que nous puissions rencontrer, quelles que soient les calomnies que nous puissions avoir demain, il faut avoir le courage, les uns et les autres, de savoir défendre ses conceptions.

J'en terminerai, en vous citant simplement cet extrait du grand Jaurès dans son discours à la jeunesse, lorsqu'il disait :

« Le courage, c'est de dominer ses propres fautes, d'en souffrir, mais de n'en pas être accablé et de continuer son chemin. Le courage, c'est d'aimer la vie et de regarder la mort d'un regard tranquille ; c'est d'aller à l'idéal et de comprendre le réel ; c'est d'agir et de se donner aux grandes causes sans savoir quelle récompense réserve à notre effort l'univers profond, ni s'il lui réserve une récompense. Le courage, c'est de chercher la vérité et de la dire ; c'est de ne pas subir la loi du mensonge triomphant qui passe, et de ne pas faire écho, de notre âme, de notre bouche, de nos mains aux applaudissements imbéciles et aux huées fanatiques. » (*Applaudissements.*)

VENDREDI 28 AOUT 1925
Séance du matin

Discours de Jouhaux

Camarades, vous me permettrez d'intervenir assez longuement dans ce débat et d'essayer d'y apporter la clarté nécessaire. Nous ne sommes pas à un moment particulièrement grave, mais à un moment où il convient de parler clair, de s'expliquer franchement afin que le Congrès puisse se déterminer en pleine connaissance de cause. Ici, il n'y a pas de Comité directeur qui apporte son opinion, il y a le Congrès qui, souverain, formulera sa volonté (*applaudissements*).

Cependant, j'ai bien été quelque peu étonné de constater qu'à l'heure où le compte rendu moral était en discussion, bien peu de camarades sont venus ici s'expliquer à son sujet.

Deux ans d'efforts, de continuel labeur, d'action au milieu des pires difficultés semblent ignorés par certains de nos délégués qui n'ont voulu connaître qu'une manifestation extérieure, qui n'ont voulu voir et examiner que la proposition leur venant de ceux qui sont responsables des conditions dans lesquelles nous nous sommes débattus au cours de ces dernières années.

Il y a bien quelques délégués qui ont parlé du rapport moral. A coup sûr, on ne pouvait pas n'en point parler; mais on en a parlé avec une légèreté vraiment incompréhensible, lorsqu'il s'agit de camarades comme Humbert qui, depuis toujours, sont dans le mouvement ouvrier, l'ont suivi, ont participé à son action et ne peuvent ignorer que les moindres résultats sont faits d'une somme de sacrifices et d'efforts bien supérieurs aux résultats eux-mêmes.

Humbert nous a dit : « La motion de Paris, vous l'avez votée; que vous a-t-elle apporté? »

Humbert, ne nous aurait-elle rapporté que la possibilité de constater la présence à ce Congrès d'un millier de délégués, le développement de notre organisation syndicale malgré les difficultés et les obstacles, la motion de Paris aurait répondu à l'attente du prolétariat organisé ! (*Applaudissements.*)

Mais si elle n'a rien rendu, cette motion, si du moins certains peuvent dire qu'elle n'a rien rendu, n'est-ce pas justement qu'elle a été ignorée par ceux qui la condamnent?

Elle obligerait les militants des organisations ouvrières, Humbert, à la respecter et à l'appliquer ! Evidemment, on peut dire qu'une motion n'a pas de valeur lorsqu'on ne l'a ni appliquée, ni respectée... On a considéré dans la Meurthe-et-Moselle — et je veux le dire parce que je veux parler en toute franchise — qu'on était au-dessus de la motion de

Paris, qu'elle n'existait pas pour ce département, qu'il y avait d'abord la situation locale avant la situation nationale et internationale; et c'est sur ces considérations que l'on a basé son attitude.

Pourrais-tu dire au Congrès, Humbert, quels sont les résultats effectifs de cette attitude et de cette action? Sont-ils supérieurs à ceux obtenus par l'application de la motion de Paris? Est-ce que les résultats obtenus en Meurthe-et-Moselle par les organisations ouvrières sont supérieurs à ceux réalisés dans les autres centres? Est-ce que la féodalité capitaliste de Meurthe-et-Moselle a vu réduire son influence et son autorité?

Je ne dis pas cela pour critiquer, encore moins pour blâmer, mais pour rappeler à un peu plus de clairvoyance et de compréhension des camarades qui sont constamment tentés de parler selon leur point de vue particulier, sans vouloir chercher la raison de la détermination générale.

Puis après avoir condamné la motion de Paris, Humbert nous demande d'accepter la proposition du Congrès interconfédéral. Nous y reviendrons tout à l'heure... Ensuite, il nous a dit : « L'action de la C.G.T., qu'a-t-elle apporté? Les Assurances sociales? Rien ! La main-d'œuvre étrangère? Rien ! La journée de huit heures? Rien ! Les lois sociales? Rien ! Ah ! il y a le Conseil Économique mais nous avons beaucoup de doutes à son égard. C'est bien une victoire de la classe ouvrière, mais c'est une victoire qui lui échappera, qui ne peut pas lui donner les résultats qu'elle est en droit d'attendre ! »

Avec une maestria remarquable, une rapidité encore plus grande, notre camarade Humbert a condamné toute l'action de la Confédération, ne se rendant pas compte qu'il se condamnait lui-même en même temps. (*Applaudissements.*)

Il y a d'autres camarades — auxquels je ne répondrai pas personnellement, parce que, plus jeunes dans le mouvement, ils ne sont pas, comme Humbert, préparés à comprendre toutes les difficultés de ce mouvement, — qui sont venus ici tenir un raisonnement identique. Laissez-moi vous dire aussi qu'il en est pour qui l'action syndicale vaut seulement si elle donne satisfaction à leurs revendications particulières : si ces revendications ne sont pas satisfaites, pour eux l'action du mouvement ouvrier n'a pas été effective.

C'est une conception, mais le mouvement ouvrier ne saurait vivre et se développer sur elle.

Il est fait le mouvement ouvrier, d'un intérêt général qui combine et harmonise l'ensemble des intérêts des professions s'exerçant dans l'économie d'un pays et dans l'économie internationale. Il se peut même que l'action syndicale lèse par instants quelques intérêts corporatifs; elle n'en reste pas moins révolutionnaire, si elle détermine un mieux-être général.

Quand on entre dans le mouvement ouvrier, on n'y entre pas seulement pour obtenir satisfaction pour soi-même; on y entre aussi pour concourir à l'obtention de mesures générales qui peuvent, je le répète, quelquefois porter atteinte à des points de vue trop strictement coporatifs, mais qui assoient, consolident et font durer les réformes de la classe ouvrière. (*Applaudissements.*)

L'action de ces dernières années n'a rien apporté?

On a dit hier qu'il y avait eu tout de même un acte qui compte quelque peu : la ratification de la convention de Washington.

Vous pensez bien que cela n'a pas été obtenu simplement comme une mesure de libéralité; vous n'avez qu'à lire les commentaires qui ont été faits; vous n'avez qu'à vous reporter aux batailles qui ont été engagées pour aboutir à la non-ratification et vous vous rendrez compte tout de même qu'il y a là un résultat dû à la seule Confédération Générale du Travail. (*Applaudissements.*)

Je dis la seule C.G.T., car ceux qui combattaient la convention de Washington, ceux qui déclaraient qu'elle était de construction bourgeoise, ceux qui rejetaient la journée de huit heures comme un cadeau gouvernemental, ceux qui se targuent de ne pas s'adresser au Gouvernement pour obtenir quoi que ce soit, n'oseront tout de même pas avoir l'audace de revendiquer l'honneur d'avoir fait aboutir la convention ! (*Applaudissements.*)

On a parlé des Assurances sociales. Elles n'ont pas abouti; elles ne sont pas en œuvre.. Mais l'action de la C.G.T. ne s'est-elle pas produite en faveur de cette grande conquête. Est-ce que l'activité de notre camarade Rey aurait été inutile? Est-ce qu'à l'heure où les projets d'Assurances sont discutés par les représentants des organisations ouvrières, où le projet définitif est en élaboration, où la C.G.T. fait entendre sa voix et essaie d'obtenir satisfaction pour les points de vue déterminés par elle, est-ce à cette heure qu'il convient de dire que l'action confédérale a été inefficace et impuissante ?

Faisons une différence entre les Assurances sociales d'aujourd'hui et la loi des retraites ouvrières d'hier. Hier loi philanthropique, aujourd'hui, loi d'émancipation.

Ici, il faut faire la différence entre la réforme temporaire circonstancielle, transitoire et la réforme de durée parce qu'elle porte en elle des éléments de libération. C'est dans ce sens que nous avons orienté notre effort ; c'est pour l'obtention d'une loi d'un tel caractère que nous avons bataillé, et, malgré les difficultés financières que nous ne pouvons pas méconnaître, nous espérons bien obtenir satisfaction, montrer à Humbert et aux autres camarades que l'action continue de la C. G. T. aboutit à donner satisfaction aux intérêts des travailleurs.

La loi sur les accidents du travail ?

Humbert ignorerait-il qu'elle est actuellement à la refonte ; qu'actuellement l'on discute les modifications et transformations à apporter à la législation sociale et plus particulièrement à la loi sur les accidents du travail ? Secrétaire d'Union départementale, il sait bien dans quel sens la C.G.T. s'est orientée pour aboutir à une réforme de la loi et ce n'est pas lui, sachant l'intérêt supérieur qu'elle présente pour les ouvriers, qui peut prononcer cette condamnation.

La main-d'œuvre étrangère ?

Ah! parlons-en un peu, ami Humbert! Tu es d'un département où tes efforts et les efforts de tes camarades ne sont jamais parvenus à créer l'organisation indispensable pour que cette main-d'œuvre ne soit pas exploitée contrairement à l'intérêt des travailleurs de la région, contrairement à l'intérêt du mouvement ouvrier.

C'est un fait que, surtout dans la Meurthe-et-Moselle, le patronat s'est servi de la main-d'œuvre étrangère pour s'opposer à tout développement de l'organisation ouvrière.

C'est un fait aussi que, dans ce département, les villages mêmes sont propriété des patrons et que les militants des organisations ouvrières ne peuvent pas arriver à trouver des salles de réunion.

C'est un fait encore que, dans la Meurthe-et-Moselle, il n'y a pas 2,5 p. 100 de travailleurs étrangers organisés alors que c'est un des départements qui en comptent le plus.

Et pourquoi cette situation ? Parce que jusqu'ici nulle réglementation, nul contrôle n'ont été exercés sur l'entrée de cette main-d'œuvre, sur l'application des contrats, sur le respect de leurs clauses et surtout sur le respect du droit syndical des travailleurs étrangers comme des travailleurs français.

Qu'a fait la Confédération Générale du Travail ? Elle a réclamé l'organisation de ce contrôle, et pour cela elle a demandé l'institution d'un Conseil national de la main-d'œuvre, qui est à l'heure actuelle constitué, dans lequel siègent des représentants du mouvement ouvrier et qui a pour mission de déterminer le statut des ouvriers étrangers en France, de contrôler leur recrutement, d'organiser leur répartition et d'empêcher les violations de liberté et les abus d'autorité (*applaudissements*).

Sans doute ce Conseil n'a pas encore produit d'actes définitifs. Il a seulement décidé dans sa deuxième séance d'élaborer un rapport sur la situation générale et d'examiner dans quelles conditions le contrôle sur le recrutement et sur la répartition pourra s'établir et s'exercer.

Nul de vous n'ignore que les organisations capitalistes ont développé leurs instruments de recrutement de main-d'œuvre étrangère au point de n'avoir plus à l'heure actuelle qu'un seul organisme : la *Société Française d'Emigration*, qui appartient au Comité des Forges, au Comité des Houillières et aux Fédérations d'agriculture. A l'heure actuelle, ce sont ses agents qui recrutent la main-d'œuvre étrangère sans souci des besoins du pays et des intérêts des travailleurs, avec le seul désir de réaliser des dividendes et de jeter sur le marché une main-d'œuvre dont les employeurs se serviront contre la classe ouvrière.

C'est contre cela qu'il faut lutter, c'est cela qu'il faut abolir. Alors Humbert, ce n'est pas dans un ordre du jour ni dans une déclaration — si enflammée soit-elle — ni dans un rappel de nos déclarations antérieures que nous ferons face à cette réalité ; c'est en provoquant les recherches et l'action du nouvel organisme dans tous les milieux où opère la main-d'œuvre étrangère, sur tous les terrains où se discutent les intérêts des travailleurs.

Cela, la Confédération l'a accompli seule, sans le secours de ceux qui sont venus hier nous apporter de soi-disant messages de paix...

Non seulement sans leur concours, mais aussi contre eux, car leur action n'a pas eu pour seul objet de semer la médisance contre nous ; elle a tenté de dresser les travailleurs contre nous. Elle a déclaré que les droits des travailleurs étrangers sont identiques à ceux des travailleurs français, se bornant à cette simple affirmation.

Si nous en étions restés là — bien que cette thèse soit aussi la nôtre et que nous l'ayons formulée avant eux — nous n'aurions rien fait !

... Car au fond, Humbert, dis-moi un peu ce que tu as entendu de nouveau dans les déclarations qui ont été faites ici hier ? Comme moi, rien ! Je le disais à notre camarade Jacquemin avec qui j'ai combattu il y a quelque vingt-cinq années : il me semble revivre une de ces heures de ma jeunesse ; tout à l'enthousiasme, ne tenant aucun compte des réalités ; je construisais le monde nouveau selon mes propres aspirations et sans tenir compte des aspirations et des résistances des autres. Oui, mais à ce moment j'avais le droit de le faire, et d'ailleurs vous savez que lorsqu'un jeune affirme son enthousiasme révolutionnaire il est parfois considéré avec satisfaction.

Mais, est-ce que nous avons le droit, nous militants ouvriers, de ne penser, de n'agir qu'avec nos seuls sentiments particuliers et sous notre propre impulsion ?

Ah ! camarades, hier, Carpentier, après avoir critiqué l'action de la C.G.T., se tournait vers elle et lui disait : « Faites donc une démarche au gouvernement pour que nous ayons les congés nécessaires ! » (*Rires.*)

Il n'y a pas à rire, c'est toute l'action syndicale, cela ! C'est Carpentier aujourd'hui, ce seront demain les travailleurs de la guerre. Camarades de Châtellerault, quand on diminuera les commandes, vous viendrez demander à la C.G.T. de faire des démarches auprès du gouvernement afin que les travailleurs de la guerre, comme les autres, aient leur pain quotidien assuré... C'est vous, Inscrits maritimes, qui nous demanderez d'intervenir pour obtenir le respect de vos droits, ou leur extension, ou le respect du privilège du pavillon... C'est vous, ouvriers du Bâtiment, qui nous demanderez d'intervenir pour que les prestations en nature ne viennent pas créer plus de chômage encore et pour que l'activité générale de votre industrie soit reprise sur l'ensemble du territoire... C'est vous, ouvriers de la métallurgie, qui nous demanderez demain d'aller trouver le gouvernement pour que la métallurgie puisse profiter à la fois des matières premières, des produits demi-ouvrés et que l'exportation puisse compenser l'infériorité de la consommation nationale !... Oui, la vie syndicale est faite de tout cela, et c'est un cercle terrible duquel il n'est pas possible de se dégager, car si vous le faisiez, le mécontentement augmenterait, grandirait démesurément, risquerait d'emporter le mouvement lui-même !

Mais si ce que je viens de dire est exact, alors pourquoi reprocher à la Confédération son action quotidienne? Pourquoi appeler cela de la collaboration de classe? (*Très bien.*) Est-ce que, lorsque nous allons défendre vos intérêts, présenter vos revendications, nous les identifions avec les revendications capitalistes? Est-ce que ce n'est pas précisément contre les appétits capitalistes que nous présentons nos revendications? Est-ce que nous ne les présentons pas directement ? Est-ce que ce n'est pas là l'action directe du prolétariat? (*Applaudissements.*)

Ah ! sans doute n'est-ce point l'action des rues ! Mais cette action-là, elle ne rejette pas l'action des rues, elle l'appelle parfois pour la renforcer, pour la fortifier. Cette attitude, elle met en œuvre toutes les activités du mouvement ouvrier. C'est cela que certains voudraient nous reprocher.

Jeunes, qui serez demain dans notre mouvement, aux heures des difficultés vous vous retournerez vers votre passé pour y puiser des encouragements ; mais, en même temps, vous ferez la différence entre l'affirmation de vos enthousiasmes de jeunesse et l'action réalisatrice qu'il vous faudra mener. Jeunes, on doit l'être toujours ; la foi, la confiance, la force doivent rester chez le militant, mais son cerveau, son intelligence, sa compréhension doivent se grandir à la hauteur des circonstances. Plus les circonstances sont difficiles, plus le militant doit faire preuve à la fois de volonté, de sang-froid et de clairvoyance.

Il n'a pas le droit, lui, au milieu des enthousiasmes, de se laisser déborder. Il doit regarder froidement le but à atteindre. Il doit sauvegarder la force et la puissance du mouvement ouvrier. S'il ne le fait pas, il trahit son mandat !

Permettez-moi de vous dire, à l'heure où nous sommes, qu'il y a une heure dans ma vie où j'ai trahi ce mandat qui m'était confié. C'est le jour où, cédant à vos décisions, où n'examinant plus froidement la situation, n'en calculant plus les conséquences, j'ai dit oui à la grève générale réclamée par les cheminots (*applaudissements*).

Ce jour-là, si j'avais maintenu mon opinion, vous m'auriez condamné, camarades cheminots. Mais peut-être la nationalisation industrialisée ou au moins le commencement de sa réalisation serait entrée dans les faits (*très bien*).

Et, si nous n'avions pas accompli cet acte de courage impétueux, est-ce que la division serait née dans notre mouvement? Je pose la question, mais je ne veux pas y répondre ; cependant, il n'est pas niable pour personne que l'échec de la grève des cheminots a aggravé les rivalités et précipité la désunion. Il est ici des camarades qui comprennent ce que je veux dire. J'ai la certitude que l'ensemble du mouvement ouvrier comprendra mes déclarations, non par des récriminations vaines, non par la condamnation de ce qui a été fait, mais l'affirmation que demain, si de semblables circonstances se présentaient devant la Confédération Générale du Travail, je ne me laisserai pas emporter par le courage, par l'enthousiasme ou par toute autre considération ! (*Applaudissements.*)

On a parlé du Conseil Economique. On a répété contre lui les critiques formulées après la guerre au Congrès de Lyon. On a dit qu'il ne pouvait pas donner satisfaction aux espérances que le prolétariat peut mettre en lui, qu'il serait une désillusion ! Peut-être, surtout si la classe ouvrière n'apporte pas à la fois la volonté et l'énergie nécessaires pour que triomphe cette conception.

Si elle ne réagit point contre les campagnes sourdes ou publiques que le capitalisme et la réaction mènent contre le Conseil économique, alors en effet ce Conseil sera une duperie. Mais si la classe ouvrière comprend enfin que c'est là un premier échelon de son émancipation, une construction nouvelle qu'il faut développer, des droits nouveaux qu'il faut étendre, alors j'ai l'espérance et la certitude que le Conseil Economique ne sera ni une duperie, ni une illusion. S'il était permis ici de faire quelques comparaisons ou quelques rapprochements, je verrais Humbert apportant condamnation du Conseil Economique, Besnard glorifiant l'ordre du jour du Congrès de Lyon, lequel pourtant contenait tous les principes de cette réforme, et le *Temps* qui, hier soir, dénonçait le syndicalisme et demandait qu'on en finisse avec lui. Ainsi, dans un tryptique, j'aurais l'image à peu près complète des sceptiques et des adversaires...

Le Conseil Économique? Il sera ce que la classe ouvrière voudra qu'il soit.

Cet organisme, qui n'en est encore qu'à sa forme embryonnaire, qui a besoin de se développer, non seulement au point central, mais à travers tout le pays, qui doit à la fois se décentraliser et se compléter au point de vue international, le Conseil Économique peut être une grande construction révolutionnaire. D'ailleurs, nos adversaires de classe n'ont-ils pas protesté, ne continuent-ils pas à protester avec véhémence? Quand on vient dire que dans ce Conseil Jouhaux collabore avec Pinot, représentant du Comité des Forges, croyez-vous que nous soyions dupes? Croyez-vous que, sincèrement, nous ayons cru que les représentants du patronat français venaient au Conseil Économique pour y apporter leur collaboration technique et pour favoriser son développement? Ah! que non pas!

D'abord, on a commencé à condamner le Conseil, à dire aux organisations patronales qu'il ne fallait pas y participer. Puis, lorsqu'on s'est rendu compte qu'il allait quand même être créé, on y a participé avec la secrète espérance d'endiguer les travaux, d'arrêter tout effort et de neutraliser tous résultats (*applaudissements*).

C'est parce que nous savons cela que nous n'en sommes que mieux armés pour combattre cette thèse et que, sans aucune forfanterie, mais sans aucune défaillance, nous opposerons à cette thèse des intérêts particuliers, notre thèse à nous de l'intérêt général de la classe ouvrière se confondant avec l'intérêt général de la nation et de l'humanité (*applaudissements*).

Notre action, nous continuerons à la mener en dehors, sans considérer rien d'autre qu'un intérêt supérieur, représenté par la marche ascendante du prolétariat organisé économiquement. Si, demain, les revers nous assaillent, si, mal soutenus par l'opinion des masses, vaincus par les circonstances, nous sommes obligés d'abandonner cette bataille, nous ne viendrons pas vous déclarer : « Cette conception ne vaut rien. » Nous viendrons vous dire, et ce sera la réalité : « Cette conception a été au-dessus de la compréhension des masses et par delà leurs possibilités de réalisations ! » (*Applaudissements*).

Oh! nous ne sommes pas de ceux qui disent que l'action des militants suffit à tout! Non, l'action d'un militant vaut si elle est soutenue par les masses, si elle a derrière elle des organisations nombreuses et conscientes ! elle est vouée à l'impuissance, quelle que soit la force des arguments du militant, si derrière lui il y a l'indifférence.

Voyez-vous, ce que je reproche le plus aux dissidents, ce n'est pas d'avoir affirmé leurs conceptions opposées aux nôtres ; ce n'est pas même, non plus, d'avoir constitué des organisations scissionnistes. Ce que je leur reproche le plus, c'est d'avoir jeté contre tout ce qui était idéalisme, contre tout ce qui pouvait représenter, matérialiser les espérances immédiates de la classe ouvrière, le scepticisme le plus grand ! (*Applaudissements.*)

Semer le découragement est pour moi un acte condamnable. On n'a pas le droit de le faire, même quand le drapeau qui doit rassembler des énergies ne contient pas toutes les formules que l'on voudrait y voir inscrites.

Et maintenant, passons à un autre ordre d'idées.

Un mot, Cazeneuve ! Tu es venu, avec une franchise que j'ai admirée, nous dire : « Je suis allé en Russie; j'ai regardé et j'en rapporte l'impression que là-bas il n'y a pas la liberté annoncée, l'impression que ma conception de la lutte, celle de la C.G.T. est supérieure à celle qui s'exerce là-bas. » Ensuite, tu nous as dit : « Il faut cependant aller en Russie. » Mais, Cazeneuve, si c'est pour constater en Russie ce que tu as constaté toi-même ; si c'est pour en rapporter ces témoignages d'impuissance, pour voir que la vie libre des organisations est là-bas plus difficile que sous le régime bourgeois, que penses-tu qu'il puisse résulter de notre délégation, si ce n'est une condamnation plus accentuée d'un tel régime ?

Et crois-tu que nous servirions la Révolution russe si nous accomplissions une telle délégation ? En toi-même, tu sais bien que non ! Il faut être logique : la Révolution russe, son développement, les difficultés dans lesquelles elle se débat, je les comprends et je les excuse. Ce que je n'excuse pas, c'est l'intrusion du gouvernement russe dans les affaires des autres peuples et dans nos affaires ouvrières (*vifs applaudissements*).

On nous dit : il faut défendre la Révolution russe. D'accord ! Mais, pour cela, que les Russes comprennent eux-mêmes qu'ils ne doivent pas diviser la classe ouvrière, qu'ils doivent maintenir intacte la puissance de cette classe, puisqu'ils l'appellent à leur secours ! (*Applaudissements.*)

S'ils nous rendent impuissants, que vaut leur appel? Est-ce pour constater notre impuissance et pour s'en faire une arme contre nous? Dans ce cas, c'est du machiavélisme ; ce n'est pas du tout de l'esprit révolutionnaire et encore moins de l'esprit logique.

Les Russes? Ils savent ce que nous pensons ! Ils savent, les Russes, que c'est en partie la Confédération Générale du Travail qui a agi pour obliger le gouvernement à reprendre les relations économiques et les relations politiques avec la Russie (*applaudissements*). Ils savent bien, les Russes, que ce n'est pas le Parti Communiste qui a obtenu cela (*rires*), car s'il n'y avait eu que le Parti Communiste, hélas ! la Russie serait encore entourée des fils de fer barbelés que Clemenceau et ses successeurs avaient dressés autour d'elle. Sa libération de cette étreinte qui menaçait de l'asphyxier, elle est le fait de ceux contre lesquels ils dirigeaient chaque jour leurs coups les plus calomnieux! (*Applaudissements.*)

Je suis prêt à aider demain les organisations syndicales russes et le peuple russe et le gouvernement russe à développer logiquement et normalement tous les principes qui sont dans la déclaration constitutionnelle de ce dernier. Ce que je lui demande, ce que nous avons le droit d'exiger, c'est qu'il y ait à la base une déclaration de liberté, c'est que la liberté soit respectée, car il n'y a pas de régime supérieur là où la liberté n'existe point (*applaudissements*).

Demain, à l'Internationale Syndicale, nous sommes prêts à accepter les syndicats russes. Ils le savent ! On le leur a dit. Il nous importe peu qu'ils aient quelques conceptions extrémistes ; même nous ne leur reprocherons pas d'être liés avec le gouvernement russe ; nous leur demanderons simplement de respecter, comme les autres, les statuts de l'Internationale Syndicale (*applaudissements*).

Est-ce trop leur demander ? Est-ce que nous devons accepter de leur donner le droit de modifier les statuts avant d'être entrés dans l'organisation ? Est-ce qu'il nous est possible de les placer dans une condition privilégiée à l'égard des autres membres de l'Internationale syndicale ? Est-ce que cela serait conforme à l'esprit d'équité et de justice qui doit présider au développement du mouvement ouvrier ? Non.

Nous leur disons : « Venez ! votre place est avec nous. Nous vous accueillerons fraternellement, nous ferons pour vous les efforts nécessaires. Nous l'avons déjà fait; nous continuerons, mais apportez avec vous de la sincérité et de la fraternité ! » Voilà comment le problème russe peut être résolu du point de vue de l'Internationale. Et je suis sûr qu'il n'est pas ici un militant qui puisse s'opposer à la conception que je viens de formuler. Je le demande : s'il en est un, qu'il se lève !

...Je constate. Oudegeest, quand demain nous répondrons, vous direz que, sur les mille délégués qui sont ici groupés, représentant la Confédération Générale du Travail, appartenant à des tendances diverses, il n'est pas un seul qui se soit dressé contre la thèse de la Fédération Syndicale Internationale. (*Applaudissements.*)

Et maintenant, camarades, permettez-moi d'examiner brièvement les propositions qui nous ont été faites.

Vous avez vu hier, lorsque la question s'est posée, le Bureau Confédéral rester muet. Il aurait pu, s'il avait voulu, venir ici s'expliquer. Il ne l'a pas fait. Il a laissé le Congrès maître de sa décision. Vous avez reçu ; vous avez entendu ; maintenant, il vous faut conclure.

Pour cela, le bureau de la Confédération Générale du Travail a le devoir de formuler son opinion. Il se doit à lui-même de dire ce qu'il pensé et de le dire avec une franchise brutale.

Message de paix, que celui qu'on nous a lu hier ?

Ah ! oui ! Il n'y a pas d'attaque violente dans ce papier ; il n'y a pas d'exposé d'idées, on s'en est gardé... Il y a simplement énoncées quelques revendications-types sur lesquelles l'accord paraît pouvoir facilement se faire.

On trouve deux choses dans ce papier. D'abord, la proposition de front unique, ensuite la proposition de Congrès interconfédéral.

Proposition de front unique? Elle doit être faite aux organisations, non à la Confédération Générale du Travail : celle-ci formule un programme général que les organisations doivent mettre en application, et c'est à ce moment-là, dans l'examen des situations, dans leur indépendance — car le mouvement français est fédéraliste — que les organisations syndicales décident ce qu'elles doivent faire.

Je ne veux pas reprendre ici toutes les déclarations, tous les exposés, toutes les résolutions qui ont été votés dans les Comités nationaux, à la Commission administrative, au Comité directeur de la C.G.T.U. Si je voulais les relire, je vous apporterais la preuve que si, aujourd'hui, il paraît ne plus y avoir de différences entre nos revendications et celles des dissidents, il fut un moment où les leurs n'étaient présentées que pour s'opposer à celles de la Confédération Générale du Travail (*applaudissements*).

Un exemple : au dernier Comité confédéral, nous votons l'inscription à l'ordre du jour de notre Congrès de la question des salaires. Personne, jusque-là, n'en avait parlé ; aucune décision de la C.G.T.U... La C.G.T. porte la question des salaires à son ordre du jour : la C.G.T.U. s'en saisit ! Avant que nous discutions le salaire-or, les unitaires n'y songeaient point ; après, ils s'en emparent. Et aujourd'hui, comme ils savent qu'il y a des fonctionnaires et des travailleurs qui sont pour l'échelle mobile, à côté du salaire-or, ils inscrivent l'échelle mobile des salaires (*très bien*).

Ainsi, se disent-ils, l'apparence exercera sur le Congrès une grande influence ; elle fera comprendre qu'il n'y a aucune difficulté à s'entendre, et le tour sera joué.

Peut-être ! Mais, camarades, j'ai constaté hier que la psychologie de ceux qui se présentaient au nom de la C.G.T.U. n'a pas changé.

Un simple fait : on a déclaré qu'il y avait 700 délégués au Congrès de la C.G.T.U. ; ce n'est pas nous qui l'avons dit, c'est eux. Or, l'on est venu nous parler ici des 800 délégués rassemblés avenue Mathurin-Moreau. Il n'est donc pas possible que ces gens s'empêchent de mentir ? Pourquoi? Si l'on a à proposer des choses sincères et franches, pourquoi le faire dans cette atmosphère de mensonge? Pourquoi ne pas être clair et simple? Pourquoi vouloir jouer constamment au rusé diplomate? Pourquoi toujours compter qu'un Congrès peut se déterminer par enthousiasme et sans raisonnement? Il y a tout de même des militants qui voient clair et qui sont là pour apporter leurs réflexions, pour situer exactement les questions...

Le front unique? Ah ! il ne durerait pas vingt-quatre heures avant que les dissentiments et les déchirements ne se reproduisent !

On nous a parlé de la grève des Banques et l'on a dit : « Voyez cet exemple typique ; n'est-il pas la preuve que le front unique est possible et même souhaitable? »

Ah ! je ne demanderai pas à nos camarades de la fédération confédérée des Banques, ni au comité national de grève de venir exposer les difficultés devant lesquelles les a mis le front unique, les traquenards qu'ils ont été obligés de combattre ! (*Applaudissements*). Ils sont là... Mais non, laissons cet exemple de côté...

Le front unique? Il ne suffit pas d'affirmer l'identité des énoncés de revendications ; il faut encore être d'accord sur le fond même de ces revendications, d'accord surtout sur l'action à mener en vue de les faire aboutir (*applaudissements*).

Est-ce qu'elle est possible, cette unité d'action ?

S'il n'y a rien dans leur document, il y a les décisions, les déclarations, les attitudes antérieures qui sont là pour nous rappeler à la réalité et nous faire réfléchir.

Le Congrès interconfédéral ?

Que nous demande-t-on ?

Certes, dans le document actuel il y a des déclarations comme celle-ci : « La C.G.T.U. et toutes ses organisations se déclarent prêtes à se discipliner aux décisions du Congrès interconfédéral et à se fondre au sein d'une C.G.T. unique, reconstituée sur les bases déterminées par le Congrès. » Belle affirmation d'unité !

« La C.G.T.U. tient à déclarer à nouveau qu'elle ne poursuit aucunement le but de mettre les syndicats et organisations confédérées partisans de l'unité dans une situation de rupture avec les organisations centrales auxquelles ils sont actuellement adhérents. » C'est encore de la finesse diplomatique.

Et puis, il y a l'ordre du jour : la réalisation pratique de l'unité syndicale ; plan de fusion des organisations parallèles et fixation des délais ; plan d'action de la C.G.T. unique ; unification des statuts ; nomination des organismes de direction.

Qu'est-ce que cela veut dire ?

Tout simplement ceci : le Congrès interconfédéral aura pour mandat de reconstituer une organisation unique qui ne pourra exister que par la disparition de la Confédération Générale du Travail (*applaudissements*).

Et l'on nous juge assez naïfs pour accepter de dissoudre notre organisation ! Les efforts passés, les résultats obtenus, cela ne compte plus. « Dissolvez vos organisations et reconstituons une organisation unique. »

Alors, pourquoi nous parler du syndicalisme d'avant-guerre ? Pourquoi nous parler de la Charte d'Amiens ? Qu'on soit franc et qu'on dise : « L'action d'hier, les organisations d'hier ne correspondent plus à rien ; il faut renouveler tout cela, reconstituer tout cela, créer quelque chose de nouveau. » Nous saurons au moins où nous allons.

Pour ma part, je ne puis accepter une telle proposition, je ne puis accepter la disparition d'une organisation qui représente, aux yeux des vieux militants présents ici, tant de sacrifices, tant de dévouements, tant d'abnégation.

Non ! Nous n'accepterons pas que disparaisse une organisation qui a été créée par l'activité, par le dévouement, par le sang même de ceux qui ont participé avec nous aux luttes de la Confédération Générale du Travail ! (*Applaudissements.*)

L'unité, est-ce que nous ne l'avons pas toujours voulue ? Est-ce que nous n'avons pas toujours tout fait pour éviter qu'elle ne soit brisée ?

Ah ! la C.G.T. est bien belle ! Malgré les coups reçus, elle a conservé une partie de sa beauté, et les prétendants sont nombreux qui viennent vers elle pour lui demander de bien vouloir recommencer le ménage à trois.

Après le Congrès le Lille, la C.G.T. ne devait plus exister ; elle était réduite en poussière, ses organisations étaient squelettiques, rien plus n'existait que les organisations dissidentes... Aujourd'hui, nous pourrions faire, d'après leurs propres déclarations, une simple constatation : rien plus n'existe en dehors de la Confédération Générale du Travail ! (*Applaudissements.*)

Si dans ce Congrès il y a l'affluence que nous constatons, si 1.800 syndicats s'y sont fait représenter, si la C.G.T. groupe à nouveau près de 800.000 membres, ah ! ce n'est pas grâce à l'aide qu'ils ont apportée au développement du mouvement ouvrier !

On parle de liberté. Oui, mais je me souviens que ceux qui réclament la liberté ne l'ont pas toujours respectée pour les autres ! Je me souviens qu'au lendemain de la scission, ils étaient nombreux les meetings où il ne nous était pas possible de parler sans craindre d'être insultés, et parfois battus si l'on avait osé.

La liberté? Je me souviens de toutes les campagnes de calomnies dirigées contre les militants de la Confédération Générale du Travail : responsable de la guerre hier, responsable de la guerre du Maroc aujourd'hui, responsable de la vie chère, responsable de la situation russe, responsable des emprisonnements bulgares, responsable de ceci, responsable de cela... Chaque jour on jetait contre nous l'anathème et la suspicion, sans se demander s'il n'y aurait parmi ceux qui recevaient cette pâture un illuminé capable d'appliquer les conclusions qu'elles appelaient (*applaudissements*).

Cela, c'est le passé, nous voulons le croire... Mais nous voudrions aussi savoir s'il est possible, pendant seulement trois mois, que les accusations et la calomnie ne soient plus déversées contre les militants de la C.G.T., contre les organisations de la C.G.T. Si les prétendus unitaires sont capables d'observer cette attitude pendant trois mois, alors l'unité aura des chances de se réaliser (*applaudissements*). Ce n'est pas beaucoup leur demander que de se dominer eux-mêmes pendant trois mois. Trois mois de silence, et ensuite nous pourrons calculer le chemin parcouru, voir les possibilités de réalisation de l'unité.

Je me demande si cela sera possible. Je me demande si l'on comprendra l'intérêt majeur qui s'attache à une telle attitude. Je veux encore espérer, contre tout. Mais cela ne voudra pas dire que nous sommes prêts à la disparition de la C.G.T. pour la reconstitution d'un autre organe.

Non ! La C.G.T. a un passé ; elle a un nom ; elle est aujourd'hui une force sociale qui ne peut pas disparaître (*applaudissements*).

Dans la C.G.T., sous toutes les formes que vous voudrez, l'unité est possible. La preuve, c'est qu'il y a ici — et Bert le disait lui-même — un certain nombre de ceux qui en étaient sortis (*applaudissements*).

Demain, dans cette vieille C.G.T., les unitaires auront leur place ; ils y viendront avec leurs conceptions, avec leur tempérament, pour faire triompher leurs idées ; ils auront toute liberté comme ils l'ont toujours eue. Ce que nous leur interdisons, aujourd'hui comme hier, c'est de reconstituer dans le mouvement ouvrier des organismes spéciaux qui, échappant à l'influence du mouvement ouvrier, voudraient déterminer l'action syndicaliste (*applaudissements*).

La liberté d'expression ? Elle est totale ! Nous ne craignons pas dans la C.G.T. le heurt des idées, nous ne redoutons pas que les conceptions s'affrontent. Je l'ai dit et je le répète : la C.G.T. doit être un creuset dans lequel les conceptions viennent s'affronter, dans lequel les vérités s'en dégagent pour la meilleure construction de l'avenir social (*applaudissements*).

La C.G.T. d'aujourd'hui reste la C.G.T. d'hier et je dénie aux unitaires comme aux autonomes le droit de dire qu'ils sont les continuateurs de la C.G.T.

Les uns relèvent d'un parti politique. Ils n'ont pas de libre arbitre. Ils sont des soldats qui obéissent. Les actions leur sont commandées. Ils n'ont pas le droit de discerner entre l'action bonne et l'action mauvaise, entre l'action possible et l'action impossible ; il leur faut agir :

n'ont pas besoin de la connaître. Ils ne sont pas des cerveaux, ils sont des bras.

Les autres, les « autonomes », veulent délibérément rester dans le domaine théorique. Ils nous disent : « Vous avez rompu l'unité morale de la C.G.T. ; vous avez violé la Charte d'Amiens. »

Eh bien ! est-ce qu'au Congrès de Lyon nous avions déjà violé la Charte d'Amiens ? Si, en 1919, au Congrès de Lyon, nous avions déjà violé la Charte d'Amiens, pourquoi dire à ce moment-là que le Congrès de Lyon, que la résolution votée par lui reflétaient les aspirations de la classe ouvrière? Ce n'est pas moi qui l'ai dit, c'est Besnard qui est venu vous le déclarer et il l'a laissé inscrit dans le manuscrit qu'il vous a lu.

La résolution du Congrès de Lyon matérialisait magnifiquement la pensée ouvrière et ne contenait rien d'autre que les principes de notre action depuis cette époque. Nous n'avions donc pas violé la Charte d'Amiens à ce moment. Comment l'aurions-nous violée maintenant ? Nous serions associés au Parti Socialiste ? Le Parti Socialiste — permettez-moi de faire cette déclaration — est un organisme indépendant de la Confédération Générale du Travail. Il a sa vie propre, il prend ses décisions lui-même. La C.G.T. agit de même façon.

Le Parti Socialiste a une action déterminée, qui est bien souvent en opposition avec l'action de la C.G.T. Elle est quelquefois conforme aux aspirations de la classe ouvrière et je souhaite qu'elle le soit de plus en plus (*applaudissements*), mais nous ne sommes pas liés au Parti Socialiste.

Socialiste de conception, socialiste de construction, socialiste d'esprit, je le suis ; socialiste de parti, je ne le suis pas! (*Applaudissements.*)

Le Parti Socialiste se rencontre avec nous dans la bataille que nous menons ? Tant mieux! S'il se dresse contre nous, tant pis! (*Applaudissements.*)

Ils sont nombreux ici, les camarades membres du parti. Je n'en ai jamais connu qui se soient dressés contre les décisions de la C.G.T. pour obéir à celles du parti (*applaudissements*). J'en ai connu beaucoup, et j'en connais encore qui disent à leur parti : « Vous n'écoutez pas assez la voix de la C.G.T. » (*applaudissements*).

On nous a reproché que, dans un ordre du jour, la Commission administrative permanente du Parti — je ne la connais pas — se serait déclarée d'accord avec la C.G.T. Cela se peut. Tenez, si aujourd'hui le Parti et la C.G.T. étaient réunis pour examiner la question du Maroc, qu'ils échangent leurs opinions, je suis certain qu'il en sortirait une résolution identique à celle qui est sortie de Marseille, en opposition à celle du Parti communiste. (*Très bien.*)

Parce qu'on se rencontre quelquefois sur la route, parce qu'on aspire à marcher le plus longtemps ensemble, est-ce qu'on serait lié ? Allons donc !

Nos adversaires invoquent la rigidité des mœurs confédérales! La C.G.T. d'hier, disent-ils, n'était pas démocratique, elle n'était que révolutionnaire ; à aucun moment, la C.G.T. ne s'assouplissait à la réalité et ne s'adaptait aux circonstances.

Est-ce qu'ils connaissent l'histoire de la C.G.T. ceux qui parlent ainsi ? Ceux qui l'ont vécue, cette histoire, savent qu'hier comme aujourd'hui il fallait se plier devant la réalité. Laissez-moi évoquer un souvenir. Il y a, pas loin d'ici, un monument qui s'appelle *Triomphe de la République* et devant lequel, bannières déployées, la Confédération Générale du Travail et les organisations qui la composaient ont défilé ; mieux, derrière elles les anarchistes aussi, excepté un qui osa écrire contre tous, dans l'enthousiasme de sa jeunesse, ce qu'il pensait de cette manifestation... Celui-là, ce fut moi, et je me reproche cet acte.

La rigidité de la C.G.T. ? Camarades, je veux exposer devant vous un fait qui se rapporte directement à la situation marocaine.

Notre camarade Merrheim avait mené bataille pendant des années à propos des gisements du Maroc, contre l'exploitation des richesses du sous-sol marocain par des sociétés capitalistes. Il avait dénoncé les agissements du syndicat Manessmann dans une brochure que les uns et les autres vous pouvez relire. La campagne arrivait à sa fin. Le parlement devait voter.

Il y avait dans le bureau de la Fédération de la Métallurgie, 33, rue de la Grange-aux-Belles, un certain nombre d'hommes qui étaient réunis : Lenoir, Merrheim, Griffuelhes, d'autres encore. Et nous nous disions : « Quelle solution donner, quelle conclusion apporter à cette campagne ? » Devions-nous rester sur le terrain de la négation, ou devions-nous au contraire entrer dans le domaine de la réalité ? Ce fut cette formule qui l'emporta et nous demandâmes à Merrheim de conclure en faveur de l'exploitation des richesses marocaines, parce que nécessaires au développement de l'industrie européenne.

Mais alors, un nouveau problème se posait et il est évoqué dans le document rigide du camarade Besnard : y avait-il lieu de conclure à l'institution des monopoles ou bien fallait-il s'en remettre à l'exploitation privée?

La bataille fut rude. Nous étions à ce moment-là dressés contre les monopoles; nous n'avions pas encore trouvé notre formule de nationalisation industrialisée ; nous étions devant le vieux programme du parti radical, qui n'avait pas évolué, qui était constitué de gens devant lesquels aucun intérêt n'existait en dehors de celui de l'Etat. Il fallait conclure. Nous l'avons fait en demandant que les richesses marocaines soient monopolisées entre les mains de l'Etat français et non pas laissées aux capitalistes privés.

Ce sont des faits vécus, ceux-là ; ce sont des tranches de vie de la Confédération Générale du Travail qui, souvent, en toutes occasions même, a été obligée de s'adapter aux circonstances et aux conditions, parce qu'elle voulait vivre et se développer, parce qu'elle voulait servir les intérêts qu'elle représentait, parce qu'elle n'avait pas le droit de se retrancher dans l'abstrait, parce qu'elle ne pouvait pas parler *ex cathedra*, parce qu'il fallait descendre dans la réalité.

Rigidité? Non. Assouplissement constant? Oui.

Je pourrais ici multiplier les exemples; je ne veux pas le faire, pour terminer rapidement.

Réalisation des aspirations ouvrières? La C.G.T. essaie chaque jour de les matérialiser. Elle comprend qu'au-dessus de ces intérêts matériels immédiats, il y a des intérêts sociaux, et qu'elle n'a pas le droit de se désintéresser de cette situation sociale.

Quoi qu'en pense le *Temps*, le syndicalisme a le droit et le devoir de jeter un coup d'œil sur la situation et de peser sur l'action des gouvernements en faveur de la paix. (*Applaudissements.*)

Le syndicalisme n'est inféodé à aucun gouvernement ; il n'a pas de collaboration ministérielle. Le syndicalisme a le devoir de parler à tous les gouvernements (*Très bien*) et de parler au nom des intérêts ouvriers qui se confondent avec l'intérêt général de la population.

La C.G.T. accomplit sa besogne dans ce domaine comme dans tous les autres. Elle a compris que la paix n'était pas seulement une affirmation verbale, que la paix est une construction et qu'il faut l'édifier si l'on veut qu'elle soit totale et durable.

Et nous sommes entrés dans cette voie de construction, de réalisation. Nous n'avons pas obtenu satisfaction complète, nous n'en sommes encore qu'aux balbutiements, qu'aux premières réalisations ; mais nous espérons bien, accrus maintenant de la force internationale, aboutir à des résultats plus grands.

Ah ! nous n'avons rien fait ! Mais si la paix, aujourd'hui, commence à s'organiser, si sur tous les problèmes qui surgissent dans les différents pays européens et dans le monde, des accords commencent à s'établir, à qui le devons-nous ?

A ceux qui se sont opposés à toute action dans ce sens en considérant que c'était de la collaboration et du replâtrage bourgeois? A ceux qui se sont opposés à toute action dans ce sens au nom du nationalisme? A l'action, dans ce pays, de la Confédération Générale du Travail qui, depuis la fin de la guerre, n'a cessé de clamer sa foi dans l'organisation pacifique ! (*Applaudissements.*)

Si aujourd'hui l'on peut discuter des pactes de sécurité s'harmonisant dans un cadre général de garanties mutuelles, la C.G.T. y a sa large part, la Fédération Syndicale Internationale y a sa large part.

Si aujourd'hui l'on peut contrôler le trafic international des armes, on le doit à la Confédération Générale du Travail et à la Fédération Syndicale Internationale qui, sans désemparer, malgré les échecs, pendant deux ans, ont maintenu leur position, fait valoir leur opinion et sont tout de même arrivées, à l'heure actuelle, à un projet de convention internationale.

Ah ! camarades, quand nous avons posé le problème du trafic international des armes, quand, après être arrivés à faire accepter par la Société des Nations un projet de convention et le principe d'une conférence internationale sur le trafic international des armes et sur la limitation des armements, savez-vous quelle a été la réponse du gouvernement russe ?

« C'est là une question d'ordre exclusivement national et nous n'admettons pas qu'elle puisse être posée devant une Conférence internationale, et encore moins soumise à un contrôle international. » Signé : Tchitchérine.

Le document est à Genève. Il permet de juger l'action du gouvernement russe. Et je ne veux même pas parler ici des questions coloniales. Je vous engage à lire un livre écrit il y a quatre ans : *Coup d'œil sur l'horizon international*. Vous y trouverez des renseignements édifiants sur l'action si particulièrement pacifiste du gouvernement russe...

La C.G.T., elle, a agi pour la paix. Quand elle s'est trouvée d'accord avec son gouvernement, tant mieux ! Quand elle s'est trouvée en opposition avec lui, tant pis ! Elle a maintenu son point de vue, sachez-le. Ceux que vous traitez de collaborationnistes, ceux-là ont amené le gouvernement français devant la Cour internationale de Justice de La Haye lorsqu'il se refusait à interpréter démocratiquement et logiquement la convention internationale de Washington. (*Applaudissements*.)

Que cela n'ait point empêché le secrétaire de la C.G.T. de devenir représentant de la France à la Société des Nations et qu'il y ait là témoignage de collaboration, apparemment, oui.

Sans doute, superficiellement, il est difficile de concevoir qu'on ne collabore pas avec son gouvernement quand on en est le délégué à un organisme international où est représenté ce gouvernement. En fait, le secrétaire de la Confédération Générale du Travail est dans la délégation gouvernementale parce qu'il représente une conception, une opinion qui sont celles — je puis l'affirmer sans aucune vanité — de la majorité de la nation, et de la majorité de la classe ouvrière internationale.

Mon pays est en accord avec cette opinion? Tant mieux !

Je souhaite, voyez-vous, comme Jaurès, que mon pays prenne la tête du mouvement de libération de l'humanité ! Je souhaite, comme Jaurès, qu'il prenne la tête de l'organisation de la paix à travers le monde, et s'il faut donner, se sacrifier, pousser jusqu'à l'abnégation de soi-même contre l'opinion de ses propres amis, pour aboutir à cela, je le ferai ! (*Applaudissements*.)

Oui ! La Paix, nous la voulons ! Nous la voulons sincèrement, nous travaillons à la réaliser.

Camarades des arsenaux, camarades travailleurs de la guerre, camarades travailleurs de l'Etat, quand nous vous demanderons, pour cet idéal élevé, de vous ranger derrière nous et de ne plus réclamer l'extension des fabrications guerrières, soyez avec nous : c'est dans votre intérêt, comme c'est dans l'intérêt de la paix, comme c'est dans l'intérêt du monde !

Camarades métallurgistes, quand nous vous demanderons de ne plus réclamer l'extension des programmes navals, soyez avec nous ! (*Applaudissements*.) C'est dans l'intérêt de la paix, c'est dans l'intérêt du monde.

Il faut que cette pensée d'intérêt social domine nos intérêts particuliers ; il faut que notre conscience se forme au-dessus de nos intérêts corporatifs. Il faut que notre personnalité collective se dresse au-dessus de toutes les ambiances pour représenter le vrai visage de la beauté, de la justice, de l'amour. (*Applaudissements prolongés. Les délégués, debout, font une ovation à l'orateur.*)

Séance de l'après-midi

LE PRÉSIDENT. — Avant de donner la parole à Jouhaux, je dois vous indiquer que j'ai reçu du Syndicat des Cheminots d'Hellemmes ainsi que de plusieurs délégués, des boulangers de Bordeaux, des P.T.T., des Transports et des Cuisiniers, le vœu que l'exposé de notre camarade Jouhaux ce matin soit reproduit sous la forme de brochure de propagande et diffusé à travers le pays. (*Adopté*.)

JOUHAUX. — Camarades, deux mots nécessaires pour compléter l'exposé du rapport moral de ce matin. Vous avez dû vous apercevoir que dans ce rapport moral, il y avait un appendice concernant la situation en Tunisie. Vous avez vu que dans ce rapport, nous réclamions, entre autres choses, l'affirmation du droit syndical pour tous les travailleurs de Tunisie.

Je n'ai pas besoin d'entrer dans les détails de cette question. Les uns et les autres, vous avez pu vous rendre compte de l'importance de la question par la lecture du rapport. A l'heure actuelle, la Commission des Affaires Tunisiennes, à laquelle j'ai collaboré, n'a pas encore terminé ses travaux. Nous nous étions mis d'accord cependant sur un point essentiel, c'est que le droit syndical soit appliqué en Tunisie, en dehors des questions de nationalité comme il l'est en France. Nos camarades Tunisiens, dont une délégation est ici représentée, se sont associés à cette demande. Ils ont réclamé l'application du droit syndical pour l'ensemble des ouvriers tunisiens, qu'ils soient Français, Italiens, Espagnols ou indigènes. A l'heure présente, aucune solution n'est encore intervenue. Je voudrais que le Congrès manifeste unanimement sa volonté, en approuvant la réclamation de nos camarades tunisiens et en décidant qu'une délégation composée par eux et par le Bureau de la Confédération Générale du Travail ira porter la décision du Congrès confédéral devant les autorités responsables (*Applaudissements*.)

La proposition est adoptée à mains levées.

Jouhaux donne ensuite lecture d'une lettre informant le Congrès du départ du camarade Caballero, représentant de l'Espagne, et qui a été obligé de se rendre auprès de son enfant actuellement malade.

La parole est ensuite donnée aux délégués étrangers, et pour commencer au camarade Schurch, secrétaire de la Commission Syndicale suisse.

Discours des Délégués Étrangers

SCHURCH. — Chers camarades, je suis particulièrement heureux de vous apporter ici le salut fraternel de l'Union Syndicale suisse et de vous dire notre joie de voir la C. G. T. sortir victorieusement de la dure épreuve qui lui fût imposée.

Ah! oui, chers camarades, au delà du Jura nous avons partagé en pensée l'anxiété de vos militants. Nous ne pouvions pas croire que cette grande organisation française, à la généreuse initiative de laquelle, l'Internationale Syndicale devait sa rapide reconstitution au sortir de la terrible guerre qui décima la jeunesse de l'Europe, nous ne pouvions pas croire, dis-je, en l'anéantissement de tant d'efforts et de sacrifices dont firent preuve vos militants pour faire cette C. G. T. grande et forte que nous avons connue tout particulièrement en 1918 et en 1919. Aussi, le spectacle qui nous est donné de contempler aujourd'hui une C. G. T. reconstituée, nous cause une joie profonde que nous ne pouvons ne pas exprimer ici.

L'Union Syndicale suisse a traversé, elle aussi, des temps difficiles. La crise économique qui a sévi dans tout l'univers avec plus ou moins d'intensité, a été particulièrement forte chez nous. Nous avons eu jusqu'à 150.000 chômeurs totaux et partiels, chiffre énorme pour une population d'à peine quatre millions d'habitants. Nos industries d'exportation, et ce sont les principales, pour ne pas dire les seules, étaient presque complètement arrêtées. Comme toujours, en de pareilles circonstances, et ainsi que le disait encore hier notre camarade Grassmann au sujet de l'Allemagne, la réaction crut le moment bien choisi pour reprendre, à la faveur de la crise, toutes les conquêtes ouvrières des dernières années. Et, comme si ces difficultés n'étaient pas suffisamment grandes déjà, nous eûmes encore à soutenir une plus pénible lutte, plus pénible parce qu'elle prenait l'aspect d'une lutte fratricide, plus pénible parce que provenant de camarades se croyant obligés de prêcher une religion nouvelle, en semant parmi les travailleurs la discorde, la méfiance et la haine.

La scission nous fût épargnée dans le domaine syndical. Un seul groupement local de métallurgistes quitta sa fédération pour la rallier bientôt. Nos effectifs ont fléchi comme ailleurs, mais la vitalité de notre mouvement ne fut pas atteinte, parce que sans aucun doute la grande majorité de nos affiliés estimèrent préférable de conserver les avantages de syndicats, avec les institutions d'entr'aide, plutôt que de les abandonner pour de fallacieuses promesses.

Aux attaques de la réaction, il fut possible de parer par notre action syndicale d'abord, et par les moyens offerts par nos institutions démocratiques de la Confédération suisse. Lorsque par une loi le Parlement suisse restrignit aux cheminots, aux P.T.T. et autres employés des Administrations d'Etat, le droit de propagande; lorsqu'il voulut leur ôter le droit de grève, nous en avons appelé au peuple dans son ensemble et il nous donna raison en repoussant cette loi d'exception.

Quand, six mois plus tard, ce même Parlement s'en prit à la journée de huit heures, nous relevâmes aussi le défi. Il nous fallait, légalement, trente mille signatures pour que le peuple fût consulté; nous en recueillîmes 203.000 en quinze jours, et c'est à plus de 100.000 voix de majorité que nous avons fait repousser cette deuxième attaque de la réaction capitaliste.

Ce ne fut pas sans peine, je vous assure, que ce résultat fut atteint. Mais il fallait vaincre, parce que nous comprenions toute la répercussion internationale qu'aurait eue cet échec de la classe ouvrière pour le maintien des huit heures, et nous avons vaincu.

Ainsi vous voyez que si en Suisse, nous défendons jalousement, comme vous, notre autonomie et notre indépendance syndicales, à l'égard de tous les partis politiques, il nous est cependant possible de collaborer avec le Parti socialiste dans des conditions définies et momentanées. Cette collaboration paraît utile et même nécessaire pour faire converger toutes les forces ouvrières à l'assaut de la forteresse capitaliste.

Excusez-moi, camarades, si j'ai cru devoir vous dire ces choses de mon pays. Elles vous montrent que si les conceptions doctrinales peuvent parfois diverger d'un pays à l'autre, il n'en demeure pas moins que partout, dans le monde entier, nous poursuivons la réalisation d'un même idéal de libération économique. Nous cherchons à nous inspirer, dans la vie pratique, de ces paroles que vous me permettrez de citer en terminant; elles sont d'un cœur généreux, d'un géant de la pensée qui honora la France ouvrière et que pleurent encore avec vous les prolétaires du monde entier, votre grand et inoubliable Jaurès (*Applaudissements*) : « Ce n'est pas par un coup de main, disait cet homme de cœur, ni même par un coup de majorité que nous ferons surgir de l'ombre l'ordre nouveau; au lendemain de la victoire, l'ordre capitaliste subsisterait et le prolétariat victorieux, en apparence, serait impuissant à organiser sa victoire s'il n'était préparé à le prendre en mains par le développement d'institutions de tous ordres, syndicales ou coopératives, conformes à son idée, conformes à son esprit, et s'il n'avait graduellement réalisé, par une série d'efforts, sa marche collective et commencé l'apprentissage de la gestion sociale. Ne donnons pas au mot « révolution » un sens factieux et violent. Ce n'est pas sous une figure sauvage que la civilisation prolétarienne doit s'annoncer au monde; mettons-nous en garde contre la réthorique révolutionnaire qui tend à déprécier les moyens légaux dont nous pouvons faire usage. Répétons sans cesse que le prolétariat ne transformera la société que par une œuvre patiente d'organisation et d'éducation, par la conquête graduelle du pouvoir. »

Ces paroles, nous les avons érigées en programme et nous espérons bien arriver, par ce moyen, à créer une cité meilleure où règnera enfin plus de justice et plus d'amour entre les peuples et les hommes (*Applaudissements.*)

Le Président. — La parole est à Schorch, représentant de la Confédération autrichienne.

Schorch. — (Traduction). — Je suis heureux de pouvoir saluer aujourd'hui, non seulement en mon nom personnel, mais au nom de tous les travailleurs organisés d'Autriche, le Congrès et par là même les travailleurs de France.

Nous pouvons dire avec fierté, que l'organisation syndicale autrichienne est assez puissante, surtout si l'on considère la petite étendue de notre pays. Malgré le grand chômage qui sévit non seulement dans les autres pays de l'Europe, mais qui nous a atteints en particulier, nos organisations ont su conserver leur puissance et leur force, et aujourd'hui, nous unissons au sein de la Confédération Générale du Travail d'Autriche, 830.000 ouvriers et employés.

C'est avec fierté, dis-je, que nous constatons que notre organisation est intérieurement très solide et c'est avec sécurité que nous pouvons envisager l'avenir.

Il est évident que le patronat d'Autriche n'a pas fait exception aux autres. Il a, lui aussi, essayé par tous les moyens de détruire les conquêtes syndicales. Mais l'état d'esprit de nos travailleurs est excellent et les patrons ne réussiront certainement pas dans leurs tentatives.

Notre puissance consiste dans ce que chaque ouvrier soumet sa volonté individuelle à celle de la collectivité.

Vous me permettrez aussi une réflexion en ce qui concerne la déclaration qui a été faite hier par un délégué. Ce délégué a dit que la vie de l'organisation syndicale ne doit pas être liée au parti politique. L'organisation d'Autriche est de l'avis contraire. Chez nous, tous nos syndiqués sont de bons social-démocrates et c'est ce fait qui nous permet de collaborer avec le parti politique de notre pays. Il faut que l'organisation syndicale ait une grande influence sur le Pouvoir et c'est cette collaboration avec le parti politique qui nous permet de maintenir la force intérieure de notre pays. Je m'excuse de vous apporter cette précision, mais elle est nécessaire pour que vous connaissiez exactement la situation intérieure de notre pays.

Je ne veux pas davantage abuser des moments précieux de votre Congrès et je termine en vous souhaitant le meilleur succès et en vous apportant encore une fois le salut fraternel de tous les travailleurs organisés d'Autriche (*Applaudissements.*)

Le Président. — La parole est à Kupers, représentant de la Confédération Hollandaise.

Kupers. — (Traduction d'Oudegeest). — Notre Secrétaire de la Confédération Générale du Travail d'Hollande a dit qu'il y a eu, pendant des siècles, en Hollande, parmi toute la population, une très grande sympathie pour le peuple français. C'est aussi parmi les ouvriers hollandais que nous avons toujours eu beaucoup de sympathie pour les Français. Je veux ajouter que depuis vingt ans, on a suivi les thèses syndicalistes françaises en Hollande, mais au cours des dernières années, cela a changé.

Kupers dit ensuite qu'il est bien heureux d'être ici pour fortifier la liaison entre le mouvement syndical français et hollandais et pour assurer les sentiments de fraternité et de collaboration des syndicats hollandais et français.

Notre camarade dit aussi que nous avons eu en Hollande des temps très difficiles en ce qui concerne les salaires et les heures de travail, pendant et après la guerre. Aujourd'hui, nous avons réussi, en Hollande, à gagner les salaires les plus élevés de toute l'Europe.

Au cours des dernières années les patrons ont essayé de diminuer ces salaires et ils ont également essayé d'augmenter les heures de travail. Mais, généralement, nous avons pu maintenir la journée de huit heures en Hollande, et pour une grande part aussi les salaires que nous avons gagnés pendant et après la guerre. Mais comme dans presque tous les pays d'Europe, nous avons eu pendant trois années plus de 500.000 chômeurs et ce nombre était grand pour le pays, puisque le nombre d'habitants est à peu près de 7 millions.

Comme ici, comme dans tous les pays, le combat contre les patrons se fait aussi en Hollande. Il est nécessaire de combattre les attaques des patrons ainsi que les attaques d'un gouvernement réactionnaire, mais jusqu'ici, nous avons réussi à maintenir notre position. Or, nous avons de très grandes grèves et lock-outs. L'année passée, nous avons eu une grève de 20.000 ouvriers du Textile, grève qui a duré environ huit semaines et qui aurait pu être gagnée, s'il n'y avait pas en Hollande une aussi grande division entre les ouvriers. Nous, en Hollande, nous connaissons, comme ici, des syndicats indépendants, des syndicats catholiques, des syndicats calvinistes, des syndicats neutres et aussi des syndicats communistes. Mais cela rend les luttes très difficiles, car chacun de nous, dans notre pays, qui a une idée, fonde sa propre église et son propre parti politique. Néanmoins, jusqu'ici, nous ne nous sommes pas encore battus et nous espérons que dans les grèves et lock-outs qui doivent commencer dans les prochaines semaines, des luttes des ouvriers du Bâtiment, des ouvriers de l'Habillement et les Métallurgistes, nous réussirons. Peut-être la semaine prochaine aurons-nous un lock-out de trente mille métallurgistes, relativement à 'a journée de huit heures. Les patrons exigent une semaine de travail de 53 heures et les métallurgistes ont refusé; ils veulent maintenir la semaine de 48 heures et c'est pour cette raison que nous prévoyons un grand combat.

Et partout, dans tous les pays, cela est la même chose. Nous combattons ensemble, nous voulons ensemble travailler, nous voulons collaborer, non seulement dans notre propre pays, mais aussi avec les ouvriers des autres pays et nous espérons atteindre, par cette collaboration, la fondation, la création de la société socialiste (*Applaudissements*).

Le Président. — La parole à Bergmann, de la Centrale syndicale de Suède.

Bergmann. — Chers camarades, quand aujourd'hui j'ai l'honneur de vous saluer au nom de la C. G. T. de Suède, je le fais dans le sentiment des relations qui ont existé entre mon pays et la France depuis tant de siècles. Il y a très longtemps que le peuple suédois a eu l'occasion d'approfondir son travail sous l'influence de la civilisation française et c'est mon espoir que ce travail sera approfondi maintenant, quand la classe ouvrière prend la direction des mouvements de mon pays et quand cette influence de votre civilisation sera apportée dans le peuple suédois par des organisations ouvrières.

Notre mouvement ouvrier est beaucoup plus jeune que le mouvement ouvrier français. Cependant, pendant quelques dizaines d'années, nous avons su organiser les ouvriers jusqu'à ce que, à l'heure actuelle, les 90 % de tous les ouvriers sont dans les organisations. (*Applaudissements.*) Pour un petit peuple de 6 millions d'habitants, nous comptons avec une organisation du travail qui englobe presque 400.000 ouvriers.

J'ai le sentiment qu'il faut faire tous les efforts pour développer les relations entre les ouvriers des différents pays, de telle façon que nous ayons une compréhension de ce qui se passe dans le monde. Cette connaissance des réalités des différents pays, est le seul moyen de créer l'unité internationale.

En Suède, il y a un sentiment de discipline syndicale inné et c'est cela qui est la raison de la force de nos organisations et la raison pour laquelle on a su éviter toute rupture au sein des organisations ouvrières.

Je vous remercie encore une fois de votre invitation et j'ajoute l'espoir que l'année prochaine, lorsque nous tiendrons notre Congrès à Stockholm, nous aurons le plaisir de saluer dans notre capitale, les représentants du mouvement ouvrier français.

On ne peut pas concevoir la réalisation de notre idéal socialiste sans qu'on n'ait sur le terrain international une connaissance parfaite, intime, des relations des différents pays. Il faut cette base de vraie connaissance pour qu'on puisse créer, un jour, sur le terrain international même discipline syndicale spontanée. (*Applaudissements.*)

Le Président. — La parole est à Solau, de la Centrale Syndicale de Belgique.

Solau. — C'est avec une réelle satisfaction qu'au nom de la Commission Syndicale Belge, j'apporte ici le salut fraternel aux camarades français réunis dans cet important Congrès.

Pas une classe ouvrière du monde entier, pensons-nous, n'a autant d'intérêt à ce que les camarades français deviennent de plus en plus une organisation pouvant s'imposer non seulement devant le patronat français, mais aussi devant le patronat tout entier.

Nous, également, en Belgique, comme l'ont dit mes prédécesseurs à cette tribune, depuis de nombreuses années nous luttons contre le patronat qui veut nous enlever le bénéfice de la journée de huit heures qui est appliquée intégralement en Belgique, ainsi que contre les diminutions de salaires qu'ils veulent nous imposer.

Je crois qu'il est inutile de vous dire et de vous rappeler la dernière période que nous venons de traverser où le patronat de la Métallurgie se croyant suffisamment et puissamment organisé, a voulu nous imposer des diminutions de salaires. Grâce à notre Commission Syndicale bien unie à laquelle sont affiliées toutes les organisations syndicales de Belgique, nous avons pu triompher sur toute la ligne contre les tentatives patronales (*Applaudissements*). C'est pour cela, parce que nous savons que les intérêts des travailleurs français sont presque identiques aux intérêts des travailleurs de Belgique que nous sommes heureux de constater qu'aujourd'hui enfin, vous reprenez à nouveau votre place devant le monde ouvrier; que nous sommes heureux de vous saluer une fois de plus au nom de la classe ouvrière belge organisée. (*Applaudissements.*)

Le Président. — La parole est au camarade Luzanski, de la Centrale Polonaise.

Luzanski. — (Traduction). — Votre invitation de prendre part à votre Congrès a été reçue chez nous avec joie. Faire connaissance de la classe ouvrière française, voir de près votre beau mouvement ouvrier est pour nous d'autant plus précieux que par une coïncidence bizarre du sort, les relations entre nos deux nations furent et sont des plus amicales et les plus fraternelles.

La bourgeoisie polonaise et la classe dirigeante cherchaient à satisfaire leurs besoins de luxe en France. Sur le boulevard parisien, les magnats polonais dépensèrent et dépensent encore aujourd'hui l'argent tiré du travail des ouvriers polonais. Mais c'est à la même France que l'ouvrier polonais puise toujours les idées de liberté; c'est chez vous qu'il apprend les mots d'ordre, de révolte, de lutte pour l'indépendance de la classe ouvrière.

Aujourd'hui, après la résurrection de l'Etat polonais indépendant, où malheureusement la réaction bat encore son plein, le prolétariat polonais est l'unique facteur qui veut de toutes ses forces réaliser les idées de liberté pour l'émancipation de la classe ouvrière tout entière.

Où la classe ouvrière n'est pas nombreuse, les conditions de vie sont dures et pénibles. On nous reproche souvent que nous ne luttons pas assez, que nous ne sommes pas assez énergiques dans cette lutte contre la bourgeoisie, contre la réaction. Mais est-ce que ce n'est pas chez nous, dans les derniers temps que peut-être plus qu'ailleurs, la classe ouvrière est très énergique dans sa lutte contre le gouvernement et contre la bourgeoisie. Trois grèves générales, voici la preuve que la classe ouvrière ne recule aucunement devant la lutte. Nous avons obtenu toutes sortes de victoires : 46 heures de travail par semaine, les vacances payées, la protection de la femme et de l'enfant, voilà les fruits de notre lutte.

Si la réaction règne encore au point de vue politique, croyez bien que la responsabilité n'en incombe aucunement à la classe ouvrière.

Je veux encore ici mentionner deux choses : ce qui a uni nos deux nations dans les derniers temps, c'est le pacte officiel qui a pour but l'action militaire. Quoique notre liberté nous est chère, croyez camarades que nous comprenons cependant que nous ne pourrons la maintenir et la garder que dans la paix. C'est pourquoi nous opposerons à ce pacte officiel, la volonté inébranlable du prolétariat polonais, toujours avec le prolétariat français, de ne jamais avoir recours à rien qui puisse troubler la paix et provoquer la guerre.

Enfin, il est impossible de passer sous silence que des millions d'ouvriers polonais, devant l'impossibilité de trouver du travail, ces gens chassés de leur patrie par la faim et la misère, travaillent au milieu de vous, et nos aspirations et nos efforts ne consistent pas à ce que ces ouvriers polonais soient une charge pour vous; au contraire, nous voulons qu'ils deviennent des camarades de lutte et qu'ils restent avec vous toujours, à côté de vous toujours pour lutter dans vos revendications pour l'émancipation de la classe ouvrière. (*Applaudissements.*)

Le Président. — La parole est à D'Aragona, de la Confédération Générale du Travail Italienne.

D'Arragona. — (Traduction). — Je voudrais pouvoir m'exprimer dans votre langue, mais cela m'est, à mon grand regret, impossible.

Je viens d'un pays de dictature où il est nécessaire d'être toujours prudent dans ses déclarations. J'ai vu dans vos applaudissements, qui ne sont pas dirigés sur ma personne, mais qui sont dirigés à tout le prolétariat, à tout le peuple d'Italie, une protestation contre la dictature qui nous écrase.

Au nom du prolétariat italien, j'apporte mon salut à ce magnifique Congrès, qui, malgré toutes les violences et la réaction dominante, milite toujours sous les drapeaux de la Confédération Générale du Travail et de l'Internationale d'Amsterdam.

Je vous apporte aussi le salut des multitudes ouvrières italiennes, qui, si elles ne militent plus avec nous, si elles sont obligées par la violence de s'inscrire dans les corporations fascistes, sont quand même avec nous avec tout leur esprit, leurs espérances et leurs aspirations.

Le mouvement syndical italien a été frappé farouchement par la réaction fasciste, mais il est toujours suffisamment vivant pour vous dire, à vous ainsi qu'aux travailleurs de tous les autres pays, que nous demeurons toujours debout pour affirmer le droit de la classe ouvrière à s'organiser dans les syndicats, libres de toute influence gouvernementale, pour défendre les intérêts et l'avenir de la classe prolétarienne, pour défendre l'esprit de la liberté et de l'émancipation prolétarienne.

Dans mon pays, nous sommes peut-être à la veille de la création d'une législation qui tendrait à empêcher la classe ouvrière organisée d'entretenir des liens de solidarité et d'association avec les travailleurs des autres pays. Eh bien, je peux vous garantir de la façon la plus absolue que nous ne nous assujettirons jamais à rompre ces liens qui nous unissent à vous et aux travailleurs à travers notre Internationale d'Amsterdam.

La solidarité internationale est pour nous non seulement l'expression d'un sentiment abstrait; elle est aussi la résultante d'une nécessité absolue et l'expérience s'est chargée de nous le démontrer. Nous nous sentons liés aux travailleurs de tout le monde qui affirment leur désir de solidarité ouvrière, parce que tous nous combattons dans la même bataille, parce que nous avons les mêmes aspirations, c'est-à-dire l'émancipation du travail manuel, intellectuel de toute exploitation capitaliste.

La bataille que nous devons mener pour reconquérir la liberté, qu'hélas nous avons perdue dans notre propre pays, est sans doute grande et ne sera peut-être pas de courte durée. Mais nous la combattrons cette législation, de toutes nos forces et par tous les moyens que la situation nous permettra d'employer.

Je sais que les dominateurs de mon pays cherchent à me faire passer pour quelqu'un qui serait prêt à accepter presque le régime. Eh bien, je vous déclare pour aujourd'hui et pour demain, que jamais je ne pourrai accepter un régime de violence et de dictature qui est la négation du droit du prolétariat. (*Applaudissements.*)

La liberté est un de ces biens qu'on apprécie seulement lorsqu'on l'a perdue. Nous ne nous apercevions pas de la force de la liberté quand nos organisations étaient puissantes. Mais vous encore, vous pouvez jouir de la liberté, même avec toutes les limitations apportées par la société bourgeoise dans laquelle nous vivons. Soyez vigilants et attentifs dans sa défense contre tous les assauts de la bourgeoisie réactionnaire.

Le camarade Jouhaux à l'ouverture de ce congrès, a déclaré en votre nom que le prolétariat français, quand nous croirons que le moment sera opportun, apportera à notre bataille toute son aide et sa solidarité.

Je le remercie et vous remercie au nom de mes camarades, au nom du peuple italien pour l'affirmation de solidarité, de laquelle cependant nous n'avons jamais douté et de laquelle nous avons déjà eu des manifestations répétées, soit dans l'accueil fraternel que vous avez réservé à nos camarades réfugiés qui ont cherché en France un abri, soit dans les débats qui se déroulèrent à Genève à l'occasion de nos protestations contre la nomination d'un délégué fasciste pour représenter les ouvriers italiens aux conférences internationales du travail.

Camarades, notre solidarité a encore d'autres raisons de se manifester et de se démontrer. Les rapports entre le prolétariat de France et le prolétariat d'Italie et les organisations syndicales doivent se sentir toujours plus unis et plus solidaires, si nous voulons, dans l'intérêt réciproque, résoudre les problèmes qui se présentent de plus en plus complexes et graves de l'émigration, du placement de la main-d'œuvre, du contrôle syndical sur les émigrés, les assurances sociales, les droits d'organisation pour les étrangers, la position des ouvriers étrangers vis-à-vis du droit de vote pour les délégués mineurs et dans les administrations des caisses autonomes, des salaires et de la durée du travail de la main-d'œuvre émigrée. Tout cela réclame nos efforts communs d'étude, d'expérience et d'action.

Je sais toutes les difficultés que l'on rencontre pour amener les ouvriers italiens dans le mouvement syndical, mais nous devons ensemble continuer et renforcer notre action pour que le prolétariat italien qui travaille en France se rallie en plus grand nombre et avec une plus grande compréhension dans vos syndicats.

Camarades, unis dans la fraternité solidaire qui nous lie, dans la Fédération Syndicale Internationale d'Amsterdam, nous poursuivons avec tout votre enthousiasme et avec toute votre foi la bataille pour donner aux travailleurs une société d'égaux où le travail soit affranchi de toute exploitation. (*Applaudissements.*)

Le Président. — La parole est à Oudegeest, secrétaire de la Fédération Syndicale Internationale.

Oudegeest. — Camarades, je me rappelle une soirée en 1910 où Jaurès a été obligé de donner un discours en langue allemande. Je n'oublierai jamais combien cet orateur, cet orateur parfait en langue française, a perdu toute son éloquence et toute possibilité d'exprimer parfaitement ce qu'il pensait. Et moi qui ne suis pas un orateur comme Jaurès, moi qui ai quelque peu appris la langue française à l'âge de 50 ans, je me trouve maintenant obligé d'exprimer ma joie et le bonheur que je ressens d'être ici, à votre congrès, dans une langue étrangère.

Néanmoins, je peux bien dire que ce congrès actuel est tout autre que les congrès auxquels j'ai assisté il y a quelques années. Ici, vous êtes unis, vous pouvez travailler; ici vous êtes ensemble dans un esprit commun ; ici, il n'y a pas ces débats sur les principes comme je l'ai vu, comme je l'ai entendu à Lyon, à Orléans, etc...

Je vous félicite de ce congrès au nom de la Fédération Syndicale Internationale, au nom de cette organisation qui trouve ici, en France, ses amis et ses collaborateurs les plus dévoués; qui trouve ici, en France, ses amis qui appuient toujours de toutes leurs forces l'action de notre Fédération.

Je salue nos camarades français qui ont regagné leurs forces, qui ont regagné leur santé ; je salue cet esprit qui reprend à nouveau le combat, non le combat contre les camarades de l'autre direction, mais le combat contre les patrons, le combat contre les capitalistes, le combat contre les systèmes sous lesquels les travailleurs souffrent.

Je suis bien heureux, camarades ; j'ai été pendant cinq jours parmi vous, j'ai pu étudier cet esprit de camaraderie, j'ai trouvé ici également la preuve que nous, les dirigeants des syndicats qui ne voulons pas atteindre quelque chose que l'on ne peut pas obtenir dans les temps actuels, je suis bien heureux de trouver ici des camarades qui veulent aussi poursuivre le travail que la Fédération Syndicale Internationale a commencé en 1919, c'est-à-dire de faire ce qui est possible dans l'intérêt de la classe ouvrière. (*Très bien.*)

On peut parler, on peut faire des phrases, mais le combat de la classe ouvrière ne consiste pas dans les phrases. Le travail qui doit être fait, c'est le travail de chaque jour et c'est toujours le travail qui est possible. L'on nous a quelquefois reproché, en Hollande, que la réaction régnait dans presque tous les pays ; on nous a même reproché qu'il y avait du chômage dans les divers pays. Toujours, on veut être plus fort qu'on ne l'est, mais quant à nous, nous disons que c'est notre Internationale qui a battu la réaction ; c'est notre Internationale qui a défendu chaque jour les intérêts des ouvriers ; c'est notre Internationale qui, par sa politique, a obtenu aujourd'hui la force qui est nécessaire pour atteindre notre but.

C'est vrai, nous sommes social-démocrates. Nous appliquons tous les moyens qui sont possibles ; nous ne disons pas : nous employons seulement la grève, nous devons aussi faire usage de la politique et c'est grâce au travail[1] de notre ami Jouhaux et des autres membres du Conseil d'Administration du Bureau International du Travail que la question du désarmement est maintenant entrée dans la politique journalière de tous les pays d'Europe. C'est grâce à notre travail que les ministres, que les gouvernements des divers pays sont obligés de défendre, dans les parlements, la question du désarmement ; c'est grâce à nous qu'on est obligé dans les divers pays de parler, non seulement dans les parlements, mais aussi dans les réunions bourgeoises et aussi dans les écoles, de la question du désarmement et de la guerre contre la guerre. (*Applaudissements.*)

C'est le résultat du travail de notre Internationale et notamment de notre ami Jouhaux. Et si, à Genève, chaque année, à l'Assemblée de la Société des Nations, on a le droit de contrôler les mesures prises par chaque gouvernement pour maintenir la paix dans le monde, c'est aussi le résultat, pour une grande part, de notre travail.

Voilà, camarades, nous parlons très peu. On peut parler de la révolution chaque jour, mais faire la révolution, c'est une question d'années, et nous, nous ferons tout ce qui est possible pour avoir la révolution aussitôt que possible.

Mais ce travail est seulement possible si nous sommes tout à fait unis. On a discuté parfois et aussi ici de la question du front unique. Je veux seulement dire quelle est notre position à Amsterdam. Nous avons, pendant des années, tendu la main à nos camarades russes. Nous voulons collaborer avec eux ; nous avons ouvert la porte de notre Internationale tout à fait et nous la tenons encore ouverte. Nous avons dit à nos camarades russes : Eh bien ! voilà, entrez, nous voulons travailler ensemble, dites seulement que vous voulez entrer chez nous et nous sommes prêts à collaborer.

Nous n'avons pas encore reçu cette réponse. Nous avons reçu, au mois de mai, une lettre disant que nos camarades russes devaient entrer par cette porte, mais avant tout, qu'il est nécessaire de détruire notre maison.

Je pense que c'est inutile. Nos camarades français sont entrés dans notre maison par cette porte ouverte. Ce qui est fait par nos camarades anglais, par nos camarades allemands, suédois, par nos camarades polonais, je pense qu'il sera également possible pour nos camarades russes d'entrer par cette porte.

C'est toute la question ; nous attendons, nous, à Amsterdam, nous attendons tranquillement jusqu'à ce qu'aussi les camarades russes entrent par cette porte dans notre maison.

Nous avons l'unité dans tous les pays ; nous n'avons pas seulement l'unité dans les pays divers, nous avons l'unité de la classe ouvrière dans tous les pays et nous pouvons recommencer notre combat contre la réaction de la bourgeoisie et contre la réaction qui règne dans **quelques pays du monde.**

Voilà, mes amis, comme je vous l'ai dit, je suis bien heureux que votre congrès ait eu lieu ici dans ces circonstances. Je vous remercie de la réception très amicale que nous avons eue ici et je souhaite que les congrès prochains aient lieu dans les mêmes circonstances qu'aujourd'hui, dans la parfaite unité de pensée, de but et de volonté pour le bien des travailleurs. (*Applaudissements.*)

Le Président. — Je crois être l'interprète des délégués du Congrès pour remercier les délégués étrangers d'avoir assisté à notre congrès national et pour les sentiments de solidarité effective qu'ils ont manifestés au cours de leur audition en faveur de notre vieille et unique Confédération Générale du Travail. (*Cris : Vive l'Internationale d'Amsterdam !*)

Après diverses explications relatives au fonctionnement du Congrès, le Président donne la parole à Froideval (Serruriers de Paris), rapporteur de la Commission des Vacances payées.

LES RAPPORTS

Les vacances payées

Froideval. — Camarades, comme notre camarade Roux vient de l'énoncer, il s'agit de la question des vacances payées. Nous entendons par avance que cette question à l'ordre du jour de notre congrès va faire comme un pavé dans une mare et va faire écho dans les milieux patronaux.

Nous savons déjà que le Ministre actuel du travail, M. Durafour, a, dans un de ses récents discours à Saint-Etienne, annoncé qu'il avait l'intention de déposer un projet de loi concernant cette réforme sociale tant attendue par les travailleurs de ce pays.

Mais si nous prenons acte des déclarations gouvernementales, nous savons également qu'il faut compter surtout, pour l'affirmation de cette réforme et pour qu'elle soit réellement conclue, il faut compter avec la volonté, avec la force et avec l'énergie de la classe ouvrière organisée.

Il est paradoxal, camarades, de constater que c'est dans notre pays que cette réforme sociale n'est pas encore complètement appliquée.

Je regardais tout à l'heure, dans une brochure éditée par le Ministère du Travail et dans une rubrique concernant la Pologne, je voyais une loi du 16 mai 1923 qui donnait aux travailleurs de ce pays et dans toutes les administrations publiques et privées, également dans les industries, une réforme et le droit aux vacances payées de 12 à 21 jours.

Est-il besoin, camarades, de préciser et d'insister longuement sur la nécessité pour les travailleurs de bénéficier de ce repos annuel? Est-il utile de faire remarquer au Congrès qu'un travailleur manuel ou intellectuel, homme ou femme, a besoin chaque année d'un repos et d'un congé indispensable? Doit-on signaler également un récent rapport de l'Académie de Médecine qui indiquait que, pour que le travailleur puisse produire normalement, il fallait qu'il puisse se reposer, qu'il se délasse, qu'il rompe avec sa besogne journalière et qu'il jouisse annuellement d'un repos compensateur d'au moins 21 jours?

La commission spéciale qui a étudié cette question et qui était composée de travailleurs, hommes et femmes de toutes professions et de toutes industries, cette commission a conclu à la nécessité de faire adopter le principe des vacances payées à ce congrès confédéral. Sans toutefois joindre dans la résolution adoptée les questions de détail et d'application de cette réforme, la Commission a concrétisé toutes les idées, toutes les raisons afférentes à chaque industrie et à chaque profession. Elle a tenu compte également des situations acquises, soit dans l'industrie privée, soit dans les administrations publiques. Et lorsqu'il leur faudra, si cela est nécessaire et en cela fidèle à sa méthode constructive, de travail sérieux et pratique, de rénovation sociale, la C.G.T. sera prête à participer, à collaborer, car le mot ne nous effraie plus.

avec les intéressés eux-mêmes, c'est-à-dire gouvernement et organisations patronales, et en cela elle ne fera pas que réclamer le désir de faire bénéficier les travailleurs des vacances payées, elle apportera la façon, les principes, les méthodes mêmes avec lesquels nous concevons l'application de cette réforme qui ne peut gêner en rien le bon fonctionnement de l'économie sociale et la production nationale.

Le camarade Froideval donne ensuite lecture de la résolution suivante :

Le Congrès national de la Confédération Générale du Travail, réuni à Paris, du 26 au 29 août 1925,

Estimant qu'un repos annuel rétribué est absolument indispensable pour la santé physique et morale des travailleurs de toutes les professions, même saisonnières,

Déclare que ce repos, pour qu'il soit efficace, ne saurait être inférieur à 21 jours.

Mais, soucieux des réalités et des difficultés présentes, il ne s'opposerait pas à ce que cette réforme soit réalisée par étapes, sans toutefois que le minimum de durée de ces vacances soit inférieur à 12 jours.

Le Congrès déclare que ces jours de vacances doivent être réglés sur le salaire journalier global, suivant les modalités de chaque industrie, et qu'ils ne peuvent être l'objet d'une récupération quelconque.

Il affirme qu'en aucun cas, les situations acquises dans certaines industries et administrations ne sauraient être diminuées du fait de l'application d'une loi sur le congé annuel payé.

Le Congrès confédéral, prenant acte des déclarations gouvernementales concernant cette question des vacances payées, s'engage à poursuivre, par tous les moyens en son pouvoir, la prompte réalisation de cette réforme sociale, si impatiemment attendue par tous les travailleurs.

Cette résolution est adoptée à l'unanimité.

L'inspection du travail

VANDEPUTTE. — Camarades, je suis chargé par la sous-commission de l'Inspection du Travail de vous communiquer le rapport suivant, rapport qui contient des conclusions qui sont en même temps une proposition.

Le service de l'inspection du travail laisse fortement à désirer, à tel point qu'il est souvent l'objet de vives critiques de la part des organisations syndicales.

Les lois prescrivant la réglementation des conditions de travail et les mesures d'hygiène et de sécurité dans l'ensemble des industries sont en général mal observées.

Sans vouloir prononcer contre les fonctionnaires de ce service un réquisitoire, nous pouvons élever contre eux des plaintes justifiées.

Ce n'est certes pas une généralité, cependant un certain nombre de ces fonctionnaires, il faut bien le dire, remplissent leur mission avec si peu d'activité et d'indifférence qu'ils peuvent être taxés de complaisance vis-à-vis des employeurs qui en profitent pour commettre toutes sortes d'abus.

Les inspecteurs du travail, qui ont la mission d'assurer l'exécution de toutes les dispositions prévues par les lois, représentent naturellement un vaste champ de contrôle et d'investigations qui dépasse peut-être, dans une certaine mesure, leurs moyens d'action.

En effet, au cours de leur service, ils sont astreints par la direction du travail à fournir de nombreux rapports qui absorbent une grosse partie de leur temps. Ils reçoivent, en outre, tellement d'instructions et de circulaires diverses et parfois contradictoires, qui non seulement gênent leur action, mais encore les mettent dans l'impossibilité d'interpréter exactement l'application d'une loi.

Ajoutons que, si dans l'arsenal des lois en France il en existe quelques-unes qui protègent le travailleur, elles ont l'inconvénient d'être diffuses et disséminées dans des quantités d'articles qu'il n'est pas toujours facile de compulser ; on peut ainsi se rendre compte que le rôle du service de l'inspection est plus que compliqué.

Voilà déjà quelques raisons indiquant pourquoi le fonctionnement du service de l'inspection laisse à désirer.

Il y en a d'autres. C'est l'insuffisance du nombre d'inspecteurs, leurs traitements assez dérisoires et les maigres crédits mis à leur disposition pour exécuter leurs tournées.

Quant au nombre des inspecteurs, il n'a pas évolué avec l'extension de leurs attributions.

Il y a pour toutes les usines, manufactures, chantiers, bureaux, etc... des lois qui réglementent le travail et les conditions d'hygiène et de sécurité ; ces lois ont été instituées pour des millions d'exploités.

En 1913, la dernière année pour laquelle il existe des chiffres, le contrôle des inspecteurs du travail s'étendait à 513.331 fabriques, ateliers, chantiers, occupant au total 4.460.805 personnes.

Comment le contrôle pour le respect strict des lois est-il possible d'un nombre aussi élevé d'établissements et de salariés, lorsqu'on constate que le service d'inspection est doté seulement de 134 fonctionnaires, c'est-à-dire 97 inspecteurs départementaux et 37 inspecteurs divisionnaires.

Le nombre des établissements visités par an atteint à peine 200.000. C'est donc le plus grand nombre des établissements qui échappent au contrôle du service de l'inspection. De plus, il faut ajouter que les établissements ne sont souvent visités que superficiellement. Un tel contrôle, de pure forme dans bien des cas, ne peut donner des résultats.

Faut-il ajouter qu'il arrive que des inspecteurs se voient dans l'obligation d'arrêter leurs visites vers le mois d'octobre sous prétexte que le crédit prévu pour leurs tournées est épuisé.

Et pourtant le champ d'action de l'inspection est tellement étendu qu'il appelle toute sa vigilance.

Il y a, en plus, des lois réglementant les diverses conditions de travail, la loi de huit heures qui, avec ses nombreux règlements d'administration publique, déterminant son application dans toutes les industries et le commerce, impose à elle seule une besogne absorbante, surtout si on tient compte des manœuvres employées par le patronat pour la violer et des instructions données, contenant des interprétations fausses comme pour rendre volontairement la loi confuse et son application difficile et incontrôlable.

Or, nous pouvons prétendre que la valeur et l'efficacité des mesures de protection de la vie et de la santé des travailleurs, de même que le respect de la loi de huit heures, soumis au contrôle de l'inspection, dépendent d'une meilleure organisation de ce service.

Les organisations syndicales ont pu constater les ravages faits par la tuberculose, due souvent à l'inobservation des mesures d'hygiène et que le manque de mesures de sécurité est cause des accidents de toutes sortes et parfois graves, dont les travailleurs sont toujours les malheureuses victimes.

En effet, les travailleurs des deux sexes ne sont pas suffisamment protégés contre les dangers qui résultent d'un outillage et d'un mécanisme de plus en plus perfectionnés.

Si l'on se rapporte aux statistiques, le nombre des accidents va toujours en augmentant.

Pour en faire la triste constatation, voici quelques chiffres qui sont typiques et assez frappants pour ne pas avoir besoin d'être commentés.

En 1903, le nombre des accidents déclarés était de 212.753. Tous les ans, le nombre est allé en augmentant pour atteindre le chiffre de 412.278 en 1910.

En prenant toute la période de 1914 à 1923, le chiffre des accidents déclarés atteint pour chaque année :

En 1914	301.172	accidents déclarés
— 1915	252.310	—
— 1916	406.331	—
— 1917	488.855	—
— 1918	479.986	—
— 1919	491.017	—
— 1920	656.350	—
— 1921	615.639	—
— 1922	682.830	—
— 1923	777.975	—

Sauf pour les années 1914, 1915, 1916, le chiffre des accidentés a subi une progression douloureuse de 1917 à 1923.

En plus des accidents déclarés, il y a tous les ans un certain nombre d'accidents non déclarés, de sorte que le chiffre d'accidentés approche d'un million.

Ce bilan tragique est en grande partie imputable au manque de mesures de protection et à l'incurie patronale. Il est encore la conséquence de la mauvaise surveillance du service d'inspection.

Comme on le voit, par le fonctionnement défectueux de ce service, il est loisible aux employeurs d'appliquer les lois comme bon leur semble, et, sous le couvert d'une juridiction également mauvaise, pour leur incurie coupable, ils n'ont rien à craindre, il leur est d'ailleurs toujours facile d'éviter les sanctions méritées pour les infractions et abus commis.

Ces quelques démonstrations montrent combien il est utile d'exiger une profonde modification du système de l'inspection en vigueur, afin *d'obtenir un contrôle plus complet et plus assidu des lois réglementant le travail.*

Les organisations syndicales sont fixées depuis longtemps. Elles n'ignorent pas que dans les conditions où ce service fonctionne, c'est-à-dire son nombre de fonctionnaires insuffisant, ses périmètres étendus et le grand nombre d'établissements à visiter, il n'est pas possible d'espérer que celui-ci arrive à exercer un contrôle plus sérieux.

En conséquence, comment donc envisager une meilleure organisation du service de l'inspection pouvant permettre une surveillance plus complète et plus pratique et les moyens de sévir plus sévèrement contre toutes las infractions commises aux lois sociales ?

Nous pensons qu'elle peut l'être par l'augmentation du nombre des inspecteurs, par de meilleurs traitements et par des crédits plus larges mis à leur disposition pour leurs tournées.

Seulement, nous avons la conviction qu'on ne pourra prétendre à une amélioration réelle que par l'institution d'un système de contrôle auxi-liaire ajouté comme complément au corps de l'inspection actuel.

Par le système auxiliaire nous envisageons l'application du contrôle par des délégués ouvriers, avec pour eux des garanties suffisantes pour ne pas courir le risque de désagrément de la part de leurs employeurs.

Ce système est facile à instituer et indispensable pour élargir sensiblement le champ d'action et de contrôle de la législation sociale.

Loin de nous la pensée de dire que le système actuel du service de l'inspection doive être considéré comme périmé. Nullement. Seulement nous avons bien le droit et le devoir de déclarer que son fonctionnement est défectueux et que ses cadres insuffisants ne répondent plus à l'évolution de la situation industrielle.

Comparons la différence qui existe dans le service de l'inspection par ces deux pays, l'Angleterre et l'Allemagne avec celui pratiqué en France.

En Angleterre, le nombre des fabriques et ateliers enregistrés assujettis à l'inspection s'élevait en 1922 à 283.542. Le nombre d'inspecteurs était de 199.

Quoique le nombre de personnes employées dans ces entreprises ne soit pas indiqué dans la statistique où nous avons puisé ces renseignements, il ressort de ceux-ci que le nombre d'inspecteurs y est plus élevé qu'en France pour un nombre d'établissements inférieur.

En Allemagne, pour tous les Etats, le nombre d'inspecteurs était de 586 en 1921.

Les entreprises comprenant au moins dix ouvriers ou les établissements soumis au service de l'inspection étaient de 324.169 comptant 1.047.969 ouvriers qui étaient soumises à l'inspection des mines. L'inspection des mines comptait 113 fonctionnaires.

Ajoutons qu'après la guerre on a commencé à employer des auxiliaires ouvriers.

Ces quelques indications sur le régime de l'inspection de ces deux pays montrent que celui en vigueur en France est d'une infériorité incontestable.

Il est donc temps d'exiger que notre service d'inspection soit réorganisé dans une large mesure. Pour l'être efficacement, il doit obligatoirement subir un perfectionnement, un développement.

Toutes les lois de protection et de la réglementation du travail ont été instituées pour garantir les travailleurs des deux sexes pendant leur travail.

Ces garanties ne sont-elles pas illusoires en face de l'incurie patronale et du contrôle dérisoire du service de l'inspection.

L'opposition des employeurs aux lois de protection n'est-elle pas de plus en plus manifeste ? leur hostilité à tout progrès social n'est-elle pas toujours plus marquée, tout cela par esprit d'égoïsme ?

N'ayant aucun souci de la santé et de la sécurité de ceux qui produisent, ils se moquent de tout, usent et abusent du contrôle de l'inspection et même des pouvoirs publics. Ils savent ne pas avoir à se gêner puisqu'il est toujours facile d'échapper aux règles légiférées.

Ainsi le problème d'une meilleure organisation du service de l'inspection est un problème sérieux et d'un caractère d'importance qui ne peut échapper à l'attention du Congrès, problème auquel il doit attacher autant d'intérêt qu'à toutes les autres questions sociales inscrites dans notre programme de revendications.

On a vu que l'inapplication des mesures de sécurité fait augmenter tous les ans le nombre des victimes du travail, le bilan tragique avec les chiffres fournis plus haut en est la preuve évidente et douloureuse. On a vu aussi que le manque ou l'inapplication des mesures d'hygiène cause de terribles ravages dans les rangs de la classe ouvrière.

Or donc, si nous voulons défendre et faire respecter les lois ouvrières, et cela en conformité de nos aspirations et des exigences légitimes de tous nos camarades de travail, nous devons affirmer notre ferme désir et notre énergique volonté d'aboutir à une amélioration profonde et pratique du service de l'inspection du travail.

Comme conclusion, voici la proposition de la sous-commission :

Le Congrès estime que ce résultat peut être atteint en adjoignant au service de l'inspection des délégués ouvriers, désignés par les organisations syndicales, avec, pour ceux-ci, le droit de contrôle absolu, et sinon le droit de verbaliser, du moins le droit de constater les infractions commises par les employeurs.

De plus, ils doivent pouvoir signaler les infractions constatées au service de l'inspection qui serait tenu d'en prendre acte, verbaliser ou faire une mise en demeure aux délinquants.

Ce système auxiliaire de contrôle par les délégués ouvriers devrait encore être aidé par les conseillers-prud'hommes. Ceux-ci, en raison de leurs attributions, déterminées par la loi du 27 mars 1907, sont qualifiés pour avoir le droit de contrôle dans tous les établissements et de verbaliser les infractions au même titre que les inspecteurs du travail.

Les modalités de ce double contrôle auxiliaire, complétant le service d'inspection actuel, pourraient être arrêtées par le ministre du Travail après consultation des organisations syndicales centrales.

Le Congrès est persuadé que cette proposition est le meilleur moyen de solutionner pratiquement le service de l'inspection actuellement en vigueur, lequel, depuis de longues années, ne répond plus aux nécessités et aux circonstances, par suite des progrès mécaniques réalisés dans toutes les industries et tout le commerce.

VANDEPUTTE. — Maintenant, quelques courts commentaires qu'il est de mon devoir de faire. A la sous-commission, malgré diverses observations qui ont été discutées, nous avons été unanimement d'accord pour présenter au congrès le rapport que je viens de vous lire, avec ses conclusions. Seulement, la sous-commission avait reçu un peu trop tardivement, par le camarade Perrot, une résolution que nous n'avons pas pu examiner à fond, mais je dois reconnaître aussi que le cama·rade Perrot n'est pas responsable. Il s'était fait inscrire au n° 4, mais le n° 4 comptait 4 questions, c'est-à-dire toutes les lois sociales : assurances sociales, accidents du travail, les huit heures et l'inspection du travail.

Comme le camarade Perrot désirait faire partie de la sous-commission des assurances sociales, il n'a pas pu assister à la sous-commission de l'Inspection du travail. Seulement, camarades, je crois qu'il serait préférable pour le congrès d'accepter ce rapport tel qu'il est présenté par la Commission, parce que vous avez pu comprendre, quoique ce rapport ne signale pas de nombreux cas particuliers, ce que nous aurions pu faire de corporation à corporation, ou d'industrie à industrie ou de service à service, nous avons préféré présenter au congrès un rapport d'ordre général montrant aux unes et aux autres la défectuosité du service de l'inspection du travail qui existe en France, en vous apportant des conclusions ou plutôt des propositions permettant, par la suite, de trouver les moyens les plus pratiques d'aboutir à des résultats.

Et pour terminer, camarades, laissez-moi vous dire que nous aurions pu introduire dans cette proposition, du moins dans la résolution, des exigences plus grandes, mais il ne suffit pas ni pour la Sous-Commission qui a étudié cette question importante, ni pour le Congrès lui-même de formuler des exigences que nous saurions par avance ne pas pouvoir se réaliser. Je ne sais si les camarades savent les difficultés que les uns et les autres qui sont obligés, malgré eux, de faire des démarches dans certains ministères et surtout le ministère du Travail ; il est toujours assez difficile d'obtenir des résultats, mais il est toujours facile d'obtenir des promesses. Et il faut encore tenir compte d'une chose, camarades, c'est qu'il n'y a pas seulement le Ministre du Travail qui lui-même accepte les délégués, discute avec les délégués et promet quelquefois de donner suite aux réclamations justifiées formulées, mais à côté du Ministre du Travail, il y a encore la Direction du Travail qui semble être une autorité autre que celle du Ministre du Travail lui-même. (*Applaudissements.*)

C'est pourquoi, camarades, nous savons qu'il aurait peut-être fallu formuler autre chose et diverses indications nous ont été données ; seulement, après avoir examiné assez sérieusement, nous avons estimé qu'il était préférable d'indiquer seulement au congrès toute la défectuosité du service de l'inspection du travail que tous connaissent et de faire des propositions qui sont à peu près réalisables. Or c'est pourquoi, camarades, il serait préférable d'apporter des modifications nécessaires, désirées et indispensables ; il vaudrait mieux accepter le rapport avec ses conclusions, non pas pour moi-même, mais j'estime pour le travail que la sous-commission a établi. (*Applaudissements.*)

Jarrigion. — Ce n'est pas pour m'élever contre les conclusions du rapporteur, c'est tout simplement pour associer, au contraire, les cheminots à la conclusion du rapporteur. Je ne voudrais pas que, lorsque les pouvoirs publics examineront les termes du rapport, ils considèrent que le congrès confédéral a entendu uniquement viser les sections du Travail relevant du Ministère du Travail et de la Direction du Travail dépendant de ce Ministère, mais que le Congrès confédéral a entendu viser toute l'Inspection du Travail et même celle qui relève du Ministère des Travaux Publics, parce que les cheminots ont les mêmes griefs à formuler que ceux qui sont contenus dans le rapport ; que nous déplorons le manque d'inspecteurs dans les chemins de fer ; que nous déplorons qu'au dernier vote du budget, aucun parlementaire, à quelque parti qu'il appartienne, ne se soit élevé pour faire augmenter les crédits, pour développer cette inspection du travail dans les chemins de fer, comme nous le réclamions.

Et c'est dans cet esprit que je demande au congrès tout entier, et aux cheminots en particulier, de s'associer au vote des conclusions du rapporteur, étant bien entendu que dans ce rapport est visé, non seulement le contrôle dépendant du Ministère du Travail, mais également le contrôle du Travail relevant du Ministère des Travaux publics.

Le rapport est ensuite adopté à l'unanimité.

La protection de la Femme et de l'Enfant

Le Président. — La parole à Jeanne Chevenard, pour son rapport sur les lois sociales.

Chevenard. — Les militantes étant à ce Congrès et celles qui ne peuvent y assister m'ont chargée de remercier la Commission administrative d'avoir bien voulu, par son ordre du jour des lois sociales, permettre de faire entendre ici la voix des femmes et en même temps de présenter devant le Congrès pour la première fois une question que nous jugeons, nous, de la plus haute importance : celle de la protection maternelle et infantile. Ce n'est pas dire qu'elle a été négligée au sein de la C.G.T., puisqu'elle fut présentée en 1919 à Washington, mais nous estimons que cette question ne se posait pas dans le passé avec autant d'acuité qu'aujourd'hui.

Tous les militants savent que depuis que le grand cataclysme a passé, jetant le déséquilibre dans la société, il fut principalement jeté parmi l'élément féminin.

La guerre, l'usine, ont arraché à présent à jamais, nous le craignons fort, la femme à son véritable rôle dans le foyer. Nous ne pouvons pas discuter ici les causes, ce n'est pas la place; nous faisons des constatations. Les militants craignent qu'en négligeant cette question, la plus grosse, celle de l'enfant, soit complètement négligée et jette à jamais le désarroi dans la société. La femme, dans le passé, s'occupait de l'enfant; la mère nourrissait le bébé parce qu'elle était à la maison. Aujourd'hui elle n'y est plus.

Et puis, il y a autre chose; il y a, vous me passerez le chiffre s'il n'est pas tout à fait officiel, plus d'un million de femmes seules qui, maintenant se rendent à l'usine. Il y a maintenant, sinon plus, tout au moins à chiffre égal, des naissances dites naturelles et des naissances dites légitimes. Ces enfants naturels sont jetés dans la vie sans aucun secours, plus brutalement souvent que la bête. Et nous disons, nous, que dans un pays comme le nôtre, où la législation n'a pas encore donné aucun droit à la femme il est du devoir des organisations ouvrières de s'occuper de protéger la mère et l'enfant.

Je voudrais bien surtout attirer l'attention du Congrès de ne pas voir dans notre intervention l'encouragement à la natalité. Non, nous ne pouvons encourager la natalité tant que la situation de la mère et de l'enfant sera ce qu'elle est, tant que pèseront sur les berceaux les menaces de guerre. (*Applaudissements.*)

Mais il est un fait et une constatation, c'est qu'il est des enfants qui naissent chaque jour dans la classe ouvrière. Nous ne parlons de rien qui nous soit étranger; c'est notre profit à nous, les travailleurs de tous les sexes, que nous apportions à cette tribune la question de la naissance, dans la classe ouvrière, des enfants légitimes ou non qui, à tous les points de vue, pour nous, sont égaux et que nous devons défendre et que la société n'a pas encore songé à défendre.

Il y a en effet, quelque chose d'inique quand on songe que l'on donne à la femme pour se reposer, aujourd'hui, quatre semaines avant couches et quatre semaines après, 50 centimes par jour! Et encore, pour les avoir faut-il que son mari ne gagne pas plus de 18 à 20 fr. par jour? La loi, jusqu'à ce jour, disait : Nous demandons à la mère de se reposer pendant ces huit semaines. Et nous répondons, nous, elle ne se repose pas parce que la société ne lui permet pas de se reposer; le coût de la vie, vous le connaissez comme nous; quand on vient dire à une femme à l'usine qui gagne 16, 18 ou 20 francs par jour : tu vas te reposer, parce que demain va venir une nouvelle bouche à la maison, une bouche qui va coûter énormément, tu te reposeras, mais nous, nous te donnerons 50 centimes pour ce repos et pour ton enfant qui va venir.

Nous estimons que c'est une iniquité. Lorsque l'enfant est là, on offre à la mère, et cela il n'y a pas longtemps, par la loi Strauss, une aumône, 15 francs si elle allaite son enfant. Encore faut-il et c'est là une lacune de la loi Strauss qui pourtant a apporté une modification, faut-il pour toucher ces quinze francs qu'elle ait eu droit auparavant au secours de maternité, c'est-à-dire qu'elle soit employée à l'usine et qu'elle ait un certificat qui prouve qu'elle ne peut pas continuer à travailler.

Nous disons que cette situation ne peut pas continuer, quitte à collaborer pleinement avec qui que ce soit. C'est mon opinion et celle de plusieurs femmes; nous demandons que cette situation change, que la mère ait d'abord comme premier droit, celui de se reposer comme le fait toute bête à l'étable, quand elle est en état de gestation. Qu'elle ait, pour cela, tous les soins qui lui sont dus et tout l'argent nécessaire pour subvenir aux soins médicaux et chirurgicaux. Et puis, nous demandons que la maternité devienne fonction sociale et soit reconnue comme telle et que l'on donne à la mère, quelle qu'elle soit, fille ou femme c'est une mère devant laquelle nous devons nous incliner, que l'on donne à la mère le moyen de nourrir son enfant.

Et, camarades, on pourrait nous répondre ce que l'on m'a déjà dit :

il y a bien des choses de faites. En effet, il y a des choses de faites pour ce bébé. Il y a de grandes firmes capitalistes qui, pour tenir la femme à l'usine, ont créé des pouponnières, des crèches et je vous représente immédiatement le tableau. La mère est devant une machine, quelle qu'elle soit, elle est en sueur; elle quitte son travail, puisque la têtée doit être donnée toutes les heures ou toutes les deux heures; toute en sueur, elle va porter ce lait épuisé à un enfant qui l'attend dans une crèche.

Nous estimons, nous les mères, nous les femmes, que c'est encore une iniquité de notre société. Nous ne demandons pas la disparition immédiate de ces crèches; ce serait une erreur. Il faut essayer de guérir petit à petit, quand on ne peut pas faire autrement. Démolir les crèches à présent, ce serait une iniquité; il faut les laisser jusqu'à ce que d'autres remèdes soient apportés. Les crèches faites dans l'usine ne sont pas quelquefois les plus terribles; celles qui existent dans beaucoup de quartiers des grands centres où la mère porte son enfant avant d'aller travailler. Je prends l'hiver, la mauvaise saison assez longue, la mère se lève à 5 h. 1/2 du matin (dans beaucoup de centres, on rentre à l'usine à 7 heures), on réveille le bébé à 6 heures, on lui fait parcourir quelques kilomètres au froid, à la neige; on l'apporte à la crèche, il s'est rendormi pendant ce laps de temps; on arrive, on le déshabille, car les règles de la crèche veulent qu'on change l'enfant de vêtement lorsqu'il arrive, pour une question d'hygiène; donc, second réveil du bébé en l'espace d'une heure.

Nous disons, nous, que procréer dans ces conditions-là, c'est encore un crime à la charge de la société. (*Applaudissements.*)

A côté de cela nous parlons des enfants légitimes, mais vous me permettrez d'effleurer ici la question de la fille-mère. Passez-moi l'expression, elle m'est pénible lorsque je la prononce, car les mères sont des mères et c'est tout. (*Applaudissements.*) La fille-mère traîne sa mélancolie parmi la société, sa misère quelquefois; l'enfant, dans son sein, est déjà épuisé car il ne mange pas à sa faim; la mère elle-même n'a pas ce qui lui faut, paria de la société, victime d'une heure de folie que nous ne pouvons pas discuter à laquelle nous n'apporterons pas de remède; victime de l'égoïsme masculin, permettez-moi de le dire en passant. (*Applaudissements.*)

Elles traînent tout de même leur misère, mais c'est surtout l'enfant qui subit cette misère pendant neuf mois. Et puis après ?

Pour ma part, étant d'un syndicat où il y a des masses de travailleurs vivant les uns au milieu des autres, je connais des femmes qui viennent me confier leur douleur et qui me disent : Où vais-je porter l'enfant que je porte ?

Parfois, quand une chienne ou une chatte vont accoucher, on prépare une corbeille capitonnée pendant que la femme elle-même n'a pas un nid pour poser l'enfant qu'elle mettra demain dans la société.

Il y a quelques maisons maternelles, et je cite ici le nom d'un homme politique; il y a des gestes qui à moi-même m'ont été chers, car ce n'est pas l'homme que je visais, c'était l'acte qu'il faisait : c'est le citoyen Herriot (*applaudissements*). Il a, lui, créé des maisons maternelles, où une femme se trouvant en état de gestation peut rentrer au bout de cinq mois de grossesse. Elle peut mettre ses pièces d'identité sous enveloppe, les remettre à un secrétariat; ces pièces sont décachetées s'il arrive un accident mortel à la mère; elle peut mettre là son bébé au monde. On la ramène et elle laisse nourrir son enfant pendant trois ans.

Nous demandons que ce progrès soit étendu et que toutes les mères aient un abri pour accoucher.

Camarades, je soulève toutes ces questions pour prouver que bien des choses ne sont pas faites dans la question maternelle, parce qu'on ne l'a pas encore étudiée. Il est arrivé ce cas terrible, c'est de voir arriver à nos permanences une pauvre fille qui, depuis trois mois, allaite son enfant au sein et qui nous dit : Voilà trois mois que je soigne ce petit, camarade Chevenard, que vais-je faire? je sors de la maison maternelle, je n'ai pas de place, pas une pièce de 5 francs !

Alors, après avoir pleuré avec la malheureuse, nous sommes, nous militantes, obligées de conclure : l'Assistance publique. Voilà les faits de la société actuelle.

Nous disons, nous les femmes de ce congrès, que nous attirons votre attention sur ces ignominies; que nous demandons à tous ceux qui sont ici de prévoir ce que sera demain. On m'a donné un chiffre que je ne veux pas croire officiel : 40 p. 100 d'augmentation d'enfants abandonnés à l'Assistance publique ! que sera la société de demain? Ce seront des parias qui auront le droit de se retourner vers nous, de se dresser, de dire : Nous ne sommes pas avec vous parce que vous ne nous avez pas connus; c'était votre devoir de nous protéger, vous ne l'avez pas fait.

Voilà pourquoi j'attire l'attention du Congrès sur cette question; il y a des milliers d'enfants qui naissent qui sont jetés à l'Assistance où nous n'avons aucun contrôle; ceci, il faut que nous l'obtenions.

Camarades, je ne veux pas tenir le congrès plus longtemps, ces quelques phrases sont suffisantes. Je vais maintenant conclure et remercier encore une fois la C.G.T. d'avoir bien voulu imprimer notre rapport, en vous demandant de le lire avec attention quand vous serez rentrés.

Nous demandons (modifications aux lois) :

1° *Aucune femme ne sera employée pendant les quatre semaines qui précèdent son accouchement;*

2° *Toutes les travailleuses, salariées ou femmes de salariés, recevront pendant la période de pré-maternité les soins médicaux et chirurgicaux gratuits, dans les hôpitaux ou chez elle, ainsi qu'une indemnité;*

3° *L'indemnité sera suffisante pour sauvegarder la santé de la mère et de l'enfant ; cette indemnité sera basée sur le salaire vital de la région.*

Ce projet de loi est du reste déposé.

Nous demandons :

1° *Que l'indemnité soit, comme en 1904, en rapport avec le mois de nourrice. Exemple : pour notre région (Lyon), l'indemnité serait de 150 fr. par mois.*

Aujourd'hui, à force d'avoir protesté, on a fini par mettre à 50 fr. le secours d'allaitement, et le mois de nourrice le plus petit est de 150 fr. Inutile de vous dire pourquoi il y a tant d'enfants abandonnés.

2° Que soit supprimé l'illogisme actuel qui diminue le secours d'année en année, estimant que plus l'enfant grandit, plus il coûte ;

3° Que soit envisagée la création de pouponnières et d'œuvres spéciales pour abriter l'enfant de trois à six ans, période où il n'est plus admis à la crèche, ni à la pouponnière, pas encore à la maternelle et reste entièrement à charge à la mère dont il entrave tous travaux;

Je ne sais pas si dans la région parisienne vous avez quelque chose. Renseignements pris, nous avons appris qu'il n'y avait rien ou presque pour les enfants de trois à six ans. Il y a des pouponnières jusque-là; les maternelles ne les prennent qu'à six ans; l'enfant reste ainsi à la charge de la mère de trois à six et lui coupe les bras complètement ou bien est abandonné tout seul dans un taudis quelconque.

4° Que soient enfin nommées par le Gouvernement des commissions qualifiées pour étudier les questions ci-dessus et quantité d'autres qui s'y rattachent et concernant la protection maternelle et infantile.

Ceci, c'est de la collaboration que nous demandons, camarades; que voulez-vous, nous estimons qu'à l'heure qu'il est, nous ne pouvons faire autrement que d'employer tous les moyens, quels qu'ils soient, pour défendre la mère et l'enfant et nous demandons au congrès, instamment, car ne croyez pas, parce que j'apporte ces questions, que je suis la seule à les étudier ; il y a des femmes dans votre propre milieu, dans la Seine, dans la Drôme, dans tous les départements, des militantes qui correspondent, qui étudient ce grand problème de la femme et de la maternité. Nous demandons avec insistance que lorsque vous serez chacun dans votre région, vous puissiez étudier ce problème.

Reste la question financière. Nous n'avons pas pu l'étudier à fond ; la C.G.T. vous prêtera l'aide nécessaire pour étudier cela ; mais nous disons d'ores et déjà que ce sera peut-être le meilleur moyen d'arriver à un résultat immédiat : prendre ce qu'il y avait dans le passé, participation de l'Etat, du département et de la commune. C'est avec ces trois ressources que l'on payait les secours d'allaitement et de pré-maternité. Nous n'entrevoyons pas d'autre moyen que celui-ci. Et nous disons surtout que les communes pourront apporter, avec l'aide des organisations syndicales qui voudront bien étudier le problème que j'ai présenté, leur concours à cette question. Ce sera aussi un moyen de nous amener les femmes, quand elles sauront qu'elles trouveront dans nos milieux une aide à la maternité, une aide pour protéger leurs petits. Soyez sûrs que toutes les mères ont le même cœur : lorsque vous les aiderez, elles les garderont et en feront des hommes conscients.

Il faut qu'au sein de nos organisations, on crée des comités, hommes et femmes; nous sommes toujours partisans des commissions mixtes. La maternité n'exclut pas la paternité, cela intéresse l'un et l'autre : présenter aux communes les projets unanimes de partout, institution de maisons où les femmes pourront s'abriter pour mettre au monde leurs enfants qui feront, dans la classe ouvrière, des enfants sains de corps et d'esprit. (*Applaudissements.*)

Le rapport présenté par Jeanne Chevenard est ensuite adopté à l'unanimité. En voici le texte intégralement reproduit :

Depuis le grand cataclysme de 1914, le monde se débat de plus en plus dans les convulsions, le désarroi; le déséquilibre créé par la guerre; déséquilibre surtout chez la femme et l'enfant. Je ne peux croire, pour ma part, que l'harmonie, la paix, l'idéal que nous rêvons, seront donnés au monde par un chef ou une doctrine quelconque; l'idéal ne peut naître que d'une évolution morale plus haute des individus, prise au début de leur existence. Nous, femmes, rattachons les différentes étapes de la vie au début de celle-ci.

Un navire sans pilote se heurte au moindre récif. Le pilote de la vie, c'est la santé, sans laquelle l'être humain est une loque sans force, sans volonté, sans aucune capacité. On ne peut que s'étonner que le grave problème de la naissance et de la maternité n'ait pas encore retenu l'attention des pouvoirs publics, des organisations ouvrières et, soit dit en passant, des principales intéressées, les femmes.

Ces dernières pourtant y ont songé. Cette grave question fut soulevée un instant à la Conférence de Washington, où étaient présents les délégués de la C.G.T., en 1919; ce fut une lueur d'espérance, bien vite éteinte. La France et beaucoup d'autres nations n'ont pas encore, en 1925, ratifié les conventions de 1919, qui pourtant sont loin de ce qu'imposerait la moindre humanité concernant la femme et l'enfant.

Les gens de cœur qui se penchent sur ce grave problème en discernent toute l'étendue et comprennent avec nous qu'il faut y apporter le remède au plus tôt.

On crie au scandale, on condamne l'avortement, l'infanticide, on n'a jamais condamné la société qui n'accorde pas à la femme le repos accordé aux animaux.

Le professeur Etienne Martin a dit que l'avortement et l'infanticide sont des maladies sociales dont le développement invraisemblable résulte de l'état social et des troubles qu'il apporte dans les idées morales des individus qui composent la société.

Nous, femmes, déclarons que c'est essentiellement à la société que revient le devoir de soutenir l'enfant et d'aider la mère à l'élever près d'elle.

Nous considérons, d'autre part, que la maternité est une fonction sociale dont la collectivité entière profite et qu'il est légitime de demander à celle-ci de supporter les charges matérielles de la maternité, laissant à la mère les charges physiques et morales déjà considérables. Nous estimons que cet effort demandé à la collectivité n'est pas une charge, car, en protégeant la femme et l'enfant, l'on diminuera d'autant celles créées par les hospices, les sanatoriums, maisons d'incurables, chargés d'invalides, qui pèsent si lourdement sur la société actuelle.

Citer des exemples, apporter des preuves de toutes les douleurs et misères sociales qu'entraîne actuellement la maternité serait prolonger inutilement ce rapport. La Commission Féminine Parisienne, nos camarades des P.T.T., notre amie Madeleine Vernet, dans le Peuple, en ont retracé les tristes épisodes résultant de l'état actuel connu de toute la classe ouvrière, puisque c'est sa propre existence que nous retraçons dans ce rapport qui a pour but de rechercher les possibilités d'améliorations.

Pourquoi la guérison ne se fait-elle pas après l'accouchement ?

Pourquoi les nouveau-nés n'ont-ils pas les soins indispensables à leur développement ?

Parce que les femmes ouvrières travaillent, pendant la période de gestation, jusqu'à l'épuisement de leurs forces, travail qui leur fait aborder la douloureuse épreuve de l'accouchement dans de déplorables conditions pour elles et pour l'enfant qui vient d'être nourri par un sang épuisé.

L'enfant venu, les femmes, pressées de reprendre leur travail, n'observent pas le repos indispensable pour la remise en place des organes et la plupart du temps, pour reprendre leurs occupations, renoncent à l'allaitement, ce qui constitue :

1° Pour la femme, un retard dans le rétablissement, car l'allaitement, de l'avis des docteurs, contribue à ce dernier ;

2° Pour l'enfant, danger immédiat, car le sein de la mère est pour les premiers mois absolument indispensable. Le chiffre de 12 p. 100 de mortalité infantile en est la preuve la plus formelle.

Sans vouloir s'arrêter à ce grave problème, beaucoup d'indifférents diront a priori : « La femme n'a qu'à rester à la maison et garder son enfant ! ». Ce fut un beau rêve, mais, hélas! la situation économique le permet-elle aujourd'hui?

Nous répondons : Non!

La guerre, l'usine, l'atelier, ces monstres sociaux, ont arraché la femme de son foyer ; les difficultés financières la maintiennent au dehors.

Puis, s'il est des femmes qui ont un soutien, des enfants qui ont un père, il en existe un grand nombre qui sont abandonnées — tristes épaves d'une heure de faiblesse et de l'égoïsme masculin, contre lesquels, hélas! nous ne pouvons rien! — et à qui la société doit aide et protection.

Mais, nous dira-t-on, la société y a pensé. Constatons.

Repos des femmes en couches, loi du 29 novembre 1909. — *Loi garantissant leur emploi ou leur travail aux femmes en couches; décide que la suspension du travail pendant huit semaines, dans la période qui suit et qui précède l'accouchement, ne pouvait être une cause de rupture par l'employeur, du contrat de louage ou de service.*

Loi du 15 mars 1910. — *Accorde un congé de deux mois aux institutrices en couches; les employées d'administration, des P.T.T., des manufactures d'allumettes, des tabacs jouiront des mêmes avantages.*

Enfin la loi du 17 juin 1919. — *Les savants, les médecins-accoucheurs, surtout M. le docteur Pinard, dont le rapport sur la puériculture dans ses périodes initiales fut décisif, ont puissamment collaboré à l'élaboration d'une nouvelle loi que la ténacité de M. Paul Strauss fit aboutir en 1919.*

Avantages de la loi Strauss

Secours aux femmes en couches (et quel secours !). — *La loi en laisse la fixation aux communes, mais elle ajoute : cette indemnité ne peut être inférieure à 0 fr. 50, ni supérieure à 1 fr. 50.*

Prime d'allaitement. — *Il est accordé à toutes femmes admises au bénéfice de la législation des femmes en couches allaitant elles-mêmes au sein leur enfant une allocation supplémentaire de o fr. 50 par jour pendant les quatre semaines suivant l'accouchement.*

Modifications du 24 octobre 1919, *qui accordent, en outre, à cette catégorie de mères allaitant leur enfant une allocation supplémentaire de 15 francs pendant 12 mois. Mais, hélas! trop peu de femmes profitent de ces maigres avantages, car cette assistance n'est accordée qu'aux familles dont les ressources mensuelles n'excèdent pas :*

Pour le premier enfant, 550 fr. ou 18 fr. par jour ;

Pour le deuxième enfant, 600 fr. ou 20 fr. par jour ;

Pour le troisième enfant, 675 fr. ou 22 fr. 50 par jour ;

Pour le quatrième enfant, 775 fr. ou 25 fr. 80 par jour.

Et ainsi de suite, en augmentant de 100 fr. par mois pour chaque enfant. De plus, il est ajouté au taux de base une somme de 50 fr. pour ascendant à charge.

Chiffres lamentables quand on songe au coût de la vie et qui démontrent la logique du début de notre exposé. Les besoins matériels rongent tout idéal ; femmes et enfants sont sacrifiés par la société et cette première situation n'est pas la plus lamentable. Voyons la suite.

SECOURS PRÉVENTIFS D'ABANDON

En exécution de la loi du 27 juin 1904 et des décisions consécutives du Conseil général, il est accordé aux filles-mères et aux femmes seules sans ressources :

La première année, pour l'enfant élevé au sein, 50 fr. par mois ;

Pour l'enfant élevé au biberon, 45 fr. par mois ;

Pour la seconde année, 35 fr. par mois ;

Pour la troisième année, 30 fr. par mois ;

Ces chiffres, appliqués à Lyon, sont dans les plus forts et sont inférieurs dans certaines petites communes..

Pourquoi tant d'enfants à l'Assistance publique ?

La réponse se trouve dans les chiffres ci-dessus. Joignons à cela l'égoïsme des parents, le peu de scrupules des hommes et constatons l'impossibilité pour les femmes seules de remplir leur devoir.

PLACE A LA MÈRE ET A L'ENFANT

En France, où la législation ne donne aucun droit à la mère, les organisations se doivent de la défendre et de faire cesser l'iniquité qui pèse sur la mère et l'enfant : ce sera pour nous le plus sûr moyen de préparer une société nouvelle.

On crée des musées pour garder avec un soin jaloux tous les objets d'art; de savants botanistes sélectionnent les plantes et les fleurs, pour obtenir des sujets de plus en plus beaux; on dépense sans compter pour transporter flore et faune de tous pays dans des parcs zoologiques magnifiques qui, indiscutablement, ont une utilité éducative, mais pas comparable avec l'utilité d'une belle race humaine.

Occupons-nous de cette espèce dans le sein même de la mère ; veil-

lons à l'intelligence et à l'âme de l'enfant dès sa naissance; imposons la création de maisons maternelles où la femme trouvera gratuitement le repos indispensable, des pouponnières, des écoles de puériculture pour l'éducation de la femme, et imposons les modifications aux lois de protection maternelle et infantile.

CONCLUSIONS. — PROPOSITIONS DE MODIFICATIONS AUX LOIS

1° Aucune femme ne sera employée pendant les quatre semaines qui précèdent son accouchement ;

2° Toutes les travailleuses, salariées ou femmes de salariés, recevront pendant la période de pré-maternité les soins médicaux et chirurgicaux gratuits, dans les hôpitaux ou chez elles, ainsi qu'une indemnité;

3° L'indemnité sera suffisante pour sauvegarder la santé de la mère et de l'enfant ; cette indemnité sera basée sur le salaire vital de la région.

Nous demandons : 1° Que l'indemnité soit, comme en 1904, en rapport avec le mois de nourrice. Exemple : pour notre région, l'indemnité serait de 150 francs par mois; .

2° Que soit supprimé l'illogisme actuel qui diminue d'année en année, estimant que plus l'enfant grandit, plus il coûte;

3° Que soit envisagée la création de pouponnières et d'œuvres spéciales pour abriter l'enfant de trois à six ans, période où il n'est plus admis à la crèche ni à la pouponnière, pas encore à la maternelle et reste entièrement à charge à la mère dont il entrave tous travaux ;

4° Que soient enfin nommées par le gouvernement des commissions qualifiées pour étudier les questions ci-dessus et quantité d'autres qu' s'y rattachent et concernant la protection maternelle et infantile.

Nous tenons à faire remarquer que nous n'apportons dans ce rapport aucune critique contre l'ensemble des œuvres privées qui, d'ores et déjà, s'occupent de la mère ou de l'enfant ; nous ne pouvons que désirer voir s'étendre leur action, mais devant l'étendue des maux à combattre, nous sommes bien obligées de constater qu'elles n'apportent que de maigres palliatifs et dont ne profite qu'une infime partie de la collectivité.

LE PRÉSIDENT. — La parole est à Germaine Jouhaux.

GERMAINE JOUHAUX. — Camarades, après le brillant exposé que vient de vous faire notre camarade Jeanne Chevenard, je ne veux pas retenir votre attention. Je dois cependant, au nom du syndicat que je représente, vous donner connaissance d'une motion que nous vous demandons de retenir et d'approuver.

Voici cette motion :

La Chambre syndicale des sténographes de Paris approuve dans toute sa portée sociale et humanitaire le rapport présenté par la camarade Jeanne Chevenard.

Elle estime, en effet, que les femmes jetées dans la lutte économique depuis la guerre, avec la même âpreté que les hommes, doivent être défendues sur le même pied d'égalité, avec la même ardeur que les tra-

vailleurs, et par une action appropriée à leur situation spéciale de travailleuses, de mères et d'épouses.

Dans l'intérêt même de la natalité française et pour assurer d'autre part à notre race et à notre mouvement ouvrier un rehaussement de sa force, il est indispensable qu'elles puissent elles-mêmes élever leurs enfants, en restant au foyer, tout au moins pendant la période de l'allaitement, puisqu'il a été prouvé que la mortalité infantile augmente du fait qu'elles sont dans l'obligation de renoncer de plus en plus à leurs fonctions de mère, auxquelles cependant elles tiennent avant tout.

Nous demandons à la Confédération Générale du Travail d'intervenir dans son action pour signaler à l'opinion publique les revendications de la femme travailleuse.

En l'absence de garanties, et en présence d'une société se refusant obstinément à assurer sa tâche, la Chambre Syndicale des Sténo-Dactylographes de Paris s'élève contre les campagnes scandaleuses de la bourgeoisie en faveur de la natalité.

Cette motion est approuvée à l'unanimité.

Le mouvement ouvrier et le sport

PIERRE MARIE. — La Fédération Sportive du Travail m'a chargé de vous lire la lettre suivante :

Aux camarades délégués au Congrès confédéral,

La Commission administrative de la C.G.T. a reçu l'hiver dernier une délégation de la Fédération Sportive du Travail venue l'entretenir de l'Education physique et des questions sportives se rattachant au recrutement de la jeunesse.

A cette occasion, elle a bien voulu assurer notre Groupement de son appui.

C'est pourquoi nous nous permettons de faire appel aux délégués des Fédérations de Métiers et des Unions départementales pour leur exposer brièvement nos buts et l'aide que nous espérons d'eux :

Les statistiques montrent que la santé publique, loin de s'améliorer, serait plutôt en déclin. Les chiffres en font malheureusement foi. Cent mille Français meurent chaque année de maladies de poitrine (rapport du citoyen Brenier, sénateur socialiste) ; 11 p. 100 des enfants de moins d'un an ont succombé l'an dernier (statistique publiée par le Peuple) ; dans certains départements, près de 50 p. 100 des conscrits ont été, cette année, soit ajournés, soit réformés, soit versés dans l'auxiliaire. A cela nous devons ajouter les nombreux cas de déformations corporelles résultant de la spécialisation et de la taylorisation des métiers.

La culture physique et la pratique raisonnée des sports sont les remèdes indiqués pour combattre cet état de choses.

Mais il semble que la vogue actuelle des sports qui, depuis quelques années, a pris une grande ampleur auprès de la jeunesse, n'ait pas répondu aux espoirs fondés, car la grande majorité des jeunes gens ne voient dans le sport que le côté spectacle et cherchent uniquement à y briller, sans se préoccuper de pratiquer, au préalable, la culture physique nécessaire pour mettre leur corps en état de supporter des efforts plus ou moins violents.

Chose non moins grave, les bourgeois et les cléricaux qui ont vite compris l'essor qu'allaient prendre les questions sportives parmi la jeunesse ont créé des clubs, des patronages où, sous couvert d'exercices physiques, ils attirent à eux les enfants des prolétaires.

Il y a là à nos yeux, si nous n'y prenons pas garde, un sérieux danger : des manifestations, encore présentes à la mémoire de tous ont prouvé que les réactionnaires étaient capables, à l'occasion, de mobiliser des effectifs nombreux.

Il importe, pour l'avenir, dans l'intérêt même du syndicalisme, en vue de préparer le recrutement futur, que la jeunesse qui se tourne tout entière vers la pratique des sports, soit appelée à prendre place dans une organisation véritablement prolétarienne.

La Fédération Sportive du Travail remplit les conditions nécessaires pour remplir cette tâche, c'est pourquoi nous faisons appel à tous les délégués pour que, parmi leurs Fédérations, leurs syndicats, leurs Bourses du Travail, leurs Unions départementales et locales, ils lancent un appel en notre faveur pour essayer de créer des clubs de la F.S.T. là où il n'en existe pas pour soutenir ceux qui vivent déjà.

Nous ne nous dissimulons pas la difficulté qu'il y a à demander à des camarades déjà surchargés de besogne un effort supplémentaire, mais nous le croyons nécessaire, indispensable même ; il serait inadmissible que les bourgeois et les cléricaux aient une emprise sur la jeunesse pour l'orienter vers les idées de réaction que nous combattons tous ; il serait inadmissible surtout que les organisations ouvrières avouent leur carence et abandonnent la direction de cette jeunesse aux groupements réactionnaires.

Il y a quelques mois, le rédacteur littéraire du Peuple déplorait que le prolétariat n'ait pas son théâtre avec un répertoire à lui. Il y a quelques semaines, toujours dans le Peuple, le citoyen Chastanet regrettait que nous n'ayons su nous constituer une littérature nettement ouvrière. Allons-nous maintenant déclarer aussi forfait pour les œuvres de jeunesse ?

Enfin, nous contribuons, dans la mesure de nos moyens, à l'organisation des loisirs ouvriers.

La Commission administrative de la F.S.T. est à la disposition de tous les groupements syndicaux qui voudraient bien s'adresser à elle et fournira tous les renseignements nécessaires pour la fondation de clubs, l'organisation de terrains de sports, les cours de culture physique, etc...

Ce qu'elle demande, ce ne sont pas seulement des subventions qui, évidemment, l'aideraient dans sa propagande, mais c'est surtout une action concertée des militants ouvriers pour l'organisation de la jeunesse dans un cadre prolétarien, organisation qui, malgré différents efforts, n'a pas abouti jusqu'ici.

Elle sait que la tâche sera longue et difficile, mais elle a confiance dans l'avenir, si les militants de la C.G.T. veulent bien l'aider et la soutenir.

Et, croyant que pour le moment il est nécessaire de porter l'effort en vue du recrutement dans les régions où elle est déjà établie : Nord, Aisne, Somme, Seine, Seine-et-Oise, Seine-et-Marne, Loire-Inférieure,

Gironde, Marne, Jura, Ain, Haute-Savoie, elle se propose de donner aux organismes syndicaux de ces régions toutes indications nécessaires sur les moyens de l'aider.

Espérant que cet appel sera entendu, elle vous adresse, avec ses vifs remerciements, ses fraternelles salutations.

Pour la Commission Administrative,

Le Secrétaire fédéral :

MARIE.

Je ne ferai pas de commentaires ; je vous demande simplement de réfléchir à ce que je viens de vous lire et de ne laisser passer aucune occasion de nous aider. Je vous en remercie à l'avance.

LE PRÉSIDENT. — Nous serons unanimes à inviter les jeunes syndiqués, les jeunes travailleurs que nous avons l'occasion de voir, auxquels nous pouvons causer, à apporter leur effort-en faveur du sport à la Fédération Sportive du Travail.

Les Huit heures

BIOT. — La question dont je suis chargé au nom d'une sous-commission de la commission générale des lois sociales, est une question assez importante : c'est celle de la loi du 23 avril 1919.

Je ne crois pas nécessaire de rappeler devant le congrès la nécessité qu'il y a pour nous d'attacher tous nos efforts à la défense intégrale du bénéfice moral qu'apporte dans la classe ouvrière la réduction de la journée de travail.

La commission chargée d'examiner cette question a tenu tout d'abord à enregistrer, et cela non sans une certaine satisfaction, que les arguments patronaux qui se sont de tout temps opposés au principe même de l'application de cette loi, sont reconnus non seulement d'une valeur discutable, mais sont reconnus comme dénués de la moindre valeur, cela non pas par des affirmations émanant des organisations syndicales, cela par des enquêtes officielles menées par les services du Ministère du Travail dont l'une répond d'une façon péremptoire à l'argument de mauvaise qualité qui était opposé lorsqu'on discutait de cette loi.

L'on prétendait, du côté patronal, qu'augmenter les loisirs de la classe des travailleurs, c'était diriger ces travailleurs vers le cabaret ; c'était en somme apporter un facteur nouveau d'avilissement de la race.

Nous sommes heureux qu'une enquête officielle, menée par un Gouvernement bourgeois a dû apporter, dans ses conclusions, la réponse que nous n'avions cessé de donner par avance, en enregistrant que, depuis l'application de la loi du 23 avril 1919, l'alcoolisme est en régression sensible dans toutes les catégories de travailleurs.

Nous avons voulu également marquer dans notre résolution que l'argument qui consistait à dire que si la réforme qui était alors préconisée avait quelque chose de bon en elle-même, il ne fallait pas ignorer que la guerre avait pesé lourdement sur notre pays et qu'au sortir de la guerre, nous n'étions pas dans des conditions économiques nous permettant de réduire notre production. Une autre enquête du Ministère du Travail portant également sur ce point, a été obligée d'enregistrer que partout, dans la classe patronale où l'on avait consenti à rompre avec toutes les vieilles routines, où l'on avait consenti à ne pas méconnaître le progrès apporté par le développement mécanique, partout où l'on avait consenti l'effort nécessaire d'adaptation de la production aux conditions nouvelles, la journée de huit heures n'avait pas eu comme conséquence une réduction de la production, mais au contraire, et dans bien des cas, une augmentation de la production elle-même.

Ce sont deux points que nous tenions à signaler.

Ceci dit, et sans abuser de vos instants, la Commission n'a rien négligé dans l'examen de l'application actuelle de la loi. Elle n'a pas méconnu la manière imparfaite et la procédure extrêmement lente ; elle n'a pas méconnu non plus qu'au cours de cette procédure, on ne cesse, du côté gouvernemental ou administratif, de manifester des complaisances que nous ne sommes pas disposés à tolérer plus longtemps, pour les arguments fournis du côté patronal dans le but d'obtenir de multiples dérogations et cela sous différentes formes, de telle sorte que dans l'application de la loi elle-même, on aboutit à méconnaître l'esprit du législateur et à rendre légale, par des règlements d'administration publique trop élastiques, la violation même de la journée de huit heures.

Nous n'avons pu inclure dans notre résolution tous les cas particuliers qui nous ont été signalés. Nous avons tenu cependant à prévenir l'abus inadmissible qu'on fait d'un article de la Convention de Washington qui dit que pour certaines catégories d'industries, la semaine de travail pourra atteindre 56 heures. On a traduit cela, dans notre pays, pour certaines industries, par des règlements d'administration publique qui, enfin, aboutissent à faire exécuter aux travailleurs l'équivalence de 365 fois 8 heures par année, apportant ainsi la preuve que le repos hebdomadaire n'est pas appliqué à bien des catégories de travailleurs.

Nous avons relevé également l'abus que l'on faisait dans certaines autres industries ayant des services soi-disant intermittents, terme employé pour nos camarades cheminots pendant un moment, modifié aujourd'hui par le terme « inaction »; on aboutit par ce système au résultat suivant qui consiste à retenir hors de chez lui, sous la tutelle patronale, dépendant de son patron, un homme pendant quatorze heures par jour pour l'équivalence de huit heures de production.

Ceci dit, je crois que c'est suffisant pour indiquer au congrès qu'aucun point particulier n'a échappé à la Commission. Elle s'est efforcée de condenser toutes ces critiques, d'appeler une action nouvelle sur la question, en enfermant l'ensemble de cette question dans des considérations générales.

Je vais donc, camarades, pour conclure, me contenter de vous donner lecture de la résolution préparée en vous demandant, au nom de la Commission, de bien vouloir la ratifier :

Le Congrès, après s'être livré à un examen sur la journée de huit heures et sur l'application qui en est présentement faite dans les différentes industries, reconnaît tout d'abord que l'action tenace et continue qui fut menée par la C.G.T., tant sur les pouvoirs publics que sur l'opinion, a eu comme résultat de briser l'opposition systématique que n'avaient cessé de manifester contre le principe même de cette importante réforme, toutes les forces patronales.

C'est ainsi que l'expérience de l'application, même imparfaite, de la loi, constitue la réfutation la plus probante de la non-valeur des arguments opposés de tout temps par le patronat contre cette importante réforme.

En effet, des enquêtes officielles menées par le ministère du Travail apportent dans leurs conclusions que du fait de l'application de cette réforme, l'alcoolisme est en régression et que dans toutes les industries où l'on a consenti à rompre avec les vieilles routines en adoptant dans les moyens de production les progrès du machinisme, la production, loin d'avoir été réduite, a été sensiblement augmentée par l'application de la journée de huit heures.

Le Congrès enregistre que la Convention de Washington sur la journée de huit heures a été ratifiée par le parlement français et il espère que les raisons qui ont été données pour le conditionnement de cette ratification ne tarderont pas à tomber, du fait de l'action que se devront de mener les mouvements ouvriers des différents pays en faveur de la ratification par leur groupement de cette même convention.

Sur ce point particulier, il engage la Fédération Syndicale Internationale à intensifier son action en vue de l'obtention du point précité.

Le Congrès ne peut cependant pas ignorer que la procédure employée pour rendre applicable dans chacune des industries la loi du 23 avril 1919, aboutit en fait à l'édification du règlement d'administration publique qui, par les dérogations qu'ils contiennent, amoindrissent les effets de cette loi et la rendent même, dans certains cas, inopérante.

Considérant qu'il y a là la mise en pratique de certaines complaisances qui aboutissent en fait à la méconnaissance de l'esprit du législateur par la négation même de la loi, le Congrès s'élève véhémentement contre les prétentions patronales et les complaisances gouvernementales qui consistent à introduire dans les règlements d'administration publique fixant les modalités d'application de la loi de huit heures, des heures de dérogation et de récupération dans les stipulations particulières pour les services intermittents de certaines industries, dispositions qui se traduisent par une violation rendue légale de la loi du 23 avril 1919.

Il tient également à protester avec la dernière énergie contre la survivance d'un décret du 31 août 1910 portant dérogations de la loi sur le repos hebdomadaire qui, en se conjugant avec les dérogations prévues dans les règlements d'administration publique, dérogations très abusives dans la plupart des cas, obligent les travailleurs des usines à feu continu, les patrons étant couverts par la loi, à accomplir l'équivalence de 365 fois 8 heures par année.

En conséquence, le Congrès décide que la C.G.T. se doit de faire toutes interventions utiles pour que l'esprit du législateur qui a présidé à l'édification de la loi du 23 avril 1919 ne soit pas plus longtemps méconnu et que le parlement se préoccupe également du respect intégral d'une loi par lui votée

D'autre part, il invite toutes les Fédérations d'industrie à intensifier *leur action dans le but de dénoncer les règlements d'administration publique en raison des nombreuses dérogations qu'ils contiennent, celles-ci se conjugant avec la complicité de l'inspection du travail, aboutissant en fait à la violation formelle de la loi.*

Cette résolution est adoptée à l'unanimité.

Le vote sur le Rapport Moral

Pendant la discussion des rapports le camarade Barthe, rapporteur de la Commission des scrutateurs sur le vote du rapport moral, avait donné connaissance du vote sur le rapport moral :

Syndicats votants : 1.659.
Suffrages exprimés : 4.128.

Ont voté pour : 1.628 syndicats représentant 4.020 suffrages. (*Applaudissements.*)

Ont voté contre : 15 syndicats représentant 53 voix.

Se sont abstenus : 16 syndicats représentant 48 voix.

SAMEDI 29 AOUT 1925
Séance du matin

Président : SAVOIE (Alimentation).

Assesseurs : Mme RENARD (Modiste); HUYGHE (U.D. du Nord).

Les accidents du travail

La séance est ouverte par la lecture du rapport suivant, présenté par le camarade Quillent :

La réunion de la sous-commission a été nécessitée par le dépôt de propositions d'amendement au projet de modifications à apporter à la législation, ayant pour objet la réparation due aux accidents du travail et aux malad es professionnelles.

Cette législation, qui a débuté par la loi du 9 avril 1898, a déjà subi de nombreuses retouches; pourtant elle est loin de donner satisfaction aux aspirations légitimes de ceux qui, chaque jour, paient de leur sang et de leur vie leur tribut à l'enrichissement de la Société et aussi du patronat, et même des Compagnies d'assurances.

Les victimes du surmenage toujours grandissant qu'imposent aux travailleurs des conditions de travail peu en rapport avec les exigences du progrès et leurs ayants droit sont en droit d'exiger des réparations plus équitables, plus humaines que celles que la loi leur a concédées parcimonieusement jusqu'à ce jour.

La Confédération Générale du Travail a présenté aux pouvoirs publics un projet de réformes des plus urgentes, élaboré par son Conseil judiciaire, après enquête auprès des organisations confédérées et de la Fédération des Mutil és du Travail.

Le ministre du Travail précédant le ministre actuel, M. Justin Godart, a déposé sur le bureau de la Chambre des députés un projet de loi qui s'est inspiré, dans une certaine mesure, de celui élaboré par la Confédération. Ce projet est à l'étude de la Commission parlementaire compétente. C'est dire que nous ne tenons pas encore ce qu'il promet.

Nous pensons que les organisations ouvrières doivent faire entendre leur voix, et assez haut, afin de secouer la torpeur des législateurs. Nous serions bien naïfs si nous attendions sagement que nos protecteurs légaux satisfassent nos désirs, si légitimes qu'ils soient.

Quelle que soit la nuance de l'opinion que reflètent les groupes du Parlement, ceux qui les composent s'intéressent plus volontiers aux questions de politique pure — si l'on peut employer ce qualificatif — qu'à celles qui ont pour objet l'amélioration du sort du prolétariat.

Le Congrès confédéral, qui représente les travailleurs, leur doit son intervention énergique en vue d'obtenir ce qui leur est dû, et spéciale- ment la compensation du préjudice qu'ils éprouvent ou que subissent les leurs quand un accident vient les terrasser pour un temps ou à jamais.

N'oublions pas que plus d'un million de travailleurs sont chaque année, en France, victimes d'accidents plus ou moins graves, et, si cette question est moins passionnante que les luttes d'autre nature qui excitent nos nerfs, elle est loin d'être négligeable.

Nous ne rentrerons pas, ce serait fastidieux, dans le détail des modifications demandées; le projet élaboré par la C. G. T. ayant été répandu dans les Fédérations et Unions de syndicats confédérés, les militants qui sont ici savent tant soit peu en quoi il consiste. Nous nous bornerons à dire que tout d'abord la législation des accidents du travail doit être étendue à tous les salariés, même à ceux qui effectuaient un essai au moment où ils furent accidentés sans condition de salaire, même à ceux qui, étant incarcérés pour quelque motif que ce soit, sont victimes d'un accident au cours du travail qui leur était imposé, en les assimilant aux travailleurs libres.

Nous demandons que la loi ne permette plus d'excepter certains accidents pour le motif qu'ils sont dus « aux forces naturelles » telles que le vent, la foudre, le soleil, les inondations, etc...

Tout travailleur frappé au cours de son travail doit bénéficier de la loi, sans aucune exception, ce qui empêchera des décisions de justice arbitraires reposant sur le degré de violence du vent, de l'ardeur du soleil ou de l'impétuosité des eaux.

Outre les accidents, toutes les affections dont sont atteints les travailleurs de toutes catégories au cours de leur travail doivent au plus tôt, être classées au nombre des maladies professionnelles et donner droit aux indemnités légales.

La loi doit assimiler aux chefs d'entreprises les particuliers qui font exécuter des travaux pour leurs besoins personnels sous leur direction, d'autant plus que ces travaux sont généralement exécutés dans des conditions offrant moins de sécurité pour les ouvriers.

Les mêmes avantages doivent être dus aux ouvriers accidentés aidant d'autres ouvriers au lieu d'être au service d'un patron. Ces indemnités devant être à la charge de la Caisse des retraites.

Nous demandons qu'il soit tenu compte de toutes les incapacités, même minimes, car ce qui peut paraître sans importance pour certaines professions, peut nuire à un ouvrier que les circonstances obligent à changer de métier.

Egalement, nous désirons que les indemnités afférentes aux grosses incapacités, soient majorées.

Que les médecins experts soient assistés d'experts techniques car les docteurs en médecine et en chirurgie ne connaissent pas toutes les exigences de chaque profession.

Notre sous-commission s'est ralliée à une proposition émanant des syndicats du Nord tendant à ce que la compagne libre d'une victime décédée d'un accident soit substituée à la femme légitime lorsqu'il est établi que l'union que la loi n'a pas consacrée existe au moins depuis trois années. En pareil cas, nous estimons que la mort du compagnon préjudicie à la compagne illégitime et non à l'épouse légale puisque le mariage, en fait, avait cessé d'exister.

Cette conception heurtera fortement les gens imbus du droit officiel, mais elle se réclame de la logique et de l'équité qui devront de plus en plus se substituer audit droit.

Nous demandons une majoration de la pension totale due aux orphelins mineurs jusqu'à concurrence du salaire total de leur auteur au lieu de la limite actuelle à 40 et 60 p. 100.

Nous voulons voir attribuer aux ascendants des accidentés morts des suites de leur accident, quand il n'y a ni conjoint ni enfant mineur, une rente de 10 p. 100 du salaire de la victime, sans qu'ils aient à prouver qu'ils étaient à sa charge, car s'ils ne s'y trouvaient pas à ce moment, ils sont en droit de prétendre qu'ils escomptaient dans l'avenir l'aide de leur enfant. Cette prétention est plus fondée depuis qu'existe la loi contre l'abandon de famille.

Notre sous-commission a encore admis une suggestion de nos camarades du Nord ayant pour objet de faire allouer aux ascendants directs — père et mère — d'une victime décédée avant l'âge de 18 ans, étant célibataire, une pension viagère égale pour chacun d'eux au dixième du salaire de leur enfant. La durée de cette pension ne dépasserait pas le nombre d'années dont était âgée la victime, au moment de l'accident. Ainsi, l'accidenté ayant 18 ans, la pension serait allouée aux parents jusqu'à concurrence de 18 années. Les auteurs de cette proposition trouvent équitable que les parents qui ont fait des sacrifices pour élever un enfant jusqu'à un âge où il ne leur rapporte rien soient dédommagés.

Des mêmes auteurs, une proposition est adoptée en vue de donner les mêmes droits aux personnes qui, n'étant ni le père ni la mère, ont élevé l'enfant.

Aussi, une disposition légale attribue aux œuvres de rééducation professionnelle, à la charge de l'assureur, le montant du capital qu'il aurait dû exposer pour indemniser certaines catégories d'ayants droit lorsque la victime est décédée sans héritiers de cette nature.

En plus des rentes d'incapacités permanentes, les mutilés auraient droit à la fourniture des appareils de prothèse nécessaires et à leur renouvellement.

En ce qui concerne les frais funéraires, nous demandons qu'en outre de l'indemnité fixée par la loi pour les cas ordinaires, l'assureur supporte les frais de transport du corps quand l'accident survient à un ouvrier en déplacement.

Nous demandons que les accidentés atteints d'incapacités de nature à les obliger à changer de profession, soient admis dans les écoles de rééducation à la charge de l'assureur et que les nouvelles facultés qu'ils pourront acquérir ne soient pas une cause de réduction de la rente proportionnée au degré d'incapacité dont ils ont été atteints.

Nous demandons des garanties pour les victimes déclarées à tort en état de reprendre le travail, tant pour éviter les expertises tardives qu'en cas de rechute d'incapacité temporaire.

Nous voulons, en ce qui concerne les apprentis et les jeunes ouvriers débutants, qu'on prenne, comme ouvrier d'assimilation de salaire, ceux ayant au moins 21 ans et exerçant leur profession depuis cinq années.

Nous demandons que pour le calcul du salaire annuel, il soit interdit de considérer les jours de grève comme chômage volontaire de l'ouvrier car, très souvent, des travailleurs sont dans la nécessité de chômer pour cette cause sans qu'il soit établi que ce fut de leur propre volonté, par exemple ceux qui étaient opposés à une grève, pour une raison quelconque, ou ceux qui subissent un arrêt de leur travail par contre-coup.

Dans la loi actuellement en vigueur, quand le salaire annuel de la victime dépasse 4.500 francs, le salaire de base est constitué — à moins de conventions plus avantageuses, qui existent très rarement — en ajoutant à 4.500 francs le quart de la différence, en général.

Nous demandons que cette limitation soit supprimée et que le salaire total serve au calcul des rentes.

Avant la loi de 1920, qui a fixé le calcul, la loi admettait le chiffre de 2.400 francs pour limite : or, aujourd'hui, en raison de la modification des taux de salaires qu'exige le coût de l'existence, le chiffre limite serait normalement, de $2.400 \times 5 = 12.000$ francs et non 4.500 francs. En outre, les assurances ont des primes calculées sur le montant des salaires versés.

D'autre part, nous demandons que pour les incapacités temporaires, l'indemnité journalière soit due dès l'accident. Ceci est de l'intérêt de l'assureur comme c'est celui de l'accidenté qui ne cherchera pas à prolonger son incapacité pour ne pas perdre les quatre premiers jours.

Nous demandons qu'aux enquêtes, devant le juge de paix et en conciliation, les intéressés aient le droit indiscutable d'être assistés d'un délégué mandaté par une organisation ouvrière.

Que l'incapacité qui ne dépasse pas 10 p. 100 ne soit pas une cause autorisant le patron à rompre le contrat de travail.

Que lorsque l'accidenté est repris à un salaire ne correspondant pas à celui qu'il recevait au moment de l'accident, sa rente ne puisse être suspendue.

Que soit considéré comme faute inexcusable de l'employeur devant faire majorer la rente, le fait d'avoir contrevenu aux règlements légaux ayant pour objet l'hygiène et la sécurité du personnel.

Nous demandons que le Conseil des accidentés et de leurs ayants droit, les médecins et avocats, aient droit à un honoraire taxé à la charge de l'assureur pour leur assistance, les médecins aux expertises et les avocats devant toutes juridictions, ainsi que le libre choix de l'avocat comme du médecin.

Que l'assistance judiciaire soit de plein droit devant toutes les juridictions.

Nous demandons que, de même que les rentes d'invalidités, les demi-salaires et les frais de traitement dus soient garantis aux victimes quand leur débiteur est insolvable. Le fonds constitué par la caisse des retraites, augmenté si c'est nécessaire, assurera cette garantie.

Nous demandons que la loi prévoie des sanctions contre quiconque influencera ou tentera d'influencer un témoin pour le détourner de son devoir. Trop souvent des témoins sont menacés de perdre leur travail et dans cette crainte, s'abstiennent d'éclairer la justice.

Nous désirons voir aboutir au plus tôt l'application véritable de la loi sur les maladies professionnelles. Depuis octobre 1919, cette loi n'a prévu que douze affections, six du fait de l'intoxication plombique et six de l'intoxication mercurielle; à part ces douze manifestations morbides portées aux tableaux annexes, toutes les autres maladies professionnelles connues, décrites depuis longtemps laissent ceux qui en sont atteints sans secours.

Il est grand temps qu'on se décide à généraliser le droit à l'indemnisation pour ce genre de victimes.

Il nous paraît urgent qu'on s'intéresse à deux autres catégories de victimes d'accidents du travail :

1° Celles qui ont été atteintes avant l'entrée en vigueur de la législation actuelle et qui n'ont pas été indemnisées;

2° Celles qui ont été accidentées dans les régions dévastées ou occupées dont les rentes ont été calculées sur des salaires payés à ce moment dans le reste du pays.

Pour ces deux catégories de victimes, comme pour celles qui furent atteintes avant 1920, il est de toute équité qu'une loi intervienne au plus tôt.

Ainsi que nous le disions au début, ce rapport, n'a trait qu'aux points essentiels de notre réclamation de modification de la loi en vigueur.

Ce que nous demandons aux membres de ce congrès qui sont l'émanation de la classe ouvrière pensante et agissante, c'est d'affirmer le désir de cette classe ouvrière de voir aboutir dans un bref délai ses revendications sur ce point qui demande l'intervention du législateur.

D'aucuns trouveront que nous sommes exigeants, que nous demandons beaucoup, que nos prétentions ne sont pas conformes aux principes du forfait contenu dans la loi de 1898 que le Code civil s'oppose à ceci ou à cela, votre commission estime qu'elle ne doit pas, que vous ne devez pas davantage être arrêtés par ces arguments que nous considérons comme empreints de sophismes. Ce qui passe aujourd'hui pour une vérité peut, par suite des circonstances, perdre demain cette qualité.

La guerre et ses conséquences ont entamé déjà bien des principes qui paraissaient immuables. La volonté des travailleurs organisés modifiera bien des conceptions sociales qu'on pouvait croire intangibles.

Ce que nous demandons n'a rien de contraire à la raison et nous devons employer tous les moyens dont nous disposons pour l'obtenir.

Nous devons agir aussi pour que cette législation, ainsi que toutes celles qui doivent donner plus de bien-être aux travailleurs, prennent un caractère international et qu'aucune distinction ne soit faite entre tous les travailleurs du monde quant à leur droit.

Il faut que ce qui a été fait en juin dernier à la Conférence internationale du Travail, à Genève, se généralise, ce qui ne peut que contribuer à l'établissement de la paix entre les peuples.

Dans cet ordre d'idées, nous devons encore demander que les créditrentiers de pensions d'accidents ou de retraite servie par une nation autre que la leur, lorsqu'ils sont rentrés dans leur pays d'origine, puissent toucher leurs arrérages à l'endroit où ils résident, sans être obligés de les toucher dans le pays débiteur.

Il semble que les Etats ayant des conventions de réciprocité doivent pouvoir trouver un mode de paiement des dits arrérages aux titulaires de ces pensions, par l'intermédiaire de leurs consulats ou autrement.

Il n'est pas pratique, par exemple, qu'un citoyen belge, accidenté en France, ayant réintégré son lieu d'origine, soit obligé de se déplacer ou de charger un mandataire de toucher pour lui les arrérages d'une modeste rente de soixante et un francs.

Nous concluons en demandant au Congrès l'approbation de ce rapport en réclamant sa réalisation rapide à qui de droit.

Ce faisant, il aura tenté de se rendre utile à la masse des travailleurs dont il se fait l'interprète, mais ce geste ne 'signifiera pas que les travailleurs ne doivent compter, pour obtenir ce qui leur est dû, que sur nos gouvernants. Que pas un de ceux qui représentent dans cette enceinte la classe productrice de toutes richesses n'oublie, ne fût-ce qu'un moment, que l'amélioration du sort des travailleurs ne peut être que leur œuvre seule.

Ce rapport étant adopté à l'unanimité, le camarade Quillent ajoute encore quelques mots :

QUILLENT. — Pendant que j'ai l'occasion d'être à cette tribune, je me permets de rappeler à tous les camarades représentant les organisations, présents dans cette salle, que le Conseil Judiciaire de la C.G.T. est à leur entière disposition pour tous les renseignements dont ils auraient besoin quand il s'agit de contestations entre des travailleurs, leurs patrons et leurs assureurs. Je vous rappelle également que la C.G.T. a fait éditer récemment une brochure à jour concernant toutes les lois relatives aux accidents du travail, et contenant en outre, quelques commentaires relatifs à la procédure devant les conseils de prud'hommes. Ce n'est pas une encyclopédie, ce n'est pas un ouvrage considérable, c'est un petit fascicule qui doit servir, non seulement aux secrétaires d'organisation qui, généralement ont d'autres documentations, mais surtout aux travailleurs. Il faut donc que vous répandiez cette brochure le plus possible autour de vous dans l'intérêt des camarades qui peuvent avoir besoin des renseignements qu'elle contient.

Les assurances sociales

REY. — Camarades ! La Commission des lois sociales que vous avez désignée au début de ce Congrès avait jugé qu'il était indispensable pour elle, pour faire un travail aussi précis et clair que possible, de se séparer en un certain nombre de sous-commissions.

Déjà, vous avez pris connaissance des rapports qui ont été établis par chacune de ces sous-commissions. En ce moment, nous avons à examiner ce que nous pouvons bien considérer comme la plus importante réforme sociale qui reste à réaliser, au moins pour ces prochaines années dans notre pays. Et je dois dire tout de suite que nous avons au moins cette fierté, en tant que Confédération Générale du Travail, de pouvoir affirmer, sans prétention excessive, que nous avons été l'organisme qui, par son activité, par ses études, par ses décisions, par les conclusions auxquelles il a abouti, a réussi à porter le plus nettement la question devant l'opinion publique, de la façon la plus raisonnable, la plus sensée et que la C. G. T. sur un terrain d'action qui lui est habituel, a réussi à surpasser l'autorité de tous les autres groupements, même de ceux que l'on pouvait considérer comme les plus forts.

C'est encore une raison pour nous de rester avec toute notre confiance en ce qui concerne l'avenir de notre organisation. Mais au moment précisément où il faut peut-être calmer certaines inquiétudes qui ont pu se manifester, répondre à certaines craintes qu'en ce qui concerne les collaborations que nous avons pu avoir avec certains éléments placés en dehors même de notre mouvement ouvrier, il est indispensable, selon nous, d'apporter quelques explications sur les difficultés que nous avons rencontrées et les résistances que nous avons dû battre.

Depuis le Congrès de 1923, où la Confédération Générale du Travail avait confirmé en quelque sorte la position qui avait été prise antérieurement sur ce problème par la Commission Administrative et le Comité Confédéral national en décidant que le projet établi par le gouvernement en 1921 pouvait être admis par le mouvement syndical français comme une excellente base de discussion, depuis ce Congrès de 1923 bien des événements se sont déroulés, et il a fallu suivre jour par jour, heure par heure, toutes les combinaisons, toutes les manœuvres, toutes les machinations au cours desquelles nous avons vu se révéler les plus extraordinaires et les plus inattendues complicités.

Et c'est sur ces points qu'il faut que nous disions toute la vérité aux représentants du mouvement ouvrier. Il faut que nous ayons cette indépendance d'esprit dans notre mouvement syndical qui n'a pas à s'arrêter à des considérations de personnes, d'intérêts politiques. Il faut que nous ayons cette indépendance d'esprit qui nous permettra de regretter l'attitude aussi bien des uns que des autres quelles que soient les sympathies que sur d'autres points, nous pouvons avoir à leur égard.

Lorsque le Congrès de la C. G. T. se prononçait en 1923 sur le projet d'assurances sociales, votait une résolution, confirmait les décisions antérieures, il se trouvait encore à ce moment, en présence d'un projet qui comportait certains minima de prestations pour les futurs assurés, et surtout qui reposait sur les principes fondamentaux et contenait des conditions techniques et générales de fonctionement qui ne pouvaient qu'être approuvées par le mouvement ouvrier.

C'est la raison essentielle qui détermina notre adhésion à ces principes, estimant néanmoins qu'il fallait réclamer plus que ce que l'on nous offrait, proclamant malgré tout, comme je vous le disais tout à l'heure, que ce projet comportait des insuffisances, des imperfections, qui ne peuvent être en aucun cas acceptées par les représentants de la classe ouvrière.

Néanmoins, nous avions devant nous un texte qui nous accordait pour l'avenir, en échange de certaines obligations financières, des secours en cas de maladie, des secours en cas de maternité, une prime d'allaitement pour les mères, une allocation ou pension pour ceux qui sont partiellement ou totalement rendus incapables de travailler, une pension pour les vieux ouvriers, des soins médicaux et pharmaceutiques, une véritable organisation d'un service public de la médecine, mais service gratuit, en un mot, un certain nombre d'avantages qui avaient comme caractère, comme tendance d'apporter enfin à la classe ouvrière française certains éléments d'apaisement, de réconfort, certains éléments susceptibles de lui permettre de se préoccuper d'autre chose en dehors de son travail quotidien, que de satisfaire à des soucis matériels. En un mot, organisation d'un vaste régime de prévoyance et de la solidarité, et je dis bien, de la prévoyance et de la solidarité parce qu'il est bien entendu que nous n'avons à remercier personne, parce que l'on ne nous fera pas un cadeau.

L'on nous accorde des avantages, mais en échange des cotisations que nous avons versées, et par conséquent le seul mérite de ce projet, c'est de nous apporter une organisation administrative qui permette la concentration des ressources et qui permet la distribution des disponibilités financières, en tenant compte des besoins les plus justes, les plus équitables de chaque catégorie de travailleurs.

Nous étions en présence de ce projet en 1921. En 1923, nous avions étudié les principes sur lesquels il reposait, nous constations que la classe ouvrière avait la possibilité d'intervenir directement dans son fonctionnement, nous enregistrions avec satisfaction que par le projet d'assurances sociales, par l'établissement de cette réforme, l'on allait peut-être enfin mettre un frein à cette ambition nouvelle, curieuse, étrange, de nos grandes organisations patronales, de vouloir ajouter à leurs fonctions de direction de la vie économique, celle de direction des œuvres sociales, et d'intervention dans les conditions familiales de leur personnel.

Et nous nous disions que c'était déjà là un gros point acquis. Il y en avait un autre que l'on évitait, je le sais. Quelle administration exagérée, je le sais, quel étatisme poussé à l'excès et que les conditions de souplesse, de fonctionnement administratif de la réforme qui était prévue nous accordait en tant qu'assurés. Non seulement le droit de regard, le droit de contrôle, mais l'intégralité des pouvoirs de gestion, des futurs organismes d'assurances sociales. Et ainsi, l'on donnait un maximum de garantie pour l'avenir.

Ce sont ces raisons essentielles qui nous avaient fait accepter le projet gouvernemental comme base de discussion.

1923. Quelques semaines après le Congrès confédéral, nous prenons connaissance d'un rapport établi par un député des Alpes-Maritimes au nom de la Commission d'Assurance et de la prévoyance sociale de la Chambre des députés. Et nous constatons à ce moment là que si l'on avait respecté les conditions réciproques de prestations à accorder aux futurs assurés, par contre, l'on avait singulièrement cédé à la pression des organisations patronales tendant à obtenir des dispositions grâce auxquelles le patronat organisé aurait pu mettre la main sur la direction des futures caisses d'assurance.

Nous nous sommes élevés contre ces dispositions, nous avons mené la campagne indispensable. La Commission administrative appelée à en discuter fut chargée d'établir un rapport, rapport qui fut répandu non seulement dans les organisations syndicales, mais partout et ne contribua pas peu certainement à l'attitude actuelle, notamment des groupements mutualistes

En tous les cas, notre position à ce moment-là était bien précise. Nous continuons à reconnaître que les principes et les grandes lignes du projet modifié par la Commission de la Chambre des députés, voté plus tard par la Chambre des députés à la fin de la dernière législature, que ces principes et conditions générales étaient toujours acceptés par nous, puisque les modifications intervenues ne portaient guère que sur des privilèges que l'on accordait au monde patronal et c'est essentiellement là-dessus que portèrent les protestations de la C. G. T.

Projet modifié, qui fut voté vous savez dans quelles conditions par la Chambre des députés, des gens qui sentent que le vent politique commence à tourner et des députés qui sont à la veille d'aller retrouver leurs électeurs pour leur demander de bien vouloir renouveler leur mandat, et des députés qui se demandent ce qu'ils vont bien pouvoir apporter comme bilan de leurs réalisations parlementaires à ceux dont ils vont essayer une fois de plus de capter la confiance. Un gouvernement qui sent, lui aussi, ce changement d'atmosphère politique et qui, un mois ou un mois et demi avant l'ouverture de la campagne électorale sème lui-même les pelures d'oranges sur lesquelles il pourra glisser, tomber, et ainsi se permettre de modifier sa constitution.

Et, en effet, le gouvernement Poincaré tombe. L'on estime nécessaire de donner un coup de barre à gauche dans la constitution des nouveaux ministères pour essayer de calmer certaines inquiétudes, de donner satisfaction à certains désirs, et quand on fait appeler certaines personnalités, ancien et futur ministre du travail, député du Nord, M. Daniel Vincent, celui-ci déclare qu'il n'acceptera d'entrer dans la nouvelle combinaison ministérielle qu'à la condition d'avoir la liberté, le mandat formel de ses collègues d'arracher au Parlement le vote immédiat du projet de loi d'assurances sociales.

C'est dans ces conditions, c'est avec cet esprit, c'est en vertu de ces combinaisons que la Chambre des députés est amenée à voter, vous savez dans quelles conditions scandaleuses, le projet sur les assurances sociales.

Nous sommes quand même en présence d'un acte parlementaire qui lie le Parlement, qui lie tous les gouvernements futurs et cela c'est quelque chose qui n'est pas négligeable et que, malheureusement, on a trop négligé par la suite, nous allons le constater.

Les élections, le triomphe du bloc des gauches, le projet transmis au Sénat, une personnalité s'en empare, en vertu même du droit, qu'a tout président de Commission, de conserver pour lui le rapport sur une question intéressant cette commission, et à peine la Commission sénatoriale de l'hygiène a-t-elle commencé l'examen de ce projet, je doute même qu'elle l'avait commencé, à ce moment-là le président rapporteur de cette Commission engage une campagne publique tendant à démontrer que le projet voté par la Chambre repose sur des bases financières et techniques inacceptables, qui ne tiennent pas, qui ne sont pas solides, qui ne sont pas défendables.

Et M. Chauveau trouvait le moyen à ce moment-là, et c'est là que l'intervention de la C. G. T. pour la première fois a eu son efficacité salutaire, M. Chauveau en critiquant les bases fondamentales du projet voté par la Chambre du bloc national, réalisait ce tour de force de satisfaire à un esprit politique, l'esprit politique de ceux qui ayant triomphé du Bloc national devaient considérer comme mauvaises, comme inacceptables à aucun point de vue les réalisations de ce Bloc national.

C'est contre cette confusion, que la C. G. T. dut prendre position, et nous avons discuté point par point l'argument, les arguments du rapporteur de la Commission sénatoriale. Nous avons rétabli la vérité à mesure qu'elle était déformée, nous avons défendu certains principes. Nous nous demandions où le rapporteur de la Commission voulait en venir. Celui-ci au bout de sa campagne mit enfin à jour un contre-projet.

Lorsque nous eûmes connaissance, grâce à certaines indiscrétions, de ce contre-projet, eh bien, il nous a suffi de le rendre public pour qu'immédiatement tous ceux qui ont une compétence en matière de mutualité et d'assurances sociales condamnent intégralement ce contre-projet.

C'est particulièrement remarquable, mais pourtant si dans les associations privées, si à la C. G. T., dans la mutualité l'on condamnait les principes que défendait M. Chauveau, il y avait une attitude du gouvernement.

Ah ! nous avons eu des documents, où nous nous sommes demandé parfois si le gouvernement du Bloc des gauches valait mieux, sur des questions comme celle-ci, que le gouvernement du Bloc national. (*Applaudissements.*)

Quand nous avons vu quelles étaient les complicités que trouvait M. Chauveau, nous avons été quelque peu écœurés, et je vous assure que si nous avions la possibilité et le temps, dans un Congrès, de vous raconter toutes les manœuvres, toutes les combinaisons auxquelles nous avons assisté, vous sortiriez de cette assemblée profondément écœurés de l'attitude de certains envers lesquels nous croyons avoir le droit d'avoir un peu plus de sympathie.

Inaction gouvernementale, complicité gouvernementale, un contre-projet établi sur des bases inacceptables, mais qui, par des services du ministère du Travail, établi par des fonctionnaires du ministère du Travail, au su du Ministre qui fournissait à M. Chauveau les documents nécessaires pour poursuivre son travail. Le ministère du Travail est en réalité celui qui a mis debout le contre-projet Chauveau et lorsque, lors du dernier Congrès confédéral national, nous allions trouver M. Herriot, président du Conseil, pour l'entretenir d'un certain nombre de questions sociales, et lorsque M. Herriot répondant à nos questions, nous disait : « Je suis complètement d'accord avec vous, je vais même plus loin que vous »; lorsqu'il ajoutait en ce qui concerne les assurances sociales : « Je prends l'engagement devant vous que le gouvernement que je préside n'acceptera jamais que le contre-projet Chauveau soit pris comme base de discussion parlementaire. »

Lorsque M. Herriot nous faisait ces déclarations nettes, nous étions obligés de lui répondre : « Nous ne doutons pas de vos bonnes intentions, de votre bonne volonté, mais nous continuons à penser que votre politique personnelle est sabotée par vos propres collaborateurs. (*Applaudissements.*)

Il y avait des leçons à tirer des difficultés que nous avons vécues. Une année de Cartel des gauches, l'on regrette que certaines circonstances aient abouti à la rupture d'une certaine politique de collaboration. Ce n'est pas notre rôle d'examiner dans quelles mesures certaines décisions de parti sont justifiées ou non. Nous sommes ici dans un Congrès de la C. G. T., mais lorsque j'examine pour ma part, la politique sociale qui a été réalisée pendant la première année de législature de la majorité parlementaire nouvelle j'ai le droit de dire sans crainte d'être démenti qu'il y a actuellement des oppositions qui se justifient, surtout par l'insuffisance de la politique sociale de la première année de législature du Cartel des gauches. (*Applaudissements.*)

Eh, oui, que voulez-vous, des camarades sont passés à cette tribune, se sont succédé ici. Vandeputte, tu as parlé de l'inspection du travail, tu as critiqué l'insuffisance de cette inspection, tu as dit qu'il fallait ajouter aux inspecteurs des contrôleurs ouvriers placés sous l'autorité des organisations syndicales. Nous sommes d'accord. Mais j'ai le droit tout de même de dire que l'inspection du travail ne rendra des fruits, ne nous donnera des résultats qu'autant qu'elle collaborera constamment avec les organisations ouvrières. J'ai le droit de dire que l'inspection du travail restera impuissante tant que les inspecteurs au lieu de s'adresser comme ils devraient le faire, aux secrétaires de syndicats ouvriers ou de Bourse du Travail, croiront qu'il suffit d'aller demander à tel ou tel ouvrier s'il a à se plaindre des conditions qui lui sont faites.

Ce que je veux dire c'est que si vraiment on avait compris les nécessités d'une politique sociale, on se serait rappelé de certaines instructions, instructions qui datent de bien longtemps, de 1903, d'un homme qui a fait son chemin, M. Millerand, et qui disait aux inspecteurs du travail : « Si vous voulez agir efficacement, au lieu de vous adresser aux ouvriers eux-mêmes, directement, qui ne vous donneront jamais aucune indication, parce qu'ils ont peur de la répression, adressez-vous aux secrétaires de syndicats et aux secrétaires de Bourse du Travail. »

Le ministère du Travail du Bloc des gauches n'a même pas été capable d'être aussi audacieux que le Millerand de 1902.

Tous ont parlé de la journée de huit heures. Même insuffisance, même tolérance, même complicité du Ministère du Travail. Toujours le même sabotage de la politique sociale qui s'imposait.

Assurances sociales, encore la même chose. Eh bien, nous disons que tout de même il y a lieu de tirer des leçons et que pour notre part, nous avons comme devoir, en tant que mouvement ouvrier, de juger ces situations en toute indépendance d'esprit, et non pas en raison de certaines situations politiques.

Nous étions en présence d'un contre-projet de M. Chauveau. Celui-ci était approuvé par qui? Par le chef du cabinet du ministère du Travail. Le ministre n'osait pas prendre position. Les principaux collaborateurs du ministre manœuvraient même dans notre propre milieu pour essayer de nous diviser sur ce point particulier et de nous faire prendre des positions contradictoires. Nous avons réussi à éviter tout cela, mais j'ai le droit de dire que quand certaines personnalités, même dans notre journal confédéral, regrettent aujourd'hui ou regrettaient il y a quelque quinze jours ou trois semaines que nous en soyons encore au troisième ou quatrième contre-projet Chauveau et qu'elles déploraient cette situation, j'ai le droit de dire que lui et ses collaborateurs sont les principaux responsables de cette situation.

Il y avait une situation qui était favorable, il suffisait pour un gouvernement du Bloc des gauches de s'adresser à M. Chauveau et à ses amis qui sont du Bloc national et de leur dire : « Quoi? que voulez-vous? élaborer un contre-projet? mais nous, gouvernement, nous vous demandons simplement de reprendre l'essentiel de ce que vos amis ont préparé et fait voter. Ce n'est pas vous, reste du Bloc national, qui pouvez tout de même prendre cette responsabilité de condamner ce que le Bloc national a fait l'année dernière. »

Il y avait une position politique à prendre, il y avait une situation favorable à exploiter. Cette situation, on n'a pas voulu s'en servir.

Nous avons réussi à triompher de tout cela, mais de quelle façon, et c'est ici que vous allez comprendre combien s'imposaient certaines collaborations. Oui, inaction gouvernementale, complicité des services ministériels et de certaines personnalités politiques. Qu'allions-nous faire? Comment allions-nous réussir à faire céder toute cette résistance?

Nous savions que la mutualité n'était pas disposée à marcher sans réserve derrière M. Chauveau et ses amis. Devions-nous en conclure que la C. G. T., officiellement, devait conclure à un accord avec la Fédération nationale de la Mutualité? Nous ne l'avons pas voulu. La Fédération nationale mutualiste elle-même ne l'aurait pas voulu, et même, s'il y a eu, sur certains points de notre territoire des ententes qui ont été réalisées, une action qui a été menée en commun, c'est à la condition que la liberté entière des organisations reste sauvegardée.

Nous ne sommes liés en aucune façon avec la Mutualité, mais il était nécessaire de rechercher tous les concours possibles. Nous les avons acceptés, tout au moins quand ils se sont offerts, et si aujourd'hui nous avons une situation plus nette c'est grâce, non seulement à notre activité, mais au fait que nous avons eu assez de confiance en nous, en la force de notre raison pour ne pas craindre certains contacts, convaincus, certains même, que nous ne pouvions que triompher des craintes, des inquiétudes de ceux qui nous connaissaient mal.

Et, en effet, nous avons tout de même abouti à quelques résultats, et la preuve c'est que maintenant, comme suite aux protestations que nous avons émises, nous sommes en présence d'un nouveau projet d'assurances sociales établi par le ministre du Travail lui-même, après consultation des représentants de la Mutualité et de la Confédération Générale du Travail, projet qui reprend une partie de nos revendications de 1921, qui rétablit l'essentiel des dispositions fondamentales du projet voté par la Chambre en 1924, projet qui, enfin, s'efforce d'écarter tout ce qui aurait tendance à favoriser la mainmise du patronat sur la direction des futures caisses d'assurance. Projet que nous étudierons au sein de la Commission administrative de la C. G. T. avec la même liberté que nous avons étudié les autres projets, mais sur lequel, déjà, nous avons à formuler un certain nombre de réserves. Il est possible qu'on nous rappelle une fois de plus que nous ne sommes jamais contents, qu'on ne sait pas comment donner satisfaction à la Confédération Générale du Travail.

Néanmoins, nous pensons que le mouvement ouvrier doit conserver l'intégralité des revendications qu'il a formulées dès qu'il a été appelé à se prononcer sur cette question des assurances sociales. Nous avions demandé, en effet, notamment, que l'assurance sociale s'étende à tous les salariés sans aucune limite de salaire. Le projet nouvellement établi nous donne satisfaction sur ce point. Nous avions demandé que les métayers soient classés dans la catégorie des assurés obligatoires. Il paraît que l'on veut nous donner satisfaction. Nous avions demandé un relèvement sensible des dons de prestation pour les assurés gagnant de faibles salaires. Là-dessus nous aurons encore de sérieuses batailles à mener. Il faut que nous fassions triompher dans la mesure du possible nos principes de solidarité.

Nous avions demandé que les pensionnés pour vieillesse bénéficient, comme toutes les autres catégories d'assurés, de la gratuité des soins médicaux et pharmaceutiques. Nous avions dit à ce sujet qu'il était inadmissible de donner cette gratuité des soins à ceux qui sont jeunes, qui sont encore capables par conséquent de travailler, pour répondre à certaines nécessités, et de la supprimer à ceux qui en ont d'autant plus besoin que leur corps est plus fatigué par les conséquences du surmenage qu'ils se sont imposé pendant toute leur existence. L'on s'efforce, paraît-il, de nous donner satisfaction. Il y a dans le nouveau projet une disposition en vertu de laquelle la charge des soins aux pensionnés pour vieillesse serait pour un tiers à la charge de ceux-ci et pour deux tiers à la charge des communes.

Nous estimons, sur ce point particulier, que du moment où l'on a déjà prévu que les communes pouvaient prendre les deux tiers à leur charge, l'on a admis par là même ce principe que les dépenses d'assistance qui sont à l'heure actuelle effectuées par des administrations communales ou départementales, doivent avoir leur compensation dans certaines charges qui seront établies en matière d'assurance sociale.

Du moment qu'on l'admet, en ce qui concerne les communes, il n'y a pas de raisons de ne pas l'admettre en ce qui concerne les départements, et puisque l'on fixe deux tiers à la charge des communes, nous demanderons que l'autre tiers, en compensation des annulations des dépenses d'assistance départementales, soit à la charge des départements.

Et ainsi, l'on aurait sans doute trouvé la solution équitable. Enfin, nous avions exigé qu'aucun privilège ne soit accordé aux groupements patronaux. Nous espérons bien obtenir satisfaction sur ce point.

En tout cas, et pour en terminer sur cette question des assurances sociales, la Commission, ou plutôt la sous-Commission, a estimé qu'il y avait lieu de maintenir intégralement les exigences du passé, mais elle a estimé aussi qu'un effort de propagande encore plus soutenu, encore plus actif qu'antérieurement, doit être poursuivi. Effort de propagande qui permettra une fois de plus à la Confédération Générale du Travail, je ne dirai pas de tirer, mais au moins de maintenir, de conserver le bénéfice moral de l'action qu'elle a menée jusqu'à ce jour. Effort de propagande, qui s'impose d'autant plus que la Mutualité, depuis trois quarts de siècle n'a jamais été aussi combative qu'elle l'est en ce moment. Et la mutualité, cela compte dans notre pays.

La Mutualité, elle a ses vingt mille sociétés; elle a ses quatre millions d'adhérents. La Mutualité, elle a dans le département du Nord ses deux cent cinquante-cinq mille cotisants à opposer à nos quelques dizaines de mille de syndiqués adhérents à notre Union.

C'est une force, et si la mutualité se montre véritablement active et combative, il faudra que de notre côté, pour sauvegarder notre autorité, notre influence, nous fassions assaut de rivalité, de concurrence avec cette formidable organisation. C'est un premier point.

Il y en a un deuxième, et sur celui-là, je ne saurais trop attirer votre attention. Entre nous, nous avons le droit de nous poser cette question qui devient de plus en plus angoissante à mesure que nous approchons de l'heure où la loi entrera en application. Comment constituerons-nous les caisses d'assurance? Comment trouverons-nous les militants qui seront capables d'administrer ces organismes et saurons-nous tirer des ressources en hommes du mouvement· ouvrier, les personnalités indispensables sans qu'il en résulte un trop profond affaiblissement des ressources qui nous sont nécessaires pour les luttes des autres questions.

C'est un problème redoutable et je vous assure que lorsque nous examinons avec un certain nombre de militants déjà compétents, déjà expérimentés dans cette matière, les difficultés qui vont naître à ce moment-là, nous ne pouvons dissimuler nos craintes, nos inquiétudes.

Ah, lorsque nous allons dans certaines corporations, lorsque nous avons l'heureuse occasion de pénétrer dans un centre minier, lorsque nous étudions le fonctionnement des caisses de secours dans cette industrie, je le dis sans vouloir trop flatter nos camarades mineurs, d'une part nous sentons jusqu'où va, aujourd'hui, grâce à l'expérience de cinquante années, leur valeur, leurs capacités d'administrateurs. Mais aussi, nous sommes inquiets parce que nous savons que pour en arriver là, il aura fallu batailler avec volonté, avec ténacité; il aura fallu apporter une étude constante, avec une énergie aussi inébranlable que celle qui les anime quand ils sont en train d'arracher des entrailles de la terre le charbon nécessaire à la vie économique.

Nous sentons qu'il y a là, même dans l'administration de ces secours, de ces caisses de secours de mineurs, la même puissance personnelle, la même force individuelle que celle que nous retrouvons même dans la fonction, dans l'exercice de la fonction professionnelle.

Mais nous nous demandons, pour le reste du mouvement ouvrier, pour les autres corporations, où nous allons, comment nous allons vaincre les difficultés? En ce moment, nous nous demandons quels vont être nos rapports avec le corps médical, avec les pharmaciens, avec le service de santé, avec les services d'hygiène en général, et nous savons que les assurances sociales ne pourront fonctionner qu'à la condition d'avoir, avec précision, établi la nature de ces rapports, avec ces catégories d'intéressés.

Eh bien ! c'est cela qu'il faut étudier, et je vous le dis en terminant, je ne sais pas, maintenant, au point où nous en sommes arrivés, si c'est un délégué à la propagande qui passe dix-huit ou vingt jours sur trente à travers le pays à faire des réunions, tantôt sur l'école unique, tantôt sur les accidents du travail, tantôt sur les huit heures, le lendemain sur les assurances sociales et qui est tenu, ses vingt jours suivants de conférencier sur tous les sujets, sur les sujets les plus divers et d'examiner, et de solutionner parfois les situations les plus compliquées.

J'en arrive à me demander à ce point de notre étude, à cet état de notre action, si c'est bien notre rôle de continuer et s'il n'y a pas lieu de demander maintenant à la Commission administrative, au bureau, de prendre ce problème de fonction, de préparation, de l'administration future des caisses d'assurance, de faire la propagande nécessaire. Nous continuerons à la faire, cette propagande, nous continuerons à traverser le pays en tous sens, à prononcer des discours, à donner des conseils lorsque c'est nécessaire, mais le travail administratif doit être préparé en ce qui concerne les assurances sociales. C'est une tâche qu'il serait imprudent de négliger aujourd'hui. (*Applaudissements.*)

Après lecture d'une résolution dont on trouvera le texte plus loin, Rey continue :

Enfin, nous en aurons terminé en rappelant que la dernière conférence internationale du Travail a été appelée à s'intéresser à cette question des assurances. Et, ici, je dois encore un renseignement au Congrès et c'est celui-ci : J'ai eu l'occasion, personnellement, d'aller à Genève, non pas à la Conférence internationale du Travail, nos services ministériels étaient trop bien organisés pour permettre que la délégation française soit composée de telle façon que notre pays puisse participer sérieusement à l'étude de cette question à la Conférence internationale. Mais j'y suis allé plus tard, j'ai eu l'occasion, là, de prendre connaissance de certains documents, de converser avec un certain nombre de personnalités que nos camarades délégués des organisations étrangères m'en excusent, je n'ai pas l'intention de diminuer en quoi que ce soit la valeur des régimes d'assurances sociales qui ont été institués dans un certain nombre de pays, mais j'ai le droit de dire ceci :

C'est que le projet établi par notre pays, par notre gouvernement, est considéré par tous les représentants des services d'assurances sociales des différents pays comme le projet le meilleur, le plus rationnel qui ait jamais été établi.

C'est l'opinion de personnalités comme le ministre du Travail de Tchéco-Slovaquie, c'est l'opinion de personnalités comme le directeur des assurances sociales de Berlin, c'est l'opinion de certains spécialistes d'Italie, d'Espagne, d'Angleterre, et l'on se trouvait en présence de cette situation assez curieuse à la Conférence internationale de 1925, qu'alors que la France était réputée à travers le monde comme étant l'auteur du meilleur projet d'assurances sociales qui ait jamais été établi, n'y était même pas représentée, sinon par notre camarade Jouhaux, qui s'était sacrifié pour cela au sein de la Commission spécialement chargée d'étudier cette question.

Il y a là quelque chose de pénible, quelque chose qui diminue tout de même l'autorité, le prestige de notre pays dans des conférences comme celle-ci. Nous l'avons profondément regretté. Il n'en reste pas moins que la Conférence a abouti à des conclusions excellentes, elle a décidé de demander au Conseil d'administration du B. I. T. de porter cette question à l'ordre du jour de la Conférence de 1927. Mais, sous la pression de certains éléments, elle a cru devoir observer une certaine tactique. On limite l'étude de ces questions à l'assurance-maladie, et l'on dit au Conseil d'administration qu'il n'ajoutera l'étude des autres branches d'assurance que si l'on estime que la Conférence de 1927 aura le temps de s'en occuper.

Nous pensons que c'est une tactique qui peut être imposée, certes, par certaines situations nationales, mais tactique que nous devons nous efforcer d'éviter si c'est possible.

Et c'est pourquoi la sous-Commission des assurances sociales vous présente, en outre, le vœu suivant :

(Voir plus loin.)

Enfin, un dernier mot, nos camarades de la Fédération de l'Habillement sont venus demander à la sous-Commission de bien vouloir soumettre au Congrès un double vœu concernant leur situation particulière, mais concernant aussi la situation de tous les travailleurs à domicile, des façonniers, des artisans.

Nos camarades de l'Habillement nous disent : « Nous avons un certain nombre de nos ouvriers, de nos ouvrières, qui travaillent à domicile; l'on veut absolument, malgré nos protestations, les considérer comme des artisans. » Nous estimons, pour notre part, aussi bien en ce qui concerne les assurances sociales que les questions de fiscalité, que ces ouvriers et ouvrières doivent être considérés comme des ouvriers et nous demandons sur cette question de principe un vote du Congrès.

Ils nous ont présenté un vœu que je demanderais à notre camarade président de bien vouloir soumettre à votre examen, vœu tendant à ce que leur désir soit pris en considération. Nous supposons, attendu que déjà dans certaines autres industries, dans les industries à caractère artisanal, les organisations ouvrières ont pris position sur cette question de principe, en ce qui concerne l'impôt sur le chiffre d'affaires, demandant à en être exonérés, qu'il y a lieu purement et simplement, de satisfaire aux aspirations de nos camarades de l'Habillement.

Pour terminer, un simple mot : dans vos organisations ne craignez pas de prendre toutes les initiatives nécessaires. Nous sommes à un moment où nous ne devons pas négliger un seul de nos moyens d'action, où nous ne devons perdre aucune minute. Il faut que tout ce dont nous disposerons soit utilisé sur cette question des assurances sociales, et par-dessus toutes les considérations d'ordre politique, il faut que la Confédération Générale du Travail, et elle le peut, si nous le voulons sincèrement, réellement, avec ardeur, avec un esprit combatif, il faut que la C. G. T. conquière pour elle, et surtout pour elle, le bénéfice moral de l'action et les résultats que, nous l'espérons, nous aurons bientôt à enregistrer. (*Applaudissements.*)

RÉSOLUTION ET VŒUX RELATIFS
AUX ASSURANCES SOCIALES

Le Congrès approuve les décisions prises par le Comité confédéral national et par la Commission administrative et l'action faite par le Bureau confédéral sur la question des assurances sociales.

Il confirme les décisions prises antérieurement tant par les Congrès que par les organismes administratifs de la C. G. T., relativement aux principes fondamentaux sur lesquels doit reposer cette réforme et aux conditions de fonctionnement qu'elle doit comporter.

Conformément à ces décisions, il déclare que la C. G. T. mènera campagne contre tout projet qui ne contiendrait pas pour les futurs assurés des avantages en matière de maladie, de maternité, et d'invalidité de vieillesse et de décès, au moins équivalents à ceux que contenait le projet établi par le gouvernement de 1921.

Il rappelle et maintient intégralement les revendications formulées dès cette époque par le mouvement ouvrier. Notamment : extension de l'assurance obligatoire à tous les salariés, sans limite de salaire; maintien des métayers dans la catégorie des assurés obligatoires; relèvement des taux de prestation pour les assurés à faible salaire; fixation d'un minimum de pension pour la période transitoire, correspondant aux nécessités de l'existence; continuation des prestations en nature aux pensionnés pour vieillesse; prise en charge par l'Etat des cotisations des chômeurs; suppression de toute disposition tendant à favoriser la mainmise du patronat sur la direction des futures caisses d'assurances sociales; octroi d'une large autonomie avec participation des intéressés aux Offices régionaux et à l'Office régional; constitution de Conseils d'arbitrage pour aplanir les différends et trancher les conflits.

*
* *

Le Congrès, constatant que les agissements du président de la Commission d'hygiène du Sénat ont abouti à ce résultat : que l'état de préparation de réforme est moins avancé qu'il y a quatre ans, au moment du dépôt du premier projet de loi, proteste énergiquement contre ces agissements; il demande une action plus rapide du Parlement, il déplore que le gouvernement, après seize mois de débats publics sur les principes mêmes de l'assurance sociale, n'ait pas encore su prendre une position nette et définitive.

Il s'en déclare d'autant plus étonné que tous les groupements intéressés représentant la totalité des futurs assurés, se sont prononcés sur ces principes de façon identique.

Il réclame des parlementaires et gouvernants qu'ils veuillent bien, au moins pour la détermination de leur attitude, s'inspirer des désirs exprimés par l'unanimité de ces groupements.

*
* *

Estimant enfin qu'il y a lieu, pour l'autorité de la C. G. T. comme pour les intérêts des travailleurs, de poursuivre l'effort de propagande par lequel le mouvement ouvrier a réussi à rompre le silence général observé sur cette importante réforme et y intéresser l'opinion publique; que d'autre part, il est nécessaire de préparer dès maintenant les esprits et de former les militants en vue de son application prochaine, le Congrès invite de façon pressante toutes les organisations ouvrières à prendre toute initiative à cet effet, d'accord et en collaboration directe avec le Bureau confédéral.

Il décide que la campagne de propagande poursuivie jusqu'ici devra être menée plus active encore que par le passé, convaincu que c'est la pression de l'opinion publique qui seule vaincra les lenteurs parlementaires et les hésitations gouvernementales et permettra d'éviter le vote hâtif en fin de législature et le sabotage de la plus importante réforme sociale de notre temps.

PREMIER VŒU

Le Congrès enregistre avec satisfaction que la Conférence internationale du Travail, au cours de sa session de 1925, invite le Conseil d'administration du Bureau international du Travail à inscrire à l'ordre du jour d'une prochaine session annuelle de la Conférence, et si possible à l'ordre du jour de la session de 1927, la question de l'assurance-maladie des travailleurs.

Toutefois, il émet le vœu, d'accord avec les termes mêmes de la résolution votée par la Conférence de 1925, que le Conseil d'administration inscrive à l'ordre du jour de la même session les questions de l'assurance-invalidité, de l'assurance-vieillesse et de l'assurance-décès.

DEUXIÈME VŒU

Les délégués au Congrès confédéral demandent à la Commission administrative de la C. G. T.:

1° D'intervenir auprès des pouvoirs publics afin que la situation des ouvriers et des ouvrières travaillant à domicile soit définie de façon précise et qu'ils soient considérés comme des salariés et non comme des artisans;

2° Pour l'application de la loi sur les assurances sociales, qu'ils soient considérés comme des assurés obligatoires et, par conséquent, obligation soit faite aux patrons de faire pour eux les versements qui leur incombent pour le fonctionnement de la loi.

Tous ces documents sont approuvés par le Congrès.

Après ce vote, le camarade Vivier vient faire la déclaration suivante au nom de la Commission chargée d'examiner la gestion du *Peuple* :

Désigné pour rapporter devant le Congrès sur les travaux de la Commission du journal *Le Peuple,* je viens, au nom de la Commission, vous faire connaître que, réunie hier après-midi, celle-ci a eu la vive satisfaction, après avoir examiné les différentes suggestions, de constater que la situation financière du *Peuple* était conforme à la décision du Congrès de Paris de 1923. Il est juste de déclarer que cette situation est due à la parfaite gestion du journal qui, dans des conditions difficiles, est parvenue à pallier dans de très fortes proportions au déficit qui existait avant le Congrès.

Année 1923 : 582.776 fr. 70; année 1924 : 405.000; premier semestre 1925 : 140.000.

Nous pouvons donc dire que, même en évaluant les dépenses du deuxième semestre à beaucoup supérieures à celles du premier semestre, la subvention pour l'année 1925 ne dépasse pas 350.000, chiffre de beaucoup inférieur aux années précédentes; cette constatation ne peut que nous réjouir.

En réalité, *Le Peuple* n'est plus une charge pour la C. G. T.; il bénéficie de la subvention normale que doit lui attribuer la C. G. T., dont il est l'organe, ne dépassant pas le pourcentage prévu par le Congrès.

A bien considérer, il semblerait plutôt que cette situation ne peut aller qu'en s'améliorant, et par la hausse constante des effectifs confédéraux et malgré des charges supplémentaires dans l'augmentation du papier et de la main-d'œuvre.

La Commission exprime le désir, en accord avec la Commission de contrôle de la C. G. T., qu'au cas où le pourcentage fixé ne serait pas atteint, la totalité de là subvention soit cependant versée au *Peuple* pour être employée à la propagande et à la diffusion.

La Commission a examiné la proposition du Syndicat des Plâtriers de Bordeaux, tendant à imposer aux syndicats des abonnements par 25 adhérents, ainsi que d'autres suggestions. Elle a pris les résolutions suivantes, qui lui sont apparues logiques et réalisables :

1° D'inviter les membres de la C. A., les délégués à la propagande et les membres du Bureau confédéral, à accorder au Peuple une collaboration régulière sur les bases à déterminer avec l'administration du Peuple;

2° *Demander aux militants que dans toutes les réunions une petite causerie particulière soit faite pour montrer l'intérêt qu'ont les travailleurs à lire* Le Peuple;

3° *Que le Congrès vote l'obligation pour tous les syndicats ayant au moins 50 membres d'y être abonnés et qu'il considère nécessaire que les syndicats prennent un nombre d'abonnements au moins égal aux voix dont ils disposent au Congrès.*

La Commission du journal a été heureuse que la Commission de contrôle ait tenu à préciser devant elle que si elle fut dans l'obligation, dans le passé, de critiquer, durant un temps, l'administration du *Peuple,* il n'en a pas été de même depuis le Congrès de 1923, ceci grâce aux efforts opiniâtres de notre camarade *Million* et de ses collaborateurs.

Nous pensons que si les militants de tous les syndicats secondent ses efforts, le journal *Le Peuple* aura non seulement sa vie assurée, ce qui est, mais pourra faire face de mieux en mieux à toutes les charges financières.

Nous pensons que les résultats des travaux de la Commission que nous avons inclus brièvement dans ce rapport, donneront satisfaction au Congrès qui en adoptera les conclusions.

Les suggestions contenues dans ce court exposé sont alors adoptées par le Congrès.

La C. G. T. et la guerre du Maroc

Discours de Million

Au cours de la discussion sur le rapport moral, plusieurs critiques ont été formulées, que je n'ai pas relevées à ce moment-là, sachant que le magistral exposé de notre camarade Jouhaux saurait les réfuter comme il convenait.

Vous venez de voter sur la gestion administrative du *Peuple.* Tout de même, je ne puis laisser passer sans les relever rapidement, les affirmations produites à cette tribune concernant l'attitude du *Peuple* pour la guerre du Maroc.

A vrai dire, ces critiques n'atteignent pas directement le *Peuple.* C'est la Confédération Générale du Travail qui est en cause et le Bureau confédéral. Vous me permettrez donc de vous demander un peu d'attention pour pouvoir, devant vous, examiner quelle a été notre attitude pendant cette période assez délicate et je voudrais que vous fassiez abstraction de tout sentiment de démagogie en cette circonstance, car il faut le dire, il ne suffit pas de détester la guerre de toutes ses forces, de toute son âme, pour pouvoir posséder le moyen d'arrêter immédiatement cette guerre contre laquelle nous nous élevons unanimement.

On a dit que la C. G. T. et *Le Peuple* n'avaient pas fait une action suffisante pour protester contre l'aventure marocaine. Ah ! camarades du Comité Confédéral National, je vous rappelle que l'année passée déjà, un avertissement s'était élevé en disant : Prenons garde à la propagande qui se fait dans les pays musulmans, propagande qui, un jour ou l'autre, peut déterminer des soulèvements dangereux et occasionner de longues guerres. Nous étions alors, malheureusement, de bons prophètes. Nous avons, à ce moment, déclaré combien la dépêche dont s'est glorifié le parti communiste, signée Sémart et Doriot, comportait de dangers pour l'avenir; et, pour l'édification de certains de nos camarades qui n'ont pas présent à la mémoire le texte de cette dépêche, je vais vous en donner connaissance à nouveau :

« Le groupe parlementaire, le Comité directeur du Parti communiste, le Comité National des Jeunesses communistes saluent la brillante victoire du peuple marocain sur les impérialistes espagnols. Ils félicitent son vaillant chef, Abd-el-Krim. Ils espèrent qu'après avoir définitivement triomphé de l'impérialisme espagnol, il continuera, en liaison avec le prolétariat français et européen, la lutte contre tous les impérialismes, français y compris, jusqu'à la libération complète du sol marocain. Vive l'indépendance du Maroc ! Vive la lutte internationale des peuples coloniaux et du prolétariat mondial ! Signé : Sémard et Doriot. »

Il faudrait, mes chers camarades, que nous examinions sérieusement ce que représente la personnalité d'Abd-el-Krim. A la C. G. T., toutes nos sympathies sont naturellement acquises à un prolétariat qui lutte pour son émancipation, mais instinctivement aussi, nous nous élevons contre tous les exploiteurs et contre tous les chefs militaires, seraient-ils dignes de l'auréole guerrière de Napoléon. Peu nous importe qu'il s'agisse d'un chef arabe, d'un chef européen; instinctivement, nous sommes, nous, des pacifistes, nous sommes contre la guerre, sans distinguer quel genre de guerre. Et par conséquent, à ce moment, nous ne pouvions pas nous rallier à la tactique communiste célébrant les victoires d'un chef arabe sur des soldats, quels qu'ils soient.

Non, nous ne pensons pas qu'au moment de l'envoi de la dépêche Sémard-Doriot, les communistes pouvaient se targuer d'être des pacifistes comme ils feignent de l'être aujourd'hui. Je n'aurai pas besoin de faire beaucoup de citations pour vous rappeler combien de fois nous avons été nargués lorsqu'on nous taxait de pacifistes. C'est d'un air de dédain qu'on appelait ainsi nos camarades et, par conséquent, le parti communiste est, aujourd'hui, bien mal venu de revendiquer cette étiquette.

Je vous rappelle le Manifeste de la C. G. T., voté le 27 mai. Je ne veux pas vous lire entièrement ce Manifeste; tout au moins, il était conforme à l'esprit et à la tradition du mouvement ouvrier français. Il disait notamment : « La C. A. rappelle que les convoitises capitalistes et industrielles qui se sont déchaînées sur ce pays depuis 1904 furent cause des plus dangereux incidents internationaux qui préparèrent en Europe un état d'esprit de haine et de violence.

« Nullement influencée par la tactique et les manœuvres communistes, la C. G. T. refuse de se livrer à un verbalisme de surenchère, et de considérer que le fait d'être un chef guerrier confère le titre de représentant de tout un peuple historiquement et constamment livré au pillage et au droit du plus fort. Elle demande au gouvernement de rechercher et de prendre rapidement l'initiative des solutions d'apaisement et de paix. »

Quelles sont les origines du conflit marocain que nous voulons, nous, solutionner et non pas étendre contrairement à l'esprit de la maison d'en face. Qu'est-ce, au juste, que le Riff et le Maroc? Vous permettrez à un camarade qui, vous le savez, a séjourné assez longtemps, par le fait de la guerre, dans ce pays, et est resté en rapport avec tous les éléments avancés du Maroc, de pouvoir vous donner une opinion assez justifiée.

Le Riff n'a appartenu, jusqu'ici, que théoriquement au Maroc, mais jamais, en fait, les gens du Riff n'ont reconnu la suprématie du sultan du Maroc. Il n'y a pas, en réalité, de nation marocaine; il y a un pays qui, géographiquement, est connu sous le nom de Maroc, mais en fait, jamais l'autorité d'un Gouvernement marocain ne s'est étendue sur toute l'étendue de ce territoire qu'on appelle Maroc. Le Riff est quelque chose de distinct, politiquement, du Maroc, et lorsque l'on proclame, par exemple, que le Riff doit être administré par les Riffains d'une façon autonome, l'on dit une vérité; mais, d'autre part, vous sentez l'absurdité de dire que le soulèvement du Riff concerne le pays marocain. Le Maroc peut être administré par des Marocains et le Riff par des Riffains. Il y a simplement une autorité théorique du sultan sur un territoire qu'il n'a jamais pu administrer. Nous nous trouvions dans une situation exceptionnelle, en ce sens que d'après les conventions passées entre des gouvernements bourgeois, il y avait une frontière conventionnelle entre ce qu'on a appelé la zone espagnole et la zone française.

Jamais les autorités françaises n'ont été jusqu'au bout de la zone qui avait été attribuée conventionnellement à la France. Or, en mai 1924, que s'est-il produit? A ce moment, paraît-il, inquiété par la tournure que prenaient les événements dans le Riff, le maréchal Liautey a fait installer une série de postes militaires placés près de la rivière de l'Ouergha, ou tout au moins dont la rivière de l'Ouergha formait la limite extrême. D'après les explications données dans la presse, Abd-el-Krim se serait cru visé par cette installation de postes militaires, non pas dans le Riff, mais en face du Riff, et il a, par la suite, attaqué les troupes françaises.

Voilà l'histoire politique telle qu'on vous l'a présentée. En fait, il y a cependant quelque légère différence et il faut fouiller un peu plus que cela les raisons qui font qu'en ce moment nous avons la douloureuse aventure du Maroc à supporter.

Il y a dans le Riff des gisements miniers très importants dont Abd-el-Krim connaît la valeur. Il y a autour d'Abd-el-Krim des financiers, des industriels qui depuis longtemps ont convoité la possession de ces gisements. Il y a également sur les territoires occupés tout récemment par les troupes françaises, des gisements d'une certaine importance qui appartiennent, théoriquement, à des financiers français, espagnols ou hollandais.

Alors, vous pouvez rapidement comprendre que l'avance consentie en mai 1924 n'a pas été simplement guidée par des motifs d'ordre purement militaire, mais qu'il semble infiniment probable que le maréchal Liautey agissant à l'insu, je le crois, du Gouvernement français, voulait assurer la possession de ces gisements à des groupes capitalistes qui réclamaient à cor et à cri qu'on ne laisse pas le chef riffain disposer de ces richesses naturelles.

D'autre part, Abd-el-Krim, dans un sens identique, a agi de la même façon que nos capitalistes installés sur la rivière de l'Ouergha.

Lui aussi voulait disposer de richesses plus grandes; lui aussi, connaissant combien les cupidités étaient grandes autour des gisements miniers, voulait pouvoir en disposer souverainement. Et c'est certainement, à l'heure actuelle, la raison essentielle qui fait que nous nous trouvons devant un conflit difficile à solutionner.

Est-ce à dire que la C. G. T., une seule fois, a manqué d'élever la voix de la paix en présence de ces convoitises déchaînées de part et d'autre. Non, mes camarades, chaque fois que cela a été possible, le *Peuple* s'est affirmé en faveur d'une paix qui ne lésait ni le peuple marocain, ni le peuple riffain, car nous ne voulions pas connaître les chefs en présence. Et je vous donne, à l'appui des affirmations que je suis obligé de vous relater très rapidement, l'opinion d'une conscience autorisée qui, dernièrement, s'est affirmée dans une enquête qu'avait ouverte la revue *Clarté*, pas suspecte du tout de vouloir nous faire plaisir. Voici ce que disait l'écrivain Pierre Hamp, sur la question marocaine qu'il a étudiée et fouillée : « Quand le Caïd à forte poigne aura utilisé les Berbères comme soldats, il les emploiera comme mineurs et il est à craindre que le code social de ce chef de République ne ressemble beaucoup aux règles de police des Romanoff. La matraque en Afrique et le knout en Russie sont de la même philosophie dans l'histoire du travail.

« Les réquisitions de main-d'œuvre des caïds de l'Atlas ou du Riff ne laissent pas beaucoup d'espoir pour les libertés syndicales. Considérer Abd-el-Krim comme un libérateur social serait de même ordre que décerner à Mussolini un brevet de libéralisme.

« Ceci n'établit pas le droit des nations européennes Espagne et France d'aller saisir par la force les mines du Riff.

« Abd-el-Krim veut les vendre et non qu'on les lui prenne. L'erreur des Espagnols a été de ne pas vouloir les payer. Abd-el-Krim nommé président du Conseil d'administration aurait fourni à bon compte des ouvriers en grand nombre.

« Les hommes d'affaires ne se sont pas entendus. Ils ont estimé que le coup de canon était une meilleure opération que le chèque. Erreur commerciale à la suite de laquelle le massacre commence. »

D'autre part, une agence nous fournissait dernièrement une information qui ne laisse pas de doute sur la nature des intentions commerciales et industrielles d'Abd-el-Krim. Voici ce qu'elle disait : « Les Frères Mannesmann auraient décidé, paraît-il, d'abandonner le Maroc et de chercher à leur activité un autre cadre plus proche, dans les Balkans.

« Il y a déjà quelque temps, une première offre aurait été faite par certains financiers anglais au gouvernement du Riff, à l'effet d'exploiter les richesses minières de la région. Une somme de 1 million de livres sterling aurait été engagée dans l'affaire, et la Trésorerie d'Abd-el-Krim aurait touché pour sa part un demi-million de livres sterling. Mais les négociations auraient été abandonnées temporairement lorsque se développa le conflit avec la France.

« Plus récemment, les frères Mannesmann ont mené la négociation dont il est question aujourd'hui.

« On ne s'étonnera pas d'apprendre que le chef du consortium anglo-saxon, qui songe à se substituer aux frères Mannesmann n'est autre que le fameux banquier germano-américain Otto Kahn. M. Otto Kahn était à Londres ces dernières semaines, et il y a mis son séjour à profit pour négocier également avec la firme hollandaise Muller, qui possède, elle aussi, au Maroc, des grandes propriétés. »

Je vous fais grâce du reste. Je voulais pouvoir établir très rapidement que nous ne nous trouvons pas en présence d'une situation telle que vous l'indiquent les communistes, c'est-à-dire, d'une part, une nation impérialiste et de l'autre, d'un homme luttant pour l'indépendance d'un peuple. Il ne s'agit pas de cela; il s'agit simplement d'intérêts capitalistes en présence, et nous n'avons pas à apporter notre contingent, nous, mouvement ouvrier, à l'un des deux belligérants. Nous nous élevons contre la guerre menée des deux côtés et nous avons demandé, avec insistance, au Gouvernement français, de publier les conditions proposées à Abd-el-Krim. Nous regrettons, évidemment, que le nécessaire n'ait pas été encore fait du côté français. Nous avons renouvelé nos protestations. Nous avons également beaucoup regretté que le Gouvernement français ait cru devoir lier son action à celle du Gouvernement espagnol, à celle d'une dictature espagnole que nous ne voulons pas reconnaître.

Or, nous savons que pour traiter la paix, il faut évidemment, puisque le Riff se trouve sur le territoire placé sous la dépendance de l'Espagne, que ce pays soit consulté. Mais à aucun moment, nous n'admettions et n'admettons encore qu'il puisse y avoir une collaboration militaire entre la démocratie française et la dictature espagnole. Nous avons élevé, à chaque moment, une solennelle protestation contre ce fait.

A présent, quelle attitude devons-nous tenir pour déterminer la conclusion de la paix au Maroc? Devons-nous prêcher, comme le font les communistes, la fraternisation? Devons-nous demander l'évacuation du Maroc?

Or, hier, un camarade cheminot du Nord africain nous disait sa pensée. Que signifie l'évacuation du Maroc, sinon l'évacuation de toutes les colonies? Et, nous ne voulons pas ici apporter une opinion sur le problème colonial, mais vous savez bien, mes camarades, ce que représenterait l'évacuation du Maroc. Ce n'est pas simplement le fait de laisser un sol placé loin de nous, mais c'est en réalité le massacre de tous les colons qui ont apporté leur effort de travail pour tâcher de tirer quelque chose d'une terre souvent ingrate. C'est le massacre général de tous ces européens, sans distinction, établis sur ces terres lointaines et c'est, demain, des possibilités de guerre mondiale, parce que les convoitises surgiraient de partout.

Et que représente également le geste de fraternisation demandé hypocritement par les communistes? Est-ce qu'en réalité, il est possible de demander, lorsqu'il y a deux belligérants, à un seul côté ce geste de fraternisation? Est-ce qu'une propagande pacifiste s'exerce dans le même sens chez les Riffains? Non, nous ne le pensons pas. Vous savez qu'il y a encore chez les peuples berbère et arabe un sentiment de fanatisme que nous pouvons déplorer, qui, malheureusement, n'est pas encore disparu. Demander le geste de fraternisation simplement aux soldats français, c'est, en réalité, les placer d'une part sous le coup de l'autorité militaire, et, d'autre part également, les faire massacrer par les gens d'en face. Ce ne sont pas des gestes possibles. L'action sur la paix ne peut pas se faire sur le territoire même du Maroc. Elle doit se faire, d'une part, à Paris, par une pression sur le Gouvernement français, et d'autre part à Ajdir, par une protestation égale et une pression aussi accentuée sur le chef riffain.

Il me reste, à présent, pour ne pas retenir très longtemps vos instants, à examiner, par des citations prises dans les brochures mêmes des gens de la maison communiste, à voir quelle est réellement la pensée de ceux qui nous ont demandé notre concours pour pouvoir lutter d'un commun accord contre la guerre du Maroc.

Est-ce que réellement, dans le Parti communiste, on pense actuellement à la paix, ou est-on partisan, au contraire, de développer davantage la guerre?

Il est facile, par quelques brèves citations, de vous prouver que c'est le contraire qui est vrai. Voici ce que disait Manouilsky au dernier Congrès de l'internationale communiste, tenu du 17 juin au 8 juillet 1924, sur la question coloniale. Il faut, une fois pour toutes, et ce n'est pas du temps de perdu, que nous soyons fixés sur la position internationale du Parti communiste, parce que je crois que nous sommes, les uns et les autres, non pas sur le point d'être d'accord, mais au contraire, en antagonisme complet.

Manouilsky disait : « Lénine a dit que la Russie est, par sa situation géographique, un pont naturel entre l'Asie et l'Europe. C'est juste. Notre révolution a une double physionomie. Elle a agi sur le prolétariat européen à qui elle a rendu la confiance en soi et fait entrevoir la possibilité de s'emparer du pouvoir. Mais son influence n'a pas été moindre sur les peuples d'Orient. Kautsky, après la Révolution de 1905-1906, avait prédit que la Révolution russe éveillerait les peuples d'Orient à la vie nationale. Cette prophétie s'est vérifiée. Après la Révolution d'octobre, la Russie soviétique est devenue le point d'attraction de tous les peuples d'Orient. Cela oblige le Parti communiste et le prolétariat russe à justifier les espoirs des peuples orientaux. Entourés d'Etats capitalistes, nous ne serions jamais arrivés à maintenir l'indépendance des Républiques soviétiques si nous n'avions pas formé, entre les peuples opprimés et le prolétariat russe, un front unique allant de la Baltique aux plaines lointaines de l'Asie. Le renégat Paul Levi peut ironiser tant qu'il lui plaît sur le communisme bachkir et kalmouk. Il ne fait que manifester ainsi ses instincts colonisateurs.

« ... Il faut maintenant une action révolutionnaire positive dans les colonies et parmi les minorités nationales. Si nous y réussissons, nous aurons déjà la moitié des chances pour le succès de la Révolution mondiale, pour la cause que nous servons et que défend l'Internationale communiste. »

Voici une citation plus édifiante provenant d'un militant dont on ne contestera pas l'autorité dans le Parti communiste, je veux citer Treint. Je recommande l'attention de nos camarades du Congrès sur cette citation, parce que nous allons connaître, par l'organe de Treint, la véritable pensée du parti communiste à l'égard d'un homme que nous avons placé très haut au-dessus de toutes les discussions du mouvement ouvrier, très haut dans la pensée internationale, je veux parler de Jaurès.

Voici ce que dit Treint :

« Manouilsky a eu parfaitement raison de marquer que de son point de vue social-démocrate, Jaurès avait compris l'importance des questions coloniales. Mais nous devons dire que les solutions de Jaurès étaient radicalement fausses. En 1905, il saluait l'accord d'Algésiras, et en 1911, le traité franco-allemand sur le Maroc comme une preuve de la possibilité d'accorder les capitalismes rivaux et d'éviter la guerre.

« Il approuvait d'un point de vue pacifiste, sans en marquer suffisamment le caractère impérialiste, de tels accords aboutissant à une exploitation du Maroc par les syndicats intercapitalistes.

« Sans doute, de son point de vue pacifiste, Jaurès était opposé à de nouvelles expéditions coloniales, mais il n'envisageait la libération des peuples coloniaux déjà soumis au capitalisme français qu'en réclamant pour les indigènes les droits de citoyens français.

« Eh bien ! nous devons le dire nettement, parce que notre Parti a suffisamment grandi pour qu'on ne puisse plus jouer avec sa sentimentalité, *nous sommes contre la tradition de Jaurès dans ce domaine comme dans tous les autres.*

« Jaurès s'est trompé, il a exprimé avec génie les erreurs de la seconde Internationale, et c'est pourquoi la tradition jaurésiste est si dangereuse.

« *Nous ne voulons pas libérer les peuples coloniaux en les faisant participer à la démocratie bourgeoise dans le cadre des Etats impérialistes modernes; mais en soutenant les mouvements de libération nationale allant jusqu'à l'insurrection et la proclamation de l'indépendance.*

« C'est en coordonnant ces mouvements pour l'indépendance des colonies avec la lutte du prolétariat de la métropole que nous détruirons la base de l'impérialisme. »

Or, camarades, voilà un point de vue qui me semble particulièrement édifiant. Il a été ratifié par une motion votée au V° Congrès de l'Internationale communiste.

Ce point de vue est encore précisé d'une façon plus claire, s'il est possible, dans une brochure éditée par la librairie de *L'Humanité*, intitulée *Le sens du V° Congrès mondial.* Au cas où l'on pourrait croire à une confusion, je vais vous donner connaissance de ce commentaire qui, d'ailleurs, est très court : « La guerre mondiale n'a pas solutionné la question des nationalités et les traités de paix encore moins. Les communistes doivent soutenir partout le droit d'autodétermination des nationalités opprimées jusques et y compris la séparation de l'Etat oppresseur, et ils doivent se faire les porte-paroles et les champions de la lutte de ces peuples pour leur affranchissement. L'Union Soviétiste a donné une preuve tangible que, seule, la dictature prolétarienne peut solutionner la question nationale. Les communistes doivent tirer les conséquences des expériences de la Révolution russe. L'égalité en droit des nationalités et des races peut être un mot d'ordre auxiliaire, là où l'autodétermination est irréalisable.

« Dans les pays coloniaux et semi-coloniaux, les peuples opprimés et spoliés doivent déclarer la guerre à l'impérialisme rapace. La guerre mondiale, le développement des forces productives ont, dans chaque pays, déclanché des mouvements nationaux-révolutionnaires qui embrassent des millions d'hommes. La tâche des communistes est de lier ces mouvements nationaux révolutionnaires de l'Orient qui s'éveille aux combats révolutionnaires du prolétariat mondial. De cette façon, ces mouvements nationaux acquièrent objectivement une signification révolutionnaire. En outre, nous devons former et consolider les Partis communistes en Orient. »

De toutes ces citations, il résulte, en somme, qu'il n'y a actuellement dans la guerre marocaine qu'une occasion qui est offerte au Parti communiste de cultiver l'idée nationaliste chez les peuples orientaux, chez les peuples Nord-Africains, pour déterminer des soulèvements insurrectionnels qui, évidemment, ne peuvent moins faire que déclencher une guerre extrêmement redoutable dans l'avenir.

Or, en ce moment, la tactique des communistes représente le réel danger guerrier que le monde a devant lui, et je suis persuadé que dans ce congrès, il n'y a pas un seul camarade, quelle que soit sa tendance (et ce n'est certainement pas Humbert qui me démentira), qui puisse approuver une attitude semblable. Elle consiste non pas à déterminer un mouvement en faveur de la paix universelle, mais, au contraire, à exciter toutes les convoitises, à développer tous les ferments qui peuvent exister encore dans le monde, sous le prétexte nationaliste, en se servant de toutes ses forces auxiliaires comme d'un moyen pour arriver à asseoir la dictature communiste, d'abord dans la Russie, peut-être ensuite dans le monde. Le rêve d'un Napoléon rouge ne nous intéresse pas. Nous nous dressous, au contraire, contre celui-ci comme nous nous serions dressés contre l'autre si nous avions vécu cette époque. Nous ne voulons plus que les conflits qui peuvent exister quelque part dans le monde arrivent à se solutionner par le moyen de la guerre. Certes, nous reconnaissons l'injustice dont souffrent les peuplades indigènes soumises à la tutelle militaire des nations européennes; nous réclamons avec insistance, nous proclamons que le militaire doit disparaître dans le Nord-Africain comme dans toutes les colonies, comme partout où il y a des indigènes qui ont besoin du concours de la civilisation, qui ont besoin d'utiliser le progrès industriel, mais qui, également, ont besoin d'être défendus contre les méfaits du capitalisme comme ils avaient besoin d'être protégés contre les méfaits des seigneurs féodaux qui régnaient encore chez eux. Nous pensons, nous, que c'est l'éducateur qui doit apporter la libération intellectuelle aux peuples indigènes courbés sous le joug. Nous pensons que c'est le médecin qui, partout, doit faire aimer le concours de la civilisation européenne chez les peuplades qui ignorent encore tout de la science. Mais nous pensons aussi que partout où le militarisme se présente, c'est un fléau qu'il faut combattre. Oui, nous disons cela, mais nous croyons que la tactique préconisée par les communistes devient extrêmement dangereuse, parce que, aujourd'hui, nous en constatons les méfaits au Maroc; demain, nous ressentirons encore les mêmes méfaits en Indo-Chine, en Tunisie, en Chine, et alors, nous trouverons la civilisation européenne qui, je le sais bien, a le tort d'accepter les méfaits du capitalisme mais qui représente tout de même des possibilités de libération, en butte à l'hostilité des peuples asiatiques et africains, nous risquons de nous trouver en présence de la plus formidable guerre que le monde ait connue.

Or, représenter le socialisme comme pouvant régner dans le monde par la force des baïonnettes rouges, c'est une utopie contre laquelle nous nous élevons avec force. Nous estimons, nous, qu'elle est extrêmement nuisible aux intérêts prolétariens; qu'il ne faut pas, en ce moment, dresser le problème des nationalités, mais faire disparaître ces nationalités au profit de l'Internationale. Nous estimons qu'il faut chercher à constituer définitivement d'abord les Etats-Unis d'Europe et ensuite les Etats-Unis du monde.

Nous pensons que le travail de paix qui s'élabore à Genève, évidemment peut-être avec lenteur, avec encore bien des difficultés à surmonter, est utile et qu'il y a là un germe qu'il faut développer. C'est pourquoi nous nous dressons, en ce moment, contre la tactique qui consiste à déclencher partout des guerres sous prétexte de lutter contre des capitalistes, comme nous nous dressons également contre les impérialistes de chez nous qui voudraient, en ce moment, poursuivre et développer à leur profit cette guerre du Maroc.

Nous nous élevons contre les exactions commises par le maréchal Liautey, dont nous connaissons les sentiments réactionnaires, contre les agissements des nationalistes français. Nous nous élevons également contre cette propagande dangereuse, nuisible qui consiste à déterminer des mouvements de haine chez les indigènes pour les besoins de la propagande communiste, mouvements qui peuvent se traduire par des guerres longues et douloureuses.

J'estime que la .C. G. T. est restée, elle, véritablement sur le terrain de la paix, en concordance avec le mouvement international, avec l'opinion mondiale du prolétariat qui s'est toujours affirmé en faveur d'une politique pacifiste. (*Applaudissements.*)

L'unité syndicale

Buisson (Rapporteur). — Camarades, la Commission chargée de préparer la résolution à soumettre au Congrès, était composée de camarades, les uns et les autres ardemment épris de l'unité, mais de camarades qui, pour trouver les modalités les plus pratiques afin d'activer la réalisation de cette unité, avaient des conceptions quelque peu divergentes.

Ces camarades ont examiné de très près les avis divers formulés; ils ont examiné consciencieusement et en toute cordialité les différentes suggestions qui avaient été présentées à cette tribune, et, parce qu'il est toujours facile de se mettre d'accord entre des gens de bonne volonté, j'ai la satisfaction de vous annoncer que c'est à l'unanimité que les membres de la Commission soumettent à vos délibérations le texte suivant :

Au Trentième Anniversaire de la décision de Limoges qui, en créant la C. G. T., a réalisé l'unité ouvrière en France, le Congrès confédéral affirme son attachement à l'unité et déclare qu'il est du devoir de tous les militants, de toutes les organisations aux divers degrés de la reconstituer.

Mais cette reconstitution n'est possible qu'au sein de la Confédération générale du Travail, seule qualifiée pour représenter le mouvement ouvrier français, et dont les portes sont librement ouvertes.

Ce retour à l'organisation ouvrière, loin de comporter aucune humiliation pour personne, serait, au contraire, l'acte vraiment expressif de l'unité ouvrière.

Saisi des propositions qui lui ont été adressées, le Congrès confédéral renouvelle les décisions antérieures sur le principe de la reconstitution de l'unité. Celle-ci ne peut se refaire qu'à la base, localement par la reconstitution d'un seul syndicat confédéré par profession ou par industrie; nationalement par l'existence d'une seule Fédération confédérée, régionalement par l'adhésion de tous ces syndicats à l'Union départementale confédérée, internationalement par l'entrée de toutes les Centrales nationales dans la Fédération Syndicale Internationale d'Amsterdam

Le Congrès déclare que, pour être réelle et bienfaisante, l'unité doit être voulue loyalement, sans arrière-pensée, et qu'elle doit résulter d'une volonté d'action commune, sans cependant que soient contestées aux organisations et à leurs adhérents la liberté de penser, comme celle de faire prévaloir leurs conceptions au sein de l'organisation.

Il proclame que, sans ces conditions et ces garanties, l'unité ne serait qu'un mensonge et une illusion qui ramènerait sans retard le syndicalisme vers les déchirements dont il a trop longtemps souffert.

Il note à nouveau que les éléments scissionnistes, par leur adhésion à une Internationale qui subordonne ouvertement le mouvement syndical à l'action d'un parti politique, ont pris une attitude incompatible avec la réalisation sincère de l'unité.

Il ne peut, d'autre part, ignorer que leurs propositions, s'inspirant d'un plan d'action conçu en dehors d'eux, n'a pour but que de reprendre sur une nouvelle base l'action néfaste antérieurement menée en vue d'une mainmise sur le mouvement ouvrier.

Fidèle aux principes énoncés dans la Charte d'Amiens, qui indique que la C. G. T. groupe tous les travailleurs sans distinction d'opinion, principes dont l'expérience n'a fait que confirmer la valeur, le Congrès confédéral ne peut pas ignorer qu'en même temps qu'ils lui proposaient l'unité, les dissidents ont proclamé leur volonté de détruire ces principes et ont ainsi affiché leur subordination à une politique dont les procédés ont été si gravement préjudiciables à la classe laborieuse de tous les pays.

Le Congrès confédéral ne saurait donc considérer que les propositions faites offrent un commencement de base pour la reconstitution de l'unité. Il doit au contraire constater que la position des dissidents est plus que jamais en opposition avec leurs offres, dont la sincérité se mesure, par surcroît, au renforcement de la campagne traditionnelle d'injures, de mensonges et de diffamation.

Pour tous ces motifs, ayant approuvé l'action confédérale et affirmé sa volonté de la développer nationalement et internationalement, le Congrès déclare qu'il ne saurait retenir dans une mesure quelconque l'idée d'une réunion qui exige la dissolution de la Confédération et l'acceptation préalable et sans réserve de l'orientation et des méthodes d'action qu'un Congrès interconfédéral prétendrait imposer à tous les travailleurs organisés.

GRANDIN (Châtellerault). — Au nom d'un certain nombre de syndicats, dont je vais vous donner l'énumération tout à l'heure, nous ne pouvons pas nous associer à la motion présentée par la commission, pour les raisons suivantes : C'est que nous avons exprimé notre pensée à divers orateurs qui se sont succédés à cette tribune sur l'unité, et nous pensons que les membres qui ont élaboré la résolution sont de notre avis, que l'unité a un intérêt primordial pour la classe ouvrière, que retarder cette unité, ne serait-ce que d'un jour, serait compromettre les intérêts de la classe ouvrière.

En conséquence, nous sommes partisans de répondre à l'invitation qui est faite, sous réserve, bien entendu, d'y apporter des modalités. de forme. Nous sommes disposés à ʋ ⁻ndre à l'invitation faite par la C. G. T. U., à assister à ce Congrès in ⁻onfédéral qui soit placé, bien entendu, sous l'égide des deux organismes... (*Bruit. Interruptions.*)

BLANCHARD. — Si le Congrès décide de ne pas répondre à l'invitation, qu'aucun syndicat ne doit assister au Congrès interconfédéral, vous inclinerez-vous?

GRANDIN. — Si une motion de discipline nous interdit d'assister à un Congrès, nous ne pourrons faire que de nous incliner devant la motion. de discipline. (*Très bien.*) Il reste bien entendu que je n'engage dans cette circonstance que l'organisation que je représente. Je ne peux pas engager les autres organisations qui ont signé. Je déclare pour l'organisation que je représente officiellement, que je n'assisterai pas au congrès interconfédéral.

Il reste notre point de vue sur la question de l'unité internationale; notre camarade Jouhaux, hier, a exposé le point de vue du Bureau Confédéral et de la majorité de la Fédération Syndicale internationale. Il a demandé à ce congrès, si des organisations ou des militants étaient contre le point de vue de la majorité confédérale et du Bureau confédéral et de la majorité de la F. S. I.

Personne n'a répondu, c'est un fait. Je n'ai pas répondu pour ma. part; en cela, je n'engage que ma responsabilité personnelle. Pour le fait suivant, la question de l'unité internationale n'a pas été posée pleinement devant nos organisations syndicales. Je déclare qu'en tant que militant, humblement et à ma confusion, je ne connais pas très bien le problème de l'unité internationale. Et peut-être que demain, je serai d'accord avec Jouhaux sur le point de vue du Bureau confédéral, je serai d'accord avec la majorité des militants de l'Internationale syndicale, lorsque j'aurai étudié les possibilités avec lesquelles les minorités révolutionnaires qui se sont agglutinées à la C. G. T. russe pourront faire l'unité au sein de leur Centrale Syndicale affiliée à la F. S. I.

C'est dans ces conditions seulement, camarades, je le déclare, que je prendrai pour mon compte personnel position sur la question de l'unité internationale. C'est pourquoi je vais en terminer, pour ne pas abuser de vos instants; je vais vous présenter cette résolution d'unité :

« *Devant l'impuissance actuelle de la classe ouvrière, le Congrès confédéral déclare que tous les efforts doivent tendre à la réalisation rapide de l'unité syndicale.*

« *Fermement attaché à la défense des intérêts ouvriers, le Congrès déclare poser le problème de l'unité par la fusion de toutes les organisations confédérées, unitaires et autonomes. En conséquence, il décide de participer au Congrès interconfédéral d'unité qui se trouvera ainsi placé sous l'égide des deux C. G. T.* »

Pour les syndicats suivants : Manufacture d'Armes, Châtellerault; Employés de Commerce, Châtellerault ; Cheminots, Châlons ; Eclairage, Châlons ; Arts-et-Métiers, Châlons ; Syndicat de la Chaussure, Nancy ; Syndicat de l'Alimentation, Nancy ; Peintres en Bâtiment, Nancy ; Métaux, de Neuves-Maisons ; Homécourt ; Mineurs, Homécourt ; Métaux, de Fumel ; Gantiers, Grenoble ; Tabacs, de Metz et de Lyon.

PERROT (Bâtiment). — Le syndicat des peintres de Nancy, représenté directement à notre congrès fédéral, a voté, à l'unanimité, une résolution contre le congrès interconfédéral.

UN DÉLÉGUÉ. — Nous demandons la priorité pour la résolution de la Commission.

GRANDIN. — Je ne m'oppose pas à la priorité. Je tiens à ce que notre motion soit mise aux voix.

Le Congrès passe alors au vote, qui donne les résultats suivants, communiqués ultérieurement par Barthe (P.T.T.). La mention *pour* indique le vote en faveur de la résolution lue par Buisson :

Nombre de syndicats votants : 1768.

Nombre de suffrages exprimés : 4373.

Pour : Syndicats : 1.627, 3.936 voix. (*Applaudissements*).

Contre : Syndicats : 118 représentants, 365 voix. (*Applaudissem.*).

Abstentions : Syndicats : 23 représentants, 72 voix.

JACCOUD. — La volaille n'est pas prête à se laisser plumer.
(*Les délégués chantent l'Internationale.*)

Après ce vote, le camarade Dret présente la résolution suivante qui est également adoptée à mains levées (deux contre) :

« *Le Congrès enregistre avec satisfaction le vote émis sur l'unité;*

« *Mais, estimant que la résolution votée aura d'autant plus de résultats que les organisations confédérées auront la ferme volonté de la respecter et de la faire respecter;*

« *Considérant, d'autre part, que la scission fut la conséquence d'actes d'indiscipline accomplis par certains syndicats ou par une partie des membres les composant;*

« *Le Congrès affirme son ardent désir de voir tous les syndicats confédérés respecter la décision votée et, en s'abstenant de répondre à toute invitation qui pourrait ou a pu leur être adressée par les organisations dissidentes, de démontrer que si des différences de conception ou de réalisation peuvent exister au sein de la C.G.T., elles n'excluent pas le respect de la discipline indispensable au développement d'un mouvement ouvrier organisé.* »

Séance de l'après-midi

La réforme de l'enseignement

Au début de la séance le camarade Zoretti donne lecture du rapport suivant :

La C. G. T. tient à affirmer une fois de plus que son programme général d'amélioration du sort des travailleurs doit s'entendre aussi bien de leur condition intellectuelle et morale que de leur condition matérielle.

Elle rappelle que les nécessités immédiates de la lutte et de l'action ouvrières, si pressantes, si absorbantes qu'elles soient, n'ont jamais empêché les organisations de proclamer d'une façon constante la volonté de la classe ouvrière d'augmenter sa culture à la fois générale et professionnelle, de parvenir à son émancipation intellectuelle comme à son émancipation économique.

Cette volonté, elle doit l'affirmer avec une force et avec une précision croissantes à mesure que se rapproche l'heure où, devenu majeur, le prolétariat peut et doit prétendre à organiser et à diriger lui-même le corps social.

La C. G. T. constate que le système actuel d'enseignement et d'écoles est inacceptable pour les travailleurs et doit être profondément transformé et unifié. Ce système, en premier lieu, donne à 95 p. 100 des enfants de la nation, à la presque totalité des enfants de travailleurs, c'est-à-dire des travailleurs de demain, une instruction tout à fait insuffisante.

Il réserve en second lieu aux enfants de la classe bourgeoise l'entrée des écoles supérieures, dont la charge financière retombe, cependant, sur tous, et plus lourdement sur les épaules des travailleurs par suite de notre système fiscal. Il réserve par conséquent à ces mêmes enfants de la classe bourgeoise toutes les fonctions de direction de la société : direction administrative, industrielle et commerciale. Pour cette triple raison, la classe ouvrière, organisée dans la C. G. T., ne saurait tolérer plus longtemps cette profonde injustice, qui assure la perpétuation de son esclavage. Elle saura agir pour obtenir la réforme totale dont elle a déjà antérieurement fixé les principes dans ses assises, notamment aux Congrès de Lyon, en 1919, de Paris, en 1923, et qu'elle a résumés dans son programme minimum de 1924. Elle entend aujourd'hui, avec l'aide des syndicats de membres de l'enseignement, professeurs et instituteurs, dégager avec précision la structure complète du nouveau système d'éducation et d'écoles.

Ce système doit être fondé sur l'utilisation rationnelle des forces vives de la jeunesse ouvrière, sur l'élévation du niveau de culture de l'ensemble de la classe ouvrière, sur une sélection des capacités déterminée uniquement d'après l'aptitude et la valeur professionnelle, de façon que, comme la C. G. T le demandait au Congrès de Lyon, tout enfant du peuple, dont les aptitudes sont suffisantes, puisse accéder aux degrés les plus élevés de la culture.

I. — Enseignement de la masse

Tout d'abord constatant qu'il est impossible, pour de multiples raisons, de faire passer par les écoles supérieures la plus grande partie des enfants du peuple, il importe de se préoccuper, avant toutes choses, de l'enseignement qui est, et restera celui de la majorité des enfants, l'enseignement dit du premier degré.

Cet enseignement, trop bref, trop irrégulièrement fréquenté, ne peut, malgré le mérite et les efforts des maîtres, donner à l'ouvrier de demain la culture qu'il réclame. Il est donc indispensable que la limite minimum de la scolarité obligatoire soit élevée progressivement jusqu'à 16 ans, comme elle l'est déjà dans un grand nombre de pays, et, sans plus de délai, qu'elle soit portée à 14 ans.

Il faut que cette obligation soit effective; il faut, par suite, que l'emploi de la main-d'œuvre soit absolument interdit avant cet âge, à la ville comme à la campagne, en tenant compte toutefois des conditions économiques de la région. Il faut naturellement aussi qu'un ensemble de lois sociales vienne enlever aux parents la charge occasionnée par cette prolongation de la période improductive. Il faut encore que cette période d'obligation soit suivie d'une période de trois années au moins, pendant lesquelles le jeune homme sera tenu de suivre l'enseignement postscolaire général, technique et physique, avec un minimum de 400 heures par an.

Qu'il s'agisse de l'enseignement du premier degré proprement dit-ou de l'enseignement postscolaire, les programmes et les méthodes devront embrasser la culture générale et la culture professionnelle, de façon à faire de l'enfant à la fois un homme au courant des grands problèmes de la vie moderne, capable d'avoir sur toutes les questions une opinion personnelle fondée sur des connaissances précises et exactes, et un producteur averti et dominant son métier.

La gratuité de l'enseignement doit être effective; elle ne doit donc pas se borner à l'autorisation de fréquenter gratuitement l'école, mais elle doit aussi s'étendre aux fournitures scolaires.

II. — Recrutement des élites

L'enseignement aux degrés supérieurs qui est, et qui doit être, une charge pour la société, doit par conséquent être réservé uniquement à ceux qui sont aptes à en profiter, à l'exclusion de tous les autres. Il doit être aussi impossible de forcer, avec la seule puissance de l'argent, les portes de cet enseignement, qu'il est actuellement impossible de faire entrer en payant un enfant dans une école normale ou à l'Ecole Polytechnique. Des méthodes de sélection, aussi rigoureuses que possible, détermineront donc ceux des enfants qui sont qualifiés pour recevoir cet enseignement.

L'enseignement aux degrés supérieurs sera entièrement gratuit, et les enfants désignés pour le recevoir seront considérés comme pupilles de la Nation. Leur entretien sera à la charge de la collectivité, et leurs parents seront indemnisés.

III. — ECOLE UNIQUE

Par la réalisation de ces réformes, du système d'écoles actuel, système de classe formé d'écoles juxtaposées, réservées les unes aux enfants d'ouvriers, les autres aux enfants des classes dominantes, se trouvera substitué un système unique d'écoles se faisant suite depuis la base, l'école primaire jusqu'aux plus hauts sommets, aux universités. L'école ne sera plus organisée au profit d'une classe mais au profit de la collectivité.

IV. — ACTION DIRECTE : L'ENSEIGNEMENT PAR LES SYNDICATS

L'ensemble des revendications précédentes, que nous caractérisons en l'appelant le droit à la culture, ne doit pas faire perdre de vue aux organisations syndicales, Unions départementales et Unions locales, la tâche propre qui leur incombe dans la création d'œuvres d'éducation générale et professionnelle pour les adultes, suivant le plan qui avait déjà été tracé par Pelloutier. Avec l'aide des syndicats de professeurs et d'instituteurs, il doit être plus facile que jamais, et il est par conséquent plus obligatoire que jamais de créer les cours d'enseignement, les bibliothèques, les archives du travail que demandait Pelloutier. Le Congrès prend la résolution de développer dans ce sens l'action syndicale : Il décide également de mettre à l'étude la réalisation d'Universités du travail en s'inspirant à la fois des modèles étrangers et des nécessités de nos organisations françaises.

Cette action s'exercera plus que jamais auprès des populations rurales, exploitées, elles aussi, au même titre que les ouvriers de l'industrie et du commerce.

Une Commission permanente d'études devra être constituée par la C. A. Cette Commission pourra être une simple extension de la Commission de l'apprentissage, constituée en 1923, le problème de l'apprentissage n'étant qu'une partie du problème général de l'éducation. Cette Commission aura pour mandat d'étudier dans tous ses détails le problème, et notamment, en ce qui concerne les programmes et les méthodes de l'enseignement primaire prolongé et de l'enseignement postscolaire, de réunir la documentation et d'organiser la propagande, à la ville et à la campagne, avec le concours des instituteurs syndiqués, de suivre les travaux extra-confédéraux et de manifester par tous les moyens en son pouvoir la pensée de la Confédération.

L'ENSEIGNEMENT PROFESSIONNEL ET TECHNIQUE

Le Congrès, confirmant la résolution du Congrès de 1923, sur l'enseignement technique et l'apprentissage, insiste à nouveau sur les points suivants :

Que les programmes d'enseignement primaire soient modifiés en faisant une place plus importante à l'étude des matières préparant à la formation professionnelle, tant agricole que commerciale ou industrielle;

Que les programmes des deux dernières années scolaires comportent particulièrement, et dans la plus large mesure, l'enseignement des notions élémentaires pratiques des principaux métiers et l'étude des sciences appliquées à ces professions;

Que la loi du 28 mars 1882, soit, sur ce point, appliquée tant dans son esprit que dans sa lettre;

Qu'il soit institué un livret scolaire d'observations psycho-physiologiques, avec bulletin médical et orthopédique;

Réclame le vote prochain :

1° Des modifications nécessaires à la loi Astier (25 juillet 1919) et notamment l'obligation de la fréquentation des cours professionnels d'apprentissage pendant la journée de travail, quelle que soit la limite légale de la durée du travail journalier, avec paiement aux apprentis de leur salaire correspondant au temps passé aux cours professionnels;

2° Du projet de loi sur les Chambres d'apprentissage élaboré par le Conseil supérieur de l'enseignement technique;

Demande aux syndicats de ne point se désintéresser de la constitution des commissions locales professionnelles et des Comités départementaux de l'enseignement technique.

La Commission de l'enseignement de la C. G. T. est chargée de :

1° Faire une enquête dans les syndicats pour préciser la situation actuelle de l'enseignement technique et professionnel et de l'apprentissage, et établir une statistique sur l'état des cours professionnels;

a) Cours professionnels obligatoires organisés dans les villes;

b) Cours professionnels pour apprentis, organisés par les syndicats et associations diverses;

c) Cours professionnels complémentaires et de perfectionnement pour jeunes ouvriers et adultes, organisés par les syndicats ou associations diverses;

2° Etablir un projet de directives générales à suivre par les syndicats, Unions locales et Bourses du Travail en matière d'apprentissage et d'enseignement technique et professionnel.

A cette lecture, le camarade Zoretti ajoute les commentaires suivants :

Voilà les deux motions que je suis chargé de vous demander de bien vouloir accepter.

Je dois vous dire qu'à la Commission, la discussion a été longue, mais nous nous sommes trouvés unanimes pour accepter les termes de ces deux motions. C'est vous dire que l'accord s'est fait, d'une part, entre les deux organisations de techniciens de l'enseignement qui sont actuellement adhérents à la C. G. T., et avec les camarades ouvriers professionnels manuels qui se trouvaient présents également à la Commission.

Je crois qu'il est inutile que je vienne vous apporter ici un long commentaire à ces résolutions qui se suffisent elles-mêmes.

D'autre part, nous sommes à cette dernière journée de congrès avec un ordre du jour encore chargé. Je crois qu'il est désirable que je ne retienne pas longtemps l'attention de ce congrès en développant les différents points qui sont traités dans ces motions. Je vous demanderais simplement de vous disséquer la motion en vous en indiquant ses grandes lignes.

Nous maintenons nos revendications déjà posées à Lyon. Nous voulons que pour l'ensemble de la classe ouvrière, le niveau intellectuel s'élève. C'est Vivier qui le disait dans son intervention hier, qu'on ne fait pas la révolution avec des ignorants. En effet, la classe patronale le sait bien; elle considère certainement que la prolongation de l'ignorance ouvrière est la plus sûre garantie de la perpétuation de sa domination à elle. (*Applaudissements*). C'est certainement par l'élévation intellectuelle, par la culture générale de la masse ouvrière que nous arriverons à avoir affaire à des ouvriers qui deviendront plus facilement, plus rapidement conscients de leur sort.

C'est là la revendication essentielle de l'ouvrier. La classe ouvrière ne peut pas tolérer davantage de se contenter de l'enseignement tel qu'il est organisé aujourd'hui, enseignement tout à fait insuffisant parce qu'il se termine trop tôt, parce qu'il laisse l'enfant à partir de l'âge de 12 à 13 ans jusqu'à sa majorité sans aucune culture et moyens de culture.

Cela est intolérable et c'est cela qu'il faut que la classe ouvrière proclame bien haut une fois de plus.

En second lieu, il n'est pas davantage tolérable que les fonctions de direction de la société qui sont, par la force des choses, réservées à ceux qui ont pu poursuivre davantage leurs études, il n'est pas tolérable que ces fonctions soient réservées à une classe privilégiée.

De ce côté-là, cette seconde revendication, c'est que ce ne soit plus, comme aujourd'hui, la sélection par la fortune, mais la sélection par les aptitudes. (*Applaudissements.*)

Nous n'écartons pas, naturellement, les fils de la bourgeoisie lorsqu'ils se sont montrés aptes à recevoir l'enseignement supérieur ou élevé. Par contre, nous demandons aussi qu'il en soit de même pour les enfants d'ouvriers et que ceux-ci, lorsqu'ils ont fait la preuve de la capacité, de la possibilité de suivre avec fruit l'enseignement au degré élevé, ils ne soient pas écartés de cet enseignement. Voilà l'essentiel; les raisons à-côté sont dans la motion. Elles seront, je pense, dans les documents que réunira la Commission qu'on vous demande de constituer, et ce sont ces documents-là que nous enverrons, qu'il faudra qui soient envoyés dans tous les syndicats ouvriers, afin que chacun de vous devienne un propagandiste pour cette idée de l'enseignement prolongé et sélectionné.

Voilà tout ce qu'il y a à dire ici, c'est suffisant, à mon avis, pour résumer et condenser la pensée ouvrière sur la question.

Je me permettrai, avant de terminer, de vous demander de jeter un petit regard en arrière et de voir le chemin suivi depuis le congrès de Lyon, il y a six ans, où, pour la première fois, une motion développée a été déposée dans cet ordre d'idées.

Une première remarque d'abord, c'est que le texte de la motion d'aujourd'hui est absolument la continuation logique du texte de Lyon; à certains égards, il est même identique. Il est simplement plus développé parce que nous sommes, aujourd'hui, plus près d'une réalisation, par conséquent, nous sommes tenus à préciser notre pensée plus que nous ne voulions le faire à Lyon. Une remarque qui s'impose à cet égard, c'est que ce Congrès de Lyon précédait la scission, par conséquent, la motion de Lyon sur cette question a été votée, non seulement par les camarades confédérés réunis aujourd'hui ici, mais a été votée également par les camarades aujourd'hui unitaires.

C'est une des façons de montrer que la Confédération générale, la vieille C. G. T., sur ce point-là n'a pas varié et par conséquent, nous continuerons sur ce point-là comme sur tous les autres, et rien ne prouve mieux que la C. G. T. dans laquelle nous sommes est la véritable C. G. T. (*Applaudissements.*)

En outre, je vous disais : si nous nous reportons en arrière, si vous étiez les techniciens de l'enseignement, vous vous seriez rendu compte que cette question-là ne passionnait pas en 1919 les masses ouvrières. Cette question n'était pas portée devant l'opinion publique. On s'en occupait dans les milieux techniques, on s'en occupait dans certains milieux avertis, mais dans l'ensemble du pays, on ne s'en occupait pas. Depuis ce temps-là, partout on entend parler de l'école unique; cette question-là revient, c'est une question d'actualité. Sans vouloir grossir outre mesure le rôle et l'influence de la C. G. T., il est permis de dire tout de même que certainement, pour une grande part tout au moins, c'est l'influence confédérale qui a réussi à porter la question devant l'opinion publique. C'est incontestable, nous ne sommes peut-être pas les seuls à avoir agi dans ce sens; ce n'est pas à nous que revient exclusivement le mérite de la chose; incontestablement, nous avons, nous, C. G. T., un grand mérite; il est certain que c'est nous qui avons porté la question, essentiellement, devant l'opinion publique.

C'est un résultat cela, plus important encore que les réalisations déjà obtenues. On ne peut pas prendre, par exemple, la suppression des classes primaires dans les lycées pour l'école unique. On ne peut pas prendre non plus l'extension du régime des bourses pour la gratuité de l'enseignement. Nous ne voulons pas confondre; il y a des résultats minimes qui commencent à être obtenus. Je considère comme le résultat essentiel, le fait que la question ne peut plus être écartée des préoccupations de l'opinion publique.

C'est dans ce sens que je vous demande de continuer à travailler, que notamment, nous aurons le concours, pour développer davantage cette pensée, des 70.000 militants syndicalistes qui sont venus rejoindre, par le syndicat des instituteurs, la classe ouvrière organisée. Nous aurons, dans les communes, des militants syndicalistes qui feront triompher notre pensée sur cette question.

Je termine en vous donnant rendez-vous dans deux ans, au prochain congrès confédéral. Nous pourrons, à ce moment-là recueillir le bénéfice de notre action et constater que non seulement la question est d'actualité, mais qu'elle est, je ne dirai pas totalement réalisée, mais en bonne voie de réalisation. (*Applaudissements.*)

LE PRÉSIDENT. — La parole à Glay, secrétaire du Syndicat National des Instituteurs et Institutrices.

GLAY. — Camarades, à l'heure où je dois intervenir, et devant l'ordre du jour qui est encore fort chargé, je n'ai pas l'intention de vous faire un long discours, d'autant plus qu'au nom de notre organisation, nous nous rallions entièrement à la résolution que vous a présentée tout à l'heure notre camarade Zoretti. Mais il nous est apparu que dans les circonstances actuelles, au moment où, pour la première fois, le Syndicat national des Instituteurs fait son entrée massive dans la C. G. T. (*applaudissements*), il était nécessaire que le secrétaire de l'organisation vienne vous dire dans quelle pensée, il entre à la G. G. T., quel concours il attend de vous et quel appui il peut donner à la propagande confédérale.

Tout d'abord, nous maintenons à la base de notre programme, et nos camarades de la Moselle nous l'ont demandé expressément hier, nous maintenons l'idée de laïcité (*Très bien*), non pas de laïcité à dire que nous n'opposons pas une doctrine philosophique ou une doctrine religieuse à l'enfant; l'instituteur syndiqué laïque dit à l'enfant, non pas la vérité, il lui apprend comment on va à la vérité. (*Applaudissements.*)

Il n'impose pas des méthodes dogmatiques enveloppées de formules qu'on récite par cœur, comme un catéchisme; il ouvre l'enseignement sur la vie; il oblige l'enfant à constater, à réfléchir et il prépare ainsi le sens critique du travailleur.

L'instituteur veut avoir le droit devant ces enfants d'opposer les conquêtes grandioses de la civilisation à la misère prolétarienne qu'il lit sur le visage de ces malheureux. (*Applaudissements.*)

L'instituteur syndiqué laïque veut avoir le droit, lorsqu'il parle des guerres de religion qui ont ensanglanté la France, qui ont ensanglanté l'Europe, il veut avoir le droit de montrer la sublimité de la tolérance et la beauté de la liberté de pensée. (*Applaudissements.*)

Il veut aussi, cet instituteur, que son enseignement soit un enseignement purement expérimental, d'observation, et alors, comprenez quelles oppositions, quelles résistances il va rencontrer devant lui, non pas seulement des oppositions et des résistances des anciennes formules dogmatiques, religieuses; mais oppositions, et résistances également des partis politiques d'autorité. Et si nous avons à lutter à la fois contre les cléricaux, d'un côté, nous avons aussi à lutter trop souvent contre les communistes de l'autre.

Il nous est arrivé, à diverses reprises, et j'en prends acte ici en vous rappelant une publication qui a été imprimée, distribuée, diffusée dans nos écoles, qui s'appelle *Le jeune camarade*. Il y a autant de danger, pour un enfant, à lire *Le jeune camarade* qu'à lire *Le Pèlerin*. (*Applaudissements.*)

Eh bien, camarades, s'il n'y avait que l'intérêt que la classe ouvrière peut apporter au développement de l'enseignement, comme nous le comprenons, déjà notre place serait ici. Mais il y a plus encore. Nous sommes, en général, des instituteurs ruraux; il y a, dans le Syndicat national, sur les 75.000 instituteurs syndiqués, il y a plus des deux tiers qui sont des instituteurs ruraux et il y a 60.000 places rurales. Nous sommes un pays qui n'est pas uniquement industriel, ni uniquement commercial. Nous sommes un pays surtout agricole et les dernières statistiques dont je vais vous donner lecture établ'ssent que pour l'exploitation agricole, sur 5.702.752 exploitants, il y a exactement 4.064.659 exploitants qui n'ont que de 0 à 5 hectares de culture, et c'est dans cet élément d'exploitants, qui est en même temps un élément d'exploités, d'abord un effort d'éducation, un effort de diffusion ; ce n'est pas tant dans un congrès confédéral, ni même dans un Comité National confédéral que nous agirons, c'est à l'Union départementale que l'instituteur viendra travailler. (*Applaudissements.*)

Je les vois déjà, dans certains départements, nos camarades, à peine entrés à la C. G. T., nous écrire et se préoccuper des conditions dans lesquelles ils pourraient organiser des Unions départementales, là où il n'y en a pas. C'est là leur effort, c'est là leur propagande, quand ils diront à ces exploitants, dont je vous donnais le chiffre tout à l'heure : « Dites donc, vous achetez vos engrais à Saint-Gobain ; il vous impose, le consortium, le chiffre qu'il lui plaît de vous imposer. »

Quand nous lui dirons : « Ta machine agricole que tu es obligé d'acheter à un prix si élevé, tu la paies cher parce que ce consortium des machines agricoles a dressé une barrière douanière qui fait que tu paies au moins, sur ta machine à battre, un impôt de 5.500 fr. par machine. » Quand nous lui dirons : « L'accapareur de blé qui est venu sur le marché, t'a acheté ton blé bon marché, tu achèteras ta farine cher. »

Quand nous lui dirons : « Ce raffineur de sucre (que M. Jonnard qui n'est pas révolutionnaire traitait de brigand) ce raffineur de sucre t'exploite pour faire des bénéfices scandaleux à ton détriment. » Quand nous lui dirons : « Ce marchand d'essence dont tu as besoin aujourd'hui pour ton moteur ou pour tes machines à tracteur, t'impose à toi un tribut spécial comme il l'impose aux ménagères, comme il l'impose aux chauffeurs de taxis. » Ce petit exploitant exploité sera avec nous contre le consortium.

Et puis, camarades, en dehors de cette connaissance, de cette instruction que nous ferons au petit paysan, nous lui montrerons aussi que son intérêt propre est de venir à l'association syndicale. Je vois très bien l'instituteur dans l'Union départementale, avec les documents que lui fournira l'U. D. ou la C. G. T., cet instituteur devenir l'animateur de sociétés d'achat en commun pour l'essence; de sociétés d'achat en commun pour les machines agricoles, d'achat en commun pour tout ce dont il a besoin. Je le vois l'animateur des compagnies d'assurances de petits paysans, échappant à l'emprise du consortium et du monopole des grandes assurances. Et ainsi, notre effort qui sera à la fois un effort de défense contre l'exploitant et contre le féodal, sera aussi un effort d'instruction et d'éducation pour le petit paysan qui a besoin d'être défendu et d'être instruit.

Voyez-vous, camarades, comment, lorsque nous rentrons au milieu de vous où notre place a toujours été, car nous sommes peuple et nous restons peuple, je dis que lorsque nous rentrons là, nous sommes à notre place normale; nous venons vous apporter un appui qui peut être considérable.

Tout à l'heure, notre camarade Zoretti a fait allusion au problème de l'école unique, porté à l'ordre du jour de ce congrès. Il n'est plus temps de dire tout ce que notre syndicat, d'accord avec la C. G. T., puisque Million était à nos côtés à ce moment dans la Commission de l'école unique, ce que nous avons fait. Mais ce qu'il faut retenir, c'est que dans la Commission de l'école unique, ce sont les représentants syndiqués, adhérents à la C. G. T. qui ont fait triompher leurs formules : c'est à la Commission du premier degré, notre camarade Roussel, secrétaire de notre Syndicat National; c'est, à la Commission du deuxième degré, rapporteur notre camarade Boully du Syndicat national; et c'est, à la Commission du troisième degré, notre camarade rapporteur, l'incomparable savant Langevin, syndiqué du syndicat de Zoretti, qui a fait également adopter ses conclusions.

Ainsi, on peut dire que même, dans une commission de collaboration, où nous étions en minorité, notre opinion, nos formules avaient tant d'autorité qu'on a confié à des rapporteurs syndiqués le soin de rappeler devant le Parlement comment nous concevons l'école unique.

Ne nous forgeons pas d'illusion du fait que ce sont les tendances confédérées qui ont triomphé. Le Bloc des Gauches est déjà refroidi. Il n'y a, paraît-il, plus d'argent pour faire l'école unique, trop d'ambition dans nos prétentions.

Il n'y aura jamais trop d'ambition pour élever le niveau général de la nation, pour élever le niveau intellectuel et moral de la classe ouvrière. Et si les gouvernants ne comprennent pas le danger qu'il y a à abandonner une campagne pour la réforme de l'enseignement, c'est nous, classe ouvrière, instituteurs, groupements ouvriers et paysans dont l'intérêt est le même, c'est nous tous qui ferons, à travers le pays, la campagne décisive d'opinion· publique qui imposera cette réforme.

Pour terminer, pour conclure, je ne veux pas allonger ce débat, je vois dans notre entrée dans la C. G. T., pour demain, une constitution d'un bloc solide des exploités, de notre bloc ouvrier et paysan à nous dans la C. G. T., qui ne servira pas de piédestal à une nouvelle autocratie ou à une nouvelle oligarchie politique; bloc ouvrier et paysan qui fera sa libération lui-même par son propre travail. (*Longs applaudissements.*)

Le Président. — Nous allons mettre aux voix les deux résolutions qui ont été lues tout à l'heure par notre camarade Zoretti. Le camarade Jouhaux demande de faire ce vote par acclamations. Il n'y a pas d'inconvénients à cela, par conséquent, nous considérons comme adoptées les deux résolutions que l'on nous a lues, appuyées par les déclarations de notre camarade Glav. (*Applaudissements.*)

La parole au camarade Baylot, rapporteur sur les modifications aux statuts.

Les modifications aux Statuts

Baylot (P. T. T.), rapporteur. — Nous allons aborder une autre question, je m'en excuse auprès du congrès, qui est moins passionnante que celles que nous avons examinées cet après-midi, mais qui n'en présente pas moins pour la C. G. T., un intérêt vital.

La Commission des statuts vous paraîtra peut-être composée de traditionnalistes, bien qu'elle ait tenu une séance laborieuse, elle vous propose, si je puis me permettre cet à-peu-près, de conserver, en matière de statuts, le *statu-quo*. Elle a rejeté, après des délibérations approfondies, toutes les propositions qui lui avaient été soumises, non pas, certes, qu'au cours de la discussion, il ne soit pas apparu qu'un certain nombre de réformes pourraient être apportées dans le fonctionnement des rouages confédéraux, mais ces réformes n'avaient pas été présentées par les syndicats dans les délais statutaires. Par conséquent, la Commission n'a pas pu les examiner.

Nous limiterons donc notre exposé aux quatre points qui ont été portés au préalable à la connaissance des congressistes. C'est d'abord des propositions tendant à la prolongation de la durée de la validité de la carte confédérale.

C'est ensuite une proposition tendant à l'institution d'un timbre confédéral unique. C'est enfin une proposition de la Fédération du Livre relative aux conditions de représentation des syndicats au congrès confédéral.

Sur la première question, la Commission a été unanime à estimer qu'il ne fallait pas modifier le système de la carte annuelle. D'abord, il semblait que chez les auteurs de la proposition, il y avait le désir, en rendant la durée de la carte un peu plus longue, de diminuer dans une certaine mesure les cotisations payées à l'organisme central. Or, il n'est pas douteux qu'à un moment où le prix de la vie a ses répercussions, non seulement sur nos budgets familiaux, mais de la C. G. T. elle-même; il n'est pas possible d'examiner une diminution de cotisation que, pour notre part, nous qui voudrions que les organismes centraux disposent de moyens d'action puissants, nous persistons à considérer encore comme insuffisante.

C'est la raison pour laquelle, la Commission n'a pas voulu prolonger la durée de la validité de la carte, car elle ne voulait pas diminuer les ressources importantes que la C. G. T. retire du placement annuel des cartes.

Toutefois, au cours des débats, certains camarades ont émis l'opinion que l'on pourrait trouver un moyen qui permettrait aux syndiqués de réunir ces cartes, de les collectionner de manière à pouvoir présenter à toute réquisition une espèce de bilan de sa vie et de son activité syndicale.

Des modifications de la carte consistant dans le placement obligatoire d'une couverture, ont été examinées, mais étant donné que ces modifications auraient entraîné un relèvement des cotisations et que cela était diamétralement opposé à l'état d'esprit des auteurs de la proposition, nous avons ajourné cette réforme assez importante, et nous nous bornons à vous demander le maintien de la carte confédérale annuelle, et à demander au bureau de la C. G. T. de mettre à la disposition des syndicats des couvertures analogues à celles qui étaient vendues avant-guerre et de faire un appel aux syndicats pour qu'ils généralisent l'emploi de ces couvertures.

Le Président. — Nous allons mettre ces premières conclusions aux voix. (*Adopté à l'unanimité.*)

Baylot. — Nous revenons à une question plus complexe : celle du timbre confédéral unique.

Les propositions de timbre unique ont été faites surtout par nos camarades des Unions départementales. Personne, évidemment, ne met en cause l'existence des Unions départementales, la nécessité de compléter le mouvement corporatif des Fédérations par le mouvement, qui représente exactement l'action confédérale, des Unions départementales. Mais les Unions sont inquiètes de la différence qui existe entre les prises de timbres aux Fédérations et les prises de timbres aux Unions départementales; et un certain nombre d'exemples typiques nous ont été cités par le représentant des U. D. qui siégeait à la Commission. Ces exemples montrent que certains syndicats ne remplissent pas, de propos délibéré, les obligations statutaires vis-à-vis des U. D., qui se contentent d'apposer sur la carte du syndiqué le seul timbre de la Fédération. Ou bien le syndicat prend à l'union moins de timbres qu'il n'a d'adhérents, ou bien même le syndicat ne prend pas de timbres à l'U. D. Il y a quelques exemples comme cela qui bénéficient, malgré tout, malgré les rappels adressés aux Fédérations par nos camarades des U. D., bénéficient de la part de leur Fédération d'une tolérance coupable; ils demeurent adhérents à la C. G. T. et à leur Fédération, bien qu'ils se trouvent dans cette situation irrégulière.

Voilà une des raisons pour lesquelles on a voulu instituer le timbre unique qui supprimerait la prise de timbre directe à l'U. D. et qui permettrait de faire correspondre le nombre des timbres pris aux Fédérations avec celui des U. D.

On considère que le fonctionnement du double timbre entraîne des complications administratives et des lenteurs qui alourdissent le travail, la tâche des trésoriers des différents rouages de notre C. G. T. L'on considère que le mouvement double de ces timbres, passant, les uns, par les U. D., les autres, par les Fédérations pour arriver entre les mains d'un même percepteur de cotisations qui les place aux syndiqués, ce mouvement entraîne des lenteurs et des complications qu'il serait utile d'éviter.

Voilà les deux raisons pour lesquelles on nous a proposé d'unifier le timbre confédéral. La Commission a procédé à un long examen de cette proposition; elle a entendu les doléances légitimes de nos camarades des U. D. et cependant, à la quasi-unanimité, elle a conclu au maintien du double timbre.

Je traduis ici l'opinion de la Commission. Vous êtes libres de la discuter. La Commission a conclu au maintien du double timbre pour les raisons suivantes :

C'est que d'une part, il apparaît nécessaire, si nous voulons éviter certaines routines administratives, j'ose dire, de ne pas légiférer sur des exceptions, et de ne pas fixer, en raison de circonstances exceptionnelles, des règles générales qui risquent, dans l'application, d'avoir un effet opposé à celui que l'on recherchait. Or, s'il y a les exemples scandaleux dont je vous parlais tout à l'heure, de syndicats qui ne cotisent pas aux Unions départementales, s'il y a l'exemple de syndicats qui ne prennent pas le nombre de timbres correspondant au

nombre de leurs adhérents, ce sont là des exemples assez peu nombreux, et que, dans leur immense majorité, les syndicats confédérés
satisfont à la double obligation de la prise du timbre à la Fédération
et à l'Union départementale. Cela ressort de l'examen du bilan de la
C. G. T. qui vous a été remis. Vous verrez que sur un total de plusieurs millions de timbres, l'écart existant entre les prises de timbres
aux U. D. et aux Fédérations, n'est pas tellement considérable qu'il
faille prendre des mesures désespérées pour remédier à cet état de
choses.

Voilà la première des raisons qui a déterminé la Commission. Elle
a estimé qu'il serait mauvais de prendre une mesure générale qui bou-
leverserait le fonctionnement administratif de la C. G. T., simplement
pour réprimer quelques fraudes isolées. D'autant plus, camarades, que
nous risquions d'aboutir à cette conséquence, c'est que par le timbre
unique, au lieu de supprimer la fraude, nous l'aurions multipliée par
deux. Il pourrait se faire que certains syndicats n'ayant plus la possibilité de réaliser des économies en restreignant leurs commandes de
timbres aux U. D., réalisent ces économies en restreignant leurs commandes de timbres aux Fédérations. Par conséquent, l'opération se
solde finalement par un préjudice, non seulement pour l'U. D., mais
pour la Fédération.

Et puis, enfin, camarades, je vous disais que l'on recherchait à
simplifier les rouages administratifs en instituant le timbre unique.
Or, il nous est apparu que l'institution du timbre unique entraînerait
des complications administratives qui sont comparables à celles dont
nous souffrons actuellement.

Une des raisons qui nous ont entraînés à le penser, c'est que si
certains de nos camarades des U. D. espéraient supprimer la fraude,
dont ils se plaignent avec le timbre unique, aucun d'entre eux n'était
d'accord sur les modalités d'application. Le timbre unique apparaissait, avant que l'on en ait examiné dans ses détails le fonctionnement,
comme une sorte de panacée un peu mystérieuse; quand il a fallu
rentrer dans l'examen détaillé de l'opération, on s'est aperçu qu'elle
comportait au moins autant d'inconvénients que d'avantages. En effet,
pour que l'Union départementale puisse contrôler la prise des timbres
à la Fédération, et pour qu'elle puisse réclamer à la Fédération les
sommes qui lui sont dues, il faut qu'elle exerce son contrôle au moment
où le syndicat commande ses timbres à la Fédération. Alors, il y a
deux systèmes : le premier consiste dans la commande directe par le
syndicat de ses timbres à la Fédération, sous la réserve que les timbres commandés, le bordereau sera transmis pour visa à l'Union, que
celle-ci pourra se retourner vers la Fédération pour réclamer la ristourne due.

Le second consiste pour le syndicat à verser à l'Union départementale le montant des timbres qu'il veut acheter à sa Fédération; c'est
l'U. D. qui achète les timbres au siège de la Fédération, la Fédération
les adressant directement au syndicat, de manière à simplifier les for-
malités.

Enfin, troisième opération, le syndicat commande directement ses
timbres à la Fédération, mais celle-ci adresse, dès réception de la com-

mande, à l'Union départementale intéressée, un duplicata du reçu ou du bordereau de commande, un document qui permet à l'U. D. de contrôler la prise de timbres du syndicat.

Voilà les trois façons de procéder; examinons-les l'une après l'autre. La première, c'est la commande directe par le syndicat à la Fédération, sous la réserve qu'il soumettra sa commande à l'Union départementale. Vous le sentez, à partir du moment où dans une organisation qui, nous pouvons le dire, n'est pas encore arrivée à une discipline parfaite, il n'y a pas un commencement de coercition pour imposer l'application d'une règle statutaire, il y a forcément une partie qui échapperait à la règle acceptée; nous aurions certainement une proportion de bordereaux qui ne seraient pas communiqués aux U. D., sensiblement égale en total, sinon supérieure à la différence que l'on constate actuellement entre la prise des timbres aux U. D. et aux Fédérations.

Deuxième solution : la commande des timbres par l'Union départementale à qui on remet l'argent.

Ici, nous nous heurtons à une objection, presque une objection de principe. Nous arriverions à introduire les Unions départementales dans le fonctionnement administratif des Fédérations, alors que pour la bonne marche de la C. G. T. il importe que chacun de ses rouages conserve son entière autonomie. Et puis, l'U. D. serait souvent bien embarrassée pour commander à telle ou telle Fédération qui a des règles de perception des cotisations extrêmement diverses, les timbres que réclame le syndicat. J'ai cité un exemple, je me permets de le donner au congrès, il évitera des explications. Nous avons, à la Fédération Postale, trois syndicats nationaux. Le timbre est remis aux sections départementales non seulement par la Fédération, mais par le canal du Syndicat national. Chacun a des prix de timbres différents, des méthodes de perception des cotisations différentes; il laisse le boni aux sections différentes; il assure avec les cotisations fédérales un certain nombre de services qui varient selon le syndicat. Comment voulez-vous que le secrétaire de l'Union départementale puisse se reconnaître dans ces règles si diverses et si compliquées, et croyez-vous que beaucoup de nos camarades des U. D. qui assurent la tâche déjà ingrate de trésorier après leurs heures de travail, et sans avoir aucune espèce de possibilité de travail administratif, croyez-vous que vous ne compliquerez pas la tâche de ceux-là en imposant des opérations aussi compliquées?

En dehors de cette considération, vous aboutirez à introduire les U. D. dans le fonctionnement administratif des Fédérations, ce que nous considérons comme mauvais.

Troisième solution : ce serait, au moment où la Fédération a reçu une commande, l'envoi par cette Fédération à l'Union intéressée, un reçu attestant le nombre des timbres qui lui a été commandé.

Il y a à cette solution l'objection que j'ai faite à la première; celle-là aussi, elle repose sur la bonne volonté des Fédérations; elle repose sur le plus ou moins de temps dont disposera le membre du Bureau qui recevra les commandes; l'envoi à chaque Union pour chaque syndicat d'un accusé de réception des timbres expédiés représente une tâche administrative considérable. Il est fort probable que le système qui apparaît parfait en théorie fonctionnerait mal dans la pratique. Tous ces systèmes laissent apparaître, en définitive, autant d'inconvénients que le système actuel.

Telles sont les raisons pour lesquelles la Commission a conclu au maintien du double timbre confédéral.

CHEREAU. — Je demanderais à Baylot si l'on a envisagé aussi l'intérêt des Unions locales.

BAYLOT. — Vous faites une objection que la Commission n'a pas examinée. A proprement parler, elle a été soumise en fin de séance. Si l'on pouvait encore accorder le timbre unique au fonctionnement de l'Union départementale et de la Fédération, la question apparaissait insoluble lorsque les départements remettaient leurs timbres aux syndicats par l'intermédiaire des Unions locales.

CHEREAU. — Qui ont un prix différent.

LAFAYE. — A l'heure actuelle, on ne peut pas instituer un débat sur cette question importante. Notre Union départementale, à l'unanimité de 117 syndicats, avait posé la question depuis un an à la Commission Administrative de la C. G. T., regrette qu'on lui ait donné la solution que vient de lui donner la Commission nommée par le congrès. J'estime qu'il est peut-être une solution moins intransigeante, moins brutale.

Tout le monde, et tous les secrétaires d'Unions et de Fédérations sont d'accord pour dire que la perception des cotisations confédérales laisse à désirer. Il faudrait trouver un moyen plus pratique.

Eh bien, ne serait-il pas possible, comme il y a dans les statuts confédéraux la possibilité au Comité National Confédéral d'interpréter les statuts, à cet effet, ne serait-il pas possible que le Congrès, sans brutalement trancher la question, laisse au C. C. N. le soin de l'approfondir, et l'on pourrait peut-être apporter une autre solution à la perception des cotisations confédérales.

La Commission a donné des arguments contre la cotisation actuelle, mais elle aboutit au rejet du timbre unique. A la vérité, je ne veux pas dire que notre ami Baylot a estimé que des formules nouvelles effrayaient la Commission nommée, mais en un mot, il a donné des arguments pour le timbre unique et il aboutit contre le timbre unique. J'estime, pour ma part, je ne veux pas ici allonger le débat, et les secrétaires d'Unions seront d'accord avec moi, il n'est plus possible pratiquement de continuer la perception des cotisations à l'Union départementale. Il y a des fraudes; nous en constatons quelques-unes. D'autre part, c'est une complication inutile de la bureaucratie. Dans la situation actuelle, à la dernière journée du Congrès, lorsqu'il s'agit d'une question complexe, il n'est pas possible de discuter. Je demande s'il ne serait pas possible de renvoyer cette question à l'examen du C. C. N. Si ce n'est pas possible, tant pis, nous aurons dégagé notre responsabilité. Je pense qu'il n'y a pas, à l'heure actuelle, possibilité de trancher la question de la façon dont l'a tranchée la Commission.

DRET (Cuirs et Peaux). — Au nom des syndicats que je représente et au nom de la Fédération des Cuirs et Peaux tout entière, je tiens à me prononcer pour la création d'un timbre unique et en indiquer les motifs et les possibilités d'application. Je ne dirai pas, moi, comme Lafaye, que l'on doive renvoyer la question à l'étude du Comité National, parce que dans un mois il faut que les timbres soient édités; par conséquent, renvoyer cette étude à l'examen du Comité National, ce serait en retarder l'application d'un an au moins.

Je ne veux pas ignorer les fraudes que l'on signale. Mais je voudrais aussi que l'on ne tienne pas compte simplement des difficultés administratives rencontrées par nos camarades des Unions départementales. Je voudrais aussi que l'on tînt compte de la difficulté de nos camarades de certains syndicats où les éléments sont assez nombreux, lorsqu'il s'agit de pratiquer cette opération qui consiste à coller des timbres, quelquefois très mal perforés, très irréguliers, les uns sur les autres. Je voudrais aussi que l'on examine s'il n'y a pas des possibilités d'application en prenant simplement le troisième moyen indiqué par notre camarade Baylot.

Il dit : je retiens l'observation présentée par Chéreau lorsqu'il signale l'existence d'Unions locales. Avec le système actuel, les syndicats commandent des timbres à leur Fédération et leurs timbres à l'Union. Ils sont obligés d'aller chercher à l'Union les timbres de l'Union départementale.

Pourquoi ne feraient-ils pas la commande de leurs timbres à leur Fédération d'industrie qui, elle, les adresserait directement à l'U. D. qui les remettrait, après le versement du montant de la cotisation, aux syndicats adhérents?

BATAS. — Quand ils n'ont pas d'argent?

DRET. — Voilà comment on doit pratiquer. On me dit : Quand ils n'ont pas d'argent? Comment faites-vous actuellement quand ils n'ont pas d'argent? Vous leur faites crédit; vous leur ferez crédit dans les mêmes conditions.

Tout de même, camarades, je ne sais pas comment cela fonctionne dans la maison d'en face, si le système est bon ou mauvais, je n'en sais rien. Dans tous les cas, nous avons eu, nous, à enregistrer dans tous nos syndicats fédérés, des plaintes formelles contre l'application de ce double timbre. Je demande que l'on se prononce pour un timbre unique qui facilitera le travail des secrétaires et des trésoriers d'Unions départementales et des secrétaires et trésoriers de syndicats. Je demande qu'on le mette à l'étude si vous ne pouvez pas le réaliser aujourd'hui, mais que l'on ne continue pas cette chinoiserie de l'application de deux timbres.

LEYMARIE (Cheminots). — Camarades, en ce qui concerne le fonctionnement du timbre unique, je ne trouve pas de solution. La solution est simple pour le fonctionnement du timbre unique pour la perception des cotisations à l'Union départementale. Elle sera la même qu'elle est à l'heure présente. Quand un secrétaire de syndicat commande des timbres à sa Fédération, pour avoir le double timbre, le timbre confédéral, il le commande à son Union départementale qui lui fournit le double timbre. Faisant fonctionner le timbre unique, quand le camarade commandera des timbres à sa Fédération, en même temps qu'il commandera des timbres à sa Fédération, il commandera des timbres à l'Union départementale. L'U. D. recevant une demande de timbres d'un syndicat, signera un reçu de tant de timbres, qu'elle enverra immédiatement à la C. G. T. ou à la Fédération. Si vous le voulez, elle peut l'envoyer à la C. G. T. Envoyant ce reçu à la C. G. T., elle en fera immédiatement la ristourne à la Fédération; la Fédération délivrera le nombre de timbres demandés par le syndicat et ainsi il n'y aura aucune fuite. L'Union départementale enverra un reçu signé de son nom à la Fédération ou à la C. G. T. Il n'y a là aucun inconvénient administratif et cela n'entraînera aucune difficulté.

CHÉREAU. — Camarades, je ne peux pas comprendre comment l'on vient dire que le timbre unique évitera des difficultés dans les rouages administratifs. Il faut dire que la majeure partie de nos camarades trésoriers d'Unions départementales ne sont pas des permanents et il est inadmissible que l'on vienne charger nos trésoriers d'U.D., qui ne sont pas rétribués, de demander à toutes les différentes fédérations les timbres pour les syndicats de leur U.D. Et puis, enfin, on n'a pas l'air du tout, dans le Congrès, de tenir compte de la situation des unions locales. Moi je dis qu'en enlevant la propriété du timbre de la C.G.T. aux Unions locales, on leur retire complètement de leur autorité morale. (Applaudissements.)

Comment, vous allez maintenant supprimer les Unions locales, où notre timbre permet de demander à nos adhérents, soit pour notre Maison du Peuple, soit pour nos caisses de solidarité; nous basons toutes ces caisses sur le timbre de la C.G.T.

En faisant ce que vous demandez, nous leur retirons cette autorité morale. Pour ma part, je m'oppose de la façon la plus formelle au timbre unique. Je partage absolument les décisions du rapporteur et, camarades, j'attire encore votre attention d'une façon spéciale sur le fait que si vous instituez le timbre unique, vous enlevez complètement aux Unions locales leur autorité.

BAYLOT. — Je voudrais conclure brièvement, car je pense que la courte discussion qui s'est établie a permis à tout le monde de se faire une opinion. Quoi qu'en dise notre camarade Lafaye, je n'ai pas présenté un plaidoyer pour le timbre unique; j'ai examiné objectivement les arguments pour et contre, de manière à ne pas prendre parti à l'avance et de permetttre à tout le monde de bien connaître l'affaire.

La question qui se pose lorsqu'on veut faire une réforme, ce n'est pas de faire une réforme pour modifier quelque chose. Etre réformateur, c'est faire une réforme qui représente plus d'avantages que la situation antérieure. Toute institution humaine comportant une part d'avantages et d'inconvénients, il s'agit de savoir si le timbre unique comporte moins d'inconvénients que le timbre actuel. Supprimer la fraude et simplifier les rouages administratifs? Supprimer la fraude, je vous ai démontré que les syndicats qui voudraient se soustraire aux obligations confédérales auraient la possibilité de ne pas commander de timbres aux Fédérations en proportion du nombre de leurs adhérents; la fraude serait multipliée par deux.

Quant à la complication administrative, notre camarade qui, tout à l'heure, a présenté comme une chose simple le fonctionnement du timbre venant de la Fédération aux syndiqués par les moyens qu'a exposés notre camarade cheminot, il a oublié de faire la comparaison entre l'exposé qu'il a fait et la situation actuelle, sans quoi il se serait aperçu que pour la Fédération, que pour le Syndicat, que pour l'U.D., le système du timbre unique représente autant de complications et de difficultés que le système du double timbre. A partir du moment où il apparaît qu'une réforme ne représente pas un progrès, il est inutile de la tenter. C'est la raison qui a déterminé la Commission.

Le Président consulte alors le Congrès qui décide de maintenir le *statu quo*.

BAYLOT. — La Commission rappelle que les statuts confédéraux comprennent des dispositions qui, si elles étaient appliquées, limiteraient la fraude dans une certaine mesure. Il faut constater, je livre ceci à la méditation de ceux de nos camarades qui pensent qu'il suffit d'écrire sur le papier des choses parfaites pour qu'elles fonctionnent parfaitement. Il nous faut constater que ces dispositions ne sont généralement pas appliquées. La Commission les rappelle au Congrès. Aux termes de l'article 16 des statuts confédéraux, les Fédérations et les Unions départementales doivent adresser, tous les ans, leur rapport financier arrêté au 31 décembre au Bureau Confédéral. La Commission souhaiterait que ces bilans soient communiqués aux Unions départementales et aux Fédérations, de façon à ce que les Fédérations et les Unions départementales puissent exercer un contrôle réciproque sur les prises de timbres de leurs syndicats.

La Commission demande aux militants réunis ici de tenir le plus grand compte de ces prescriptions statutaires qui pourront limiter la fraude.

UN DÉLÉGUÉ. — C'est l'application des règlements actuels.

BAYLOT. — Maintenant, nous en venons à une proposition de la Fédération du Livre qui comprenait deux dispositions. La première consistait à exiger qu'un délégué au Congrès confédéral représente un total d'adhérents égal à 150, qu'il représente un seul syndicat ou plusieurs.

La Commission a rejeté cette disposition. Elle lui est apparue sans intérêt, d'autant plus que dans la pratique, l'on peut considérer que la grande majorité des délégués représentent plusieurs syndicats formant au total un nombre d'adhérents supérieur à 150.

Mais la Fédération du Livre proposait en outre que le délégué d'un Syndicat appartienne obligatoirement, soit à l'industrie de ce syndicat, soit à l'Union départementale à laquelle il adhère.

La Commission a également rejeté cette proposition. Mais je dois lire une note de notre camarade Liochon qui a dû s'absenter et qui m'a demandé de soumettre au Congrès les observations qui avaient déterminé la Fédération du Livre à présenter cette proposition :

« Obligé de partir pour une délégation, je m'excuse auprès du Congrès de ne pas pouvoir attendre l'heure de la discussion du rapport de la Commission de revision.

« Membre de la Commission des finances qui se réunissait à la même heure, je n'ai pu siéger à la Commission de revision. Cette Commission n'a pu, de ce fait, connaître exactement le motif essentiel de notre proposition.

« Il m'apparaît que ce qui a surtout été retenu, c'est la fixation d'un minimum de 150 syndiqués pour être admis comme membre du Congrès confédéral. Ce chiffre, à nos yeux, n'est qu'une précision, et un désir de donner à tous les délégués l'autorité nécessaire pour participer aux travaux d'un congrès. Cette précision, j'en suis certain, ne peut que confirmer un état de fait, car il est peu de délégués dans ce Congrès ne remplissant pas cette condition, d'autant moins que les statuts actuels permettent de représenter dix syndicats.

« Pourtant, nous ne devons pas négliger la crainte qu'a fait naître notre proposition chez certains syndicats à effectifs momentanément réduits, crainte de ne pouvoir, dans l'avenir, avoir un délégué syndical et direct si ces syndicats en avaient le moyen. Aussi, n'insistons-nous pas sur cette limitation du minimum qui jouera sans doute, sans contrainte, de plus en plus dans l'avenir.

« Mais je tiens à indiquer très nettement que la partie principale et essentielle de notre proposition consiste à rendre obligatoire pour tout délégué à un congrès confédéral, de représenter exclusivement un ou plusieurs des syndicats de l'Union départementale ou de la Fédération de laquelle il milite. Ainsi nous obtiendrons un minimum de garantie que chaque délégué ne sera pas totalement étranger à la vie syndicale des organisations qu'il représente.

« Cette règle a surtout pour but d'éviter les scandaleuses chasses aux mandats que nous avons connues à la veille des Congrès qui ont précédé la scission. Il ne faut plus permettre que des intrigants, syndicalistes accidentels à l'occasion d'un congrès, puissent se présenter dans nos assises ouvrières pour y faire une beogne très éloignée de l'action quotidienne syndicale.

« Si ce danger paraît anodin à l'heure présente, tout le monde sera d'accord pour reconnaître que nous en avons beaucoup souffert et que cette pratique a beaucoup favorisé la besogne de désorganisation décidée par le parti communiste. Il ne faut donc pas voir les faits actuels, mais se rappeler le passé et penser à l'avenir.

« J'insiste donc pour que le Congrès barre la route aux intrigues de ceux qui voient dans l'organisation syndicale un champ de manœuvres politiciennes. Votre approbation signifiera que les congrès de notre organisation syndicale ne devront comprendre dans leur sein que des militants vivant la vie des syndiqués, sentant leurs besoins immédiats et leurs réelles aspirations. »

Telles sont les raisons qu'aurait exposé notre camarade Liochon, s'il avait pu participer à la discussion. La Commission s'est prononcée défavorablement. Il n'y a pas eu une discussion approfondie à la Commission; l'argument essentiel qui a été donné est que ce serait diminuer nos conceptions syndicalistes que d'exiger qu'un délégué appartienne à l'industrie du syndicat qu'il représente. C'est la raison qui a déterminé la Commission.

Nous pourrions nous débarrasser d'une première proposition : celle des 150 membres au moins par délégué. Liochon n'insistant pas et la Commission ayant donné un avis défavorable. Nous pourrions décider.

Il reste maintenant la seconde partie de la proposition.

BARTHE. — Il est exact qu'ont assisté au Congrès d'Orléans, par exemple, des gens qui avaient quitté le mouvement syndical depuis longtemps et qui sont venus à ce Congrès uniquement pour y faire œuvre de division. Cela peut se renouveler dans l'avenir; il faut que les militants ouvriers représentés à un Congrès confédéral soient réellement des militants ouvriers et l'on ne peut pas être un militant ouvrier si l'on n'a pas milité, soit dans son industrie, soit dans son Union départementale.

Voilà pourquoi j'estime que la proposition de la Fédération du Livre est une mesure sage. Nous ne savons pas de quoi sera fait demain. J'approuve, quant à moi, la proposition de la Fédération du Livre, mesure excessivement sage qui évitera dans l'avenir la rentrée des politiciens dans le mouvement syndical.

LE PRÉSIDENT. — Nous allons voter sur la deuxième proposition.

BAYLOT. — Aucun camarade ne pourra être mandaté dans un Congrès s'il n'a milité dans sa Fédération d'industrie ou dans son Union départementale. Voilà la proposition : un délégué d'un syndicat devra appartenir à l'industrie dont relève ce syndicat ou à l'Union départementale à laquelle ce syndicat adhère.

La Commission est défavorable, mais la Commission acceptera son échec avec le sourire.

Je vous ai dit tout à l'heure que la Commission n'avait pas procédé à un examen approfondi de cette question, qu'elle avait surtout été préoccupée par les 150 adhérents, disposition que nous avons écartée tout à l'heure.

Le seul argument qui ait été donné, que je rappelle impartialement, c'est que, en n'autorisant pas un militant syndicaliste à représenter un autre syndicat que celui de l'industrie dans laquelle il travaille ou de la région dans laquelle il milite, cela risquait de diminuer la physionomie du syndicalisme en le rendant un peu corporatif. Voilà le seul argument donné.

LABÉ (Métaux). — Puisque Baylot nous dit que la Commission n'a pas étudié suffisammment la question, que cette partie soit renvoyée à la Commission. C'est tout le principe syndical. Pour ma part, j'estime que pour qu'un camarade puisse représenter ici un syndicat, il faut qu'il appartienne à ce syndicat, tout au moins à l'Union départementale. Maintenant, dès l'instant que ce camarade appartient bien à son syndicat ou à son Union départementale, il peut ensuite avoir d'autres mandats. Ici, à la C.G.T., on a droit à dix mandats. Pour être délégué, pour représenter le syndicat, il faut au moins lui appartenir : c'est tout le principe syndical. C'est la porte ouverte à des gens qui peuvent s'introduire dans le mouvement syndical; nous avons connu, avant la scission, des gens qui, à chaque Congrès, changeaient de corporation.

BAYLOT. — La Commission accepte la proposition de la Fédération du Livre.

Je rappelle que la première partie de la proposition du Livre, exigeant qu'un délégué représente 150 adhérents est rejetée. Reste à voter sur la disposition suivante : un délégué doit appartenir à l'industrie dont relève le syndicat qu'il représente ou à l'Union départementale à laquelle adhère ce syndicat. La Commission accepte cette proposition.

Le Président consulte le Congrès qui adopte cette proposition. Cinq voix seulement se prononcent contre.

BAYLOT. — Pour remplir un mandat que la Commission m'a confié, je dois demander à la C.A. d'examiner s'il ne serait pas possible d'augmenter la périodicité des réunions du Comité Confédéral National. Nous n'avons pas voulu modifier les statuts, étant donné que cette proposition n'avait pas été faite dans les délais réglementaires.

Nous émettons le vœu que le Bureau et la C.A. réunissent plus fréquemment et si possible trois fois par an, au lieu de deux, le Comité National.

CHEREAU. — Elle a la faculté de le réunir quand elle veut.

LE PRÉSIDENT. — Renvoyé à la C.A. de la C.G.T.

A ce moment, le Président ayant fait connaître qu'il avait reçu une proposition demandant au Congrès une minute de recueillement en hommage à ceux qui sont tombés au Maroc, la proposition est adoptée. Les délégués se lèvent et, durant une minute, le silence le plus absolu règne dans la salle.

Le Congrès décide ensuite de passer à l'ordre du jour, sur diverses propositions de camarades qui demandent qu'une protestation soit votée contre des attaques parues dans le journal l'*Humanité*.

Le Président consulte également le Congrès sur la proposition formulée par Cazeneuve de répondre à l'invitation russe d'envoyer une délégation de la C.G.T. en Russie.

HUYGHE. — Camarades, je considère, pour ma part, qu'il n'y a pas lieu de donner suite à la demande formulée par les camarades russes, par la voix du camarade Cazeneuve. (*Applaudissements.*) D'autant plus que nous avons, presque à l'unanimité, adopté le rapport moral, où il avait été déclaré que le camarade Cazeneuve lui-même disait qu'il n'avait rien pu remarquer d'extraordinaire et que Jouhaux disait que si on allait là-bas, on ne ferait pas davantage que Cazeneuve n'a fait. Dans ces conditions-là, nous avons adopté le rapport moral. Il me semble que c'était déclarer inutile de faire une délégation en Russie. (*Applaudissements.*)

Le Président. — Je dois ajouter que Cazeneuve m'a déclaré qu'il demandait pour son ordre du jour le vote par mandat. Le Congrès se prononcera à ce sujet. Il faut, puisque la demande a été faite, que je la transmette au Congrès.

Le Congrès refuse d'abord à mains levées de passer au vote par mandats, et refuse ensuite par un second vote d'accepter l'envoi d'une délégation en Russie. Sept voix se prononcent contre ce second vote.

Après avoir confirmé les décisions du Comité confédéral national de septembre 1924 concernant la propagande à faire parmi les femmes, le Congrès aborde l'examen du rapport Mathelin sur les salaires.

Mathelin. — Camarades, je ne voudrais pas vous faire un long exposé théorique de l'idée ou de la théorie du salaire. Les camarades qui ont à la C.G.T. un long passé ont été interrogés par nous. Nous leur avons demandé si, à leur avis, il était possible actuellement de dresser une théorie du salaire et s'il était possible de fixer cette théorie d'une façon suffisamment claire, suffisament précise et suffisamment indiscutable pour qu'elle puisse être adoptée.

Qu'est-ce que le salaire, en effet?

Eh bien, nous pourrions, dans cette question comme dans toutes les autres, essayer d'apporter une définition. Qu'appelle-t-on salaire?

Quelle est donc, actuellement, la définition du salaire? Le dictionnaire donne cette définition : la somme donnée pour payer un travail.

Eh bien, cette définition peut-elle nous suffire? Ou tout au moins, étant donné les circonstances actuelles, pouvons-nous considérer qu'il n'y a pas nécessité pour la C.G.T., pour les syndicats ici réunis, de fixer, sinon une théorie exacte du salaire, tout au moins une définition des salaires appliquée à la situation présente? C'est ce que nous allons essayer de faire ici. Comment peut-on fixer un salaire dans la situation présente? Il faut d'abord que nous voyions comment les salaires étaient fixés avant la guerre, au moment où il n'y avait pas ces fluctuations constantes et ces augmentations continuelles du coût de la vie, comme nous les avons subies depuis la fin de la guerre?

Avant 1914, le salaire était fixé par la loi de l'offre et de la demande. Les patrons et les ouvriers se trouvaient en contact, déterminaient eux-mêmes les salaires. Lorsqu'un ouvrier se présentait chez un patron, il disait : j'ai besoin de travail. Le patron disait : oui, il y a ici du travail, nous pouvons vous en donner. A quel prix? A ce moment là, une discussion d'homme à homme prenait place et le salaire était fixé lorsque les parties s'étaient mises d'accord, d'une part le patron, d'autre part, l'ouvrier. Or, depuis la guerre, nous sommes tous d'accord pour penser que les conditions de salaires sont tout à fait différentes. Les conditions économiques ont fait qu'au fur et à mesure que le salaire pouvait augmenter, le coût de la vie augmentait dans une proportion de plus en plus grande. Et il se produisait ce phénomène caractéristique, qui existe encore à l'heure actuelle, qu'au fur et à mesure que le salaire augmente le coût de la vie augmente encore davantage. C'est ce qui se produit avec l'augmentation du coût de la vie et l'augmentation des salaires.

Puis, malgré que les salaires augmentent et comme le coût de la vie augmente encore dans des proportions plus grandes, jamais le salaire augmenté ne peut arriver au coût de la vie.

Vous m'excuserez de vous dire des vérités qui sont un peu trop élémentaires et que tout le monde connaît. Il n'en est pas moins vrai que si nous examinons cette question, nous sommes obligés d'admettre que les revendications des travailleurs de ce pays en ce qui concerne la question essentielle des salaires, ont toujours été appuyées par la constatation du coût de plus en plus important, de plus en plus élevé de l'existence.

Alors, lorsque nous arrivons à vouloir fixer un salaire, lorsque nous voulons fixer, non pas une théorie du salaire en soi, mais une théorie du salaire adopté au coût actuel de l'existence, nous sommes amenés, par conséquent, à rechercher les moyens pratiques de ramener les salaires au coût actuel de l'existence.

Par conséquent, dans la résolution que nous présentons, nous avons examiné cette question d'affirmation théorique indispensable; ensuite, nous avons examiné la critique que l'on pouvait faire des déviations qui se sont fait jour sur la rémunération du travail, et en ceci, nous répondons aux préoccupations des camarades de l'industrie privée qui ont à se plaindre légitimement. Les manœuvres du patronat pour le travail aux pièces, pour le travail suivant les systèmes qui nous viennent de l'étranger qui ne donnent pas aux producteurs la rémunération indispensable.

Nous mettons également en garde les camarades contre la déviation de salaire, incluse dans les allocations familiales suivant les conceptions des organisations patronales.

Nous avons ensuite examiné la rémunération de certains camarades qui se plaignent de voir que dans leur profession le salaire n'est pas celui qui devrait leur être donné, et considéré comme un salaire d'appoint. Nous avons été obligés d'indiquer que certains professionnels n'étaient pas rétribués par le patronat. Nous avons, par conséquent, dans une incidente, indiqué que le patron, en tout état de cause, devait rémunérer le travail.

Camarades, voici la résolution qui a été adoptée par la Commission :

Le Congrès affirme que le fruit du travail n'est pas dans la société capitaliste réparti selon l'équité. Une part trop importante de l'effort des producteurs revient aux parasites sociaux. C'est le motif pour lequel le Congrès appelle son idéal de transformation sociale par la suppression du patronat et du salariat, qui seule permettra la juste répartition de la production entre tous les hommes.

Le Congrès, placé en face des différentes conditions de rémunération du travail en vigueur et considérant qu'aucune d'elles ne représente la part légitime du producteur, estime qu'il lui appartient d'indiquer à la classe ouvrière les dangers des divers systèmes qui tendent à substituer des indemnités et primes diverses au paiement réel du travail.

Il y a péril pour la classe ouvrière à les subir en raison des difficultés qu'éprouvent les travailleurs à se rendre compte du taux exact de leur rémunération.

Mais il revendique pour les travailleurs le droit à être indemnisé de leurs charges familiales. Condamnant l'usage qu'en fait le patronat, il déclare qu'il appartient à la collectivité d'y subvenir par la création d'une caisse nationale prélevant sur la production générale les moyens indispensables.

Il réprouve de nouveau la perpétuation du tâcheronat.

Il stigmatise l'exploitation éhontée dont sont victimes certaines catégories d'ouvriers, de jeunes gens et de jeunes filles auxquels n'est accordé qu'un salaire d'appoint qui ne répond nullement au travail fourni, et qui ne leur permet pas d'assurer leur existence.

Il constate les procédés immoraux employés dans certaines professions où le travailleur est obligé de payer celui qui l'emploie. Il affirme qu'il doit être interdit à quelque patron que ce soit d'employer un travailleur sans le rémunérer de ses deniers.

Le Congrès, sans prétendre apporter une formule rigoureuse et décisive, considère que le salaire le moins élevé perçu par le salarié le moins qualifié doit représenter la somme nécessaire pour satisfaire tous les besoins d'une famille vivant dans une société civilisée.

Il constate que ce salaire doit être établi, dans son principe, nationalement par le Conseil Economique National et, régionalement, adapté par des Conseils économiques régionaux aux fluctuations dues à une situation économique instable.

Pour parer aux fluctuations du coût de la vie, il importe, en effet, de déterminer un système, une forme d'indice qui permettent au travailleur de réajuster son salaire aux conditions d'existence du moment.

Le Congrès réitère la formule de principe et d'équité qu'a toujours défendue la C.G.T. : « A travail égal, salaire égal », en spécifiant bien que cette formule doit s'appliquer à la femme comme à l'homme.

ROBERT (Travailleurs de l'Etat). — J'ai retenu, avec une bien vive satisfaction, la conclusion de cette résolution dont on vient de donner lecture. Il est dit, en toutes lettres, que pour la C.G.T., le problème doit être traité d'abord nationalement et ensuite régionalement, ce qui sera indispensable.

En ce qui concerne la Fédération nationale des Travailleurs de l'Etat, il est nécessaire que le Congrès connaisse, dans ce domaine du salaire national envisagé ici pour demain, ce qui a été fait jusqu'à ce jour. Il est bien entendu que nous n'entendons pas que ce Congrès solutionne d'une manière définitive la question du salariat. Des hommes, et non des moins éminents penseurs, des sociologues qui ne sont pas les amis précisément du marxisme, qui ne sont pas non plus les amis de l'économie orthodoxe, ont, en maintes circonstances, donné leur opinion sur cette question du salariat. Or, pour aujourd'hui, il n'est point question de discuter de la disparition du salariat, mais plus précisément d'examiner sous quelle forme, par quel moyen, la C.G.T. pourra aboutir à l'amélioration matérielle du sort des ouvriers de ce pays.

En ce qui concerne notre point de vue, travailleurs de l'Etat, que vous me permettrez ici de traduire, nous disons d'abord que tous les systèmes actuels appliqués, que ce soit à l'Etat, dans les divers départements ministériels, à l'industrie privée et surtout à l'industrie privée, où, dans la plupart des cas, c'est le système du salaire régional qui prédomine; nous disons que ce système du salaire régional n'est plus acceptable, qu'il a fait son temps, car il est un système qui ne correspond pas du tout aux nécessités de la vie. Et en lui-même, camarades, ce système est immoral, car il permet bien souvent aux travailleurs de l'Etat, sans avoir fait le moindre geste, sans avoir donné le moindre effort, de bénéficier des résultats acquis de haute lutte par les camarades de l'industrie privée et, à ce titre, ce système est immoral.

Il est immoral encore, car il permet à l'Etat de copier servilement les méthodes de l'industrie privée. Et, tenant compte de ces considérations dans notre Fédération nationale, nous nous sommes prononcés pour la suppression du système du salaire régional et la substitution d'un système de salaire national.

Je tiens à faire connaître au Congrès que déjà, sous la poussée de l'action de notre Fédération, des propositions de résolutions ont été déposées sur le Bureau de la Chambre, dont j'ai ici copie, en faveur de l'institution du salaire national à toutes les catégories de travailleurs de l'Etat.

D'autre part, dans nos congrès de Fédération, nous avons examiné par quel moyen, par quelle formule, par quelle base enfin, il pouvait être possible d'examiner la possibilité d'apporter plus de justice dans le travail en assurant un minimum de salaire compatible avec le coût de l'existence, non seulement à l'ouvrier de haute valeur professionnelle, mais aussi et surtout à la base et au départ à l'ouvrier manœuvre, quel qu'il soit.

Nous considérons, en effet, que toutes les professions se complètent les unes les autres; nous considérons que le rôle du manœuvre dans la société capitaliste, comme dans la société de demain, quelle qu'elle soit, le rôle du manœuvre sera toujours indispensable et contribuera toujours également au développement de la prospérité de la collectivité.

Dans ces conditions, nous sommes, travailleurs de l'Etat, pour le salaire national et nous insistons d'une manière pressante auprès de la C. G. T., d'une part, du Bureau confédéral et de ce Congrès, pour qu'ils adoptent, en effet, les conclusions de la proposition de résolution qui vous a été lue tout à l'heure, car nous estimons que c'est là le seul moyen d'apporter plus de justice, d'apporter plus d'équité pour l'ensemble des travailleurs de ce pays.

Je suis obligé d'abréger. Reprenant l'appel pressant fait par Jouhaux à la fin de mon exposé d'hier, lorsqu'il relatait toute l'action de la C. G. T. et de l'Internationale en faveur de la paix, lorsque Jouhaux se tournant vers nous, travailleurs de l'Etat, disait : « Travailleurs des arsenaux, de la guerre, aidez-nous dans notre action, aidez-nous dans notre propagande. » Que notre ami Jouhaux et que le Congrès permettent que je puisse répondre à cela.

Au-dessus de toutes les contingences, même administratives, dans nos départements ministériels avec lesquels nous sommes dans l'obligation de compter, soyez assurés que nous sommes de cœur avec vous pour l'établissement de la paix universelle et définitive. (*Applaudissements*).

RINGENBACH. — Au nom de la Fédération de la Chapellerie et au nom de la Fédération de l'Habillement, nous voulions nous féliciter qu'une phrase avait été introduite dans la résolution. Nous aurions, pour notre part, désiré, si cela avait été possible, si cela avait été dans le cadre des préoccupations confédérales, que cette phrase soit plus précise. Nous aurions demandé, pour nous, une condamnation plus nette de ce système de salaire qui vient, pour beaucoup de femmes et de jeunes filles, s'ajouter à un salaire principal qui peut, lui, assurer l'existence de la famille. Il est des industries, comme celle de l'Habillement, qui souffrent tout particulièrement de cette situation. Il est des ouvrières, soit femmes, soit jeunes filles, qui, très souvent, acceptent de travailler pour des salaires qui ne permettent pas de vivre; elles font, par là même, une concurrence insoutenable, déloyale aux ouvrières qui sont des chefs de famille, ouvrières qui ne peuvent pas se créer un intérieur. On vous a dit, à cette tribune, qu'il y avait en France 1.500.000 femmes qui ne pouvaient pas se créer de foyer. Nous pensons à ces femmes et nous pensons aussi que ces ouvrières malgré leur grande habitude des privations, ne pourront pas continuer à vivre avec le salaire fixé par ces ouvrières qui n'ont pas besoin de leur salaire pour assurer leur existence. (*Applaudissements.*)

Ce que nous aurions voulu vous demander, en reprenant ici au nom de la Fédération de la Chapellerie et de l'Habillement, quelques paroles qui ont été prononcées dans un Comité Confédéral national, c'est que jamais aucun camarade d'une Union départementale, aucun camarade d'un syndicat ne fasse une réunion sur un sujet quelconque sans dénoncer aux camarades qui l'entourent, les dangers du salaire d'appoint et son immoralité. C'est ce que nous voudrions vous demander. Même si vous descendez au fond de vous-mêmes et au fond des responsabilités que vous avez à l'égard de vos femmes et de vos enfants, si vous n'assurez pas pour elles demain la possibilité d'un salaire assurant l'existence, vous les livrerez demain à tous les assauts et à toutes les difficultés de la vie.

BARTHE. — Je débuterai en approuvant le camarade Ringenbach. Il est en, effet, inadmissible que des personnes ayant un appui naturel, soit celui du mari, soit celui de la famille, aillent travailler avec un salaire d'appoint qui peut permettre certainement à ces familles, par le moyen de salaires d'appoint, de mener une existence convenable, mais qui livrent des femmes seules dans la vie à tous les hasards de la société actuelle.

Et ensuite, je voudrais expliquer ici, parce que cela n'a pas été dit, ce que l'on entend lorsque l'on dit que l'on veut assurer aux travailleurs un minimum de salaire suffisant à nourrir une famille dans la société civilisée.

Il est certain qu'il est un peu tard pour s'étendre sur ce sujet. Mais enfin, nous nous présentons ici avec une opinion et cette opinion est que l'homme a pour mission essentielle de produire, de travailler pour pouvoir nourrir une femme et des enfants. C'est ce que nous avons voulu dire dans la résolution; c'est ce qu'il faut affirmer. J'estime que le Congrès se prononcera à l'unanimité sur cette formule excluant pour l'avenir un salaire uniquement rétribué pour le travail de l'individu.

Ce que nous avons voulu affirmer, c'est que le salaire doit récompenser autre chose que le travail lui-même; il doit subvenir aux besoins sociaux du travailleur.

Le Congrès approuve ensuite à mains levées le rapport présenté par Mathelin.

Le contrôle ouvrier

CHEVALME. — Je ne crois pas qu'il soit nécessaire, sur la question qui vient à l'ordre du jour et sur laquelle je suis chargé de rapporter pour la Commission du contrôle ouvrier, de faire un long discours.

Tout d'abord, à la Commission, nous avons considéré qu'il n'y a pas à revenir sur les principes affirmés par la C. G. T. dans la revendication du contrôle ouvrier. Les principes d'hier sont les principes d'aujourd'hui.

A la Commission, diverses observations se sont faites jour, que ce soit le camarade appartenant à des services publics, que ce soit des camarades appartenant à des administrations d'Etat, que ce soit, d'autre part, des camarades dépendant de l'industrie privée. Dans les services d'Etat comme dans les services publics, nos camarades ont déjà, par des institutions particulières, je ne dirai pas l'institution du contrôle ouvrier, loin de là, mais certaines possibilités, pas de contrôle, mais d'immixtion dans les conclusions et dans le respect général de leurs conditions de travail.

La Commission, la Sous-Commission du moins, chargée de rédiger la résolution sur ce point a cru nécessaire de retenir cette situation. Nous tenons par-dessus tout, dans la résolution qui vous sera présentée à confirmer les principes généraux qui ont déterminé la revendication du contrôle ouvrier.

Le principe du contrôle ouvrier, n'a, en somme, rien de commun avec ce que certains revendiquent. Le contrôle ouvrier pour nous, ouvriers, c'est d'obtenir dans le travail la complète indépendance, la libération du travail de l'exploitation patronale et de la domination patronale.

Lorsque la C. G. T. a déterminé les bases et les principes généraux du contrôle ouvrier, elle a déterminé ce qu'il fallait obtenir : c'est le contrôle sur l'embauchage et le débauchage, en considérant que par le contrôle sur l'embauchage et le débauchage, on arrive à donner à la classe ouvrière une complète indépendance. Car, il est certain que toute l'autorité patronale repose justement sur les prérogatives dont le patron dispose, tant sur l'embauchage que sur le débauchage. Un autre point des principes du contrôle ouvrier porte sur les possibilités de contrôle dans les contrats de travail, salaires, hygiène, etc., et en somme, nous ne pouvons, aujourd'hui, que confirmer ces principes généraux.

Un autre point a retenu l'attention de la Commission : au moment où nos adversaires de tendance préconisent l'institution des Commissions d'usines, des Comités d'entreprises, de Comités particuliers devant servir à des fins politiques, nous avons cru pouvoir retenir ce point et déterminer justement qu'il ne peut y avoir aucune confusion entre le principe du contrôle ouvrier posé par la C. G. T. et les institutions que certains préconisent.

Ce que la Commission a cru aussi devoir suggérer au Congrès, c'est la nécessité qu'il y a pour les organisations syndicales de poursuivre un effort sérieux de propagande, car l'on ne saurait se dissimuler que l'institution du contrôle ouvrier ne pourra être réalisée qu'autant que la conception des responsabilités ouvrières sera comprise. Car l'on ne peut dénier que toute l'autorité patronale repose justement sur le manque d'éducation générale de la classe ouvrière. C'est pourquoi la Commission, à la fin de la résolution qui vous est proposée, suggère aux organisations, de fournir, avec la plus grande activité possible, un effort sérieux de propagande, d'abord pour diffuser l'esprit de la revendication que nous posons; d'autre part, pour inciter les organisations syndicales à élever les capacités techniques et professionnelles de l'ensemble du monde du travail, à seule fin qu'au moment où il nous sera possible d'instituer le contrôle ouvrier, la classe ouvrière soit à la hauteur des responsabilités qu'elle aura à assumer.

Voilà donc, camarades, les quelques points sur lesquels la Commission du contrôle ouvrier s'est arrêtée.

En somme, nous n'avons pas voulu apporter trop de précisions sur le point d'éducation générale, tant sur l'enseignement technique et professionnel, parce que nous savions qu'il y avait une Commission spéciale chargée d'étudier ce point particulier, et nous ne pouvons que confirmer les conclusions données tout à l'heure par notre camarade Zoretti, lorsqu'il indiquait que l'éducation générale de la classe ouvrière tant sur le terrain intellectuel que professionnel et technique servirait avantageusement l'évolution sociale de la classe ouvrière.

En conclusion, nous ne pouvons que dire que l'institution du contrôle ouvrier ne sera vraiment réelle qu'autant que la classe ouvrière, que l'ensemble des ouvriers comprendront la portée de cette institution et seront capables d'assumer les responsabilités qu'ils auront à ce moment-là.

Voilà donc, camarades, les points sur lesquels la Commission attire votre attention. Je ne crois pas nécessaire, à l'heure où nous sommes, de développer plus longuement la question du contrôle ouvrier. D'ailleurs, dans le Congrès précédent, cette question a fait l'objet d'un examen approfondi par la Commission chargée de son étude, et aujourd'hui, en somme, nous ne faisons que rappeler la revendication, parce qu'il est indispensable de la maintenir et, pour ceux qui pensent qu'elle n'est pas prête d'être réalisée, il faut que les uns et les autres, nous comprenions qu'il est nécessaire de faire la propagande indispensable, parce que toute revendication ouvrière ne peut être réalisée qu'autant que l'idée est comprise, dans le monde du travail, ainsi qu'il en a été pour d'autres revendications.

Voilà la résolution que la Commission vous propose d'adopter :

Le Congrès rappelle les principes sur lesquels la Confédération générale du Travail a basé la revendication du contrôle ouvrier.

Au point de vue social, le travail ne doit pas être considéré comme une marchandise que le capital accepte ou refuse.

Considérant que la servitude industrielle doit disparaître, la C.G.T. en réclamant le droit syndical pour tous, déclare qu'il doit être reconnu dans toutes les questions du travail.

Pour le travail organisé, la C. G. T. réclame la place qui lui revient dans la direction et la gestion de la production.

Comme suite à ces déclarations, le Congrès confirme la résolution du Congrès de Paris de 1923 disant que la première revendication à poursuivre sur le domaine le plus strict du travail doit reposer sur le contrôle ouvrier et syndical et doit porter :

1° Sur l'embauchage et le débauchage ;

2° Sur le respect des conventions syndicales qui concernent notamment les salaires, la répartition des heures de travail, la discipline et les sanctions et toutes autres dispositions qui peuvent se rapporter à l'industrie ou au métier considérés;

3° Sur l'application des lois sociales et tout droit ouvrier juridiquement établi par l'usage.

Le Congrès enregistre les efforts accomplis par les organisations confédérées, tant dans les services publics et administratifs que dans l'industrie privée, pour assurer la défense des intérêts de leurs corporants, dans le respect des conventions et contrats qui peuvent être établis.

Néanmoins, le Congrès considère que ces institutions, si elles servent les intérêts des ouvriers, ne sauraient être considérées comme la réalisation du contrôle ouvrier qui vise à préparer et à conquérir la pénétration du droit ouvrier dans le travail, en arrachant au patronat celles de ses prérogatives les plus arbitraires et les plus brutales, droit affirmé dans la résolution de Paris et qui indiquait que :

Ce droit est compatible avec la discipline et l'ordre à assurer dans le labeur profitable et la continuité et la valeur de la production, en même temps que les salariés sont certains de trouver dans leur sein tous les éléments éclairés et compétents pour assurer équitablement le premier contrôle indispensable.

Considérant que le contrôle ouvrier ne peut être effectif et avec possibilité pour les intérêts ouvriers, comme pour la défense des droits du travail, que s'il est constitué sous la responsabilité de l'organisation syndicale, le Congrès indique qu'il ne saurait se prêter à toute action qui aurait pour effet la constitution d'organismes échappant au contrôle de l'organisation syndicale et qui, sans aucune responsabilité, serait l'abnégation même du syndicalisme.

Considérant que seul le contrôle ouvrier assurera la défense et la garantie des institutions sociales existantes comme celles que revendique le mouvement ouvrier, le Congrès affirme à nouveau que le contrôle ouvrier reste une de ses revendications essentielles, destinées à modifier les conditions de production en fournissant aux travailleurs les moyens de conquérir les droits nouveaux qui permettront la libération du travail.

Considérant la portée sociale du contrôle ouvrier et l'immense responsabilité qu'aura à assumer l'organisation syndicale au moment de sa réalisation, le Congrès, tenant compte que cette institution ne sera vraiment effective qu'autant que la classe ouvrière, dans son organisation de classe, sera à la hauteur des responsabilités qui lui incomberont, invite toutes les organisations confédérées à poursuivre sans relâche leur propagande, pour hâter la réalisation du contrôle ouvrier, qui assurera la liberté dans le travail comme son libre développement pour le profit de la collectivité.

L'emploi de la main-d'œuvre étrangère

Avant de donner lecture de la résolution établie sur cette question, le camarade Labe, rapporteur, formula seulement cette courte déclaration :

Je me limiterai à donner lecture de la résolution qui porte surtout sur des points de principe. Je veux simplement attirer l'attention du Congrès, quelles que soient les mesures que l'on pourra prendre pour l'introduction de la main-d'œuvre étrangère dans ce pays et pour la répartition de la main-d'œuvre nationale, nous n'arriverons pas à une solution, tant que nous ne connaîtrons pas les besoins exacts de main-d'œuvre.

Ce qu'il faut, c'est avoir les moyens de connaître les besoins exacts de main-d'œuvre, et nous avons estimé à la Commission que la solution du problème était surtout dans l'organisation du marché du travail.

Voici la résolution, qui s'inspire de cette considération, et des autres points de principe. Je prie les camarades qui, à la Commission avaient soulevé des points particuliers sur leurs professions, de ne pas insister pour que dans une résolution qui détermine des principes, il soit parlé plus particulièrement d'une profession ou d'une autre :

Placé en face du délicat et complexe problème de la main-d'œuvre étrangère, le Congrès confirme les résolutions prises antérieurement sur la question dans les différentes assises confédérales.

Ces résolutions étant, conformément aux principes de solidarité qui régissent le syndicalisme, basées sur la sauvegarde des intérêts de tous les travailleurs sans distinction de nationalité, le Congrès, tout en jugeant nécessaires les mesures de protection pour la main-d'œuvre française, déclare qu'il ne saurait être question pour le mouvement syndical, de s'opposer à l'entrée en France d'une main-d'œuvre qui, avant la guerre, était déjà indispensable, pour faire face aux besoins de toutes les branches de l'activité industrielle du pays. Cette considération émise, il déclare de suite qu'en ce qui concerne les intérêts des travailleurs étrangers, il ne doit être apporté aucune entrave aux moyens de les défendre.

Il considère donc que le droit syndical doit être accordé sans restriction aux travailleurs de toutes les nations occupés en France.

Considérant que le problème de la main-d'œuvre est à la fois un problème national et international dont la solution n'est pas sans répercussion sur les bonnes relations entre les peuples;

Considérant, d'autre part, que toutes les difficultés résultant du recrutement de la main-d'œuvre ne peuvent être résolues que par l'organisation du marché du travail :

*Le Congrès approuve la participation de la C.G. T. au Conseil natio-
nal de la main-d'œuvre. Dans l'esprit du Congrès, cette participation
implique l'octroi au Conseil de la main-d'œuvre de pouvoirs suffisamment étendus pour lui permettre d'exercer un contrôle effectif sur
l'organisme chargé de sa répartition et du recrutement de la main-
d'œuvre. Il estime que cet organisme qui est rattaché à la Présidence
du Conseil doit rassembler, sous une même direction, les services nationaux et départementaux de placements industriels comme agricoles
ainsi que tous les services de recrutement, de contrôle et de répartition de la main-d'œuvre étrangère.*

*Cet organisme centralisateur des divers services de la main-d'œuvre
ne pouvant remplir le rôle qui doit lui être attribué qu'à la condition
d'avoir à sa disposition tous les moyens d'investigation nécessaires, le
Congrès considère qu'il doit disposer constamment de moyens rapides
d'information sur la situation du travail par industrie et par région.*

*Le recrutement d'une main-d'œuvre étrangère, même proportion-
nelle aux besoins exacts de main-d'œuvre, ne pouvant être toléré sous
les formes actuelles, il convient de mettre fin aux pratiques des
employeurs qui, par des offices institués à l'étranger sur le terrain
même de recrutement de la main-d'œuvre ou par l'organisation de tout
un système de racolage, recrutent systématiquement les ouvriers étrangers dans les centres les plus arriérés dans le seul but de bénéficier
d'une main-d'œuvre plus dépendante et plus soumise.*

*Le Congrès, condamnant ces méthodes, demande que le recrutement
de la main-d'œuvre à l'étranger ne puisse se pratiquer en dehors du
contrôle de l'organisme centralisateur des services de la main-d'œuvre.*

*En ce qui concerne le placement de la main-d'œuvre à l'intérieur,
le Congrès demande également que les différents services soient véritablement organisés sur une base paritaire afin d'assurer aux organisations corporatives les garanties de contrôle nécessaires.*

*Le Congrès ayant ainsi situé sa position à l'égard du problème de
la main-d'œuvre rappelle aux organisations syndicales que, quelles que
soient les garanties qui pourront être obtenues dans ce domaine comme
dans tous les autres domaines de l'activité syndicale, ces garanties ne
seront réelles que dans la mesure où elles exerceront leur vigilance.*

Questions diverses

Déclaration du rapporteur, le camarade Maranacchi (Toulon) :

Camarades, votre Commission des questions diverses a eu à délibé-
rer sur trois questions.

Sur deux de ces questions, celle de l'organisation syndicale de la
jeunesse ouvrière et celle de l'application de la loi d'amnistie, l'unanimité des membres s'est faite.

Sur la question de la Verrerie ouvrière d'Albi, l'unanimité n'a pu
être réalisée et ce n'est qu'une motion de la majorité que nous rappor-
tons devant vous :

1° Motion adoptée sur l'organisation syndicale de la jeunesse
ouvrière :

« *Le Congrès confédéral rappelle qu'à tout moment de l'activité syndicale la C. G. T. a tenu à œuvrer pour que les jeunes ouvriers et ouvrières, ne soient pas liés, isolés envers un patronat qui, dans toutes les industries recrute de plus en plus la main-d'œuvre des débutants pour opposer à l'exigence des ouvriers formés.*

« *Le Congrès enregistre les efforts faits par l'organisme central pour étendre à la jeunesse ouvrière les lois sociales et d'hygiène.*

« *D'autre part, le Congrès rappelle aux organisations syndicales, la nécessité impérieuse de porter les efforts de recrutement sur la jeunesse ouvrière; les organisations sauront comprendre qu'il y a là un moyen de préparer ceux qui seront les producteurs de demain, à mieux comprendre le rôle et l'action du mouvement syndical.*

« *Les organisations syndicales ne doivent rien négliger pour faciliter l'entrée dans les syndicats des ouvriers non encore formés parce que jeunes.*

« *Le Congrès demande à la C. G. T. de continuer énergiquement l'action en faveur de l'éducation professionnelle sous le contrôle du mouvement syndical.*

2° Motion adoptée sur l'application de la loi d'amnistie :

« *Le Congrès confédéral invite le bureau de la C. G. T. à faire les démarches nécessaires auprès du chef du gouvernement afin que la loi d'amnistie violée en ce qui concerne les faits disciplinaires par certaines administrations, soit respectée.*

« *De plus, afin que cette loi soit appliquée intégralement, le Congrès invite le dit Bureau à demander la création d'une Commission tripartite et interministérielle comprenant des agents des différentes administrations les plus intéressées à cette application.*

« *La délégation du Bureau auprès du chef du gouvernement comprendra des délégués des trois organisations : P. T. T., Instituteurs, Cheminots.* »

3° Conflit à la Verrerie Ouvrière d'Albi :

Cette question se divise elle-même en deux parties : l'une concernant la répartition au personnel d'une somme de 179.000 francs; l'autre relative au personnel gréviste de l'usine qui n'a pu encore être repris faute de vacances.

Première partie : Répartition entre le personnel de la somme de 179.000 francs.

Les opinions se sont opposées de la façon suivante :

Les camarades verriers désiraient que cette somme fut distribuée par le Comité directeur, afin de pouvoir prélever sur elle l'argent nécessaire à l'acquittement de dettes contractées au moment du conflit auprès d'organismes ouvriers ou de particuliers commerçants.

D'autres camarades soutenaient que le Conseil d'administration de la V. O. n'avait pas à rentrer dans ce détail, prétendant que la somme était entre les mains d'un avoué chargé d'en assurer la répartition aux ayants droit.

La Commission a cru devoir retenir le souci des deux opinions opposées, et elle a traduit ce double souci dans le vœu suivant :

« *Le Congrès émet le vœu que la C. G. T. s'emploie à terminer le conflit de la Verrerie d'Albi, à propos de la répartition de la somme qui doit être distribuée, en tenant compte de l'intérêt de tous.* »

Ce vœu a été adopté par 8 voix contre 2.

Deuxième partie : Conflit relatif au personnel gréviste non réintégré.

Les avis opposés étaient les suivants :

Les camarades verriers disaient : « Nous avons encore un assez grand nombre de camarades en dehors, non réintégrés, nous demandons leur réintégration. »

D'autres camarades répondaient :

« Le Conseil d'administration de la V. O. a décidé de réintégrer les révoqués au fur et à mesure des vacances, étant entendu qu'aucune embauche serait faite avant celle des révoqués. »

Telles étaient les deux opinions opposées.

Mais, comme par suite du personnel embauché lors du conflit et l'emploi du machinisme réduisant la main-d'œuvre si l'on s'en tenait à la formule du Conseil d'administration de la V. O. certains révoqués en auraient pour cinq ans, dix ans, quinze ans, avant d'être repris, la Commission a pour devoir de vous proposer l'adoption du vœu suivant :

« Le Congrès demande au Bureau de la C. G. T. d'inviter le Conseil d'administration de la V. O. d'envisager la réintégration des camarades dans un délai très rapproché, en s'inspirant des méthodes employées dans les autres verreries, en périodes de chômage ou à la suite de grèves où le travail est partagé, en attendant la reprise normale du fonctionnement de l'Usine. »

Ce vœu a été adopté par 8 voix contre 2.

Nous croyons devoir vous signaler que les motions sur ces deux parties n'ont pas été acceptées ou repoussées par les mêmes voix, que les membres de la minorité n'ont pas été les mêmes dans les deux cas, ce qui revient à dire que sur deux parties, les camarades opposés ont au moins reçu satisfaction sur un point.

A ces paroles du rapporteur, le camarade Jouhaux ajoute la déclaration suivante :

JOUHAUX. — La C. G. T. a, tant auprès du Gouvernement qu'auprès du Conseil d'administration de la Verrerie Ouvrière, fait les démarches pour obtenir les réintégrations, et elle les continuera parce qu'elle estime que ni un patron, ni un Gouvernement, ni un Conseil d'administration de coopérative, n'a le droit de laisser sur le pavé des ouvriers qui ont revendiqué un droit (*Applaudissements*).

Le rapporteur termine alors sur ces mots :

Votre Commission vous demande d'accepter les vœux que nous vous présentons en se refusant d'entrer dans une discussion à ce sujet.

Le Congrès ratifie purement et simplement ces diverses propositions.

Tous ces vœux étant adoptés, Savoie se lève et, aux applaudissements du Congrès, prononce l'allocution suivante :

« Permettez-moi, pour clôturer ce Congrès, de prononcer quelques mots :

« L'ambiance créée autour de la C. G. T., plus qu'en elle-même, pouvait permettre la crainte que nos débats ne fussent influencés par les agissements de ceux qui se disent nos adversaires de tendance.

« Il n'en a rien été.

« Vous avez fait preuve d'un sang-froid, d'une clairvoyance qui surprendront ceux qui, connaissant le degré de sentimentalité presque excessif qui nous anime habituellement, tentèrent de l'exploiter.

« Vous avez, ainsi faisant, puissamment raffermi la C. G. T. et toutes les organisations qui la composent.

« De la nouvelle épreuve à laquelle nous avons été soumis, notre organisation sort plus puissante que jamais !

« C'est une leçon pour nos détracteurs, ce qui est secondaire, mais c'est aussi un avertissement à toutes les forces de la réaction bourgeoise.

« La C. G. T. reste debout envers et contre tous et elle poursuivra sa tâche nationalement et internationalement avec plus de vigueur que jamais ! » (*Applaudissements unanimes.*)

Le Congrès est clos.

Les congressistes, debout, chantent l'*Internationale*.

FÉDÉRATIONS REPRÉSENTÉES AU CONGRÈS DE PARIS
AOUT 1925

DESIGNATION DES FEDERATIONS	NOMS DES DÉLÉGUÉS
Alimentation	SAVOIE
Bâtiment	CONSTANT
Bijouterie	TRIVERY
Bois	CHIRON
Céramique	TILLET
Chapellerie	MILAN
Industries chimiques	LOZE
Coiffeurs	PAGES
Cuirs et Peaux	ROUX
Dessinateurs	DOUMENQ
Eclairage	MOREL
Employés	BUISSON
Enseignement secondaire	ZORETTI
Finance	TUAL
Instituteurs	LEBAILLY
Habillement	RINGENBACH
Livre	LIOCHON
Syndicats maritimes	EHLERS
Métaux	LABE
Papier	DENNAUD
Pharmacie et Droguerie	DELERUE
Ports et Docks	VIGNAUD
Postale	DIGAT
Services publics	MICHAUD
Services de Santé	MERMA
Sous-Sol	VIGNE
Tabacs	SIETTE
Textile	VANDEPUTTE
Tonneau	BOURDERON
Transports	GUINCHARD
Verriers	DELZANT

Unions départementales représentées au Congrès de Paris

AOUT 1925

DESIGNATION DES UNIONS DEPARTEMENTALES	NOMS DES DÉLÉGUÉS
Adour	DESARMENIEN
Aisne	DEMARET
Allier-Creuse	LECERF
Alpes-Maritimes	GASTAUD V.
Ardennes	VILLEVAL
Aube-Yonne	CHARRIE
Aude	EYCHENNE
Aveyron	OUSTRY
Bouches-du-Rhône	GRAS
Calvados	LANGLOIS
Charente-Inférieure	LAIME
Constantine	BIANCO
Corrèze	ROUSSEAU
Corse	PEZZINI
Deux-Sèvres	ROUSSELOT
Dordogne	LEYMARIE
Doubs	JEANNIN
Drôme-Ardèche	GOURDON
Eure	LEVALLOIS
Eure-et-Loir	HALGRAIN
Finistère	BERTHELOT
Haute-Garonne	FORGUES
Gard	PERRIER
Gers	VILLENEUVE
Gironde	LAFAYE
Hérault	NICOLAS
Indre-et-Loire	THOMAS
Isère	MAZENOD
Loire	LAUXERROIS
Loiret	MICHAUT
Loir-et-Cher	GUILLON
Lot	BARRET
Maine-et-Loire	BELLIER
Marne	DOCQ
Meurthe-et-Moselle	HUMBERT

DESIGNATION DES UNIONS DEPARTEMENTALES	NOMS DES DÉLÉGUÉS
Meuse	VOGLIMACCI
Moselle	BOUGROS
Nièvre	BONDOUX
Orne	PUJOS
Oran	MAIRAT
Région Parisienne	GUIRAUD
Hautes-Pyrénées	ADASSUS
Pyrénées-Orientales	BERTA
Saône-et-Loire	JOLY
Sarthe	CARRE
Seine-et-Marne	LEPART
Seine-Inférieure	MARTIN
Somme	SELLIER
Tarn	ROUVET
Territoire de Belfort-Haute-Saône	DECHELOTTE
Tunisie	ARPUTZO
Var	MARANINCHI
Vaucluse	PIC
Haute-Vienne	VARDELLE
Vosges	VAIRELLES

RESULTAT DES VOTES

FEDERATION DE L'AGRICULTURE

DÉLÉGUÉS	ORGANISATIONS	NOMBRE DE VOIX	1er VOTE AUDITION DÉLÉGUÉS UNITAIRES ET AUTON.	2e VOTE RAPPORTS MORAL ET FINANCIER	3e VOTE MOTION D'UNITÉ
Fabre A.	Ouvriers Agricoles (Aniane)	1	P.	P.	P.
Servel	Ouvriers Agricoles (Baillargues)	2	C.	P.	P.
Fabre A.	Ouvriers Agricoles (Béziers)	3	P.	P.	P.
Nicolas	Ouvr. Agricoles (Cazouls-d'Hérault)	2	P.	P.	P.
Fabre A.	Ouv. Agricoles (Cazouls-les-Béziers)	2	P.	P.	P.
Fabre A.	Ouvriers Agricoles (Cers)	1	P.	P.	P.
Berta	Trav. Agricoles et Viticoles (Corneilla-del-Vercol)	1	P.	P.	P.
Fabre Fr.	Ouvriers Agricoles (Cuxac-d'Aude) .	3	P.	P.	P.
Schwenk	Bûcherons (Dôle)	1	C.	P.	P.
Solatges	Trav. de la Terre (Fourques)	2	C.	P.	P.
Lepart	Ouvriers Agricoles du Gâtinais .:..	1	P.	P.	P.
Désarménien ...	Métayers de Habas	1	P.	P.	P.
Fabre A.	Ouvriers Agricoles (Lespignan)	3	P.	P.	P.
Pagès	Ouvriers Agricoles (Lunel-Viel)	3	P.	P.	P.
Pagès	Ouvriers Agricoles (Maraussan)	1	P.	P.	P.
Nicolas	Ouvriers Agricoles (Mèze)	2	P.	P.	P.
Fabre A.	Trav. de la Terre (Millas)	3	P.	P.	P.
Fabre Fr.	Ouvriers Agricoles (Moussan)	3	P.	P.	P.
Fabre Fr.	Ouvriers Agricoles (Narbonne)	2	P.	P.	P.
Pagès	Ouvriers Agricoles (Nîmes)	1	P.	P.	P.
Solatges	Ouv. Agricoles (Palau-del-Vidre) ...	2	C.	P.	P.
Roland	Jardiniers (Paris)	3	C.	P.	P.
Dassé	Ouv. Viticoles (Pauillac-St-Julien) ..	2	C.	P.	P.
Pagès	Ouvriers Agricoles (Pézenas)	1	P.	P.	P.
Pagès	Ouvriers Agricoles (Quarante)	2	P.	P.	P.
Guillon	Bûcherons (St-Aubin-les-Forges) ...	2	C.	P.	P.
Guillon	Bûcherons (St-Benin-d'Azy)	3	C.	P.	P.
Pagès	Ouv. Agric. (St-Geniès-le-Bas)	1	P.	P.	P.
Hodée	Ouvriers Horticoles et Similaires Région St-Germain-en-Laye)	2	C.	P.	P.
Fabre Fr.	Cercliers (St-Laurent-Cerdans)	1	P.	P.	P.
Fabre Fr.	Ouv. Terrassiers (Salles) (Aude)	2	P.	P.	P.
Gaillon	Ouvriers Agricoles (Sandillon)	1	C.	P.	P.
Fabre A.	Ouvriers Agricoles (Valros)	1	P.	P.	P.
Fabre A.	Ouvriers Agric. et Terrassiers (Vias)	1	P.	P.	P.

FEDERATION DE L'ALIMENTATION

DÉLÉGUÉS	ORGANISATIONS	NOMBRE DE VOIX	1er VOTE AUDITION DÉLÉGUÉS UNITAIRES ET AUTON.	2e VOTE RAPPORTS MORAL ET FINANCIER	3e VOTE MOTION D'UNITÉ
Désarménien ...	Boulangers (Bayonne)	2	P.	P.	P
Jeannin	Bouchers et Charcutiers assimilés de Besançon	1	P.	P.	P.
Dassé	Boulangers (Béziers)	1	C.	P.	P.
Mailly Henri	Minotiers (Blendecques)	1	C.	P.	P
Dassé	Boulangers et Viennois de Bordeaux et département	3	C.	P.	P
Louis	Bouchers et Charcutiers (Bordeaux) .	1	P.	P.	P.
Danchotte	Brasseries et Boissons gazeuses (Bordeaux)	3	P.	P.	P.
Maffre	Cuisiniers (Bordeaux)	3	C.	P.	P.
Dassé	Epiciers (Bordeaux et Région)	1	C.	P.	P.
Pialat	Garçons d'hôtels, Limonadiers, Rest. (Bordeaux)	2	P	P.	P.
Salis	Pâtissiers (Bordeaux)	1	P.	P	P.
Louquety	Biscuitiers (Calais)	3	P.	P.	P.
Villeneuve	Boulangers (Calais)	1	C.	P.	P.
Forgues	Boulangers (Carcassonne)	1	C.	P.	P.
Halgrain	Boulangers (Chartres et dép. Eure-et-Loir)	1	C.	P.	P.
Billon	Boulangers (Clermont-Ferrand)	2	P.	P.	P.
Billon	Bouchers (Clermont-Ferrand)	1	P.	P.	P.
Billon	Charcutiers (Clermont-Ferrand)	1	P.	F.	P.
Billon	Confiseurs et Pâtissiers (Clermont-Ferrand)	1	P.	P	P.
Deboucq-Druon .	Ouv. de l'Alimentation (Denain) ...	1	P.	P.	A.
Savoie	Pains d'épices (Dijon)	3	C.	P.	P.
Duboit	Boulangers (Elbeuf)	1	N. V.	P.	P.
Derigny	Boulangers (Fourmies)	1	C.	P.	P.
Dubus	Alimentation du Canton de Lannoy	1	C.	P.	P.
Dassé	Boulangers (La Rochelle)	2	C.	P.	P.
Savoie	Boulangers (La Seyne-sur-Mer)	1	P.	P.	P.
Vedelec	Boulangers (Le Creusot)	1	C.	P.	P.
Meslin	Ouvriers et Employés de la Boulangerie (Le Mans)	2	P.	P.	P.
Mettreau	Boulangers (Libourne)	1	C.	P.	P.
Villeneuve	Boulangers et Similaires (Lille)	2	C.	P.	P.
Valecamps	Ouv. de brasserie et malterie (Lille)	4	C.	P.	P.
Bertrand	Chicorétiers (Lille)	1	P.	P.	P.
Valecamps	Confiseurs et Chocolatiers du Nord (Lille)	1	C.	P.	P.
Vardelle	Boulangers (Limoges)	1	P.	P.	P.
Guimard	Boulangers (Lorient)	1	C.	P.	P.
Guimard	Meuniers (Lorient)	1	C.	P.	P.
Colombo	Employés en Primeurs (Lyon)	1	C.	P.	P.
Bernard	Manutention. Alim. (Marseille)	1	C.	P.	P.

DÉLÉGUÉS	ORGANISATIONS	NOMBRE DE VOIX	1er VOTE AUDITION DÉLÉGUÉS UNITAIRES ET AUTON.	2e VOTE RAPPORTS MORAL ET FINANCIER	3e VOTE MOTION D'UNITÉ
Bernard	Raffineries sucre (Marseille)	3	C.	P.	P.
Savoie	Boulangers (Montceau-les-Mines)	2	C.	P.	P.
Perrier	Cuisiniers (Montpellier)	2	C.	P.	P.
Robeis	Limonadiers (Montpellier)	2	P.	P.	P.
Launay	Boulangers (Morlaix)	1	C.	P.	P.
Brandt	Ouv. Aliment. (Haut-Rhin)	3	C.	P.	P.
Humbert	Ouv. Aliment. (Nancy)	1	P.	P.	P.
Humbert	Cuisiniers-Pâtissiers (Nancy)	1	P.	P.	P.
Humbert	Limonadiers (Nancy)	1	P.	P.	P.
	Boulangers (Nantes)	3	C.	P.	P.
Rivère	Boulangers (Narbonne)	1	P.	P.	P.
Trinquart	Boulangers (Nièvre)	1	P.	P.	P.
Avezac	Boulangers-Pâtissiers (Nîmes)	1	C.	P.	P.
Avezac	Bouchers-Charcutiers (Nîmes)	4	C.	P.	P.
Perrier	Cuisiniers de Nîmes	1	C.	P.	P.
Avezac	Employés d'Hôtels, Cafés et Restaurants (Nîmes)	1	C.	P.	P.
Dassé	Boulangers (Niort)	1	C.	P.	P.
Colombo	Employés épicerie (Seine)	2	C.	P.	P.
Cognet	Employés Industrie hôtelière (Seine)	4	C.	P.	P.
Tendéro	Meuniers Région parisienne	1	C.	P.	P.
Maffre	Cuisiniers-Pâtissiers (Pau)	1	P.	P.	P.
Avezac	Bouchers-Charcutiers (Perpignan)	1	C.	P.	P.
Berta	Boulangers (Perpignan)	1	P.	P.	P.
Berta	Cuis., Pâtissiers-Confis. (Perpignan)	1	P.	P.	P.
Dassé	Boulangers (Poitiers)	1	C.	P.	P.
Valecamps	Sucrerie (Rang-du-Fliers)	1	C.	P.	P.
Docq	Trav. Alimentation (Reims)	1	P.	P.	A.
Chéreau	Employés d'Hôtel (Rennes)	1	P.	P.	P.
Roche	Confiseurs et Similaires (Roanne)	1	C.	P.	P.
Lhont	Alimentation (Roubaix)	2	C.	P.	P.
Savoie	Boulangers (Rouen)	1	C.	P.	P.
Poiron	Boulangers (St-Nazaire)	2	C.	P.	P.
Dutillieul	Alimentation (Sin-le-Noble)	3	P.	P.	P.
Brandt	Ouv. Aliment. (Bas-Rhin)	5	C.	P.	P.
Adassus	Garçons-Bouchers (Tarbes)	1	P.	P.	P.
Bégué	Boulangers (Toulouse)	1	C.	P.	P.
Candille	Cuisiniers (Toulouse)	2	P.	P.	P.
Serres	Limonadiers (Toulouse)	2	P.	P.	P.
Cazeneuve	Meuniers (Toulouse)	1	C.	P.	P.
Forgues	Pâtissiers-Glaciers (Toulouse)	1	P.	P.	P.
Savoie	Alimentation (Tourcoing)	1	C.	P.	P.
Gourdon	Boulangers (Valence)	1	C.	P.	P.
Serre	Ouvr. Thermaux (Vichy)	1	P.	P.	P.
Trouvé	Boulangers (Vierzon)	1	C.	P.	P.
Forgues	Alimentation (Villemur)	1	C.	P.	P.

FEDERATION DES ALLUMETTIERS

DÉLÉGUÉS	ORGANISATIONS	NOMBRE DE VOIX	1er VOTE AUDITION DÉLÉGUÉS UNITAIRES ET AUTON.	2e VOTE RAPPORTS MORAL ET FINANCIER	3e VOTE MOTION D'UNITÉ
Gras	Ouv. Manuf. Allumettes (Marseille)	3	C.	P.	P.
Charles Henri	Allumettiers de la Seine		C.	P.	P.
Charles Henri	Allumettiers de Saintines		C.	P.	P.
Charles Henri	Allumettiers de Trélazé		C.	P.	P.

FEDERATION DU BATIMENT

DÉLÉGUÉS	ORGANISATIONS	NOMBRE DE VOIX	1er VOTE AUDITION DÉLÉGUÉS UNITAIRES ET AUTON.	2e VOTE RAPPORTS MORAL ET FINANCIER	3e VOTE MOTION D'UNITÉ
Colle	Bâtiment (Alençon)	1	C.	P.	P.
Jollinier	Charpentiers (Angers)	1	C.	P.	P.
Norlier	Bâtiment (Beauvais)	1	C.	P.	P.
Arpulzo	Bâtiment (Béja)	2	P.	P.	P.
Munio	Bâtiment (Bischwiller)	1	C.	P.	P.
Arpulzo	Bâtiment (Bizerte)	2	P.	P.	P.
Guillon	Bâtiment (Blois)	3	C.	P.	P.
Fujau	Menuisiers Bât. et Mat. roulant (Bordeaux)	1	P.	P.	P.
Estibal	Plâtriers (Bordeaux)	1	P.	P.	P.
Mourgues	Serruriers (Bordeaux)	1	P.	P.	P.
Estibal	Zingueurs — Plombiers — Couvreurs (Bordeaux)	1	P.	P.	P.
Pacquet	Bâtiment (Boulogne-sur-Mer)	1	C.	P.	P.
Perrot	Bâtiment (Chateaurenault)	1	A.	P.	P.
Madeline	Bâtiment (Cherbourg)	1	A.	P.	P.
Fradet	Menuisiers (Clermont-Ferrand)	1	P.	P.	P.
Klein	Bâtiment (Colmar)	1	C.	P.	P.
Huyghe	Marbriers-Cheminée (Cousolre)	5	C.	P.	P.
Huyghe	Penduliers (Coulsore)	4	C.	P.	P.
Lecoq	Bâtiment (Desvres)		C.	P.	P.
Balas	Bâtiment (Dinard)	1	P.	P.	P.
Pacquet	Bâtiment (Dunkerque)	3	C.	P.	P.
Munio	Bâtiment (Erstein)	1	C.	P.	P.
Arpulzo	Bâtiment (Ferryville)	2	P.	P.	P.
Munio	Bâtiment (Gries)	1	C.	P.	P.
Munio	Bâtiment (Haguenau)	1	C.	P.	P.
Klein	Bâtiment (Hesingen)	1	C.	P.	P.
Chereau	Granitiers (La Fontenelle)	3	P.	P.	P.
Lizin	Bâtiment (Lannoy)	3	P.	P.	P.
Carré	Bâtiment (Le Mans)	1	P.	P.	P.
Meurant	Bâtiment (Lens)	1	P.	P.	P.
Sorinet	Charpentiers-Menuisiers (Lille)	1	C.	P.	P.
Bauche	Maçons (Lille)	4	C.	P.	P.
Sorinet	Peintres-Vitriers (Lille)	1	C.	P.	P.
Guillolon	Plombiers-Zingueurs (Lille)	1	C.	P.	P.
Guillolon	Serruriers (Lille)	1	C.	P.	P.

DÉLÉGUÉS	ORGANISATIONS	NOMBRE DE VOIX	1er VOTE AUDITION DÉLÉGUÉS UNITAIRES ET AUTON.	2e VOTE RAPPORTS MORAL ET FINANCIER	3e VOTE MOTION D'UNITÉ
Cnudde	Terrassiers (Lille)	1	C.	P.	P.
Trevennec	Bâtiment (Lorient)	1	C.	P.	P.
Trevennec	Maçons (Lorient)	3	C.	P.	P.
Trevennec	Menuisiers (Lorient)	1	C.	P.	P.
Chereau	Granitiers (Louvigné-du-Désert et Mellé)	4	P.	P.	P.
Le Masson	Bâtiment (Lyon)	4	C.	P.	P.
Le Masson	Fumistes (Lyon)	1	C.	P.	P.
Perret	Ramoneurs (Lyon)	1	P.	P.	P.
Arputzo	Bâtiment (Mateur)	2	P.	P.	P.
Loquerie	Bâtiment (Mazamet)	1	C.	P.	P.
Joly	Bâtiment (Montceau-les-Mines)	1	C.	P.	P.
Persillon	Menuisiers (Mont-de-Marsan)	1	P.	P.	P.
Vennat	Plombiers (Montluçon)	1	P.	P.	P.
Segur	Plâtriers (Montpellier)		N. V.	P.	P.
Trevennec	Bâtiment (Morlaix)	3	C.	P.	P.
Eisenring	Charpentiers (Mulhouse)	3	C.	P.	P.
Eisenring	Maçons (Mulhouse)	2	C.	P.	P.
Eisenring	Peintres (Mulhouse)	1	C.	P.	P.
Eisenring	Plâtriers (Mulhouse)	3	C.	P.	P.
Eisenring	Tailleurs de pierres (Mulhouse)	1	C.	P.	P.
Eisenring	Terrassiers (Mulhouse)	3	C.	P.	P.
Humbert	Monteurs Electr. (Nancy)	1	P.	P.	P.
Humbert	Peintres (Nancy)		N. V.	P.	P.
Guilmet	Charpentiers (Nantes)		C.	P.	P.
Peneau	Couv.-Zing.-Plomb. (Nantes)	1	C.	P.	P.
Rochet	Maçons (Nantes)	1	C.	P.	P.
Peneau	Menuisiers (Nantes)	1	C.	P.	P.
Rochet	Plâtriers (Nantes)		N. V.	P.	P.
Constant	Charpentiers (Orléans)		N. V.	P.	P.
Constant	Plâtriers (Orléans)		N. V.	P.	P.
Munio	Bâtiment (Ottrott)	1	C.	P.	P.
Berthe	Mont. Electr. (Paris)	1	P.	P.	N. V.
Dulong	Fumistes (Paris)	2	P.	P.	P.
Duchat	Parqueteurs (Paris)		P.	P.	P.
Colle	Sculpture-Décor. (Paris)	1	C.	P.	P.
Froideval	Serruriers (Paris)	2	C.	P.	P.
Clabant	Chaux et Ciment (Pas-de-Calais)		P.	P.	P.
Solatges	Arts décoratifs (Perpignan)	1	C.	P.	P.
Bardet	Bâtiment (Rennes)	3	P.	P.	P.
Roche	Bâtiment (Roanne)	1	C.	P.	P.
Guillon	Bâtiment (Romorantin)	1	P.	P.	P.
Harpagès	Bâtiment (Roubaix)	13	C.	P.	P.
Mourgues	Carriers (St-André-de-Cubzac)	1	P.	P.	P.
Schwenk	Bâtiment (St-Claude)	4	C.	P.	P.
Lemasson	Cimentiers (St-Etienne)	1	C.	P.	P.
Baussan	Granitiers (St-Germ.-en-Cog.)	3	C.	P.	P.
Batas	Bâtiment (Saint-Malo)	3	P.	P.	P.
Baussan	Granitiers (St-Marc-le-Blanc)	3	A.	P.	P.

DÉLÉGUÉS	ORGANISATIONS	NOMBRE DE VOIX	1ᵉʳ VOTE — AUDITION DÉLÉGUÉS UNITAIRES ET AUTON.	2ᵉ VOTE — RAPPORTS MORAL ET FINANCIER	3ᵒ VOTE — MOTION D'UNITÉ
Klein	Bâtiment (Ste-Marie-aux-Mines)	1	C.	P.	P.
Jollinier	Bâtiment (Saintes)	1	C.	P.	P.
Fradet	Carriers (Santerre)	1	P.	P.	P.
Munio	Bâtiment (Schirrein)	1	C.	N. V.	P.
Rivet	Carriers-Grès (Seine-et-Oise)	1	P.	P.	P.
Munio	Bâtiment (Sélestat)	1	C.	P.	P.
Arputzo	Bâtiment (Sousse)	2	P.	P.	P.
Munio	Bâtiment (Strasbourg)	1	C.	P.	P.
Gesta	Maçons (Toulouse)	1	P.	P.	P.
Dufort	Menuisiers (Toulouse)	1	P.	P.	P.
Pacquet	Bâtiment (Tourcoing)	2	C.	P.	P.
Arputzo	Bâtiment (Tunis)	3	P.	P.	P.
Arputzo	Marbriers (Tunis)	3	P.	P.	P.
Trocmé	Bâtiment (Valenciennes)	1	C.	P.	P.
Morel	Bâtiment (Vannes)	4	C.	P.	P.
Perrot	Bâtiment (Versailles)	1	C.	P.	P.
Serre	Menuisiers (Vichy)	1	P.	P.	P.
Jollivet	Bâtiment (Vierzon)	1	P.	P.	P.
Bosdevisis	Bâtiment (Villefranche)	1	C.	P.	P.
Chevalier	Granitiers (Vire)		P.	P.	P.
Lacour	Carriers (Volvic)	3	P.	P.	P.
Fradet	Carriers (Montagne-de-Volvic)	1	P.	P.	P.
Munio	Bâtiment (Wasselonne)	1	C.	P.	P.
Munio	Bâtiment (Weitbruch)	1	C.	P.	P.
Fradet	Carriers (La Montagne)	1	C.	P.	P.

FÉDÉRATION DE LA BIJOUTERIE

DÉLÉGUÉS	ORGANISATIONS	NOMBRE DE VOIX	1ᵉʳ VOTE	2ᵉ VOTE	3ᵒ VOTE
Ponard	Lapidaires (Ain et Jura)	4	C.	P.	P.
Trivery	Horlogers (Besançon)	6	C.	P.	P.
Gonseth	Diamantaires (Divonne-les-Bains)	1	C.	P.	P.
Ponard	Diamantaires (Gex)	1	C.	P.	P.
Labolle	Orfèvrerie-Horlogerie (Lyon)	3	C.	P.	P.
Trivery	Horlogers-Rhabilleurs (Lyon)	1	C.	P.	P.
Trivery	Bijouterie (Marseille)	3	C.	P.	P.
Ponard	Diamantaires (St-Claude)	6	C.	P.	P.
Schwenk	Lapidaires (faux) (St-Claude)	4	C.	P.	P.
Ponard	Diamantaires (Taninges)	1	C.	P.	P.
Ponard	Diamantaires (Thoiry)	2	C.	P.	P.
Gourdon	Bijouterie (Valence)	1	C.	P.	P.
Trivery	Horlogers (Villers-le-Lac)	4	C.	P.	P.

FEDERATION DU BOIS

DÉLÉGUÉS	ORGANISATIONS	NOMBRE DE VOIX	1ᵉʳ VOTE AUDITION DÉLÉGUÉS UNITAIRES ET AUTON.	2ᵉ VOTE RAPPORTS MORAL ET FINANCIER	3ᵒ VOTE MOTION D'UNITÉ
Marleyrot	Sculpteurs (Auray)	2	P.	P.	P.
Bazille	Malletiers (Bordeaux)	1	C.	P.	P.
Casentini	Tourneurs sur Bois (Bordeaux)	1	C.	P.	P.
Chiron	Vanniers (Bordeaux)	1	C.	P.	P.
Chiron	Petit Meuble (Castres)	2	C.	P.	P.
Fradet	Ameublement (Clermont-Ferrand)	1	P.	P.	P.
Malero	Ameublement (Lorient)	2	P.	N. V.	P.
Chiron	Scieurs (Nantes)	3	C.	P.	P.
Chiron	Sculpteurs (Nantes)	1	C.	P.	P.
Bazille	Voiture (Nantes)	1	C.	P.	P.
Loizel	Tapissiers (Orléans)	1		P.	P.
Galantus	Découpeurs (Oyonnax)	2	C.	P.	P.
Balanger	Ebénistes (Paris)	1	P.	P.	P.
Gaillard	Décorateurs d'Intér. (Paris)	1	C.	P.	P.
Callebaut	Pianos et Orgues (Paris)	3	C.	P.	P.
Bazille	Miroitiers (Paris)	3	C.	P.	P.
Chiron	Brossiers (Poitiers)	1	C.	P.	P.
Hascoet	Ameublement (Quimper)	1	P.	P.	P.
Chereau	Voiture (Rennes)	1	C.	P.	P.
Dhont	Brossiers (Roubaix)	1	P.	P.	P.
Carville	Vanniers (Roubaix-Tourcoing)	1	C.	P.	P.
Delatour	« Le Travail » (St-Claude)	7	C.	P.	P.
Derouinaud	Vanniers (Saint-Servan)	1	P.	P.	P.
Chiron	Scieurs (Sandillon)	1	C.	P.	P.
Knobloch	Bois (Strasbourg)	5	P.	P.	C.
François	Ebénistes (Toulouse)	1	P.	P.	P.
Faure	Scieurs mécan. (Toulouse)	1	P.	P.	P.
François	Sculpteurs (Toulouse)	1	P.	P.	P.
Thomas	Bois et Voiture (Tours)	1	P.	P.	P.
Gourdon	Ameublement (Valence)	1	C.	P.	P.

CERAMIQUE

DÉLÉGUÉS	ORGANISATIONS	NOMBRE DE VOIX	1ᵉʳ VOTE	2ᵉ VOTE	3ᵒ VOTE
Malice	Faïenciers (Fives-Lille)	3	C.	P.	P.
Morizet	Faïenciers (Gien)	4	C.	P.	P.
Dery	Céramique (Limoges)	5	P.	P.	P.
Dery	Céramique (Lyon)	1	P.	P.	P.
Galantus	Céramique (Morez)	1	C.	P.	P.
Dery	Faïenciers (Orchies)	2	P.	P.	P.
Dery	Céramique (Roanne)	2	P.	P.	P.
Lorthioir	Faïenciers (St-Amand-les-Eaux)	3	C.	P.	P.
Tillet	Porcelainiers (St-Genou)	3	P.	P.	P.
Maraninchi	Céramique (St-Zacharie)	3	P.	P.	P.
Trouvé	Céramique (Vierzon)	4	C.	P.	P.

CHAPELLERIE

DÉLÉGUÉS	ORGANISATIONS	NOMBRE DE VOIX	1er VOTE AUDITION DÉLÉGUÉS UNITAIRES ET AUTON.	2e VOTE RAPPORTS MORAL ET FINANCIER	3e VOTE MOTION D'UNITÉ
Milan	Chapellerie (Caussade	4	P.	P.	P.
Mme Renard	Chapellerie (Chalabre)	2	P.	P.	P.
Mme Renard	Chapellerie (Draguignan)	I.	P.	P.	P.
Baux	Chapellerie (Lyon)	3	A.	P.	P.
Milan	Chapellerie (Marseille)	I	P.	P.	P.
Roussin	Chapellerie (Paris)	6	A.	P.	P.
Mme Renard	Modistes (Paris)	5	A.	P.	P.
Milan	Chapellerie (Septfonds)	4	P.	P.	P.

CHEMINS DE FER

DÉLÉGUÉS	ORGANISATIONS	NOMBRE DE VOIX	1er VOTE AUDITION DÉLÉGUÉS UNITAIRES ET AUTON.	2e VOTE RAPPORTS MORAL ET FINANCIER	3e VOTE MOTION D'UNITÉ
Carpentier	Cheminots (Abbeville)	4	P.	P.	P.
Canin	Cheminots (Aillevillers)	3	P.	P.	P.
Halloo	Cheminots (Ailly-s.-Noye)	2	P.	P.	P.
Nouguier	Cheminots (Alais)	I	C.	P.	P.
Toulouse	Cheminots (Albert-Economique)	2	P.	P.	P.
Coudun	Cheminots (Albi-C.F.D.T.)	2	P.	P.	P.
Terres	Cheminots (Albi-Orléans)	3	P.	P.	P.
Briole	Cheminots (Alger-Etat)	I	P.	P.	P.
Coudun	Cheminots (Amagne)	3	P.	P.	P.
De Payan	Cheminots (Amberieu et Bugey)	3	P.	P.	P.
Lempereur	Cheminots (Angers-Etat)	2	P.	P.	P.
Rousseau	Cheminots (Angers-P.-O.)	I	N. V.	N. V.	N. V.
Toulouse	Voies Fer. Midi (Anglet)	3	P.	P.	P.
Le Picard	Cheminots (Angoulême-Etat)	2	P.	P.	P.
Boiric	Cheminots (Angoulême P.-O.)	3	P.	P.	P.
Toulouse	Ch. de Fer Econ. (Angoulême)	3	P.	P.	P.
Hayghe	Cheminots (Armentières)	I	C.	P.	P.
Bidégaray	Cheminots (Aumale)	2	P.	P.	P.
Audic	Cheminots (Auray)	3	C.	P.	P.
Piganiol	Cheminots (Aurillac)	3	P.	P.	P.
Liaud	Cheminots (Avord)	I	P.	P.	P.
Madeline	Cheminots (Avranches)	2	A.	P.	P.
Jacotin	Cheminots (Avricourt)	I	P.	P.	P.
Voglimacci	Cheminots (Bar-le-Duc)	3	C.	P.	P.
Dejean	Cheminots (Bassens)	2	P.	P.	P.
Taurines	Cheminots (Bastia)	4	P.	P.	C.
Darbonnens	Cheminots (Bayonne)	3	P.	P.	P.
De Payan	Cheminots (Beaune)	I	P.	P.	P.
Hoppet	Cheminots (Beaupréau)	3	P.	P.	P.
Blanc	Cheminots (Bécon-les-Bruyères)	3	P.	P.	P.
Briole	Cheminots (Bel-Abbès P. L. M. et Etat	2	P.	P.	P.
Martel	Cheminots (Belfort)	5	P.	P.	P.

DÉLÉGUÉS	ORGANISATIONS	NOMBRE DE VOIX	1er VOTE AUDITION DÉLÉGUÉS UNITAIRES ET AUTON.	2e VOTE RAPPORTS MORAL ET FINANCIER	3e VOTE MOTION D'UNITÉ
Dechelotte	Ch. de F. (Vic. du Terr. de Belfort).	2	C.	P.	P.
De Payan	Cheminots (Bellegarde)	2	P.	P.	P.
Jarrigion	Cheminots (Béziers)	3	P.	P.	P.
Stosse	Cheminots (Bischheim)	4	P.	P.	P.
Le Guen	Cheminots (Bizerte)	4	P.	P.	P.
Piquet	Cheminots (Blaye)	1	P.	P.	P.
Boirie	Cheminots (Blois)	1	P.	P.	P.
Rappet	Tramw. à vap. (Loir-et-Cher)	3	P.	P.	P.
Briole	Cheminots (Boghari)	2	P.	P.	P.
Le Guen	Cheminots (Bône)	3	P.	P.	P.
Cazaux	Cheminots (Bordeaux-Midi)	5	P.	P.	P.
Coudun	Cheminots (Bordeaux-St-Louis)	2	P.	P.	P.
Dejean	Cheminots (Bordeaux P.-O.)	4	P.	P.	C.
Le Guen	Cheminots (Bordeaux-Etat)	3	P.	P.	P.
Rappet	Cheminots (Bordeaux-Cadillac)	2	P.	P.	P.
Pereymond	Cheminots (Bort)	3	N. V.	P.	P.
Carpentier	Cheminots (Boulogne-sur-Mer)	6	P.	P.	N. V.
Rappet	Cheminots (Bourg-de-Péage)	3	P.	P.	P.
Blanc	Cheminots (Beauté-Bolbec)	1	P.	P.	P.
Le Guen	Cheminots (Brest-Etat)	1	P.	P.	P.
Toulouse	Cheminots (Brest-Départem.)	4	P.	P.	P.
Le Roy	Cheminots (Bretigny)	2	P.	P.	P.
Rousseau	Cheminots (Brive)	1	N. V.	P.	P.
Bruge	Cheminots (Bruyères)	2	P.	P.	P.
Moulay	Cheminots (Busigny)	1	C.	P.	P.
Langlois	Cheminots (Caen)	1	P.	N. V.	P.
Liaud	Cheminots (Cahors)	2	P.	P.	P.
Anquez	Cheminots (Calais)	5	P.	C.	C.
Bidegaray	Cheminots (Cambrais-Cambrésis)	3	P.	P.	P.
Jarrigion	Cheminots (Carcassonne)	1	P.	P.	P.
Badinot	Cheminots (Carhaix)	5	P.	P.	P.
Terres	Cheminots (Carmaux)	2	P.	P.	P.
Jarrigion	Cheminots (Castelnaudary)	2	P.	P.	P.
Bayle	Cheminots (Castelsarrasin)	2	P.	P.	P.
Cazaux	Cheminots (Castres)	3	P.	P.	P.
Le Guen	Cheminots (Cette)	1	P.	P.	P.
Rappet	Cheminots (Chailly-en-Bière)	2	P.	P.	P.
Bruge	Cheminots (Chalindrey)	3	P.	P.	P.
Badinot	Cheminots (Challans)	2	P.	P.	P.
Joly	Cheminots (Châlons-sur-Marne)	4	P.	P.	C.
De Payan	Cheminots (Chambéry)	1	P.	P.	P.
Quertelet	Cheminots (Chantilly)	2	P.	N. V.	P.
Frelon	Cheminots (Chantonnay)	1	P.	P.	P.
Renaudin	Cheminots (Charleville)	3	P.	P.	P.
Jacotin	Cheminots (Charmes)	1	P.	P.	F.
Robin	Cheminots (Chartres)	4	P.	P.	P.
Halgrain	Tramway (Chartres)	3	C.	P.	P.
Badinot	Cheminots (Chateaubriant)	3	P.	P.	P.
Frelon	Cheminots (Château-du-Loir)	2	P.	P.	P.
Le Roy	Cheminots (Châteaudun)	1	P.	P.	P.

DÉLÉGUÉS	ORGANISATIONS	NOMBRE DE VOIX	1er VOTE AUDITION DÉLÉGUÉS UNITAIRES ET AUTON.	2e VOTE RAPPORTS MORAL ET FINANCIER	3e VOTE MOTION D'UNITÉ
Lucas	Cheminots (Châteauneuf-sur-Cher)	1	P.	P.	P.
Liaud	Cheminots (Châteauroux)	1	P.	P.	P.
Demaret	Cheminots (Château-Thierry)	1	C.	P.	P.
Boulo	Cheminots (Chaumont)	4	P.	P.	P.
Le Guen	Cheminots (Cherbourg)	3	P.	P.	P.
Prieur	Cheminots (Cholet)	3	P.	P.	N. V.
Bidégaray	Cheminots (Clermont-Ferrand)	4	P.	P.	N. V.
Bayle	Cheminots (Clermont-L'Hérault)	1	P.	P.	P.
Barrière	Cheminots (Clisson)	2	P.	P.	P.
Liaud	Cheminots (Commentry)	3	P.	P.	P.
Bidégaray	Cheminots (Conches)	1	P.	P.	P.
Langlois	Cheminots (Condé-sur-Noireau)	1	P.	P.	P.
Jacotin	Cheminots (Conflans-Jarny)	3	P.	P.	C.
Lempereur	Cheminots (Conflans-Ste-Honorine)	1	P.	P.	P.
Carré	Cheminots (Connerré-Beillé)	2	P.	P.	P.
Bidégaray	Ch. Cie Secondaire (Connerré-Beillé)	3	P.	P.	P.
Briole	Cheminots (Constantine)	2	P.	P.	P.
Demay	Cheminots (Corbigny)	3	P.	P.	P.
Clerisse	Cheminots (Cormeilles)	2	P.	P.	P.
Demay	Cheminots (Cosne d'Allier)	4	A.	P.	P.
Halgrain	Cheminots (Courtalain)	1	C.	P.	P.
Le Bozu	Cheminots (Coutances)	1	P.	P.	P.
Dejean	Cheminots (Coutras)	3	P.	P.	P.
De Payan	Cheminots (Delle)	2	P.	P.	P.
Badinot	Cheminots (Dieppe)	3	P.	P.	P.
De Payan	Cheminots (Dijon)	2	P.	P.	P.
Derouineau	Cheminots (Dol)	3	P.	P.	P.
Chevrier	Cheminots (Domfront)	3	C.	P.	P.
Halloo	Cheminots (Don-Sainghin)	3	P.	P.	P.
Taquet	Cheminots (Douai)	2	P.	P.	P.
Bernard	Cheminots (Dourdan)	1	P.	P.	P.
Boulet	Cheminots (Dunkerque)	5	P.	P.	P.
Bruge	Cheminots (Ecouviez)	3	P.	P.	P.
Coudun	Cheminots (Epernay)	4	P.	P.	P.
Bruge	Cheminots (Epinal)	3	P.	P.	P.
Demay	Cheminots (Est de Lyon)	1	P.	P.	P.
Cordier	Cheminots (Evreux)	3	P.	P.	P.
Langlois	Cheminots (Falaise)	2	P.	P.	P.
Jarrigion	Cheminots (Fécamp)	1	P.	P.	P.
Demay	Cheminots (Florac)	1	P.	P.	P.
Barrière	Cheminots (Fontenay-le-Comte)	2	P.	P.	P.
Janvier	Cheminots (Fougères)	3	P.	P.	P.
Le Guen	Cheminots (Gafour)	4	P.	P.	P.
Blanc	Cheminots (Gisors)	1	P.	P.	P.
Camp	Cheminots (Givors)	1	P.	P.	P.
Pierre	Cheminots (Gray)	3	P.	P.	P.
Pachod	Cheminots (Granville-Etat)	2	C.	P.	P.
Taurines	Cheminots (Granville)	3	P.	P.	C.
Bernard	Cheminots (Guéret)	2	P.	P.	P.
Le Guennic	Cheminots (Guingamp)	1	C.	P.	N. V.

DÉLÉGUÉS	ORGANISATIONS	NOMBRE DE VOIX	1er VOTE AUDITION DÉLÉGUÉS UNITAIRES ET AUTON.	2e VOTE RAPPORTS MORAL ET FINANCIER	3e VOTE MOTION D'UNITÉ
Carpentier	Cheminots (Hazebrouck)	4	P.	P.	N. V.
Carpentier	Cheminots (Hellemmes)	6	P.	P.	P.
Toulouse	Cheminots (Hendaye)	3	P.	P.	P.
Huyghe	Cheminots (Herzéele)	1	C.	P.	P.
Marie	Cheminots (Hirson)	3	P.	P.	P.
Jacotin	Cheminots (Homécourt)	2	P.	P.	C.
Henry	Cheminots (Is-sur-Tille)	5	P.	P.	P.
Rousseau	Cheminots (Juvisy-P. O.)	2	P.	P.	P.
Janvier	Cheminots (La Brominière)	3	P.	P.	P.
Mazenod	Cheminots (Côte-St-André)	3	P.	P.	P.
Boirie	Cheminots (Ferté-St-Aubin)	1	P.	P.	P.
Roux	Cheminots (La Guerche)	2	P.	P.	P.
Thomas	Cheminots (Langeais)	1	P.	P.	P.
Cazaux	Cheminots (Langon)	3	P.	P.	P.
Bruge	Cheminots (Langres)	1	P.	P.	P.
Cazaux	Cheminots (Lannemezan)	2	P.	P.	P.
Querlelet	Cheminots (Laon)	4	P.	P.	P.
Camp	Cheminots (Lardoise)	1	N. V.	P.	P.
Badinot	Cheminots (La Rochelle-Palice)	3	P.	P.	P.
Barrière	Cheminots (La Roche-s.-Yon)	3	P.	P.	P.
Toulouse	Tramw. Vendée (La Roche-s.-Yon).	3	P.	P.	P.
Carré	Cheminots (Laval)	3	P.	P.	A.
Toulouse	Cheminots (Blanc à Argent)	3	P.	P.	P.
Jarrigion	Cheminots (Le Bourget)	1	P.	P.	P.
Leymarie	Cheminots (Le Buisson)	1	P.	P.	P.
Halloo	Cheminots (Le Cateau)	1	P.	P.	P.
Toulouse	Cheminots (Le Cheylard)	3	P.	P.	P.
Evin	Cheminots (Le Havre)	3	P.	P.	P.
Carré	Cheminots (Le Mans)	5	P.	P.	P.
Coudun	Cheminots (Lérouville)	2	P.	P.	P.
Bidégaray	Cheminots (Le Tréport)	1	P.	P.	P.
Guiot	Cheminots (Le Vigan)	1	P.	P.	P.
Terres	Cheminots (Lexos)	1	P.	P.	P.
Taquet	Cheminots (Libercourt)	1	P.	P.	P.
Liaud	Cheminots (Libourne)	3	P.	P.	P.
Rappet	Cheminots (Libourne-.T. L.)	1	P.	P.	P.
Rappet	Chem. F. Départ. (Ligueil)	3	P.	P.	P.
Landry	Cheminots (Lille)	5	P.	P.	P.
Landry	Cheminots (Lille-Délivrance)	3	P.	P.	P.
Liaud	Cheminots (Limoges)	3	P.	P.	P.
Langlois	Cheminots (Lisieux)	3	P.	P.	P.
Gouzon	Cheminots (Locminé)	3	N. V.	P.	P.
Petitfour	Cheminots (Longuyon)	4	P.	P.	P.
Bert	Cheminots (Lorient)	3	A.	A.	P.
Barrière	Cheminots (Loudun)	3	P.	P.	P.
Guiot	Cheminots (Lunel)	2	P.	P.	P.
Mortet	Cheminots (Lure)	3	P.	P.	P.
Boirie	Cheminots (Lussac-les-Châteaux)	1	P.	P.	P.
De Payan	Cheminots (Lyon-P.-L.-M.)	2	P.	P.	P.
Halgrain	Cheminots (Maintenon)	2	P.	P.	P.

DÉLÉGUÉS	ORGANISATIONS	NOMBRE DE VOIX	1er VOTE AUDITION DÉLÉGUÉS UNITAIRES ET AUTON.	2e VOTE RAPPORTS MORAL ET FINANCIER	3e VOTE MOTION D'UNITÉ
Marinace	Cheminots (Mantes)	2	P.	P.	P.
Camp	Cheminots (Marseille)	1	P.	P.	P.
Demay	Cheminots (Molle T. D. S.)	3	P.	P.	P.
Jarrigion	Cheminots (Mendé)	1	P.	P.	P.
Coulery	Cheminots (Merrey)	1	P.	P.	P.
Janvier	Cheminots (Messac)	2	P.	P.	P.
Langlois	Cheminots (Mézidon)	2	P.	P.	P.
Boulo	Cheminots (Mirecourt)	2	P.	P.	P.
Brandy	Cheminots (Mitry-Dammartin)	1	P.	P.	P.
Bruge	Cheminots (Mohon)	4	P.	P.	P.
Bappel	Cheminots (Monsols)	1	P.	P.	P.
Barbe	Cheminots (Montauban)	4	P.	P.	P.
Rousseau	Cheminots (Montauban)	1	P.	P.	P.
Cazaux	Cheminots (Mont-de-Marsan)	2	P.	P.	N. V.
Bougros	Cheminots (Montigny)	5	N. V.	P.	P.
Liaud	Cheminots (Montluçon)	5	P.	P.	P.
Rousseau	Cheminots (Montmorillon)	1	P.	P.	P.
Gouzon	Cheminots (Montpellier)	5	P.	P.	P.
Camp	Cheminots (Montpellier-P.-L.-M.)	3	P.	P.	P.
Piquet	Cheminots (Montreuil-Bellay)	1	P.	P.	P.
Petitfour	Cheminots (Mont-St-Martin)	3	P.	P.	P.
Toulouse	Cheminots (Morcenx)	3	P.	P.	P.
Le Guen	Cheminots (Morlaix)	2	P.	P.	P.
Jossan	Cheminots (Mortagne)	1	P.	P.	P.
De Payan	Cheminots (Moulins)	1	P.	P.	P.
Eisenring	Cheminots (Mulhouse)	1	C.	P.	P.
Jacotin	Cheminots (Nancy)	5	P.	P.	P.
Brugnot	Cheminots (Nanterre et Envir.)	1	P.	P.	P.
Bidégaray	Cheminots (Nantes-Etat)	4	P.	P.	P.
Boulo	Cheminots (Nantes-P.-O.)	5	P.	P.	P.
Rivère	Tramways (Narbonne)	1	P.	P.	P.
Bidégaray	Cheminots (Neuillé-Pont-Pierre)	3	P.	P.	P.
Guiot	Cheminots (Nîmes)	3	P.	P.	P.
Rousselot	Cheminots (Niort)	4	P.	P.	P.
Boulo	Cheminots (Noisy-le-Sec)	2	P.	P.	P.
Desarmenien	Cheminots (Oloron-P.-L.-M.)	2	P.	P.	P.
Briole	Cheminots (Oran-Etat)	2	P.	P.	P.
Delmarquette	Cheminots (Orchies)	2	N. V.	P.	P.
Michaut	Cheminots (Orléans-Etat)	2	P.	P.	C.
Boirie	Cheminots (Orléans-P.-O.)	1	P.	P.	P.
Demay	Cheminots (Orléans-T.-O.)	2	P.	P.	P.
Halloo	Cheminots (Ormoy-Villers)	3	P.	P.	P.
Gougeler	Cheminots (Ozoir-la-Ferrière)	1	N. V.	P.	P.
Coudun	Cheminots (Pantin)	3	P.	P.	P.
De Payan	Cheminots (Paray-le-Monial)	1	P.	P.	P.
Objeois	Pers. Contrôle Comm. (Paris)	5	C.	P.	P.
Pasquale	Cheminots (Paris-Est)	4	A.	P.	P.
Picard	Cheminots (Paris-Est-Riv. Dr.)	6	P.	P.	P.
Cancouet	Cheminots (Paris-Est-Riv. G.)	3	P.	P.	P.
Jarrigion	Cheminots (Paris-Midi)	1	P.	P.	P.

DÉLÉGUÉS	ORGANISATIONS	NOMBRE DE VOIX	1ᵉʳ VOTE AUDITION DÉLÉGUÉS UNITAIRES ET AUTON.	2ᵉ VOTE RAPPORTS MORAL ET FINANCIER	3ᵉ VOTE MOTION D'UNITÉ
Dubourg	Cheminots (Paris-Nord)	5	C.	P.	P.
Magne	Cheminots (Paris-P.-L.-M.)	5	P.	P.	A.
Rousseau	Cheminots (Paris-P.-O.)	5	P.	P.	P.
Boirie	Cheminots (Paris-Sceaux)	2	P.	P.	P.
Barbaza	Personnel Cie Intern. Wagons-Lits (Paris)	6	P.	P.	P.
Bayle	Cheminots (Pau)	3	P.	P.	P.
Jarrigion	Cheminots (Pau-P.-L.-M.)	3	P.	P.	P.
Leymarie	Cheminots (Périgueux)	3	P.	P.	P.
Halloo	Cheminots (Péronne)	2	P.	P.	P.
Toulouse	Cheminots (Péronne-Econom.)	2	P.	P.	P.
Jarrigion	Cheminots (Perpignan)	1	P.	P.	P.
Prigent	Cheminots (Persan-Beaumont)	3	P.	P.	C.
Cazaux	Cheminots (Pierrefitte-Luz-Cauterets)	2	P.	P.	P.
Demay	Tramway de Pithiviers à Toury	1	P.	P.	P.
Liaud	Cheminots (Pithiviers)	1	P.	P.	P.
Galez	Cheminots (Poissy)	3	P.	P.	P.
Boirie	Cheminots (Poitiers)	2	P.	P.	P.
Faucheur	Cheminots (Pontoise)	2	C.	P.	P.
Mortet	Cheminots (Port-d'Atelier)	2	P.	P.	P.
Camp	Cheminots (Puiseaux)	1	P.	P.	P.
Darbonnens	Cheminots (Puyoo)	2	A.	P.	P.
Boulo	Cheminots (Quimper)	4	P.	P.	P.
Bidégaray	Cheminots (Raon-l'Etape)	1	P.	P.	P.
Bert	Cheminots (Redon)	2	A.	A.	P.
Taurines	Cheminots (Reims-C. B. R.)	4	P.	P.	C.
Janvier	Cheminots (Rennes)	5	P.	P.	P.
Coudun	Tramw. à vap. d'Ile-et-V. (Rennes).	3	P.	P.	P.
Bruge	Cheminots (Rethel)	1	N. V.	P.	P.
Camp	Cheminots (Riom)	2	P.	P.	P.
Roche	Cheminots (Roanne)	3	C.	P.	P.
Liaud	Cheminots (Rodez)	2	P.	P.	P.
Parigot	Cheminots (Romilly)	3	P.	P.	P.
Bernard	Cheminots (Romorantin)	1	P.	P.	P.
Halloo	Cheminots (Roubaix)	3	P.	P.	P.
Lemoine	Cheminots (Rouen-Etat)	4	P.	P.	P.
Bidégaray	Cheminots (Rouen-Nord)	3	P.	P.	P.
Quertelet	Cheminots (Roye)	1	P.	P.	P.
Badinot	Cheminots (St-André-de-Cubzac)	1	P.	P.	P.
Gouzon	Cheminots (St-Beauzire)	1	P.	P.	P.
Quinio	Cheminots (St-Brieuc-Etat)	2	P.	P.	P.
Hamon	Cheminots (St-Brieuc)	2	P.	P.	P.
Raux	Cheminots (St-Cloud)	2	P.	P.	P.
Liaud	Cheminots (St-Denis près Martel)	2	P.	P.	P.
Camp	Cheminots (St-Etienne)	1	P.	P.	P.
Liaud	Cheminots (St-Florent)	1	P.	P.	P.
Pujos	Cheminots (Ste-Gauburge)	2	C.	P.	P.
Camp	Cheminots (St-Germain-des-Fossés)	2	P.	P.	P.
Gouzon	Cie Tramw. (St-James)	1	P.	P.	P.
Rappet	Cheminots (St-Jean-d'Angély)	2	P.	P.	P.

DÉLÉGUÉS	ORGANISATIONS	NOMBRE DE VOIX	1er VOTE — AUDITION DÉLÉGUÉS UNITAIRES ET AUTON.	2e VOTE — RAPPORTS MORAL ET FINANCIER	3e VOTE — MOTION D'UNITÉ
Mazenod	Cheminots (St-Laurent-du-Pont)	2	P.	P.	P.
Le Guen	Cheminots (St-Lô)	3	P.	P.	P.
Debouineau	Cheminots (St-Malo)	1	P.	P.	P.
Boulo	Cheminots (Ste-Menehould)	3	P.	P.	P.
Le Guen	Cheminots (St-Nazaire-Etat)	3	P.	P.	P.
Bonnière	Cheminots (St-Omer)	4	P.	N. V.	N. V.
Rochet	Cheminots (Ste-Pazanne)	1	C.	P.	P.
Demaret	Cheminots (St-Quentin)	3	C.	P.	P.
Demaret	Cheminots (St-Quentin-Guise)	3	C.	P.	P.
Terres	Cheminots (St-Sulpice)	1	P.	P.	P.
Gouzon	Cheminots (St-Symphorien)	3	P.	P.	P.
Taurines	Cheminots (St-Valéry-s.-Somme)	3	P.	P.	C.
Lempereur	Cheminots (St-Ysan-de-Soudiac)	2	P.	P.	P.
Le Guen	Cheminots (Sablé)	3	P.	P.	P.
Briole	Cheminots (Saïda)	3	P.	P.	P.
Le Picard	Cheminots (Saintes)	4	P.	P.	P.
Ruppel	Cheminots (Saintes-Economique)	3	P.	P.	P.
Tivault	Cheminots (Saumur-P.-O.)	3	P.	P.	P.
Boulo	Cheminots (Savenay)	2	P.	P.	P.
Jacolin	Cheminots (Sedan)	3	N. V.	P.	P.
Charlier	Cheminots (Sedan C. F. D. A.)	3	P.	P.	P.
Challein	Cheminots (Sées)	1	P.	P.	P.
Budinot	Cheminots (Segré)	2	P.	P.	P.
Mathieu	Cheminots (Sézanne)	3	P.	P.	P.
Puce	Cheminots (Sfax-Cassa)	4	N. V.	N. V.	P.
Halloo	Cheminots (Soissons)	1	P.	P.	P.
Taurines	Ch. de Fer second. (Soissons)	3	P.	P.	C.
Reine	Cheminots (Sotteville)	3	P.	F.	C.
Briole	Cheminots (Souk-Ahras)	4	P.	P.	P.
Bidégaray	Cheminots (Sousse)	4	P.	P.	P.
Pujos	Cheminots (Surdon)	2	C.	P.	P.
Adassus	Cheminots (Tarbes)	4	P.	P.	P.
Quertelet	Cheminots (Terginer)	1	P.	P.	P.
Gouzon	Cheminots (Thizy)	1	P.	P.	P.
Briole	Cheminots (Tiaret)	2	P.	P.	P.
Jarrigion	Cheminots (Tonneins)	2	P.	P.	P.
Toulouse	Cheminots (Toulouse-Sud-Ouest)	4	P.	P.	P.
Bayle	Cheminots (Toulouse)	6	P.	P.	P.
Kesteloot	Cheminots (Tourcoing)	4	P.	P.	P.
Coudun	Cheminots (Tournus)	3	P.	P.	P.
Thomas	Cheminots (Tours-Etat)	2	N. V.	P.	P.
Thomas	Cheminots (Tours-P.-O.)	4	P.	P.	P.
Berl	Cheminots (Toury)	3	A.	N. V.	N. V.
Douet	Cheminots (Troyes)	5	N. V.	P.	P.
Rousseau	Cheminots (Tulle-P. O. C.)	1	N. V.	P.	P.
Arputzo	Cheminots (Tunis)		P.	P.	P.
Rousseau	Cheminots (Ussel)	1	N. V.	P.	P.
Camp	Cheminots (Valence)	3	P.	P.	P.
Dendien	Cheminots (Valenciennes)	5	P.	P.	P.
Trocmé	Tramways (Valenciennes)	4	C.	P.	P.

DÉLÉGUÉS	ORGANISATIONS	NOMBRE DE VOIX	1er VOTE AUDITION DÉLÉGUÉS UNITAIRES ET AUTON.	2e VOTE RAPPORTS MORAL ET FINANCIER	3e VOTE MOTION D'UNITÉ
Lempereur	Cheminots (Valognes)	1	P.	P.	P.
Coudun	Ch. de Fer second. (Valognes)	1	P.	P.	P.
Boulo	Cheminots (Vannes)	3	P.	P.	P.
Liaud	Cheminots (Vendôme)	1	A.	P.	P.
Barré	Cheminots (Verdun)	4	C.	P.	P.
Taurines	Cheminots (Vermand)	1	P.	P.	C.
Dessalle	Cheminots (Versailles)	3	C.	P.	P.
Mougniot	Cheminots (Vesoul)	2	P.	P.	P.
Lagelée	Ch. de Fer Vicinaux (Vesoul)	4	P.	P.	P.
Camp	Cheminots (Vichy)	1	P.	P.	P.
Bernard	Cheminots (Vieilleville)	2	P.	P.	P.
Boirie	Cheminots (Vierzon)	3	P.	P.	P.
Terres	Cheminots (Villefranche-du-Rouergue)	2	P.	P.	P.
De Payan	Cheminots (Villeneuve-St-Georges)	1	P.	P.	P.
Martin	Cheminots (Ligne de Vincennes)	2	P.	P.	P.
Badinot	Cheminots (Vire)	3	P.	P.	P
Miquel	Cheminots (Viviez)	2	P.	P.	P
Briole	Cheminots (Union de l'Algérie)				

INDUSTRIES CHIMIQUES

DÉLÉGUÉS	ORGANISATIONS	NOMBRE DE VOIX	1er VOTE	2e VOTE	3e VOTE
Anceaux	Huiliers (Dunkerque)	4	P.	P.	P.
Rochet	Ouv. d'Usines réunies (Nantes)	1	C.	P.	P.

COIFFEURS

DÉLÉGUÉS	ORGANISATIONS	NOMBRE DE VOIX	1er VOTE	2e VOTE	3e VOTE
Laurent	Coiffeurs (Bordeaux)	2	C.	P.	P.
Ravanier	Coiffeurs (Marseille)	3	P.	P.	C.
Nicolas	Coiffeurs (Montpellier)	1	C.	P.	P.
Baugé	Coiffeurs (Nevers)	1	C.	P.	P.
Baugé	Coiffeurs (Paris)	4	C.	P.	P.
Pagès	Coiffeurs (Pau)	1	C.	P.	P.
Cazeneuve	Coiffeurs (Toulouse)	2	C.	P.	P.
Arputzo	Coiffeurs (Tunis)	2	P.	P.	P.
Gourdon	Coiffeurs (Valence)	1	C.	P.	P,

CUIRS ET PEAUX

DÉLÉGUÉS	ORGANISATIONS	NOMBRE DE VOIX	1er VOTE	2e VOTE	3e VOTE
Naulin	Chaussure (Amiens)	1	P.	P.	P.
Roux	Cuirs et Peaux (Annonay)	5	P.	P.	P.
Dret	Cuirs et Peaux (Avignon)	1	P.	P.	P.
Naulin	Cuirs et Peaux (Bayonne)	1	P.	P.	P.
Roux	Equipement milit. (Besançon)	1	P.	P.	P.
Naulin	Chaussure (Blois)	1	P.	P.	P.

DÉLÉGUÉS	ORGANISATIONS	NOMBRE DE VOIX	1er VOTE AUDITION DÉLÉGUÉS UNITAIRES ET AUTON.	2e VOTE RAPPORTS MORAL ET FINANCIER	3e VOTE MOTION D'UNITÉ
Drel	Chaussure (Bordeaux)	2	P.	P.	P.
Drel	Sabotiers (Bordeaux)	1	P.	P.	P.
Drel	Sandaliers (Bordeaux)	1	P.	P.	P.
Drel	Selliers (Bordeaux)	2	P.	P.	P.
Drel	Tanneurs-Mégissiers (Bordeaux)	1	P.	P.	P.
Rault	Cuirs et Peaux (Brest)	1	P.	P.	P.
Naulin	Bourrel.-Cordon. (Carcassonne)	1	P.	P.	P.
Naulin	Cuirs et Peaux (Châteaurenault)	3	P.	P.	P.
Frudel	Cuirs et Peaux (Clermont-Ferr.)	1	P.	P.	P.
Roux	Chaussure (Dijon)	3	P.	P.	P.
Feuvrier	Chaussure (Ernée)	4	P.	P.	P.
Feuvrier	Chaussure (Fougères)	6	P.	P.	P.
Bouvet	Moutonniers (Graulhet)	5	P.	P.	P.
Verna	Gantiers (Grenoble)	2	P.	C.	C.
Thubert	Espadrilleurs (Lamanère)	1	P.	P.	P.
Roux	Cuirs et Peaux (Lannoy)	2	P.	P.	P.
Monciau	Cuirs et Peaux (Libourne)	1	P.	P.	P.
Voglimacci	Chaussure (Ligny)	1	C.	P.	P.
Roux	Cuirs et Peaux (Lille)	3	P.	P.	P.
Roux	Cuirs et Peaux (Lillers)	3	P.	P.	P.
Ducher	Chaussure (Limoges)	3	P.	P.	P.
Ducher	Tanneur-Corr. (Limoges)	1	P.	P.	P.
Roux	Tanneurs (Lingolsheim)	2	P.	P.	P.
Guimard	Chaussure (Lorient)	1	C.	P.	P.
Malsas	Bottiers (Marseille)	2	P.	P.	P.
Roux	Cuirs et Peaux (Mauléon)	3	P.	P.	P.
Gardies	Délaineurs (Mazamet)	6	C.	P.	P.
Gardies	Cordonniers (Nantes)	3	C.	P.	P.
Lauret	Fournitures milit. (Nantes)	1	P.	P.	P.
Naulin	Tanneurs-Corroyeurs (Nantes)	1	P.	P.	P.
Humbert	Cuirs et Peaux (Nevers)	1	P.	A.	C.
Binet	Cuirs et Peaux (Oloron-Ste-Marie)	1	P.	P.	P.
Favreau	Chaussure (Nancy)	3	P.	P.	P.
Rochel	Mégissiers (Mazamet)	4	C.	P.	P.
Bondoux	Cuirs et Peaux (Millau)	5	P.	P.	P.
Désarménien	Tanneurs-Corr. (Mondoubleau)	1	P.	P.	P.
Charpenel	Cuirs et Peaux (Oullins)	3	P.	P.	P.
Drel	Chaussure de la Seine (Paris)	1	P.	P.	P.
Jonnart	Sellerie (Paris)	3	P.	P.	P.
Sevray	Chaussonniers (Pont-de-l'Arche)	3	P.	P.	P.
Feuvrier	Chaussure (Pontorson)	2	P.	P.	P.
Chéreau	Cuirs et Peaux (Rennes)	2	P.	P.	P.
Drel	Cuirs et Peaux (Roubaix)	2	P.	P.	P.
Lauret	Gantiers (St-Affrique)	1	P.	P.	P.
Golantus	Cordonniers (St-Claude)	1	C.	P.	P.
Gourdon	Cuirs et Peaux (St-Donat)	1	P.	P.	P.
Thubert	Espadrilleurs (S.-Laurent-de-Cerdans)	3	P.	P.	P.
Ducher	Chaussure (St-Yrieix)	2	P.	P.	P.
Roux	Apprêteurs en Pelleterie (Sens)	1	P.	P.	P.
Roux	Tanneurs (Strasbourg)	2	P.	P.	P.

DÉLÉGUÉS	ORGANISATIONS	NOMBRE DE VOIX	1er VOTE AUDITION DÉLÉGUÉS UNITAIRES ET AUTON.	2e VOTE RAPPORTS MORAL ET FINANCIER	3e VOTE MOTION D'UNITÉ
Leblanc	Chaussure (Toulouse)	1	P.	P.	P.
Leblanc	Monteurs en Galoches (Toulouse)	1	P.	P.	P.
Beulque	Cuirs et Peaux (Tourcoing)	1	C.	P.	P.
Drel	Cuirs et Peaux (Troyes)	1	P.	P.	P.
Feuvrier	Cuirs et Peaux (Vannes)	1	P.	P.	P.
Feuvrier	Chaussure (Vitré)	1	P.	P.	P.

DESSINATEURS

DÉLÉGUÉS	ORGANISATIONS	NOMBRE DE VOIX	1er VOTE	2e VOTE	3e VOTE
Ouvrard	Dessinateurs et Ingénieurs dessinateurs (Bordeaux)	1	C.	P.	P.
Ouvrard	Dessinateurs et Ingénieurs dessinateurs (Nantes)	3	C.	P.	P.
Jambon	Dess. d'Art industriel et Graveurs sur Bois (Paris)	3	C.	P.	P.
Desmars	Dessinateurs (St-Nazaire)	2	C.	P.	P.

ECLAIRAGE

DÉLÉGUÉS	ORGANISATIONS	NOMBRE DE VOIX	1er VOTE	2e VOTE	3e VOTE
Alibert F.	Gaziers (Albi)	1	P.	A.	P.
Biot	Gaz et Electricité (Bastia)	2	P.	P.	P.
Alibert	Gaziers (Beaucaire)	1	P.	A.	C.
Jeannin	Gaz et Electricité (Besançon)	3	P.	P.	A.
Alibert A.	Electriciens (Béziers)	2	P.	P.	C.
Alibert	Trav. du Gaz (Béziers)	3	P.	A.	P.
Cattanéo	Eclairage et Forces mot. (Blois)	1	P.	P.	P.
Lafaye	Pers. de la Sté E.E.S.O. (Bordeaux)	4	C.	P.	P.
Fauchier	Gaz et Electricité (Bordeaux)	6	P.	P.	P.
Biot	Ouv. et Empl. des Sous-Traitants (Bordeaux)	1	P.	P.	P.
Rault	Electricité (Brest)	3	P.	P.	P.
Le Hir	Pers. du Gaz (Brest)	2	P.	P.	P.
Belot	Eclairage (Caudry)	1	P.	P.	P.
Joly	Eclair. et Forces motrices (Châlons-sur-Marne)	1	P.	P.	C.
Mazenod	Gaziers (Chambéry)	1	P.	P.	P.
Alibert A.	Eclairage (Châteauroux)	1	P.	A.	C.
Madeline	Eclairage et Force motr. (Cherbourg)	3	C.	P.	P.
Laurent	Electricité (Dijon)	2	P.	P.	P.
Biot	Pers. du Gaz (Dijon)	3	P.	P.	P.
Ternynk	Eclairage (Dunkerque)	3	C.	P.	P.
Biot	Eclairage (Epernay)	2	P.	P.	P.
Alibert A.	Eclairage (Issoudun)	2	P.	A.	P.
Frère	Eclairage et Forces motr. (Jeumont)	3	P.	P.	P.

DÉLÉGUÉS	ORGANISATIONS	NOMBRE DE VOIX	1er VOTE — AUDITION DÉLÉGUÉS UNITAIRES ET AUTON.	2e VOTE — RAPPORTS MORAL ET FINANCIER	3e VOTE — MOTION D'UNITÉ
Reynaud	Centrale Electrique (Jonage)	1	N. V.	P.	N. V.
Alibert A.	Gaz et Electricité (Le Mans)	2	P.	P.	C.
Lafont	Eclairage (Le Puy)	1	N. V.	P.	P.
Blazy	Gaz (Libourne)	1	P.	P.	P.
Becq	Eclairage (Lille)	3	P.	P.	P.
Morel	Gaz (Limoges)	3	P.	P.	P.
Lefèvre	Pers. Cie Electr. (Loire et Centre)	4	P.	P.	P.
Chalancon	Eclairage (Lyon)	5	P.	P.	P.
Vanderschueren	Pers. Gaz (Marmande)	1	P.	P.	P.
Rouge	Electriciens Serv. Publics et Concédés (Marseille)	5	P.	C.	C.
Viale	Gaz et Electricité (Marseille)	6	P.	P.	C.
Lepart	Eclairage et Forces motr. (Meaux)	1	P.	P.	P,
Nicolas	Electricité (Montpellier)	1	P.	P.	P.
Vanderschueren	Eclairage Gaz (Montpellier)	3	P.	P.	P.
Morel	Eclairage et Forces motr. (Nancy)	4	P.	P.	C.
Favreau	Producteurs et Distributeurs Energie électrique (Nantes)	5	P.	P.	P.
Beguin	Eclairage (Narbonne)	1	P.	P.	P.
Alibert F.	Gaziers (Nîmes)	2	P.	A.	P.
Morel	Gaz et Electricité (Orléans)	3	P.	P.	P.
Fournillon	Centrale à Vapeur (Oullins)	3	P.	P.	P.
Leloup	Pers. Air comprimé (Paris)	3	P.	P.	P.
Prieur	Empl. et Contrem. Secteurs Electriques de la Seine	6	P.	P.	C.
Burger	Pers. Soc. Gaz Banlieue (Paris)	6	P.	P.	P.
Calmel	Gaz de Paris	7	P.	P.	P.
Battini	Industries Electr. (Paris)	1	C.	P.	P.
Beguin	Gaz et Electricité (Pau)	3	P.	P.	P.
Biot	Gaz (Perpignan)	3	P.	P.	P.
Beguin	Eclairage (Poitiers)	2	P.	P.	P.
Leroq	Gaz (Reims)	2	P.	P.	P.
Masson	Gaz (Rennes)	4	P.	P.	P.
Roche	Gaz (Roanne)	2	C.	P.	P.
D'Hont	Gaz (Roubaix)	4	C.	P.	P.
Galantus	Gaz-Electricité (St-Claude)	3	C.	P.	P.
Ichon	Gaz (Tarbes)	1	P.	P.	P.
Maraninchi	Eclairage (Toulon)	3	P.	P.	C.
Courdie	Eclairage et Forces motr. (Toulouse)	5	P.	P.	P.
Beguin	Gaz et Electricité (Tours)	4	P.	P.	P.
Burger	Gaz et Electricité (Troyes)	3	P.	P.	P.
Sicard	Gaz et Eaux (Tunis)	2	P.	P.	P.
Faucannel	Gaz et Forces motr. (Valence)	2	C.	P.	P.
Trocmé	Centrale Electrique (Valenciennes)	3	C.	P.	P.
Trouvé	Gaz (Vierzon)	1	C.	P.	P.

EMPLOYES

DÉLÉGUÉS	ORGANISATIONS	NOMBRE DE VOIX	1er VOTE AUDITION DÉLÉGUÉS UNITAIRES ET AUTON.	2e VOTE RAPPORTS MORAL ET FINANCIER	3e VOTE MOTION D'UNITÉ
Rouvel	Employés de Commerce (Albi)	1	P.	P.	P.
Pujos	Employés de Commerce (Alençon)	2	C.	P.	P.
Hervé	Employés (Amiens)	3	C.	P.	P.
Mairat	Empl. Com. et Industr. (Angers)	1	C.	P.	P.
Buisson	Empl. Com. et Industr. (Bastia)	2	C.	P.	P.
Grenier	Commis et Comptables de la Gironde (Bordeaux)	6	C.	P.	P.
Grandin	Empl. de Commerce (Châtellerault)	1	P.	C.	C.
Lanselle	Employés de l'arr. de Douai	2	C.	P.	P.
Dhooghe	Employés (Dunkerque)	5	C.	P.	P.
Buisson	Empl. Com. et Industr. (Fougères)	2	C.	P.	P.
Bouquerelle	Empl. de Magasins (Le Havre)	2	C.	P.	P.
Roboam	Empl. Com. et Bureau (Le Mans)	1	P.	P.	P.
Cousin	Empl. Com., Industr. et Auxiliaires de l'Etat (Lille)	3	C.	P.	P.
Guimard	Empl. Com., Industr. et Professions libérales (Lorient)	3	C.	P.	P.
Bouillet	Empl. Com., Bur. et Indust. (Lyon)	2	C.	P.	P.
Barret	Voyageurs et Représent. (Lyon et Région)	1	C.	P.	P.
Mattei	Empl. Cie Navigation (Marseille)	3	P.	N. V.	N. V.
Bougros	Empl. privés (Metz)	3	C.	P.	P.
Arrio	Empl. et Compt. Com. et Indutr. (Montceau-les-Mines)	1	C.	P.	P.
Bled	Commis et Empl. (Montpellier)	3	C.	P.	P.
Gohier	Employés (Nantes)	3	C.	P.	P.
Bondoux	Empl. Com., Bur. et Industr. (Nevers)	2	P.	P.	P.
Planais	Employés (Orléans)	2	C.	P.	P.
Capocci	Employés (Région parisienne)	7	C.	P.	P.
Jouhaux Germ.	Sténo-Dactylographes (Paris)	3	C.	P.	P.
Lavielle	Empl. de Commerce (Pau)	2	C.	P.	P.
Berta	Employés de Com. (Perpignan)	1	P.	P.	P.
Docq	Empl. des deux sexes (Reims)	1	P.	P.	P.
Chereau	Empl. Com. et Industr. (Rennes)	1	P.	P.	P.
Chereau	Pers. civil administr. de la guerre et des pensions (Rennes)	1	P.	P.	P.
Roche	Employés (Roanne)	1	C.	P.	P.
D'hónt	Empl. de Commerce (Roubaix)	1	C.	P.	P.
Delatour	Employés (Saint-Claude)	3	C.	P.	P.
Broodcoorers	Empl. Com. et Industr. (Saint-Nazaire)	3	C.	P.	P.
Demaret	Empl. des deux sexes (St-Quentin)	1	C.	P.	P.
Lemaire	Empl. Département (Seine-et-Oise)	2	C.	P.	P.
Holweg	Empl. Alsace-Lorraine (Strasbourg)	6	C.	P.	P.

DÉLÉGUÉS	ORGANISATIONS	NOMBRE DE VOIX	1er VOTE AUDITION DÉLÉGUÉS UNITAIRES ET AUTON.	2e VOTE RAPPORTS MORAL ET FINANCIER	3e VOTE MOTION D'UNITÉ
Marly	Empl. Com., Industr. et Banque (Toulouse)	3	C.	P.	P.
Mesnard	Empl. Com., Bureau et Industr. (Troyes)	3	C.	P.	P.
Gourdon	Empl. de Commerce (Valence)	1	C.	P.	P.

ENSEIGNEMENT SECONDAIRE

DÉLÉGUÉS	ORGANISATIONS	NOMBRE DE VOIX	1er VOTE	2e VOTE	3e VOTE
Zorelli	Enseignement 2e et 3e degrés (Aube).	1	P.	P.	P.
Dechelotte	Enseign. Second. (Territoire de Belfort)	1	C.	P.	P.
Zorelli	Enseign. 2e et 3e degrés (Calvados).	1	P.	P.	P.
Zorelli	Enseignement 2e et 3e degrés (Pas-de-Calais)	2	P.	P.	P.
Delrieu	Enseign. 2e et 3e degrés (Rhône)....	3	C.	P.	P.
Coquard	Enseign. Sec. (Saône-et-Loire)	2	P.	P.	P.
Mme Granier	Enseign. 2e et 3e degrés (Seine)	3	P.	P.	P.
Zorelli	Enseign. Sec. (Tunis)	3	P.	P.	P.

TRAVAILLEURS DE L'ETAT

DÉLÉGUÉS	ORGANISATIONS	NOMBRE DE VOIX	1er VOTE	2e VOTE	3e VOTE
Sourbet	Pers. Civil de l'Arsenal et Cartoucherie (Alger)	1	P.	P.	P.
Sourbet	Arsenal (Belfort)	2	P.	P.	P.
Jeannin	Pers. Civ. Arsenal et Parc d'Artillerie (Besançon)	4	P.	P.	C.
Khill	Pers. Civ. Magasins Admin. et Serv. de guerre (Bordeaux)	4	P.	P.	P.
Amichot	Habillement Milit. (Bourges)	3	P.	P.	P.
Berthelot	Arsenal (Brest)	2	P.	P.	C.
Grandin	Ouvriers Manufact. d'armes (Châtellerault)	5	P.	P.	C.
Joly	Ouvr. de l'Ecole d'Arts et Métiers (Châlons-sur-Marne)	1	P.	P.	C.
Laisney	Ouvr. Arsenal (Cherbourg)	1	P.	P.	C.
Granguillotte	Trav. de la Marine (Cherbourg)....	5	P.	P.	P.
Lacour	Pers. Civ. Etablissement d'Artillerie (Clermont-Ferrand)	4	P.	P.	P.
Lacour	Ouvr. Magas. Adminis. (Clermont-Ferrand	1	P.	P.	P.
Lacour	Pers. Civ. des Corps et Serv. Pensions (Clermont-Ferrand)	2	P.	P.	P.
Belli	Trav. de l'Etat (Dijon)	3	P.	P.	P.
Bouleau	Poudrerie (Esquerdes)	4	P.	P.	P.
Hardy	Trav. Réunis (Indret)	5	P.	P.	P.

DÉLÉGUÉS	ORGANISATIONS	NOMBRE DE VOIX	1er VOTE AUDITION DÉLÉGUÉS UNITAIRES ET AUTON.	2e VOTE RAPPORTS MORAL ET FINANCIER	3e VOTE MOTION D'UNITÉ
Fradet	Pers. Civ. Parc d'Artillerie Annexe (Issoire)	1	P.	P.	P.
Bouleau	Poudrerie (Le Bouchet)	3	P.	P.	P.
Pujos	Ouvr. Civ. Dépôt d'Etalons (Le Pin)	1	C.	P.	P
Liaume	Poudrerie (Le Ripault)	1	P.	P.	C.
Robert	Trav. réunis du Port (Lorient)	5	P.	P.	P.
Vivier	Pers. Civ. Mag. Adm. et Serv. de la Guerre (Lyon)	3	C.	P.	P.
Sourbet	Ouvr. Etabli. Milit. (Lyon et Banlieue)	3	P.	P.	P.
Gilly	Ouvr. Mag. Adm. de la Guerre (Marseille)	3	P.	P.	C.
Bougros	Trav. de l'Etat (Metz et envir.)	5	N. V.	P.	P.
Langlois	Pers. de l'E. R. G. (Mézidon)	1	P.	P.	P.
Khill	Pers. Civ. Mag. Adm. et Serv. de la Guerre (Montpellier)	1	P.	P.	P.
Bouleau	Poudrerie (Moulin Blanc)	4	P.	P.	C.
Thouvenin	Pers. Civ. des Parcs d'Aviation et Automobiles milit. (Nancy)	2	P.	P.	C.
Sourbet	Ouvr. et Empl de l'Artill (Nantes)	2	C.	P.	P.
Khill	Pers. Civ. Mag. Adm. (Nantes)	2	P.	P.	P.
Sourbet	Pers. Civ. Parc d'Artillerie (Oran)	2	P.	P.	P.
Michaut	Pers. Civ. des Etablissements militaires (Orléans)	4	C.	P.	P.
Sourbet	Trav. de l'Etat de la Seine (Paris)	5	P.	P.	P.
Rossignol	Ouvr. profes. et assim. des Ministères et Admin. de l'Etat (Paris)	4	N. V.	P.	P.
Fischer	Trav. de la Marine (Paris)	4	P.	P.	P.
Khill	Pers. Civ. Mag. et Services de la Guerre (Paris)	5	P.	P.	P.
Duthu	Ouvr. des Monnaies (Paris)	2	P.	P.	P.
Bouleau	Poudrerie (Pont-de-Buis)	4	P.	P.	C.
Chereau	Ouvr. Mag. Centr. et Parc Fourrage (Rennes)	2	P.	P.	P.
Martin	Arsenal (Rennes)	5	P.	P.	P.
Laime	Arsenal (Rochefort)	5	P.	P.	P.
Robert	Fonderie Navale (Ruelle)	4	N. V.	P.	P.
Dubet	Poudrerie (Saint-Médard-en-Jalles)	5	P.	P.	P.
Bouleau	Poudrerie (Sevran)	4	P.	P.	P.
Berenguier	Arsenal (Toulon)	6	P.	P.	P.
Berenguier	Arsenal de Terre (Toulon)	1	P.	P.	P.
Lamarque	Arsenal et Cartoucherie (Toulouse)	4	P.	P.	P.
Bedel	Poudrerie (Toulouse)	4	P.	P.	P.
Khill	Pers. Civ. Mag. Adm. et Services de Guerre (Toulouse et Environs)	3	P.	P.	P.
Sauvarie	Manufacture d'Armes (Tulle)	1	P.	P.	P.
Arputzo	Aéronautique et Génie (Tunis)	1	P.	P.	P.
Gourdon	Pers. Civ. libre des établissements militaires (Valence)	3	C.	P.	P.

FINANCE

DÉLÉGUÉS	ORGANISATIONS	NOMBRE DE VOIX	1er VOTE AUDITION DÉLÉGUÉS UNITAIRES ET AUTON.	2e VOTE RAPPORTS MORAL ET FINANCIER	3e VOTE MOTION D'UNITÉ
Grosset	Empl. de Banque (Angers)	4	C.	P.	P.
Lavielle	Empl. de Banque (Bordeaux)	1	C.	P.	P.
Roboam	Empl. de Banque et de Bourse (Le Mans)	3	P.	P.	P.
Grosset	Empl. de Banque et de Bourse (Lyon et Région)	6	C.	P.	P.
Filliol	Empl. de Banque et Bourse (Marseille)	5	C.	P.	P.
Blanchard	Empl. de Banque et Bourse (Paris).	6	C.	P.	P.
Maraninchi	Empl. de Banque et Bourse (Toulon)	3	P.	P.	P.
Gourdon	Empl. de Banque (Valence)	1	C.	P.	P.
Trocmé	Empl. de Banque et de Bourse (Arrondissement de Valenciennes)	3	C.	P.	P.

HABILLEMENT

DÉLÉGUÉS	ORGANISATIONS	NOMBRE DE VOIX	1er VOTE AUDITION DÉLÉGUÉS UNITAIRES ET AUTON.	2e VOTE RAPPORTS MORAL ET FINANCIER	3e VOTE MOTION D'UNITÉ
Pujos	Tailleurs d'habits (Alençon)	1	C.	P.	P.
Degioanni	Confection Militaire (Alger)	1	C.	P.	P.
Edmond	Habillement (Amiens)	3	P.	P.	P.
Ringenbach	Tailleurs d'habits (Angers)	1	C.	P.	P.
Manches	Ouvriers et Employés en parapluies (Aurillac)	3	C.	P.	P.
Clément	Ouvrières et employées en parapluies (Aurillac)	1	C.	P.	P.
Jeannin	Tailleurs d'habits (Besançon)	1	P.	P.	P.
Lafitte	Coupeurs-Tailleurs (Bordeaux)	1	C.	P.	P.
Garrigou	Habillement (Bordeaux et Banl.)	3	C.	P.	P.
Veillat	Habillement (Brest)	1	C.	P.	P.
Michaudel	Habillement (Brive)	2	C.	P.	P.
Ringenbach	Tailleurs d'habits (Castres)	1	C.	P.	P.
Baudoin	Habillement (Dijon)	2	C.	P.	P.
Dubost	Habillement (Elbeuf)	2	C.	P.	P.
Ringenbach	Habillement (Grandris)	2	C.	P.	P.
Meslin	Habillement (Le Mans)	1	P.	P.	P.
Deplanque	Ouvrières en confection (Lille)	4	C.	P.	P.
Rousseaux	Coupeurs en confection (Lille)	5	C.	P.	P.
Rousseaux	Tailleurs (Lille)	2	C.	P.	P.
Delbé	Presseurs et Presseuses en confection (Lille)	5	C.	P.	P.
Ringenbach	Habillement et simil. (Limoges)	1	C.	P.	P.
Trevennec	Habillement (Lorient)	1	C.	P.	P.
Barre	Habillement militaire (Lyon)	1	C.	P.	P.
Bernin	Ouvrières et ouvriers tailleurs et coupeurs de mesure (Lyon)	4	C.	P.	P.

DÉLÉGUÉS	ORGANISATIONS	NOMBRE DE VOIX	1ᵉʳ VOTE AUDITION DÉLÉGUÉS UNITAIRES ET AUTON.	2ᵉ VOTE RAPPORTS MORAL ET FINANCIER	3ᵉ VOTE MOTION D'UNITÉ
Mme Chevenard .	Vêtement du département du Rhône (Lyon)	4	P.	P.	P.
Mme Augier	Haute couture (Marseille)	1	P.	P.	P.
Augier	Vêtement (Marseille)	2	P.	P.	P.
Veillat	Habillement militaire (Nantes)	1	C.	P.	P.
Veillat	Tailleurs d'habits (Nantes)	2	C.	P.	P.
Ringenbach	Habillement (Nevers)	2	C.	P.	P.
Ringenbach	Tailleurs (Orléans)	1	C.	P.	P.
Dumont	Chemiserie-Lingerie (Seine)	4	C.	P.	P.
Elie	Confection (Seine)	1	C.	P.	P.
Lion Suzanne ...	Couturières et tailleurs pour Dames Paris	1	C.	P.	P.
Elie	Tailleurs habillement milit. (Paris).	1	C.	P.	P.
Ringenbach	Vêtement (Paris)	1	C.	P.	P.
Ringenbach	Tailleurs d'habits (Poitiers)	1	C.	P.	P.
Rousseaux	Habillement (Pont-à-Marcq)	2	C.	P.	P.
Roche	Ouvr. à dom., Vêtement (Roanne).	1	C.	P.	P.
Rousseaux	Habillement (Roubaix)	3	C.	P.	P.
Bessac	Habillem. pour hommes (St-Etienne)	1	C.	P.	P.
Gilis	Tailleurs d'habits (Toulouse)	1	C.	P.	P.
Gilis	Coupeurs-Tailleurs (Toulouse)	2	C.	P.	P.
Elie	Habillement (Troyes)	1	C.	P.	P.
Voglimacci	Sous-Vêtement (Vaucouleurs)	3	C.	P.	P.

INSTITUTEURS

DÉLÉGUÉS	ORGANISATIONS	NOMBRE DE VOIX	1ᵉʳ VOTE AUDITION DÉLÉGUÉS UNITAIRES ET AUTON.	2ᵉ VOTE RAPPORTS MORAL ET FINANCIER	3ᵉ VOTE MOTION D'UNITÉ
François	Instituteurs du Calvados	6	P.	P.	P.
Rousseau	Institutrices et Instituteurs de la Corrèze	2	N. V.	P.	P.
Burel	Instituteurs (Côtes-du-Nord)	4	P.	P.	P.
Mme Salme	Institutr. et Institut. (Dordogne)	3	P.	P.	P.
Nicolas	Institutrices et Instituteurs (Drôme)	5	P.	P.	P.
Benazet	Instituteurs (Haute-Garonne)	3	C.	P.	P.
Villeneuve	Institutrices et Instituteurs (Gers)	4	P.	P.	P.
Thomas	Instituteurs (Indre-et-Loire)	4	P.	P.	P.
Galantus	Institutrices et Instituteurs (Jura)	3	C.	P.	P.
Rochet	Instituteurs (Loire-Inférieure)	5	C.	P.	P.
Bouguereau	Institutrices et Instituteurs (Loiret).	5	P.	P.	P.
Mme Lebaillif	Institutr. et Institut. (Maine-et-Loire)	3	P.	P.	P.
Gueroult	Institutrices et Instituteurs (Manche)	3	P.	P.	P.
Jouniaux	Institutrices et Instituteurs (Nord)	4	P.	P.	P.
Louis	Institutr. et Institut. (P.-de-C.)	4	P.	P.	C.
Lacour	Institutr. et Institut. (Puy-de-Dôme)	3	P.	P.	P.
Desarmenien	Institutr. et Institut. (Basses-Pyr.)	2	P.	P.	P.
Adassus	Institutr. et Institut. (Hautes-Pyr.)	5	P.	P.	P.
Glay	Institutrices et Instituteurs (Rhône).	5	P.	P.	P.
Roussel	Institutrices et Instituteurs (Seine)	4	P.	P.	P.

DÉLÉGUÉS	ORGANISATIONS	NOMBRE DE VOIX	1er VOTE AUDITION DÉLÉGUÉS UNITAIRES ET AUTON.	2e VOTE RAPPORTS MORAL ET FINANCIER	3e VOTE MOTION D'UNITÉ
Carré	Institutrices et Instituteurs (Seine-et-Marne)	5	P.	P.	P.
Sabourin	Institutrices et Instituteurs (Deux-Sèvres)	5	P.	P.	N. V.
Flet	Institutrices et Instituteurs (Somme)	6	P.	P.	C.
Lebaillif	Institutrices et Instituteurs (Tarn-et-Garonne)	1	P	P	
Varenne	Institutrices et Instituteurs (Yonne)	5	P.	P.	C.

LIVRE

DÉLÉGUÉS	ORGANISATIONS	NOMBRE DE VOIX	1er VOTE AUDITION DÉLÉGUÉS UNITAIRES ET AUTON.	2e VOTE RAPPORTS MORAL ET FINANCIER	3e VOTE MOTION D'UNITÉ
Sellier	Typographes (Abbeville)	2	P	P	D
Pujos	Livre (Alençon)	2	C.	P.	P
Desjardin	Livre (Amiens)	4	P.	P.	P.
Ricou	Livre (Angers)	3	A.	P.	P.
Masson	Typographes (Arras)	1	P.	P.	P.
Belin	Typographes (Aurillac)	2	P.	P.	P.
Douard	Typographes (Auxerre)	2	C.	P.	P.
Arnaud	Typographes (Avignon)	1	P	P.	P.
Voglimacci	Livre (Bar-le-Duc)	1	C.	P.	P.
Desarmenien	Typographes (Bayonne)	1	P.	P.	P.
Pichot	Typographes (Beauvais)	1	P.	P.	P.
Liochon	Typographes (Besançon)	2	P.	P.	P.
Cazeneuve	Lithographes (Bordeaux)	3	P.	P.	C.
Cazeneuve	Papetiers et Similaires (Bordeaux)	4	P.	P.	C.
Cazeneuve	Typographes (Bordeaux)	5	P.	P.	C.
Sellier	Livre (Calais)	1	P.	P.	P.
Sellier	Livre (Cambrai)	2	P.	P.	P.
Douard	Typo-Litho (Cette)	1	C.	P.	P.
Joly	Livre (Châlons-sur-Marne)	1	P.	P.	C.
Sellier	Livre (Charleville-Mézières)	3	P.	P.	P.
Halgrain	Typo-Litho (Chartres)	3	C.	P.	P.
Guilleux	Typographes (Châteauroux)	3	P.	P.	P.
Liochon	Typographes (Clermont-Ferrand)	4	P.	P.	P.
Wagner	Typographes (Colmar)	2	C.	P.	P.
Masson	Livre (Douai)	1	P.	P.	P.
Halgrain	Typographes et parties sim. (Dreux)	1	C.	P.	P.
Ternynck	Livre (Dunkerque)	2	C.	P.	P.
Lepart	Livre (Lagny)	1	C.	P.	P.
Roboam	Typographes (Le Mans)	2	P.	P.	P.
Cazeneuve	Livre (Libourne)	1	P.	P.	C.
Duflot	Lithographes et Papetiers (Lille)	4	P.	C.	C.
Masson	Typographes et Imprimeurs (Lille)	5	P.	P.	P.
Vardelle	Relieurs, Papetiers et similaires (Limoges)	1	P.	P.	P.
Liochon	Imprimeurs et Similaires (Limoges)	3	P.	P.	P.

DÉLÉGUÉS	ORGANISATIONS	NOMBRE DE VOIX	1er VOTE AUDITION DÉLÉGUÉS UNITAIRES ET AUTON.	2e VOTE RAPPORTS MORAL ET FINANCIER	3e VOTE MOTION D'UNITÉ
Trevennec	Livre (Lorient)	1	C.	P.	P.
Ravinel	Typographes (Lyon)	6	N. V.	P.	N. V.
De Fusco	Lithographes, Papetiers et ouvriers d'imprimerie (Marseille)	4	P.	P.	P.
Arnaud	Typographes (Marseille)	4	P.	P.	P.
Lepart	Livre (Meaux)	1	P.	P.	P.
Largentier	Livre (Melun)	1	P.	P.	P.
Belin	Livre (Montbéliard)	1	P.	P.	P.
Nicolas	Typographes (Montpellier)	2	P.	P.	P.
Belin	Typographes (Moulins)	2	P.	P.	P.
Wagner	Lithos (Mulhouse)	2	C.	P.	P.
Wagner	Relieurs et Papetiers (Mulhouse)	2	C.	P.	P.
Wagner	Typographes (Mulhouse)	3	C.	P.	P.
Liochon	Typographes (Nancy)	4	P.	P.	P.
Ricou	Litho-Papetiers (Nantes)	4	P.	P.	C.
Ricou	Typographes (Nantes)	3	P.	P.	P.
Rivère	Livre (Narbonne)	1	P.	P.	P.
Guilleux	Livre (Nevers)	2	P.	P.	P.
Arnaud	Typographes (Nice)	2	P.	P.	P.
Douard	Typographes (Nîmes)	2	P.	P.	P.
Reynaud	Typos-Lithographes (Niort)	1	P.	P.	P.
Guilleux	Lithos-Papetiers (Orléans)	2	P.	P.	P.
Guilleux	Imprimeurs (Orléans)	2	P.	A.	P.
Guilleux	Typographes (Orléans)	3	P.	P.	P.
Galantus	Typographes (Oyonnax)	1	C.	P.	P.
Lamy	Fondeurs-Typographes (Paris)	3	N. V.	N. V.	N. V.
Largentier	Imprimeurs-Typographes (Paris)	3	P.	P.	P.
Largentier	Typographes (Paris)	7	P.	P.	P.
Leymarie	Livre (Périgueux)	1	P.	P.	P.
Solatges	Livre (Perpignan)	1	C.	P.	P.
Laire	Livre (Poitiers)	2	P.	P.	P.
Pichot	Livre (Rennes)	3	N. V.	N. V.	P.
Reynaud	Livre (Rouen)	3	N. V.	P.	P.
Hamon	Livre (Saint-Brieuc)	2	P.	P.	P.
Liochon	Typographes (Saint-Etienne)	3	P.	P.	P.
Reynaud	Livre (Saint-Germain-en-Laye)	1	P.	P.	P.
Jouvance	Typographes (Saint-Nazaire)	1	N. V.	P.	P.
Reynaud	Typographes (Soissons)	1	P.	P.	P.
Bockel	Livre (Strasbourg)	5	C.	P.	C.
Peyrat	Typographes (Tarbes)	1	P.	P.	P.
Maraninchi	Typographes (Toulon)	2	N. V.	N. V.	N. V.
Beltramé	Lithographes (Toulouse)	3	P.	P.	P.
Peyrat	Livre (Toulouse)	5	P.	P.	C.
Masson	Livre (Tourcoing)	2	P.	P.	P.
Douard	Livre (Troyes)	1	C.	P.	P.
Gourdon	Typographes (Valence)	2	C.	P.	P.
Masson	Livre (Valenciennes)	1	P.	P.	P.
Morel	Livre (Vannes)	1	C.	P.	P
Belin	Livre (Versailles)	2	P.	P.	P.
Ravinel	Typographes (Villefranche-s.-S.)	1	N. V.	P.	N. V.

SYNDICATS MARITIMES

DÉLÉGUÉS	ORGANISATIONS	NOMBRE DE VOIX	1er VOTE AUDITION DÉLÉGUÉS UNITAIRES ET AUTON.	2e VOTE RAPPORTS MORAL ET FINANCIER	3e VOTE MOTION D'UNITÉ
Chachuat	Marins-Pêcheurs (Bastia)	2	P.	P.	P.
Richard	Agents du Service général à Bord (Bordeaux)	5	A.	P.	P.
Ehlers	Marins-Pêcheurs (Calais)	2	P.	P.	P.
Ehlers	Marins-Pêcheurs (Cette)	2	P.	P.	P.
Le Bozec	Marins-Pêcheurs (Cherbourg)	3	P.	P.	P.
Ehlers	Marins-Pêcheurs (Dunkerque)	6	P.	P.	P.
Richard	Marins (La Rochelle)	5	N. V.	A.	P.
Chachuat	Marins-Pêcheurs (Seyne-sur-Mer)	1	P.	P.	P.
Gonidec	Marins (Le Havre)	5	P.	P.	P.
Cluzeau	Agents du Serv. gén. à Bord (Le Havre)	6	P.	P.	P.
Vedy	Marins-Pêcheurs (Lorient)	5	C.	P.	P.
Pasquini	Agents du Serv. génér. à Bord (Marseille)	6	P.	P.	P
Martres	Marins du Com. (Marseille)	6	P.	P.	P.
Rochet	Marins (Nantes)	3	C.	P.	P.
Cupillard	Marins-Pêcheurs (Rouen)	6	P.	P.	P.
Butas	Marins (Saint-Malo)	3	P.	P.	P.
Heitz	Marins et Agents du Serv. général (Saint-Nazaire)	5	P.	P.	P.

MÉTAUX

DÉLÉGUÉS	ORGANISATIONS	NOMBRE DE VOIX	1er VOTE AUDITION DÉLÉGUÉS UNITAIRES ET AUTON.	2e VOTE RAPPORTS MORAL ET FINANCIER	3e VOTE MOTION D'UNITÉ
Chevalme	Ouvriers Métallurgistes et similaires (Albi)	1	C.	P.	P.
Lafaye	Métaux (Arcachon)	2	C.	P.	P.
Hébert	Métaux et sim. (Bar-sur-Aube)	2	P.	P.	P.
Dechelotte	Métaux et sim. (Beaucourt)	4	C.	P.	P.
Chevalme	Métaux (Belfort)	4	C.	P.	P.
Jeannin	Ouvriers Métallurgistes (Besançon)	3	P.	P.	A.
Klein	Métaux (Bitschwiller)	3	C.	P.	P.
Lafaye	Métaux (Bordeaux)	3	C.	P.	P.
Sorriaux	Métallurgie (Boulogne-sur-Mer)	1	C.	P.	P.
Pierrel	Métaux (Bourges)	3	P.	P.	P.
Pierrel	Métaux (Bussang)	2	P.	P.	P.
Debut	Métallurgistes (Cambrai)	3	N. V.	P.	P.
Dubreuil	Métaux (Castres)	1	C.	P.	P.
Moulay	Métaux (Caudry)	1	C.	P.	P.
Madeline	Métaux et similaires (Cherbourg)	4	C.	P.	P.
Hébert	Métaux (Clairvaux)	1	P.	P.	P.
Lacour	Ferblantiers et sim. (Clermont-Ferr.)	1	P.	P.	P.
Klein	Métaux (Colmar)	1	C.	P.	P.

DÉLÉGUÉS	ORGANISATIONS	NOMBRE DE VOIX	1er VOTE AUDITION DÉLÉGUÉS UNITAIRES ET AUTON.	2e VOTE RAPPORTS MORAL ET FINANCIER	3e VOTE MOTION D'UNITÉ
Baudon	Métallurgistes (Commentry)	1	C.	P.	P.
Devernay	Métaux (Cousolre)	2	C.	P.	P.
Dechelotte	Métaux (Danjoutin)	1	C.	P.	P.
Decostère	Métallurgistes (Denain et env.)	1	C.	P.	P.
Schwenk	Métallurgistes (Dôle)	2	C.	P.	P.
Blanchard	Ouvriers Métaux (Dombasle)	1	C.	P.	P.
Peneau	Métaux (Donges)	2	C.	P.	P.
Doise	Métaux (Dunkerque)	5	C.	P.	P.
Villeval	Métaux (Fumay)	2	P.	P.	P.
Bayle	Métaux (Fumel)	3	P.	C.	C.
Dechelotte	Granvillars	1	C.	P.	P.
Klein	Métaux (Guebwiller)	5	C.	P.	P.
Labe	Métaux (Hirson)	1	C.	P.	P.
Thouvenin	Métallurgistes (Homécourt)	3	P.	P.	C.
Vasseur	Métaux (Isbergues)	1	P.	P.	P.
Decostère	Métaux (Jeumont)	4	C.	P.	P.
Humbert	Métallurgistes (Jœuf)	5	P.	P.	C.
Buisson	Métallurgistes (Juvisy)	1	C.	P.	P.
Oderigo	Ouv. Constr. Navales (La Ciotat)	4	P.	P.	P.
Feutry	Métallurgistes (canton de Lannoy)	2	P.	P.	P.
Blanchard	Ouv. Constr. Navales (La Seyne-sur-Mer)	2	C.	P.	P.
Desarmenien	Métaux (Le Boucau)	1	P.	P.	P.
Chevalme	Métaux (Le Cateau)	3	C.	P.	P.
Meslin	Métaux (Le Mans)	1	P.	P.	P.
Blanchard	Mouleurs et sim. (Les Mazures)	2	C.	P.	P.
Voglimacci	Ouv. en précision et optique (Ligny)	3	C.	P.	P.
Devernay	Métallurgistes (Lille et env.)	7	C.	P.	P.
Labe	Métallurgistes (Lorient)	2	C.	P.	P.
Maillot	Métaux (Lyon)	3	C.	P.	P.
Sorriaux	Métaux (Marquise)	3	P.	P.	P.
Klein	Métaux (Massevaux)	3	C.	P.	P.
Michaut	Métaux (Meung-sur-Loire)	1	C.	P.	P.
Garnier	Métaux (Montataire)	1	C.	P.	P.
Joly	Métaux (Montceau-les-Mines)	2	C.	P.	P.
Lamoine	Métallurgistes (Montluçon)	1	P.	P.	P.
Chevalme	Métaux (Morbier)	1	C.	P.	P.
Galantus	Métaux (Morez)	3	C.	P.	P.
Humbert	Métaux (Moyeuvre-Grande)	2	P.	P.	C.
Klein	Métaux (Mulhouse)	6	C.	P.	P.
Humbert	Métaux (Nancy)	1	P.	P.	C.
Peneau	Métallurgistes (Nantes)	5	C.	P.	P.
Thouvenin	Métaux (Neuves-Maisons)	6	P.	A.	C.
Poujol	Ouv. en Inst. Chirurgie. Orthopédie et sim. de la Seine (Paris)	1	C.	P.	P.
Nart	Ouv. Instr. de précision (Paris)	3	C.	P.	P.
Bouyer	Mécaniciens de la Seine	3	C.	P.	P.
Moulin	Tourneurs en Instr. d'optique de la Seine (Paris)	2	C.	P.	P

DÉLÉGUÉS	ORGANISATIONS	NOMBRE DE VOIX	1er VOTE AUDITION DÉLÉGUÉS UNITAIRES ET AUTON.	2e VOTE RAPPORTS MORAL ET FINANCIER	3e VOTE MOTION D'UNITÉ
Solaiges	Métaux (Perpignan)	1	C.	P.	P.
Chevalme	Métaux (Plaines)	2	C.	P.	P.
Letellier	Métaux (Rai-Aube)	3	N. V.	P.	P.
Chereau	Métallurgistes (Rennes)	3	P.	P.	P.
Villeval	Métaux (Révin)	3	P.	P.	P.
Roche	Métaux et sim. (Roanne)	1	C.	P.	P.
D'Hont	Métallurgistes (Roubaix)	6	C.	P.	P.
Blanchard	Métaux (Rouen)	1	C.	P.	P.
Lorthioir	Métaux (Saint-Amand-les-Eaux)	4	C.	P.	P.
Galantus	Métallurgistes (Saint-Claude)	3	C.	P.	P.
Rouvet	Métallurgistes (Saint-Juéry)	1	P.	P.	P.
Garnier	Métallurgistes (St-Just-en-Chaussée)	2	C.	P.	P.
Klein	Métaux (Saint-Louis)	1	C.	P.	P.
Jouvance	Métaux (Saint-Nazaire)	5	C.	P.	P.
Villeval	Métaux (Signy-le-Petit)	3	P.	P.	P.
Dupont	Métaux (Strasbourg)	4	C.	P.	P.
Maillot	Métaux (Tarare)	1	C.	P.	P.
Suquet	Emouleurs (Thiers)	4	N. V.	N. V.	N. V.
Labe	Métaux (Tillières-sur-Avre)	1	C.	P.	P.
Dugny	Métaux (Toulouse)	1	C.	P.	P.
Decostère	Métaux (Tourcoing)	5	C.	P.	P.
Galantus	Métaux (Trévoux)	1	C.	P.	P.
Lambot	Métallurgistes (Trignac)	3	C.	P.	P.
Voglimacci	Métaux (Tronville)	1	C.	P.	P.
Labe	Métaux (Troyes)	1	C.	P.	P.
Trocmé	Métallurgistes (Valenciennes)	2	C.	P.	P.
Pierre	Métaux (Vannes)	3	C.	P.	P.
Serre	Métaux (Vichy)	1	P.	P.	P.
Trouvé	Métallurgistes (Vierzon)	3	C.	P.	P.
Trouvé	Métaux (Vieux-Condé)	1	C.	P.	P.
Toutain	Métaux (Villefranche)	1	C.	P.	N. V.

FABRIQUES DE PAPIER

DÉLÉGUÉS	ORGANISATIONS	NOMBRE DE VOIX	1er VOTE	2e VOTE	3e VOTE
Dennaud	Cartonnage (Aix-en-Provence)	2	P.	P.	P.
Vardelle	Papier (Aix-sur-Vienne)	2	P.	P.	P.
Vardelle	Papetiers (Blendecques)	4	P.	P.	P.
Dennaud	Papetiers (Châteauneuf-la-Forêt)	3	P.	P.	P.
Jacdick	Papetiers (Gassicourt)	2	P.	P.	P.
Bernard	Papetiers (La Haye-Descartes)	4	P.	P.	P.
Vardelle	Papetiers (Limoges)	2	P.	P.	P.
Vardelle	Papetiers (La Vallée-de-l'Aa)	4	P.	P.	P.
Fabre E.	Afficheurs (Paris)	1	C.	P.	P.
Vardelle	Empl. des Journaux de Rouen et de la région	2	P.	P.	P.

DÉLÉGUÉS	ORGANISATIONS	NOMBRE DE VOIX	1er VOTE AUDITION DÉLÉGUÉS UNITAIRES ET AUTON.	2e VOTE RAPPORTS MORAL ET FINANCIER	3e VOTE MOTION D'UNITÉ
Dennaud	Papetiers (Saint-Léonard)	2	P.	P.	P.
Fabre E.	Papet. et Cart. (Seine et Seine-et-Oise)	2	C.	P.	P.
Vardelle	Papetiers (Wizernes)	5	P.	P.	P.

INDUSTRIES DE LA PHARMACIE ET DE LA DROGUERIE

DÉLÉGUÉS	ORGANISATIONS	NOMBRE DE VOIX	1er VOTE	2e VOTE	3e VOTE
Mesnard	Prép. en Pharmacie (Bordeaux et Sud-Ouest)	3	C.	P.	P.
Delerue	Prép. en Pharm. (Bourges et Centre)	1	C.	P.	P.
Delerue	Prép. en Pharm. (Brest et Finistère)	2	C.	P.	P.
Rousseau	Prép. en Pharm. (Brive)	1	N. V.	N. V.	P.
Delerue	Prép. en Pharm. (Clermont-Ferr.)	2	C.	P.	P.
Meslin	Prép. en Pharm. (Le Mans)	1	N. V.	P.	P.
Deleruc	Prép. en Pharm. (Limoges)	1	C.	P.	P.
Hug	Prép. en Pharm. (Lyon)	3	C.	P.	P.
Bourderon	Prép. en Pharm. (Marseille)	2	P.	P.	N. V.
Perrier	Prép. en Pharm. (Nîmes)	2	C.	P.	P.
Mauries	Prép. en Pharm. (Paris)	4	C.	P.	P.
Sirvin	Prép. en Pharm. (Rouen)	2	C.	P.	P.
Delerue	Prép. en Pharm. (St-Etienne)	2	C.	P.	P.
Forgues	Prép. en Pharm. (Toulouse)	3	C.	P.	P.
Pourcher	Prép. en Pharm. (Tours)	2	C.	P.	P.
Diem	Prép. en Pharm. (Troyes)	1	C.	P.	P.
Serre	Prép. en. Pharm. (Vichy)	1	P.	P.	P.

PORTS ET DOCKS

DÉLÉGUÉS	ORGANISATIONS	NOMBRE DE VOIX	1er VOTE	2e VOTE	3e VOTE
Pezzini	Dockers (Bastia)	3	C.	N. V.	N. V.
Laval	Arrimeurs, Manœuvres (Bordeaux)	3	C.	P.	P.
Baudou	Outillage du Port (Bordeaux)	4	P.	A.	P.
Lataillade	Transports (Bordeaux)	2	P.	P.	P.
Louis-Louis	Batellerie (Douai)	1	N. V.	P.	N. V.
Bols	Ouv. du Port (Dunkerque)	7	P.	P.	C.
Girard	Dockers (La Pallice)	3	C.	P.	P.
Vignaud	Charbonn. et Dockers (Les Sables-d'Olonne)	1	C.	P.	P.
Deleu	Transports (Lille)	4	C.	P.	P.
Trevennec	Ouvriers du Port (Lorient)	4	C.	P.	P.
Chaintreuil	Marine fluviale (Lyon)	5	C.	P.	P.
Mamessier	Transports et Manutentions (Lyon)	3	C.	P.	P.
Grégoire	Charbonniers (Marseille)	1	C.	P.	P.

DÉLÉGUÉS	ORGANISATIONS	NOMBRE DE VOIX	1er VOTE AUDITION DÉLÉGUÉS UNITAIRES ET AUTON.	2e VOTE RAPPORTS MORAL ET FINANCIER	3e VOTE MOTION D'UNITÉ
Reyre	Chargeurs, Camionneurs, Conducteurs d'autos (Marseille)	3	C.	P.	P.
Pagean	Emballeurs (Marseille)	1	P.	P.	P.
Pagean	Ensacheurs (Marseille)	1	N. V.	P.	C.
Advenant	Dockers (Marseille)	3	C.	P.	P.
Lafont	Manutention des bois (Marseille)	1	P.	P.	P.
Vignaud	Charretiers (Mazamet)	2	C.	P.	P.
Nicolas	Charretiers (Montpellier)	2	P.	P.	P.
Thomas	Ouvriers du Port (Nantes)	6	P.	P.	P.
Viterbo	Ouvriers du Port (Nice)	4	P.	P.	P.
Vignaud	Ouvriers du Port (Oran)	4	C.	P.	P.
Gully	Marine fluviale (Paris)	4	C.	P.	P.
Vignaud	Dockers (Rochefort)	3	C.	P.	P.
Lorthiois	Transports (Roubaix)	4	C.	P.	P.
Batas	Dockers (St-Malo) (St-Servan)	5	P.	P.	P.
Prampart	Dockers (Saint-Nazaire)	6	P.	P.	P.
Adloff	Dockers (Strasbourg)	3	P.	P.	C.
Delobelle	Transports (Tourcoing)	3	C.	P.	P.

AGENTS DES P. T. T.

DÉLÉGUÉS	ORGANISATIONS	NOMBRE DE VOIX	1er VOTE AUDITION DÉLÉGUÉS UNITAIRES ET AUTON.	2e VOTE RAPPORTS MORAL ET FINANCIER	3e VOTE MOTION D'UNITÉ
Bourget	Agents des Postes (Ain)	3	P.	P.	P.
Bourget	Agents P. T. T. (Aisne)	3	P.	P.	N. V.
Condat	Agents P. T. T. (Alger)	1	P.	P.	P.
Serre	Agents P. T. T. (Vichy)	3	P.	P.	P.
Marquez	Agents P. T. T. (Ardèche)	2	C.	P.	P.
Baylot	Agents P. T. T. (Ardennes)	3	C.	P.	P.
Corbière	Agents P. T. T. (Ariège)	2	C.	P.	P.
Charrié	Agents P. T. T. (Aube)	2	C.	P.	P.
Rivère	Agents P. T. T. (Narbonne)	1	P.	P.	P.
Compadieu	Agents P. T. T. (B.-du-Rhône)	5	P.	P.	P.
Baylot	Agents P. T. T. (Cher)	3	C.	P.	P.
Senet	Agents P. T. T. (Constantine)	3	P.	N. V.	P.
Perussie	Agents P. T. T. (Corrèze)	2	C.	P.	P.
Delmas	Agents P. T. T. (Corse)	1	C.	P.	P.
Baylot	Agents P. T. T. (Côte-d'Or)	3	C.	P.	P.
Baylot	Agents P. T. T. (Creuse)	2	C.	P.	P.
Lafon	Agents P. T. T. (Dordogne)	3	P.	P.	P.
Richier	Agents P. T. T. (Drôme)	3	C.	P.	P.
Halgrain	Agents P. T. T. (Eure-et-Loir)	2	C.	P.	P.
Perussie	Agents P. T. T. (Gard)	2	C.	P.	P.
Benazet	Agents P. T. T. (Haute-Garonne)	4	C	P.	P.
Thalamas	Agents P. T. T. (Gers)	2	C.	P.	P.
Lair	Agents P. T. T. (Ille-et-Vilaine)	3	P.	P.	P.
Nègre	Agents P. T. T. (Indre)	2	C.	P.	P.
Thomas	Agents P. T. T. (Indre-et-Loire)	3	P.	P.	P.
Baylot	Agents P. T. T. (Jura)	3	C.	P.	P.
Perussie	Agents P. T. T. (Roanne)	1	C.	P.	N. V.

DÉLÉGUÉS	ORGANISATIONS	NOMBRE DE VOIX	1er VOTE AUDITION DÉLÉGUÉS UNITAIRES ET AUTON.	2e VOTE RAPPORTS MORAL ET FINANCIER	3e VOTE MOTION D'UNITÉ
Gouget de Castéras	Agents P. T. T. (Loire-Inférieure)..	3	C.	P.	P.
Desplanques	Agents P. T. T. (Loiret)	3	P.	P.	P.
Baylot	Agents P. T. T. (Loir-et-Cher)	3	C.	P.	P.
Besombes	Agents P. T. T. (Lot)	2	C.	P.	P.
Larcher	Agents P. T. T. (Maine-et-Loire)...	3	C.	P.	P.
Baylot	Agents P. T. T. (Marne)	3	C.	P.	P.
Voglimacci	Agents P. T. T. (Haute-Marne)	2	C.	P.	P.
Voglimacci	Agents P. T. T. (Meuse)	2	C.	P.	P.
Baylot	Agents P. T. T. (Mont-Blanc)......	3	C.	P.	P.
Condat	Agents P. T. T. (Nevers)	3	P.	P.	P.
Huyghe	Agents P. T. T. (Nord-Dunkerque).	2	C.	P.	P.
Combes	Agents P. T. T. (Nord-Lille)	5	C.	P.	P.
Condat	Agents P. T. T. (Valenciennes)	2	P.	P.	P.
Lamarque	Agents P. T. T. (Orne)............	2	N. V.	P.	P.
Baylot	Agents P. T. T. (Sect. Boulonnaise)	2	C.	P.	P.
Desplanques	Agents P. T. T. (Calais)...........	2	P.	P.	P.
Corbière	Agents P. T. T. (Puy-de-Dôme)	4	P.	P.	P.
Monier	Agents P. T. T., Section des brigades de réserve (Puy-de-Dôme)....	4	P.	P.	P.
Perussie	Agents P. T. T. (Hautes-Pyrénées).	2	C.	P.	P.
Delmas	Agents P. T. T. (Pyrén.-Orientales).	2	C.	P.	P.
Schmitt	Agents P. T. T. (Bas-Rhin)........	3	P.	P.	P.
Coujard	Agents P. T. T. (Rhône) ......•....	5	C.	P.	P.
Petit	Agents P. T. T. (Saône-et-Loire)...	3	P.	P.	P.
Thalamas	Agents P. T. T. (Sarthe)	3	C.	P.	P.
Mazenod	Agents P. T. T. (Savoie)	2	P.	P.	P.
Barthe	Agents P. T. T. (Seine)		P.	P.	P.
Cupillard	Agents P. T. T. (Seine-Inf.-Havre).	3	P.	P.	P.
Condat	Agents P. T. T. (Rouen)	3	P.	P.	P.
Condat	Agents P. T. T. (Deux-Sèvres)	2	P.	P.	P.
Baylot	Agents P. T. T. (Somme)	2	C.	P.	P.
Perussie	Agents P. T. T. (Tarn)............	3	C.	P.	P.
Condat	Agents P. T. T. (Tarn-et-Garonne) .	2	P.	P.	P.
Perussie	Agents P. T. T. (Tunis)	4	C.	P.	P.
Maraninchi	Agents P. T. T. (Var)	3	P.	P.	P.
Davisseau	Agents P. T. T. (Vendée)..........	2	P.	P.	P.
Audinet	Agents P. T. T. (Vienne)	2	N. V.	P.	P.
Perussie	Agents P. T. T. (Haute-Vienne) ...	2	C.	P.	P.
Dupont	Agents P. T. T. (Yonne)	3	C.	P.	P.

EMPLOYÉS P. T. T.

DÉLÉGUÉS	ORGANISATIONS	NOMBRE DE VOIX	1er VOTE	2e VOTE	3e VOTE
Soulier	Employés P. T. T. (Ain)	3	C.	P.	P.
Julien	Employés P. T. T. (Aisne).........	3	P.	P.	P.
Soupize	Employés P. T. T. (Alger)..........	1	C.	P.	P.
Parizot	Employés P. T. T. (Allier)	1	P.	P.	P.
Florentin	Employés P. T. T. (Ardennes)	2	C.	P.	P.

DÉLÉGUÉS	ORGANISATIONS	NOMBRE DE VOIX	1er VOTE AUDITION DÉLÉGUÉS UNITAIRES ET AUTON.	2e VOTE RAPPORTS MORAL ET FINANCIER	3e VOTE MOTION D'UNITÉ
Florentin	Employés P. T. T. (Ariège)	2	C.	P.	P.
Charrie	Employés P. T. T. (Aube)	2	C.	P.	P.
Zorninger	Employés P. T. T. (Aude)	2	P.	P.	P.
Giacomini	Employés P. T. T. (Aveyron)	3	C.	P.	P.
Soupize	Employés P. T. T. (Belfort)	1	C.	P.	P.
Florentin	Employés P. T. T. (B.-du-Rhône)	4	C.	P.	P.
Giacomini	Employés P. T. T. (Charente)	2	C.	P.	P.
Giacomini	Employés P. T. T. (Cher)	1	C.	P.	P.
Sauvarie	Employés P. T. T. (Corrèze)	1	P.	P.	P.
Zorninger	Employés P. T. T. (Côte-d'Or)	3	P.	P.	P.
Giacomini	Employés P. T. T. (Creuse)	1	N. V.	N. V.	N. V.
Dufrenne	Employés P. T. T. (Doubs)	1	C.	P.	P.
Soupize	Employés P. T. T. (Drôme)	1	C.	P.	P.
Monnier	Employés P. T. T. (Eure)	3	P.	P.	C.
Lamarque	Employés P. T. T. Haute-Garonne).	4	P.	P.	P.
Zorninger	Employés P. T. T. (Gers)	1	P.	P.	P.
Depigny	Employés P. T. T. (Gironde)	4	P.	P.	P.
Zorninger	Employés P. T. T. (Hérault)	3	P.	P.	P.
Soupize	Employés P. T. T. (Ille-et-Vilaine)	3	C.	P.	P.
Dufrenne	Employés P. T. T. (Indre-et-Loire).	3	C.	P.	P.
Florentin	Employés P. T. T. (Jura)	3	C.	P.	P.
Echard	Employés P. T. T. (Landes)	1	N. V.	P.	P.
Soupize	Employés P. T. T. (Loire)	2	C.	P.	P.
Zorninger	Employés P. T. T. (Haute-Loire)	1	N. V.	N. V.	N. V.
Soupize	Employés P. T. T. (Loire-Inf.)	1	C.	P.	P.
Jarrault	Employés P. T. T. (Loiret)	3	P.	P.	P.
Soupize	Employés P. T. T. (Loir-et-Cher)	3	C.	P.	P.
Florentin	Employés P. T. T. (Lot)	1	N. V.	N. V.	N. V.
Florentin	Employés P. T. T. (Lot-et-Gar.)	1	C.	P.	P.
Dufrenne	Employés P. T. T. (Maine-et-Loire).	3	C.	N. V.	P.
Soupize	Employés P. T. T. (Manche)	2	C.	P.	P.
Zorninger	Employés P. T. T. (Marne)	3	P.	P.	P.
Florentin	Employés P. T. T. (Haute-Marne)	1	C.	P.	P.
Echard	Employés P. T. T. (Mayenne)	1	N. V.	N. V.	N. V.
Giacomini	Employés P. T. T. (Meuse)	1	N. V.	N. V.	N. V.
Schmitt	Employés P. T. T. (Moselle)	1	P.	P.	P.
Giacomini	Employés P. T. T. (Nord)	4	C.	P.	P.
Dufrenne	Employés P. T. T. (Oise)	2	C.	P.	P.
Choque	Employés P. T. T. (P.-de-C.)	3	N. V.	P.	P.
Lamour	Employés P. T. T. (Puy-de-Dôme)	3	P.	P.	P.
Zorninger	Employés P. T. T. (Basses-Pyr.)	2	P.	P.	P.
Zorninger	Employés P. T. T. (Hautes-Pyr.)	3	P.	P.	P.
Berla	Employés P. T. T. (Pyr.-Orient.)	1	P.	P.	P.
Schmitt	Employés P. T. T. (Bas-Rhin)	6	P.	P.	P.
Schmitt	Employés P. T. T. (Haut-Rhin)	1	P.	N. V.	P.
Favre	Employés P. T. T. (Rhône)	4	P.	P.	P.
Florentin	Employés P. T. T. (Haute-Saône)	1	C.	P.	P.
Huet	Employés P. T. T. (Saône-et-Loire).	4	P.	P.	P.
Lemond	Employés P. T. T. (Seine)	10	P.	P.	P.

DÉLÉGUÉS	ORGANISATIONS	NOMBRE DE VOIX	1er VOTE — AUDITION DÉLÉGUÉS UNITAIRES ET AUTON.	2e VOTE — RAPPORTS MORAL ET FINANCIER	3e VOTE — MOTION D'UNITÉ
Echard	Employés P. T. T. (Seine-et-Marne)	2	P.	N. V.	P.
Zorninger	Employés P. T. T. (Somme)	4	P.	P.	P.
Antichan	Employés P. T. T. (Tarn-et-Gar.)	3	P.	P.	P.
Soupize	Employés P. T. T. (Tunisie)	3	C.	P.	P.
Florentin	Employés P. T. T. (Var)	2	C.	P.	P.
Dufrenne	Employés P. T. T. (Vaucluse)	2	C.	P.	P.
Davisseau	Employés P. T. T. (Vendée)	2	C.	P.	P.
Florentin	Employés P. T. T. (Vienne)	2	C.	P.	P.
Soupize	Employés P. T. T. (Haute-Vienne)	3.	C.	P.	P

OUVRIERS P. T. T.

DÉLÉGUÉS	ORGANISATIONS	NOMBRE DE VOIX	1er VOTE — AUDITION DÉLÉGUÉS UNITAIRES ET AUTON.	2e VOTE — RAPPORTS MORAL ET FINANCIER	3e VOTE — MOTION D'UNITÉ
Vallet	Pers. Serv. Tech. P. T. T. (Ain)	1	P.	P.	P.
Ricordeau	Pers. Serv. Tech. P. T. T. (Alger)	3	P.	P.	P.
Vallet	Ouvriers P. T. T. (Allier)	2	P.	P.	P.
Martin	Ouvriers P. T. T. (Alpes-Marit.)	1	P.	P.	P.
Vallet	Ouvriers P. T. T. (Ardèche)	2	P.	P.	P.
Vallet	Ouvriers P. T. T. (Ardennes)	1	P.	P.	P.
Dutailly	Ouvriers P. T. T. (Aube)	1	P.	P.	P.
Limouzin	Ouvriers P. T. T. (Aude)	2	P.	P.	P.
Limouzin	Ouvriers P. T. T. (Aveyron)	1	P.	P.	P.
Buhegger	Ouvriers P. T. T. (Belfort)	1	N. V.	P.	P.
Ricordeau	Ouvriers P. T. T. (B.-du-Rhône)	4	P.	P.	P.
Drouin	Ouvriers P. T. T. (Calvados)	3	P.	P.	P.
Angelinger	Ouvriers P. T. T. (Cantal)	1	P.	P.	P.
Angelinger	Ouvriers P. T. T. (Charente)	1	P.	P.	P.
Dutailly	Ouvriers P. T. T. (Charente-Inf.)	1	P.	P.	P.
Vallet	Ouvriers P. T. T. (Cher)	1	P.	P.	P.
Ricordeau	Ouvriers P. T. T. (Côte-d'Or)	2	P.	P.	P.
Dutailly	Ouvriers P. T. T. (Côtes-du-Nord)	2	P.	P.	P.
Chaix	Ouvriers P. T. T. (Creuse)	1	P.	P.	P.
Lavilotte	Ouvriers P. T. T. (Dordogne)	1	P.	P.	P.
Roy	Ouvriers P. T. T. (Doubs)	2	P.	P.	P.
Dutailly	Ouvriers P. T. T. (Eure)	1	P.	P.	P.
Limouzin	Ouvriers P. T. T. (Eure-et-Loir)	2	P.	P.	P.
Ricordeau	Ouvriers P. T. T. (Finistère)	1	P.	P.	P.
Chaix	Agents des lignes (Gard)	2	P.	P.	P.
Limouzin	Ouvriers P. T. T. (Gard)		P.	P.	P.
Angelinger	Ouvriers P. T. T. (Hte-Garonne)	2	P.	P.	P.
Limouzin	Ouvriers P. T. T. (Gers)	1	P.	P.	P.
Lafont	Ouvriers P. T. T. (Gironde)	3	P.	P.	P.
Limouzin	Ouvriers P. T. T. (Hérault)	2	P.	P.	P.
Dutailly	Ouvriers P. T. T. (Ille-et-Vilaine)	2	P.	P.	P.
Barbin	Ouvriers P. T. T. (Isère)	2	P.	P.	P.
Vallet	Ouvriers P. T. T. (Jura)	2	P.	P.	P.
Martin	Ouvriers P. T. T. (Landes)	1	P.	P.	P.
Chaix	Ouvriers P. T. T. (Haute-Loire)	1	P.	P.	P.

DÉLÉGUÉS	ORGANISATIONS	NOMBRE DE VOIX	1er VOTE AUDITION DÉLÉGUÉS UNITAIRES ET AUTON.	2e VOTE RAPPORTS MORAL ET FINANCIER	3e VOTE MOTION D'UNITÉ
Chaix	Ouvriers P. T. T. (Loire-Inf.)	2	P.	P.	P.
Dutailly	Ouvriers P. T. T. (Loiret)	2	P.	P.	P.
Limouzin	Ouvriers P. T. T. (Loir-et-Cher)	1	P.	P.	P.
Chaix	Ouvriers P. T. T. (Maine-et-Loire)	2	P.	P.	P.
Drouin	Ouvriers P. T. T. (Manche)	2	P.	P.	P.
Angelinger	Ouvriers P. T. T. (Marne)	1	P.	P.	P.
Dutailly	Ouvriers P. T. T. (Mayenne)	1	P.	P.	P.
Angelinger	Ouvriers P. T. T. (M.-et-M.)	3	P.	P.	P.
Voglimacci	Ouvriers P. T. T. (Meuse)	1	C.	P.	P.
Angelinger	Ouvriers P. T. T. (Morbihan)	2	P.	P.	P.
Chaix	Ouvriers P. T. T. (Nièvre)	2	P.	P.	P.
Martin	Ouvriers P. T. T. (Nord)	4	P.	P.	P.
Logut	Ouvriers P. T. T. (Oise)	3	P.	P.	P.
Drouin	Ouvriers P. T. T. (Orne)	1	P.	P.	P.
Martin	Ouvriers P. T. T. (P.-de-C., Arras)	1	N. V.	N. V.	N. V.
Roussel	Ouvriers P. T. T. (Boulogne-s.-Mer)	1	P.	N. V.	P.
Angelinger	Ouvriers P. T. T. (Puy-de-Dôme)	2	P.	P.	P.
Dutailly	Ouvriers P. T. T. Basses-Pyr.)	1	P.	P.	P.
Vallet	Ouvriers P. T. T. (Hautes-Pyr.)	1	P.	P.	P.
Limouzin	Ouvriers P. T. T. (Pyr.-Orient.)	1	P.	P.	P.
Eisenring	Ouvriers P. T. T. (Haut-Rhin)	3	C.	P.	P.
Vallet	Ouvriers P. T. T. (Rhône)	3	P.	P.	P.
Buhegger	Ouvriers P. T. T. (Haute-Saône)	2	P.	P.	P.
Mourleval	Ouvriers P. T. T. (Saône-et-Loire)	2	P.	P.	P.
Dutailly	Ouvriers P. T. T. (Sarthe)	3	P.	P.	P.
Chaix	Ouvriers P. T. T. (Savoie)	1	P.	P.	P.
Vallet	Ouvriers P. T. T. (Haute-Savoie)	1	P.	P.	P.
Limouzin	Ouvriers P. T. T. (Seine)	6	P.	P.	P.
Drouin	Ouvriers P. T. T. (Seine-Inf.)	2	P.	P.	P.
Angelinger	Ouvriers P. T. T. (Deux-Sèvres)	1	P.	P.	P.
Ricordeau	Ouvriers P. T. T. (Somme)	2	P.	P.	P.
Limouzin	Ouvriers P. T. T. (Tarn)	2	P.	P.	P.
Chaix	Ouvriers P. T. T. (Tarn-et-Gar.)	2	P.	P.	P.
Ricordeau	Ouvriers P. T. T. (Vaucluse)	1	P.	P.	P.
Angelinger	Ouvriers P. T. T. (Vendée)	1	P.	P.	P.
Angelinger	Ouvriers P. T. T. (Vienne)	2	P.	P.	P.
Ricordeau	Ouvriers P. T. T. (Haute-Vienne)	1	P.	P.	P.
Ricordeau	Ouvriers P. T. T. (Vosges)	3	P.	P.	P.
Ricordeau	Ouvriers P. T. T. (Yonne)	2	P.	P.	P.

SERVICES PUBLICS

DÉLÉGUÉS	ORGANISATIONS	NOMBRE DE VOIX	1er VOTE	2e VOTE	3e VOTE
Boumendel	Services publics (Alger)	5	N. V.	N. V.	N. V.
Lagarde	Travailleurs municipaux (Angers)	3	P.	P.	P.
Pic	Ouv. communaux (Avignon)	3	P.	P.	P.
Adassus	Trav. munic. (Bagnères-de-Bigorre)	1	P.	P.	P.
Nicolas	Empl. communaux (Bédarieux)	1	P.	P.	P.

DÉLÉGUÉS	ORGANISATIONS	NOMBRE DE VOIX	1ᵉʳ VOTE AUDITION DÉLÉGUÉS UNITAIRES ET AUTON.	2ᵉ VOTE RAPPORTS MORAL ET FINANCIER	3ᵉ VOTE MOTION D'UNITÉ
Mathelin	Empl. et Ouv. Munic. (Besançon) ..	3	C.	P.	P.
Audouy	Trav. munic. (Béziers)	3	P.	P.	P.
Lauga	Pers. Services munic. (Bordeaux) ..	6	P.	P.	P.
Boulanger	Commissionnaires publics (Calais) .	1	P.	P.	P.
Berenguier	Empl. et Ouv. munic. (Cannes)	3	C.	P.	P.
Gabeloteau	Trav. munic. (Cherbourg)	2	P.	P.	P.
Fradet	Octroi (Clermont-Ferrand)	3	P.	P.	P.
Aubé	Trav. munic. (Creil)	2	C.	P.	P.
Deboucq	Serv. publics (Denain)	2	P.	P.	A.
Ehlers	Services municip. (Dunkerque)	2	C.	P.	P.
Creuzet	Trav. et Empl. munic. (Firminy) ...	2	N. V.	P.	P.
Coupel	Empl. et Ouvriers munic. (Fougères)	2	C.	P.	P.
Derigny	Empl. Municipaux (Fourmies)	2	C.	P.	P.
Galfard	Trav. communaux (Givors)	1	P.	P.	P.
Mazenod	Empl. d'Octroi (Grenoble)	2	P.	P.	P.
Corce	Empl. et Trav. munic. (La Ciotat) ..	1	C.	P.	P.
Roboam	Agents communaux (Le Mans)	3	P.	P.	P.
Cousin	Personnel municipal (Lille)	5	P.	P.	P.
Adassus	Trav. municipaux (Lourdes)	1	P.	P.	P.
Jublain	Personnel municipal (Lyon)	6	P.	P.	P.
Payen	Trav. municipaux (Montataire)	1	C.	P.	P.
Fouilland	Trav. municipaux (Montluçon)	2	P.	P.	P.
Fourcand	Empl. municipaux (Montpellier)	4	P.	P.	P.
Coupel	Trav. Municipaux (Morlaix)	3	C.	P.	P.
Rieth	Serv. publics (Mulhouse)	5	C.	P.	P.
Thouvenin	Serv. municipaux (Nancy)	3	P.	P.	C.
Eychenne	Serv. publics (Narbonne)	3	P.	P.	P.
Michaud	Empl. et Trav. munic. (Nice)	4	C.	P.	P.
Perrier	Empl. et Trav. munic. (Nîmes)	3	C.	P.	P.
Michaud	Empl. et Ouvr. Comm. (Niort)	1	C.	P.	P.
Berthoux	Serv. publics (Paris et Seine)	9	C.	P.	P.
Berla	Empl. comm. (Perpignan)	3	P.	P.	P.
Plet	Serv. publics (Reims)	4	P.	P.	C.
Coupel	Ouv. et Empl. munic. (Rennes)	4	C.	P.	P.
Lauxerois	Ouv. et Empl. munic. (Roanne)	3	P.	P.	P.
Quennoy	Serv. Munic. et Départem. (Roubaix)	5	P.	P.	P.
Galantus	Empl. et Ouvr. munic. (St-Malo) ..	1	C.	P.	P.
Derouineau	Empl. et Ouv. munic. (St-Nazaire) .	1	P.	P.	P.
Blancho	Ouv. et Empl. Munic. (St-Claude) ..	1	C.	P.	P.
Baudelot	Serv. municipaux (St-Quentin)	3	P.	P.	C.
Imbs	Serv. Publics (Strasbourg)	6	C.	P.	P.
Adassus	Trav. municipaux (Tarbes)	2	P.	P.	P.
Massoni	Trav. communaux (Toulon)	4	C.	P.	N. V.
Cajarc	Serv. publics (Toulouse)	6	P.	P.	P.
Paris	Serv. municipaux (Tourcoing)	4	C.	P.	P.
Gourdon	Trav. municipaux (Valence)	1	C.	P.	P.
Bonnefond	Empl. municipaux (Vierzon)	1	P.	P.	P.
Giry	Pers. municipaux (Villeurbanne) ...	3	P.	P.	P.
Denis	Agents comm. de l'Aube (Troyes) ..	1	P.	P.	C.

DÉLÉGUÉS	ORGANISATIONS	NOMBRE DE VOIX	1er VOTE — AUDITION DÉLÉGUÉS UNITAIRES ET AUTON.	2e VOTE — RAPPORTS MORAL ET FINANCIER	3e VOTE — MOTION D'UNITÉ
Julien	Cantonniers et Chefs Cant. des Bouches-du-Rhône)	9	P.	P.	P.
Montjallard	Pers. de la Régie des Chemins de fer départ. des Bouches-du-Rhône	4	P.	P.	C.
Jaubert	Ouv. et Empl. départementaux des Bouches-du-Rhône	4	P.	P.	C.
Goavec	Communaux du Finistère	4	P.	P.	P.
Evrard	Empl. communaux du Pas-de-Calais	3	C.	P.	P.
Fradet	Cantonniers départ. du Puy-de-Dôme	4	P.	P.	P.
Fradet	Empl. municipaux du Puy-de-Dôme	2	P.	P.	P.
Jublain	Empl. communaux du département du Rhône	??	P.	P.	P.
Budet	Sevices municipaux du département de Saône-et-Loire	3	P.	P.	P.
Chiral	Personnel des communes de la Seine	5	C.	P.	P.
Baron	Travaill. commun. de Seine-et-Oise	4	N. V.	P.	P.
Rouvel	Empl. et Ouvr. commun. du Tarn	3	P.	P.	P.
Bonnefond	Serv. municipaux Haute-Vienne	4	P.	P.	P.

SERVICES DE SANTE

DÉLÉGUÉS	ORGANISATIONS	NOMBRE DE VOIX	1er VOTE — AUDITION DÉLÉGUÉS UNITAIRES ET AUTON.	2e VOTE — RAPPORTS MORAL ET FINANCIER	3e VOTE — MOTION D'UNITÉ
Merma	Empl. de l'Asile Montperrin (Aix)	1	P.	N. V.	N. V.
Harel	Serv. de Santé (Auxerre)	1	P.	P.	P.
Mourgues	Ouvr. des hospices civils (Bordeaux)	3	P.	P.	P.
Lorpin	Pers. de l'Asile départemental des Aliénés du Rhône (Brou)	4	P.	P.	P.
Hubert	Person. de l'Hôpital-Hospice (Cherbourg)	1	P.	P.	C.
Lacour	Orthopédistes (Clermont-Ferrand)	1	P.	P.	P.
Merma	Pers. des Hôpitaux (Constantine)	2	P.	P.	P.
Bondoux	Pers. de l'Asile d'aliénés (La Charité-s.-Loire)	3	P.	P.	P.
Perrin	Asile Lafond (La Rochelle)	2	P.	P.	P.
Provens	Pers. des Hospices civils (Lyon)	5	P.	P.	P.
Merma	Empl. sec. Asile St-Pierre (Marseille)	2	P.	P.	N. V.
Vardelle	Empl. Serv. médic. Asile de Naugeat	2	P.	P.	P.
Michaud	Infirmiers, Infirmières, Garçons et Filles de salle des hôpitaux (Nice)	3	C.	P.	P.
Merma	Serv. de Santé (Oran)	2	P.	P.	P.
Ancelin	Pers. des hôpitaux, hospices de l'Assistance publ. (Paris)	7	P.	P.	P.
Maraninchi	Employés réunis de l'asile (Pierrefeu)	2	P.	P.	P.
Merma	Pers. Asile départemental d'aliénés (Rennes)	1	P.	P.	P.
Coupel	Personnel Civil du Service de Santé (Rennes)	1	C.	P.	P.
Ricard	Pers. du serv. de Santé de l'Asile (St-Dizier)	1	P.	P.	P.

DÉLÉGUÉS	ORGANISATIONS	NOMBRE DE VOIX	1er VOTE AUDITION DÉLÉGUÉS UNITAIRES ET AUTON.	2e VOTE RAPPORTS MORAL ET FINANCIER	3e VOTE MOTION D'UNITÉ
Darracq	Pers. non gradé des asiles nationaux (St-Maurice)	4	P.	P.	P.
Schwenk	Serv. de Santé (St-Ylie)	2	C.	P.	P.
Cassières	Pers. Maison de santé départ. (Sotteville-les-Rouen)	3	P.	P.	P.
Cazeneuve	Pers. civil du Centre d'appareillage (Toulouse)	1	C.	P.	P.

SOUS-SOL

DÉLÉGUÉS	ORGANISATIONS	NOMBRE DE VOIX	1er VOTE	2e VOTE	3e VOTE
Ducros	Mineurs et similaires (Alais)	2	P.	P.	P.
Rousseau	Ardoisiers (Allassac)	3	N. V.	P.	P.
Rossy	Mineurs et simil. (Bassin d'Anzin)	9	C.	P.	P.
Oustry	Mineurs (Aubin)	4	C.	P.	P.
Foubert	Mineurs (Auzon)	2	P.	P.	P.
Pilard	Ardoisiers et mineurs (Bel-Air)	4	C.	P.	P.
Peyrie	Mineurs et similaires (Bessèges)	2	P.	P.	P.
Giraud	Mineurs et similaires (Bézenet)	3	P.	P.	C.
Vigne	Mineurs (Brassac-les-Mines)	1	C.	P.	P.
Rouvet	Mineurs (Cagnac)	5	P.	P.	P.
Vincent	Mineurs (Carmaux)	6	P.	P.	P.
Panissal	Ardoisiers (Coësmes)	3	C.	P.	P.
Giraud	Mineurs (Commentry)	3	P.	P.	P.
Oustry	Mineurs (Decazeville)	4	C.	P.	P.
Rouvet	Ardoisiers et similaires (Dourgne)	1	P.	P.	P.
Giraud	Mineurs et similaires (Doyet)	2	P.	P.	P.
Roux	Mineurs et sim. (Epinac-les-Mines)	4	P.	P.	P.
Romeyer	Mineurs (Firminy)	5	P.	P.	P.
Villeval	Ardoisiers (Fumay)	3	P.	P.	P.
Chatelain	Mineurs (Fuveau)	4	C.	P.	P.
Oustry	Mineurs (Gages)	1	C.	P.	P.
Biaux	Ardoisiers (Haybes)	4	P.	P.	P.
Humbert	Mineurs et simil. (Homécourt)	3	P.	P.	C.
Moinier	Mineurs (Jumeaux)	1	P.	P.	P.
Legay	Mineurs (La Chapelle-sous-Dun)	3	P.	P.	P.
Richez	Mineurs (La Combelle)	3	C.	P.	P.
Pujos	Mineurs (La Ferrière-aux-Etangs)	1	C.	P.	P.
Bard	Ardoisiers (La Pouèze)	3	C.	P.	P.
Vigne	Mineurs (Le Bousquet-d'Orb)	4	C.	P.	P.
Vigne	Mineurs (Le Martinet)	1	C.	P.	P.
Bard	Mineurs (Lempdes)	1	C.	P.	P.
Giraud	Mineurs (Les Ferrières)	3	A.	P.	P.
Bard	Ardoisiers (Maël-Carhaix)	3	C.	P.	P.
Bard	Mineurs et simil. (Messeix)	4	C.	P.	P.
Pilard	Ardoisiers (Misengrain)	4	C.	P.	P.
Ducros	Mineurs (Molières-s.-Cèze)	2	P.	P.	P.

DÉLÉGUÉS	ORGANISATIONS	NOMBRE DE VOIX	1er VOTE AUDITION DÉLÉGUÉS UNITAIRES ET AUTON.	2e VOTE RAPPORTS MORAL ET FINANCIER	3e VOTE MOTION D'UNITÉ
Roux	Mineurs (Montceau-les-Mines)	5	P.	P.	P.
Giraud	Mineurs et sim. (Montvicq)	2	P.	P.	P.
Quintin	Mineurs (Sin-le-Noble)	8	C.	P.	P.
Giraud	Mineurs et sim. (Noyant)	4	P.	A.	C.
Sion	Mineurs (Pas-de-Calais)	18	P.	P.	P.
Langlois	Mineurs (Potigny)	2	P.	P.	P.
Vigne	Mineurs (Prades)	1	C.	P.	P.
Havenne	Mineurs et similaires (Puits Biver, Gardanne)	4	P.	P.	P.
Bertron	Ardoisiers et sim. (Renazé)	4	P.	P.	P.
Villeval	Ardoisiers (Rimogne)	3	P.	P.	P.
Ducros	Mineurs (Rochessadoule)	2	P.	P.	P.
Dumoulin	Mineurs (Ronchamp)	4	N. V.	P.	P.
Blottiau	Mineurs et sim. (St-Aubin-de-Luigné)	1	C.	P.	P.
Dewasme	Mineurs (St-Berain-s.-Dheune)	1	C.	P.	P.
Giraud N.	Mineurs (St-Chamond)	1	P.	P.	P.
Pujos	Mineurs (St-Clair-d'Halouze)	2	C.	P.	P.
Giraud L.	Mineurs (St-Eloy-les-Mines)	4	P.	P.	P.
Giraud L.	Mineurs (St-Eloy-Vieilles-Mines)	5	A.	P.	P.
Giraud N.	Mineurs (St-Etienne)	1	P.	P.	P.
Oustry	Mineurs (St-Geniez)	1	C.	P.	P.
Vigne	Mineurs (St-Jean-de-Valériscle)	2	N. V.	P.	P.
Vigne	Mineurs (St-Laurent-le-Minier)	1	N. V.	P.	P.
Berta	Mineurs et sim. (Sahorre)	2	P.	P.	P.
Noga	Mineurs (Ségré)	2	N. V.	P.	N. V.
Rousseau	Ardoisiers (Travassac)	2	N. V.	P.	P.
Pilard	Ardoisiers (Trélazé)	5	C.	P.	P.
Panissal	Mineurs (Trets)	4	C.	P.	P.
Vigne	Mineurs (La Vallé-du-Gier)	1	C.	P.	P.

SPECTACLE

DÉLÉGUÉS	ORGANISATIONS	NOMBRE DE VOIX	1er VOTE	2e VOTE	3e VOTE
Pessieux	Artistes musiciens (Angers)	3	P.	P.	C.
Dacharry	Artistes musiciens (Béziers)	2	P.	P.	C.
Lafaye	Machinistes (Bordeaux)	2	C.	P.	P.
Leymergie	Artistes musiciens (Bordeaux)	4	P.	P.	C.
Dacharry	Artistes musiciens (Le Mans)	1	P.	P.	C.
Pessieux	Machinistes (Lyon)	1	P.	P.	C.
Pessieux	Artistes musiciens (Lyon)	5	P.	P.	C.
Pessieux	Choristes (Lyon)	2	P.	P.	C.
Pessieux	Choristes (Marseille)	3	P.	P.	C.
Jullien	Machinistes (Marseille)	3	P.	P.	C.
Pessieux	Musiciens (Marseille)	5	P.	P.	C.
Pessieux	Spectacle (Menton-Beausoleil)	3	P.	P.	C.
Leiterer	Choristes (Mulhouse)	1	C.	N. V.	P.
Pessieux	Artistes musiciens (Nancy)	3	P.	P.	C.

DÉLÉGUÉS	ORGANISATIONS	NOMBRE DE VOIX	1er VOTE — AUDITION DÉLÉGUÉS UNITAIRES ET AUTON.	2e VOTE — RAPPORTS MORAL ET FINANCIER	3e VOTE — MOTION D'UNITÉ
Michaud	Spectacle (Nice)	4	C.	P.	P.
Dacharry	Choristes (Nice)	3	P.	P.	C.
Barbey	Choristes (Paris)	3	P.	P.	C.
Adassus	Musiciens (Tarbes)	1	P.	P.	P.
Pessieux	Artistes musiciens (Toulouse)	4	P.	P.	C.

TABACS

DÉLÉGUÉS	ORGANISATIONS	NOMBRE DE VOIX	1er VOTE	2e VOTE	3e VOTE
Sielle	Tabacs (Bordeaux)	5	C.	P.	P.
Guillaumet	Tabacs (Châteauroux)	6	P.	P.	P.
Guillaumet	Tabacs (Dieppe)	5	P.	P.	P.
Belli	Tabacs (Dijon)	4	P.	P.	P.
Sielle	Tabacs (Issy)	3	N. V.	N. V.	N. V.
Sielle	Tabacs (Le Havre)	4	C.	P.	P.
Carré	Tabacs (Le Mans)	4	P.	P.	A.
Dunot	Tabacs (Lille)	5	C.	P.	P.
Dary	Tabacs (Lyon)	5	P.	C.	C.
Péronnin	Tabacs (Metz)	4	P.	C.	C.
Henry	Tabacs (Morlaix)	5	P.	P.	P.
Sielle	Tabacs (Nancy)	5	C.	P.	P.
Sielle	Tabacs (Nantes)	5	C.	P.	P.
Sielle	Tabacs (Nice)	3	C.	P.	P.
Sielle	Tabacs (Orléans)	3	P.	P.	P.
Sielle	Tabacs (Pantin)	3	P.	P.	P.
Guillaumet	Tabacs (Paris-Reuilly)	3	P.	P.	P.
Dunot	Tabacs (Riom)	4	C.	P.	P.
Imbs	Tabacs (Strasbourg)	5	C.	P.	P.
Dunot	Tabacs (Tonneins)	4	C.	P.	P.

TEXTILE

DÉLÉGUÉS	ORGANISATIONS	NOMBRE DE VOIX	1er VOTE	2e VOTE	3e VOTE
Caïli	Ouvriers et Ouvrières bonneterie (Arcis-sur-Aube)	1	P.	P.	P.
Adassus	Textile (Bagnères-de-Bigorre)	2	P.	P.	P.
Belot	Textile (Beauvois-Fontaine)	5	A.	P.	P.
Marquez	Textile (Bourg-les-Valence)	3	C.	P.	P.
Boulanger	Tullistes (Calais)	5	P.	P.	P.
Lanquety	Teintures et Apprêts (Calais)	4	P.	P.	P.
Boulanger	Similaires en tulles (Calais)	2	P.	P.	P.
Perdrix	Textile (Castres)	5	C.	P.	P.
Fontaine	Teinturiers-Apprêteurs (Caudry)	4	P.	P.	C.
Vitrant	Tisseurs (Caudry)	3	P.	P.	C.
Belot	Tullistes en dentelles (Caudry)	5	P.	P.	P.

DÉLÉGUÉS	ORGANISATIONS	NOMBRE DE VOIX	1er VOTE AUDITION DÉLÉGUÉS UNITAIRES ET AUTON.	2e VOTE RAPPORTS MORAL ET FINANCIER	3e VOTE MOTION D'UNITÉ
Belot	Tulles unis et grecs (Caudry)	3	P.	P.	P.
Maurice	Textile (Charmes)	1	C.	P.	N. V.
Vandeputte	Textile (Chauffailles)	2	C.	P.	P.
Bauche	Textile (Cholet et Mortagne)	4	C.	P.	P.
Gsell	Textile (Colmar)	4	C.	P.	P.
Langlois	Textile (Condé-sur-Noireau)	3	P.	P.	P.
Huyghe	Textile (Dunkerque)	6	C.	P.	P.
Bauche	Textile (Erquinghem-Lys)	3	C.	P.	P.
Decock	Textile (Evreux)	3	C.	P.	P.
Derigny	Textile (Fourmies)	3	C.	P.	P.
Auda	Textile (Grandris)	3	C.	P.	P.
Eisenring	Textile (Guebwiller)	5	C.	P.	P.
Delobelle	Textile (Halluin)	2	C.	P.	P.
Derenchy	Textile (Hazebrouck)	5	C.	P.	P.
Phalippou	Textile (Labastide-Rouayroux)	4	P.	P.	P.
Huyghe	Textile (La Gourgue-Estaires)	6	P.	P.	P.
Dubus	Textile (Lannoy)	6	C.	P.	P.
Vandeputte	Textile (Les Abrêts)	2	C.	P.	P.
Marquez	Textile (Les Avenières)	3	C.	P.	P.
Waytens	Textile (Lille)	6	C.	P.	P.
Choulant	Cotonniers (Lillebonne)	2	C.	P.	P.
Auda	Tissage (Lyon)	4	C.	P.	P.
Thévenin	Tullistes (Lyon)	3	P.	C.	C.
Gardies	Textile (Mazamet)	5	C.	P.	P.
Gsell	Textile (Mulhouse)	5	C.	P.	P.
Caïti	Textile (Ossey-les-Trois-Maisons)	1	P.	P.	P.
Bourdon	Bonneterie (Paris)	1	N. V.	P.	P.
Guiber	Passementerie (Paris)	3	C.	P.	P.
Perrier	Ouvr. en schappes (Pont-d'Hérault)	2	C.	P.	P.
Decock	Textile (Reims)	2	C.	P.	P.
Decock	Trieurs de laine (Reims)	2	C.	P.	P.
Montay	Textile (Rieux-en-Cambrésis)	3	C.	P.	P.
Nicolas	Textile (Riols-Hérault)	1	P.	P	P.
Caïti	Textile (Romilly)	3	P.	P.	P.
Gsell	Textile (Rosheim)	5	C.	P.	P.
Lefebvre	Textile (Roubaix)	9	C.	P.	P.
Touzard	Textile (Rouen)	1	P.	P.	P.
Déchelotte	Textile (Rougemont-le-Château)	3	C.	P.	P.
Lorthioir	Textile (St-Amand-les-Eaux)	1	C.	P.	P.
Rieth	Textile (St-Amarin)	3	C.	P.	P.
Auda	Tissage (Sain-Bel)	2	C.	P.	P.
Pierre	Textile (Saint-Dié)	1	P.	P.	C.
Gsell	Textile (Saint-Louis)	4	C.	P.	P.
Rieth	Textile (Ste-Marie-aux-Mines)	6	C.	P.	P.
Démaret	Guipuriers (St-Quentin)	2	P.	P.	P.
Sergent	Textile (Saint-Rambert)	3	C.	P.	P.
Derigny	Textile (Sains-du-Nord)	2	C.	P.	P.
Decostère	Textile (Tourcoing)	6	C.	P.	P.

DÉLÉGUÉS	ORGANISATIONS	NOMBRE DE VOIX	1er VOTE AUDITION DÉLÉGUÉS UNITAIRES ET AUTON.	2e VOTE RAPPORTS MORAL ET FINANCIER	3e VOTE MOTION D'UNITÉ
Vandepulte	Textile (Troyes)	2	C.	P.	P.
Decock	Bonneterie (Villers-Bretonneux)	2	C.	P.	P.
Mazenod	Textile (Massieu)	2	P.	P.	P.
Huyghe	Textile (Wignehies)	2	C.	P.	P.

TONNEAU

DÉLÉGUÉS	ORGANISATIONS	NOMBRE DE VOIX	AUDITION	RAPPORTS	MOTION
Bourderon	Tonneliers et Sim. (Belleville-sur-Saône)	1	C.	P.	P.
Tarrascon	Arrimeurs-Trieurs de Bois-Merrains (Bordeaux)	2	N. V.	P.	P.
Morandière	Tonneliers (Cognac)	3	C.	P.	P.
Berquin	Tonneliers (Dunkerque)	1	C.	N. V.	N. V.
Bourderon	Tonneliers (Epernay)	1	C.	P.	P.
Morandière	Tonneliers (Jarnac)	1	C.	P.	P.
Arlès	Tonneliers (Montpellier)	1	P.	P.	P.
Bourderon	Tonneliers (Paris et Seine)	1	C.	P.	C.
Bourderon	Tonneliers (Perpignan)	1	C.	P.	P.
Docq	Tonneliers (Reims)	1	C.	P.	P.
Bourderon	Tonneliers (Troyes)	1	C.	P.	P.

MOYENS DE TRANSPORTS

DÉLÉGUÉS	ORGANISATIONS	NOMBRE DE VOIX	AUDITION	RAPPORTS	MOTION
Mazaud	Chauffeurs d'Autos (Ajaccio)	1	C.	P.	P.
Damour	Empl. Tramways (Angers)	2	P.	P.	P.
Lauze	Tramways (Bayonne)	3	C.	P.	P.
Raffin	Régie Départ. Chem. de Fer (Beaujolais)	3	C.	P.	P.
Bardollet	Tramways (Besançon)	2	P.	P.	A.
Lafaye	Petits patrons et chauffeurs de taxis (Bordeaux)	4	C.	P.	P.
Lucassin	Tramways (Bordeaux)	5	C.	P.	P.
Guinchard	Tramways (Bourges)	2	C.	P.	P.
Goavec	Tramways (Brest)	2	P.	P.	P.
Lanquety	Chefs de serv. et contrôleurs (Calais)	1	P.	P.	P.
Mazaud	Camionneurs et Chauffeurs (Calais)	3	C.	P.	P.
Guinchard	Camionneurs (Charleville)	2	C.	P.	P.
Fradet	Camionneurs-Livreurs (Clermont-Ferrand)	1	P.	P.	P.
Fradet	Tramways (Clermont-Ferrand)	1	N. V.	N. V.	N. V.
Bardollet	Tramways (Dijon)	2	P.	P.	A.
Leymarie	Chem. de Fer départementaux (Dordogne)	4	N. V.	P.	P.
Molard	Tramways (Douai)	2	P.	P.	C.

DÉLÉGUÉS	ORGANISATIONS	NOMBRE DE VOIX	1er VOTE AUDITION DÉLÉGUÉS UNITAIRES ET AUTON.	2e VOTE RAPPORTS MORAL ET FINANCIER	3e VOTE MOTION D'UNITÉ
Temynck	Tramways (Dunkerque)	3	C.	P.	P.
Guinchard	Tramways (La Rochelle)	2	C.	P.	P.
Damour	Tramways (Le Havre)	5	P.	P.	P.
Bailly	Cochers et Chauffeurs (Lille)	3	C.	P.	P.
Lecomte	Tramways (Lille)	6	P.	P.	C.
Guinchard	Tramways (Lorient)	2	C.	P.	P.
Adassus	Cochers (Lourdes)	1	P.	P.	P.
Adassus	Tramways (Lourdes)	1	P.	P.	P.
Cleyet	Tramways Cie O. T. L. (Lyon)	6	P.	C.	C.
Giolitti	Déménageurs (Marseille)	3	C.	P.	P.
Lauze	Tramways (Marseille) (Contrôl.)	3	C.	P.	P.
Laures	Tramways et Autobus (Marseille)	6	P.	P.	C.
Fourcand	Tramways (Montpellier)	2	P.	P.	P.
Eisenring	Transports (Mulhouse)	4	C.	P.	P.
Rochet	Empl. et Ouvr. Chemins de Fer à voies étroites (Nantes)	3	C.	P.	P.
Lambert	Tramways (Nantes)	5	P.	P.	P.
Lambert	Contrôleurs de Tramw. (Nantes)	2	P.	P.	P.
Guinchard	Camionneurs et Chauffeurs (Narbonne)	2	C.	P.	P.
Guinchard	Tramways (Nîmes)	3	C.	P.	P.
Guinchard	Tramways (Orléans)	1	C.	P.	P.
Thuillier	Chauffeurs Postiers et Simil. (Paris)	4	N. V.	P.	C.
Imbert	Conducteurs Taxis de la Seine	4	C.	P.	P.
Joubert	Empl.-Contrôleurs et assimilés des T. C. R. P. (Paris)	5	C.	P.	P.
Fournemilh	Porteurs des Gares (Paris)	1	P.	N. V.	P.
Jaccoud	Personnel des T. C. R. P. (Paris)	8	C.	P.	P.
Crochet	Cochers et Conducteurs d'autos de grande remise (Paris)	4	P.	P.	P.
Cottasson	Métropolitains (Paris)	7	C.	P.	P.
Mazaud	Tramways (Pau)	2	C.	P.	P.
Berta	Charretiers (Perpignan)	1	P.	P.	P.
Jaccoud	Tramways (Perpignan)	2	C.	P.	P.
Guinchard	Tramways (Poitiers)	2	C.	P.	P.
Audinet	T. V. Voies ferrées du Poitou	2	N. V.	P.	P.
Bardollet	Tramways (Reims)	3	P.	P.	A.
Coupel	Tramways (Rennes)	1	C.	P.	P.
Roche	Tramways (Roanne)	1	C.	P.	P.
Molard	Tramways (Lille-Roubaix-Tourcoing)	6	P.	P.	C.
Bories	Tramways (Saint-Etienne)	5	P.	P.	C.
Rosier	Empl. Tramw. Electr. (St-Etienne)	3	P.	P.	C.
Adloff	Transports (Strasbourg)	6	P.	P.	C.
Pericq	Camionneurs (Toulouse)	1	C.	P.	P.
Icart	Transp. en Comm. Région Toulousaine	5	P.	P.	P.

VERRIERS

DÉLÉGUÉS	ORGANISATIONS	NOMBRE DE VOIX	1er VOTE AUDITION DÉLÉGUÉS UNITAIRES ET AUTON.	2e VOTE RAPPORTS MORAL ET FINANCIER	3o VOTE MOTION D'UNITÉ
Derigny	Verriers en Verre Blanc (Anor)	1	C.	P.	P.
Laroche	Verriers (Arques)	2	C.	N. V.	P.
Monnier	Verriers (Bas-Meudon)	1	C.	P.	P.
Bertin	Verre Blanc (Bordeaux)	3	P.	A.	P.
Vernette	Verre Noir (Bordeaux)	3	P.	P.	P.
Picard	Verriers (Brardville)	2	P.	P.	P.
Vincent	Verriers (Carmaux)	3	P.	P.	P.
Monnier	Verriers (Courval)	1	C.	P.	P.
Vairelles	Verriers (Gironcourt)	5	P.	P.	P.
Laroche	Verriers (Incheville)	1	N. V.	N. V.	P.
Laroche	Verriers (La Rochère)	2	C.	N. V.	P.
Vincent	Verriers (Le Bousquet-d'Orb)	2	P.	P.	P.
Laroche	Verriers (Martainneville)	2	C.	N. V.	P.
Laroche	Verriers (Mêgecoste)	1	C.	N. V.	P.
Delzant	Verriers (Montluçon)	3	P.	P.	P.
Thouvenin	Verriers (Nancy)	2	P.	P.	C.
Monnier	Verriers (Nouvion-en-Thiérache)	1	C.	P.	P.
Monnier	Verriers (Offranville)	1	C.	P.	P.
Perrier	Verriers (Pont-St-Esprit)	2	P.	P.	P.
Dassaud	Verriers (Puy-Guillaume)	4	P.	P.	P.
Gauvin	Verriers (Reims)	1	P.	P.	P.
Monnier	Verriers (Retonval)	1	C.	P.	P.
Laroche	Verriers (Rive-de-Gier) (V. Noir)	2	C.	P.	P.
Laroche	Verriers (Rive-de-Gier)	2	C.	N. V.	P.
Monnier	Verriers (Romesnil)	1	C.	P.	P.
Monnier	Verriers (Rougemont)	2	C.	P.	P.
Pujos	Verriers (St-Evroult-Notre-Dame-du-Bois)	1	C.	P.	P.
Delzant	Verriers (St-Germer-de-Fly)	2	P.	P.	P.
Dassaud	Verriers (St-Yorre)	1	P.	P.	P.
Delzant	Verriers (Souvigny)	2	P.	P.	P.
Pujos	Verriers (Tourouvre)	3	C.	P.	P.
Delzant	Verriers (Vénissieux)	2	P.	P.	P.
Delzant	Verriers (Vertou)	3	P.	P.	P.
Monnier	Verriers (Vieux-Rouen-sur-Bresle)	1	C.	P.	P.

VERSAILLES
IMP. " LA GUTENBERG "
18, AVENUE DE PARIS

9 7 8 2 3 2 9 0 4 2 2 6 8